Das große Ravensburger

WERK KUNST BUCH

Jutta Lammèr

Das große Ravensburger WERK KUNST BUCH

Otto Maier Verlag
Ravensburg

Redaktion: Barbara Pohle
Umschlaggestaltung: Manfred Burggraf
Layout: Helga Frenzel
Printed in Germany

5 4 3 2 78 77 76

ISBN 3-473-42348-3

Inhalt

Das große Ravensburger Werkkunstbuch soll zum unbefangenen Umgang mit dem Material ermutigen und helfen, kreative Vorstellungen zu verwirklichen.
Jedes der in alphabetischer Reihenfolge gegliederten Kapitel ist in vier Gruppen eingeteilt.

Historisches
Der Rückblick auf die Geschichte der Entwicklung einzelner Handwerks- und Handarbeitstechniken soll Zusammenhänge deutlich machen und zu neuer Erkenntnis verhelfen – und sei es auch nur die, daß alles Große klein begonnen hat.

Meisterporträts
Die hier vorgestellten international anerkannten Künstlerinnen und Künstler sind auf sehr unterschiedlichen Wegen zum Ziel gelangt. Jeder von ihnen hat eine unverwechselbare Handschrift, spricht eine eigene Sprache. Ihr Lebenslauf macht deutlich, daß jedem Menschen die Türen zu schöpferischem Tun offen stehen, wenn er die Fähigkeit hat, nach innen zu horchen, und die Sensibilität, Äußerliches aufzunehmen und zu verarbeiten.

Arbeitstechniken
Die Einführung in die Grundtechnik eines jeweiligen Gebietes kann dem besseren Verständnis eines Werkes und seiner Beurteilung dienen. Die Kenntnisse einer Arbeitstechnik bilden aber vor allem das Fundament, auf dem man aufbauen kann, wenn man sich für eine bestimmte Ausdrucksform entschieden hat oder danach sucht. (Quellenhinweise am Schluß des Buches geben Aufschluß über weiterführende Literatur des gewählten Spezialgebietes.)

Anschauungsteil
Künstler, Kunsthandwerker, Könner und Kinder haben ihre Arbeiten zu diesem Teil beigetragen. Für die Auswahl waren nicht geschmackliche Kriterien ausschlaggebend, sondern vor allem Ideenreichtum, Unbefangenheit und Mut zum Experiment.
Wer nach genauen Anleitungen zum Nacharbeiten bestimmter Modelle sucht, hat das falsche Buch gewählt. Hier gibt es keine Patentrezepte, die zu einem konkreten Ergebnis führen, sondern nur eine Fülle von Orientierungshilfen und Anschauungsmaterial. Nicht das Endprodukt als Gegenstand ist das Ziel, sondern das Objekt, das durch Hinzufügen, Weglassen, Ändern noch lange Zeit wandelbar bleibt, bis es eines Tages schließlich sein optimales Gesicht bekommt.

Applikation

virgo maria
ezechiel propheta
daniel propheta

Von der Aufnäharbeit zur Stoffcollage

Die Applikationstechnik – eine dekorative Textilarbeit, bei der Stoffstückchen (gelegentlich auch Federn und anderes Material) auf einen Grundstoff aufgestickt oder aufgenäht werden – hat sich sehr langsam von der Stickerei zu einer eigenständigen Form der Textilgestaltung entwickelt.
Schon im Mittelalter, noch bevor man farbiges Stickmaterial kannte, wurden Wandteppiche und kostbare Kleidungsstücke sowie Kissen und Behänge durch Aufsticken verschiedenartiger Stoffteile auf den Untergrund phantasievoll gemustert. Man nannte diese Technik Aufnäharbeit. Auch die aus Rescht stammenden persischen Stickereien wurden so benannt, obwohl es sich hier um eine Art Stoffintarsie handelte: in kunstvollen Formen ausgeschnittene Stoffteilchen wurden in die entsprechenden Ausschnitte des Grundstoffes gelegt und mit kleinen überwendlichen Stichen wie eine Art Flicken eingesetzt. Die Nahtstellen wurden mit mehreren dichten Reihen Kettenstichen überdeckt. Anstelle der Kettenstiche hat man später auch Metallschnüre und Seidenkordeln aufgenäht. Vermutlich ist sogar die Applikationsstickerei durch das Aufnähen von dickeren Seidenfäden zur Betonung der Konturen bei flächigen Stickereien entstanden.
Eine besondere Applikationstechnik entwickelte sich bei den Indianerstämmen, wobei nicht festzustellen ist, wo diese Art zuerst

Seite 8:
Detail einer Applikation auf blauem Tuch mit rotem Rand. Motiv: Der Stammbaum Jesu. Gesichtszüge gestickt, Konturen mit Goldlederstreifen betont. Die dargestellten Kleider zeigen die Mode des ausgehenden 14. Jahrhunderts. Die Arbeit stammt aus Nordsteimke/Niedersachsen
Foto: Herzog Anton Ulrich-Museum, Braunschweig

Seite 7:
Detail einer Portiere, Stickerei und Applikation in Seide auf Wollfilz
Höhe 143 cm, Breite 126 cm, 17./18. Jahrhundert
Abegg-Stiftung Bern

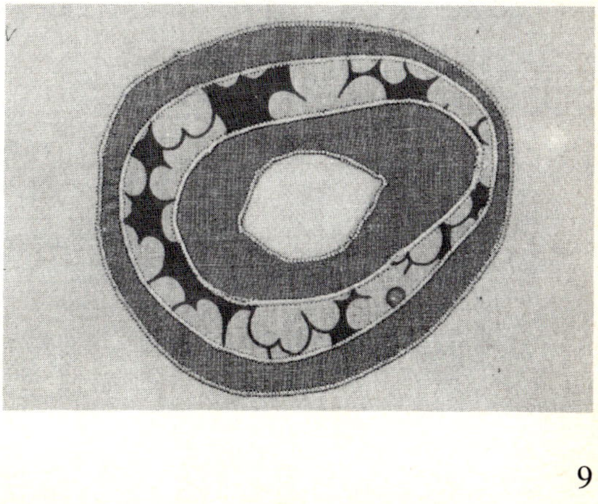

Nachvollzogene Arbeitsprobe indianischer Applikationstechnik in Grün, Buntgemustert und Orange auf blauem Grund
Foto: M. Bauer-Hamersen

auftauchte. Hier wurden mehrere Stofflagen auf einen Grundstoff geheftet. Danach hat man zuerst die obere Stofflage, dann die darunterliegenden Stofflagen, den gleichen Konturen folgend, jedoch jede um 2 cm kleiner, zugeschnitten. Nachdem die obere Stofflage um die Kanten herum auf den Grundstoff genäht worden ist, wurde sie in der Mitte ausgeschnitten, und die Schnittkanten wurden gegen den darunter zum Vorschein gekommenen Stoff gesäumt. Mit den darunterliegenden Stoffen wurde genauso verfahren, bis der Grundstoff zum Vorschein kam. (Das Foto Seite 9 zeigt die mit der Nähmaschine nachvollzogenen Phasen einer solchen Arbeit aus drei auf den Grundstoff aufgelegten Stoffstücken.) Solche Applikationen wurden nicht nur in Stoff, sondern auch in dünngeschabtem Leder ausgeführt. Neben prächtigen Seidenapplikationen, die häufig durch Stickereien ergänzt wurden, spielt die Tuchapplikation – in dickem nicht ausfransendem Tuch oder Filz – etwa vom Anfang des 15. Jahrhunderts an eine Rolle. In Niedersachsen, das in der Stickerei eine lange, vom Kloster Lüne ausgehende Tradition hat, wurden die Konturen der applizierten Stoffstücke durch aufgenähte vergoldete Lederriemchen besonders hervorgehoben. Eine der schönsten Arbeiten aus dieser Gegend, die Darstellung der Tristansage, wurde im 19. Jahrhundert an das Victoria and Albert Museum in London verkauft. Eine weitere Arbeit in dieser besonderen Technik, die Darstellung der Lebensstufen, befindet sich im Kaiser-Friedrich-Museum in Magdeburg.

Das Foto Seite 8 zeigt eine Darstellung in der beschriebenen Goldlederfaßtechnik des Stammbaumes Jesu. Allerdings ist das Gold der Lederstreifen vergangen. Ebenso die eingestickte Gesichtszeichnung. Die Kleidung der Figuren dieser Arbeit aus Nordsteimke zeigt die Mode des ausgehenden 14. Jahrhunderts.

Während die Wiener Schule die kostbare Seidenapplikation weiter kultivierte und es zu höchster Vollendung in dieser Handarbeitstechnik brachte (Foto Seite 11 links), wurden in Rußland vor allem Wollapplikationen bevorzugt. Besonders in den um 1910 berühmten Werkstätten der Prinzessin Maria Ténischef in Talaschkino bei Smolensk wurden handgewebte Wollstoffe verarbeitet (s. Foto Seite 11 rechts).

Im Laufe der Jahrhunderte hat die Applikation sich in vielen Variationen entwickelt und sich immer weiter von ihrer ursprünglichen Arbeitsweise – Stoff zwischen seidenpapierkaschierten, angefeuchteten Karton pressen, Teile faserfrei ausschneiden und abermals pressen – weit entfernt. Man ging im Laufe der Zeit immer unbefangener mit den Materialien um, und heute ist es kein Stilbruch oder Verstoß gegen die ohnehin nicht mehr geltenden Werkvorschriften mehr, wenn man anstelle des Stoffes Federn, anstelle des Nähfadens Textilkleber nimmt. Nur haben diese neueren Methoden der Textilgestaltung oft mehr mit dem weiten Gebiet grafischer Flächengestaltung als mit Handarbeit gemein. Das handwerkliche Können und die Nadelfertigkeit weichen mehr und mehr der möglichst raschen Verwirklichung kreativer Ideen.

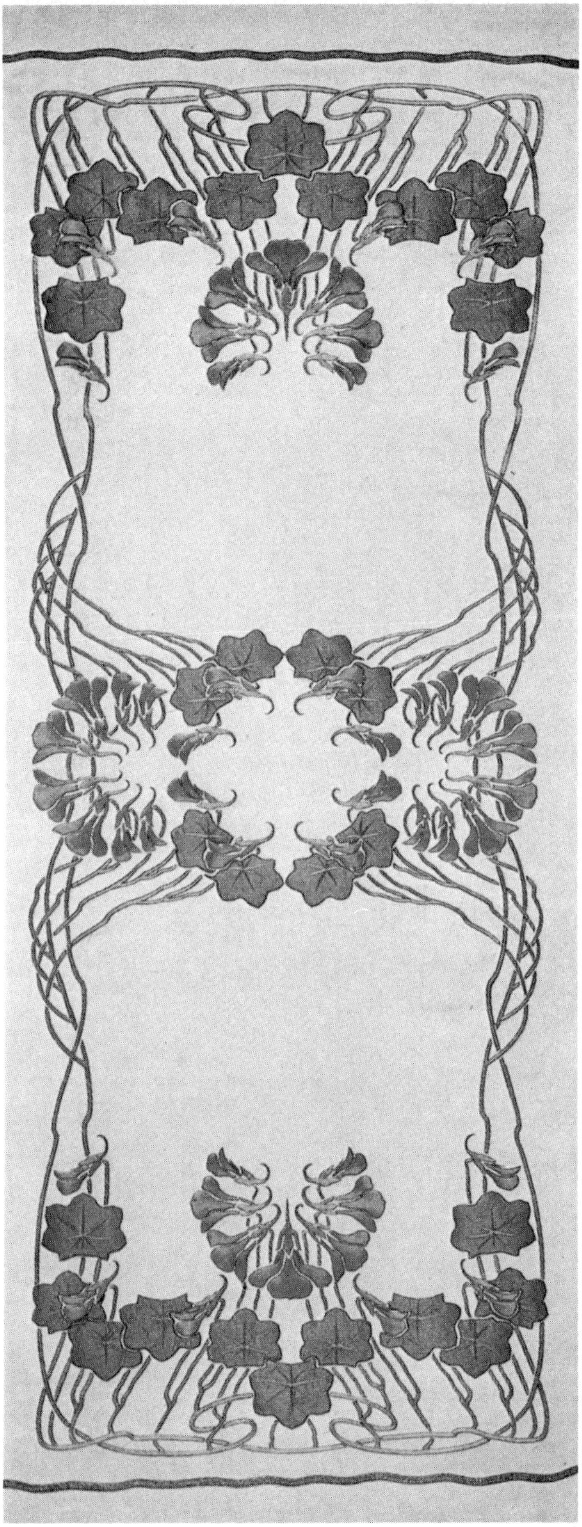

Drei Kissen in Applikationsstickerei aus der Werkstatt der Prinzessin Maria Ténischef in Talaschkino bei Smolensk. Dichtes handgewebtes Wolltuch, mit Pflanzenfarben eingefärbte Garne. Um 1910

Wandbehang in Applikationstechnik und schattierter Flachstickerei. Wiener Schule aus der Zeit des Jugendstils
Foto aus der Schrift der Berufspädagogischen Bundeslehranstalt für Bekleidungsgewerbe Wien

Phantasie, Schere und Geduld

Josepha Heinrich, 1898 geboren, ist eine Vertreterin der echten Volkskunst im besten Sinne. Die Pflege bayerischen Kulturguts ist in ihrer Familie Tradition. Ihre Vorfahren waren Bildhauer und Maler. Sie stellten unter anderem die typischen bayerischen Krippenfiguren her. Josepha Heinrich, die heute in Peiting lebt und arbeitet, hat textiles Material für die Verwirklichung ihrer phantastischen Vorstellungen gewählt. Sie begann damit, als sie als Förstersfrau in der Einsamkeit im Kleinen Walsertal lebte und ihr Mann sehr oft für längere Zeit irgendwo in den Bergen in seinem großen Revier zu tun hatte. Es fing damit an, daß sie die Kleidung ihrer Kinder nicht auf die sonst übliche Weise flickte, sondern auf schadhafte Stellen Blumen und Figuren, Tiere und Käfer setzte und die Kanten mit hübschen Stichen umsäumte. Bald wurden aus den applizierten Flicken größere Arbeiten: Kissen und Decken für Kinderbetten – zuerst nach Abplättschablonen gearbeitet, sehr bald aber schon selbst gestaltet.

Im Laufe der Zeit hat Josepha Heinrich, die eine Fülle von Stoffresten aller Farben und Gewebearten besitzt und weiterhin sammelt, es zur wahren Meisterschaft gebracht. Ihre Garne, mit denen sie die Motive aufstickt, hebt sie in einem schönen alten Münzschrank auf, dessen viele Schubfächer ideal für diesen Zweck sind. Allein dieser Anblick läßt das Herz des Betrachters höher schlagen.

Neben ihrer reichen Phantasie, in der sich Naturverbundenheit und Ehrfurcht vor dem Allmächtigen offenbaren, verfügt die Künstlerin über jene beneidenswerte Unbefangenheit, wie sie selbst bei Kindern selten zu finden ist. Ohne Bedenken setzt sie die Schere an und schneidet frei aus dem kostbarsten Stoff eine Figur nach ihrer Vorstellung aus. Sind die Figuren und Motivteile ausgeschnitten, werden sie mit großen Stichen auf den

Etwa 2 Meter lang und einen halben Meter breit ist der phantasievolle Wandfries, den Josepha Heinrich für ihre Enkelkinder in mehrmonatiger Arbeit applizierte
Foto: Lammèr-Produktion

Grundstoff geheftet und danach mit Stickstichen, von denen Frau Heinrich eine ganze Reihe selbst erfindet, indem sie die Arten immer wieder abwandelt, aufgenäht. Nur selten hat die Textilkünstlerin dabei eine feste Vorstellung von dem Endprodukt. Während der Arbeit komponiert sie ihre Einzelmotive zu einer Gesamtdarstellung, gelegentlich durch Stickereien ergänzend. Während die früheren Arbeiten wenige Einzelmotive über einer Fläche verteilt zeigen, werden die späteren Arbeiten immer farben- und formenreicher. Bei den jüngeren Arbeiten kann man kaum einen Flecken vom Grundstoff mehr sehen. Das Besondere an Frau Heinrichs Arbeiten ist die Auswahl der Stoffe ihrer Verwendung entsprechend: nicht nur die Farben sind in Übereinstimmung mit dem Vorbild (z.B. einem Tier) gewählt, sondern vor allem die Stoffstrukturen. Pelzige Tiere werden auch aus pelzartigen Stoffen gestaltet, Sonne und Mond aus glänzendem Material, Blumen aus leichten Stoffen.
Josepha Heinrich arbeitet mit großer Geduld und Sorgfalt fast allabendlich von acht bis halb elf Uhr. Zwei bis drei Monate dauert es, bis ein großes appliziertes Bild, das an naive Malerei erinnert, fertig ist. (Dieser lange Herstellungsprozeß und die Originalität jedes Exemplares machen die Arbeiten von Frau Heinrich fast unbezahlbar.)
Als ein Mitarbeiter der Handwerkskammer

Ein besonders schönes Stück: »Die Vogelpredigt des Hl. Franziskus«, ein 47 × 75 cm großer Bildteppich auf tabakfarbigem Leinengrund. Die weiße Kapelle hat ein leuchtendblaues Dach
Foto: Claus Hansmann

in München eine Ausstellung der phantastischen Applikationsstickereien von Josepha Heinrich anregte, meinte die überaus bescheidene mehrfache Großmutter: »Das Zeug tut man doch nicht ausstellen.« Die Ausstellung im Bayerischen Nationalmuseum im Sommer 1974, die dann stattfand, war ein großer Erfolg, und die Tatsache, daß das anspruchsvolle Bayerische Nationalmuseum eine ihrer Arbeiten angekauft hat, dürfte die Krönung ihrer mühevollen schönen Arbeit sein.

Seite 15:
Eine sehr ausgewogene Bildkomposition stellt die Applikation dar, in deren Mittelpunkt Maria mit dem Kinde vor einer weißen Kapelle mit blauer Kuppel steht, umsäumt von Blüten, Engeln, Vögeln und anderen Tieren. Josepha Heinrich nannte diese Arbeit »Erinnerung an den Wallfahrtsort Maria Plein«
Foto: Claus Hansmann

Die Applikationstechnik

Die Applikationstechnik ist denkbar einfach: kleinere Stoff- und Materialteilchen (z. B. Leder, Federn, Bänder) werden auf einen Grundstoff, auch Trägerstoff genannt, aufgenäht. Das kann mit der Hand oder mit der Nähmaschine geschehen. Je gröber das Gewebe der aufzunähenden (zu applizierenden) Teile ist, um so dichter müssen die Stiche an den Kanten sein, mit denen sie befestigt werden, sonst fransen die Kanten aus und der Stoff löst sich. Beim Nähen mit der Maschine wählt man den dichten Zickzackstich oder einen anderen dichten Zierstich. Beim Aufnähen mit der Hand kann man zwischen unsichtbaren Saumstichen, bei denen die Stoffkanten nach unten eingeschlagen werden, und sichtbaren Zierstichen um die Schnittkanten herum wählen. Die gebräuchlichsten Stiche bei Applikationen sind neben einfachen überwendlichen Stichen

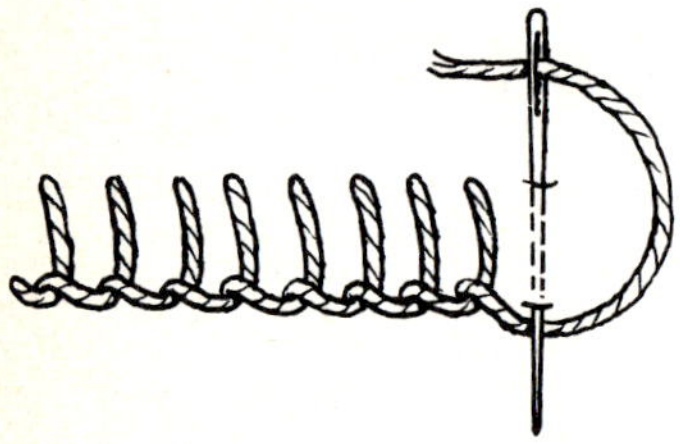

Langetten- oder Schlingstiche

Kettenstiche

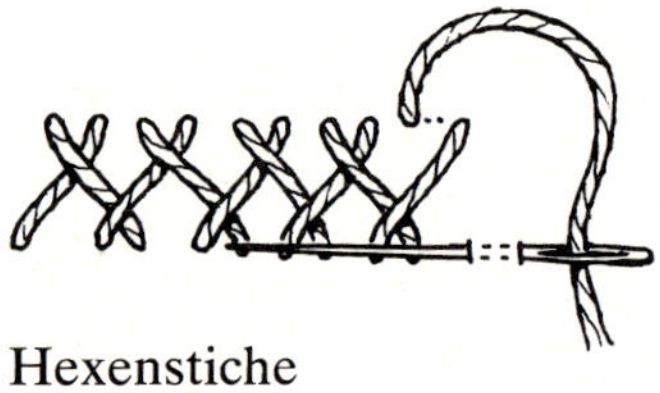

Hexenstiche

Diese Stiche bringen ein zusätzliches Element in das Farben- und Formenspiel einer Arbeit. Eine weitere Möglichkeit ist das Befestigen einzelner Stoffabschnitte zu einer plastischen Applikation durch Garnschlaufen. Federn werden ebenfalls mit Garnschlaufen um die Kiele herum befestigt. Es ist nicht ratsam, die Federkiele zu durchstechen, da sie spalten und sich lösen könnten. Als Grundstoff kann man jedes dichte Gewebe nehmen, das mindestens so fest sein muß wie das zu applizierende Material. Ist das Grundgewebe zu dünn, besteht die Gefahr, daß es nach dem Applizieren beult. Zu schwache Grundstoffe kann man durch rückwärtiges Aufbügeln von Vlieseline widerstandsfähiger machen. Stoffe hingegen, die aufgenäht werden sollen, versteift man nicht mit Vlieseline, da die Applikation dadurch starr und brettig wirkt. Beim Aufnähen dürfen weder Grundstoff noch zu applizierende Stückchen gedehnt werden.
Eine der Applikation verwandte Technik ist die Stoffcollage. Hierbei werden ausgeschnittene Stoffstücke auf einen Grundstoff

Mein schöner Garten – Seidenapplikation in Rosé-, Grün- und Gelbtönen. Die Rechtecke wurden patchworkartig auf dem Untergrund zusammengestickt
Entwurf und Ausführung: Jutta Lammèr
Foto: M. Bauer-Hamersen

geklebt. Der Grundstoff muß zuvor mit Vlieseline versteift oder auf der Rückseite mit Karton kaschiert werden, je nachdem, für welchen Zweck die Arbeit gedacht ist. Je größer die Arbeit ist, um so fester muß der Trägerstoff sein, damit er durch das Gewicht der aufgeklebten Stoffe nicht durchhängt. Zum Kleben verwendet man am besten Tapetenkleister, der zwar zunächst etwas durch den Stoff durchschlägt, nach dem Trocknen aber keinerlei Flecke hinterläßt. Man kann auch einen Spezial-Textilkleber nehmen. Während sich genähte Applikationen auch für Gebrauchsgegenstände (z.B. Kissen, Decken, Kleidungsstücke) eignen, sind Stoffcollagen reine Schaustücke, weil sie nicht waschbar sind. Dennoch haben solche Arbeiten ihren bildnerischen Wert, vor allem als Vorstufe zu anspruchsvolleren Applikationen.

Eine besonders originelle Idee der praktischen Anwendung von Applikationen: ein umgewendeter Mantel, patchworkartig mit bunten Stoffstücken besetzt
Idee und Ausführung: Ann Sousa
Foto: Claus-Peter Schmid

Seite 19:
Es müssen nicht immer Stoffe sein, die appliziert werden, man kann auch – wie hier – Häkelbögen auf einen Strickgrund nähen. Allerdings muß das Gestrick von der Rückseite mit einem festeren Stoff gefüttert sein. Größe der Decke: ca. 1,80 × 2,20 Meter
Foto: la maison de marie claire

4 × 2,50 m groß ist der bezaubernde Applikations-Wandteppich »Sommergarten«, den Lotte Hoffmann für ein Schloß in Frankreich fertigte. Typisch für die Arbeiten dieser Künstlerin: die starkfarbigen, an den Kanten ausgefransten Seidenrechtecke und -quadrate
Foto: Loho-Werkstätten/privat

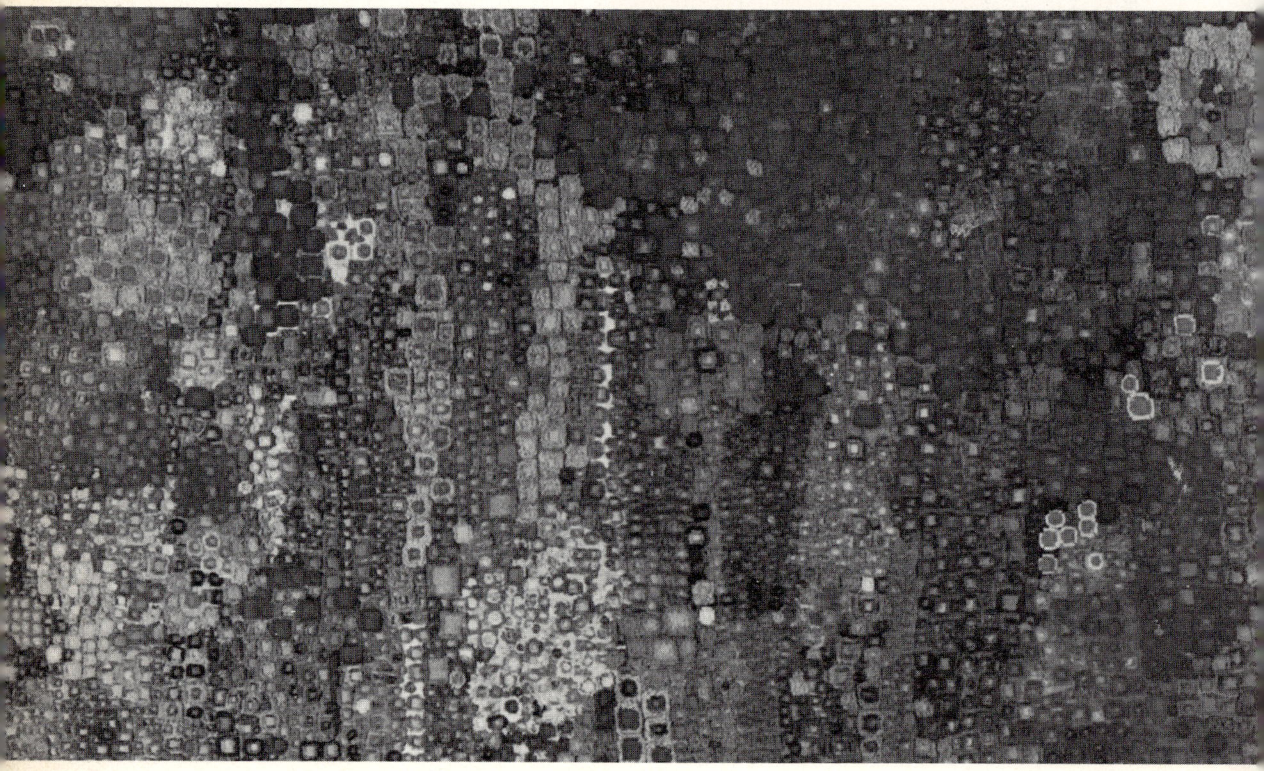

Maschinen-Applikation nach einer 1974 herausgegebenen Briefmarke der Deutschen Bundespost. Baumwollstoffe, den gesamten Leinengrund deckend. Größe: 25 × 15 cm
Ausführung: Jutta Lammèr
Foto: M. Bauer-Hamersen

Vergrößerung der Briefmarke, nach der die Applikation links gemacht wurde
Foto: M. Bauer-Hamersen

Bei dieser großflächigen Applikation sind die Windräder in verschiedenen Blautönen gehalten. Der Grund ist weiß. Die Technik dieser Arbeit ist traditionell: alle Saumkanten wurden nach innen umgeschlagen und mit unsichtbaren Stichen angesäumt
Foto: la maison de marie claire

Diese ungewöhnliche Arbeit der zwanzigjährigen Jeanne Eley aus Frankreich ist verblüffend in ihrer dreidimensionalen Wirkung. Gestrickte, gehäkelte und aus Stoff geschnittene Elemente sind hier gekonnt zu einem eindrucksvollen Bild komponiert
Foto: Philippe Leroy

Seite 23:
General zu Pferde – Marijke Raaijmakers-Weber hat den General mit all seinem Ordensschmuck auf ein Schaukelpferd gesetzt, die Siegesfahne in der Hand ist sehr klein – seine Zeit ist vorbei. Trotz aller Märchenhaftigkeit dieses 178 × 160 cm großen Applikationskunstwerkes zeigt es deutlich einen zeitkritischen Aspekt
Foto: Hans Derckx

Reservestuhl – Applikation mit dreidimensionaler Wirkung von Marijke Raaijmakers-Weber, Grubbenvorst/Niederlande. Größe: 160 × 130 cm. 1974
Foto: Hans Derckx

Seite 24:
Wiese – Applikation aus Baumwolle, Kunstseide und Möbelstoff, mit der Maschine ausgeführt. Der Wandteppich im Besitz der Gemeinde Haarlem ist 200 × 75 cm groß. Er hat abgestufte Grüntöne. Der Rand ist hell- und dunkelblau
Entwurf und Ausführung: Ria van Elk, Amsterdam, 1971/72
Foto: Marijn ten Holt

Feder-Applikation »Vögel«, Rupfengrund über eine Holzplatte gespannt. Größe: ca. 50 × 75 cm
Entwurf und Ausführung: Ingrid Lütken
Foto: Lammèr-Produktion

Arbeiten in Applikationsstickerei einer 5. Klasse der Victoriaschule in Essen (Unterricht: Elisabeth Martin). Bemerkenswert der kindliche Formen- und Farbenreichtum und die Sicherheit der Flächenaufteilung
Foto aus: »Textilkunst«, Verlag Schaper, Hannover

Textilcollage »Alle Vögel sind schon da«, Baumwollstoffe und Perlen. Der Grundstoff ist mit Vlieseline kaschiert
Entwurf und Ausführung: Jutta Lammèr
Foto: M. Bauer-Hamersen

Jugendstil-Applikation mit Stickerei auf Tuch in warmen Rot-, Grün- und Gelbtönen, auf der die Anbetung des Kindes dargestellt ist
Sammlung des Kunstgewerbemuseums im Museum Bellerive, Zürich

Batik

Batik – Weg und Wandel

Seite 27:
Gewebe in Plangi-Technik gefärbt, 85 × 115 cm groß, aus Peru. Morro-Kultur, um 700 n. Chr. Diese Färbetechnik, bei der ein Teil des Gewebes durch Abbinden gegen Farbaufnahme reserviert wird, ist die erste Stufe auf dem Wege zum Reserveverfahren mit Wachs, der Batik
Museum für Völkerkunde, München
Foto: Praun Photo

Seite 28:
Detail eines gebatikten Lendentuchs aus Java, dessen Motive und Ornamente chinesischen Einfluß verraten.
Java
Foto: Völkerkundemuseum, Universität Zürich

Geräte aus Vorderindien – Vorläufer der späteren Tjaps – zum Auftragen von Wachs auf den Stoff
Foto: Ciba-Rundschau/Dr. Steinmann

Die Erfindung des Reservierens von Stoff mit Wachs und das Einfärben der freigelassenen Flächen – Batik genannt – wird im allgemeinen den Javanern zugeschrieben, doch lassen die Studien vieler Kunsthistoriker den Schluß zu, daß die Batik in früheren Zeiten schon in Hinterindien bekannt war und von dort aus nach Java kam. Die Bezeichnung »Batik« ist jedoch javanisch, abgeleitet von »ambatik«, was soviel wie zeichnen oder schreiben bedeutet.
Im Handelsmuseum von Lyon befinden sich mit Hilfe von Wachsreserveverfahren ornamentierte Gewebe, die aus altägyptischen Gräbern stammen. Möglicherweise handelt es sich bei diesen Arbeiten um Geschenke, die indische Kaufleute nach Ägypten brachten. Aber auch in Japan, China, Rußland und

Batik in Blau/Weiß auf Baumwolle aus Russisch-Turkestan (Buchara)
Foto: Völkerkundemuseum, Universität Zürich

Detail eines gebatikten Setzschirms aus dem Kaiserlichen Schatzhaus Shôsôin, Nara (Japan), 8. Jahrhundert
Foto: Ciba-Rundschau/Dr. Steinmann

Turkestan – überhaupt im ganzen ostasiatischen Raum war die Batiktechnik schon früh bekannt. Sie kam erst sehr spät nach Europa. Der Engländer Sir Thomas Stamford Raffles, der während der englischen Besetzung Gouverneur von Niederländisch Indien war, beschrieb in seinem Werk »History of Java« 1817 zum ersten Mal ausführlich diese Färbetechnik. Die erste größere Sammlung javanischer Batikarbeiten wurde 1883 in Am-

Seidener Batikschal mit chinesisch beeinflußter Musterung aus Pekalongan, Zentral-Java
Foto: Völkerkundemuseum, Universität Zürich

sterdam auf einer Kolonialausstellung gezeigt. 1898 folgte in Den Haag eine weitere Batikausstellung, auf der zwei javanische Mädchen diese Kunst vorführten. Wenn auch die Wurzel der Batikkunst nicht genau zu bestimmen ist, so ist es sicher, daß Java und die benachbarte Insel Madura bis auf den heutigen Tag die Zentren der Batik sind. Zunächst batikten nur die Frauen der ersten Familien ihre kostbaren Sarongs, so wie die hohen Damen des damaligen Europas stickten und webten. Dabei saßen die Javanerinnen auf der Erde. Der über einer Stange hängende Stoff war an dem einen Rand mit Steinen beschwert, während er an der gegenüberliegenden Kante von der Batikerin mit der Hand gespannt wurde. Auf dem Boden daneben wurde in einem eisernen Topf Wachs erhitzt, das, flüssig gemacht, in ein Wachskännchen mit einem feinen Röhrchen,

Wie ein Fries sind die Batikmotive auf diesem länglichen Kopftuch aus Zentral-Celebes angeordnet
Foto: Völkerkundemuseum, Universität Zürich

Tjanting genannt, eingefüllt wurde. Mit diesem Tjanting wurden Wachslinien auf den Stoff gezeichnet. Die Muster entsprachen in ihren Grundzügen altüberlieferten Motiven, wie man sie auch heute noch auf javanischen Arbeiten findet. Als Farben wurden vorwiegend Blau, Purpur und Braun in vielen Abwandlungen verwendet. Grün, Violett und Gelb kamen später hinzu, wurden aber dennoch weniger häufig benutzt.

Das Material war Baumwollstoff, seltener Seidengewebe. Der Baumwollstoff wurde vor dem Batiken einer umständlichen Vorbehandlung unterzogen, um ihn weich und geschmeidig zu machen. Man legte ihn zunächst 10 Tage in Rizinusöl, knetete ihn gründlich durch und kochte ihn dann in einer Art Sodalauge. Danach wurde er in die Sonne gelegt, bis er weich und elfenbeinfarben geworden war. Anschließend wurde er mit Reiswasser gestärkt und mit hammerartigen Holzschlägern geglättet.

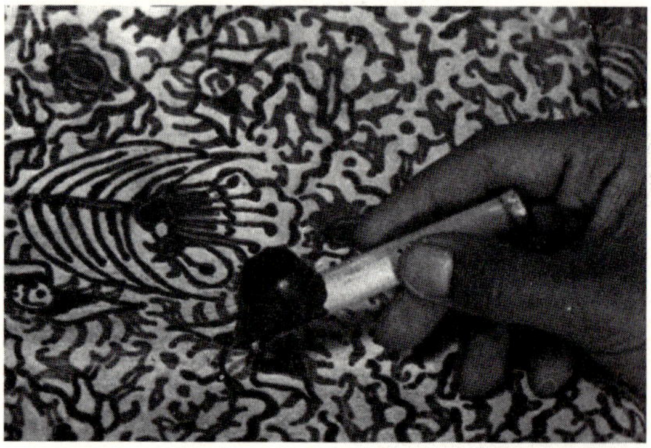

Javanerinnen beim Batiken. Der Stoff, dessen hintere Kante mit Gewichten beschwert ist, hängt über einem Gestell, die Vorderkante wird mit der Hand gespannt. Auf dem Boden steht das Rechaud mit dem Wachstopf

Javanischer Tjanting. Durch das gebogene Röhrchen fließt das erhitzte Wachs, mit dem der Stoff bemalt wird

Nach dem letzten Färben: die dickeren Wachsaufträge werden mit dem Fingernagel abgekratzt, bevor das restliche Wachs aus dem Stoff herausgeschmolzen wird

Fotos: Völkerkundemuseum, Universität Zürich

Mehr und mehr breitete sich die Batiktechnik auch unter den einfacheren Leuten Javas aus und entwickelte sich zu einer echten Volkskunst, die sich bis heute in ihrer ursprünglichen Art erhalten hat. Daneben entwickelten sich aber rationellere Verfahren, die es möglich machten, über den Eigenbedarf hinaus auch für den ständig wachsenden Markt zu arbeiten. So vervielfältigte man die Wachszeichnungen, indem man Schablonen anfertigte – eine Methode, die heute auch in Japan sehr verbreitet ist. Später kamen die »Tjaps« hinzu, Kupferstreifen, die hochkant zu einer Art Druckstock zusammengelötet wurden. Man verwendet diese Metallstempel, mit deren Hilfe das geschmolzene Wachs – nicht die Farbe – auf den Stoff übertragen wurde, auch heute noch für die sogenannte Handbatik (nicht zu verwechseln mit der gegenwärtig häufig vorkommenden Imitation,

Javanischer Tjap – aus Kupferstreifen hochkant zusammengelöteter Stempel für den Wachsauftrag auf Stoff
Foto: Völkerkundemuseum, Universität Zürich

Javanische Batik. Das Schuppenmotiv mit deutlich erkennbarem Rapport könnte mit einem solchen Tjap hergestellt worden sein
Foto: Völkerkundemuseum, Universität Zürich

Die künstlerische Gestaltung mit dem Wachskännchen ist auch heute noch in Java Sache der Frauen. Männer dürfen lediglich die schwerere Arbeit mit dem Tjap tun
Foto: Völkerkundemuseum, Universität Zürich

dem Batikdruck, bei dem Stoffe lediglich mit einem batikähnlichen Muster maschinell bedruckt werden). Solche, den früheren Druckmodeln ähnliche Tjaps kann man hier und dort in Spezialboutiquen und sogenannten Kunstgewerbegeschäften kaufen. Schließlich sei noch das Nagelbrett erwähnt, eine primitive, jedoch später entstandene Form des Tjaps. Es handelt sich hierbei um nach einem bestimmten Muster in ein Holzbrett eingeschlagene Nägel zur Übertragung flüssig gemachten Wachses auf den Stoff. Die einfache Punktierung ergibt oft erstaunliche Muster. Ähnlich – und noch jünger – sind die Nadelstempel. Einfache Stecknadeln werden durch eine Gummiplatte gesteckt, die Gummiplatte mit den aufliegenden Nadelköpfen auf ein Brett geleimt. Die Nadelspitzen übertragen ganz feine Wachspunkte. Die Schwierigkeit solcher Stempelbatiken liegt in der genauen Anordnung der Stempel, so daß sich ein gleichmäßiger Rapport ergibt. Dennoch stehen die Tjantingbatiken, bei denen die ganze Fläche mit dem Wachskännchen künstlerisch gestaltet wird, im künstlerisch höchsten Rang – besonders auf Java selbst. War die Batikarbeit lange Zeit nur den Frauen vorbehalten, so wurden später auch Männer für die einfacheren Batiken mit Tjaps herangezogen. Dennoch ist die künstlerisch gestaltete Batik in ihrer traditionellen Form nach wie vor das Privileg der Javanerinnen. Schwierigkeiten bereitete das Färben der Stoffe, insbesondere die Haftfähigkeit und Haltbarkeit der Farben. Die ersten Farben wurden aus Erde hergestellt: Rot aus Toneisenstein, Ocker aus Gelberde. Diese Erden wurden pulverisiert, feucht angerührt und mit einem aus Reis gewonnenen Bindemittel versetzt. Diese Farben hafteten jedoch nur auf der Stoffoberfläche, sie rieben sich leicht ab und waren wasserlöslich.

Zu den ältesten Farben muß man auch das Purpur rechnen. Diese ursprünglich grüngelbe Absonderung der Stachelschnecke entwickelt sich durch Sonnenbestrahlung zu intensivem Rotviolett. Man spricht davon, daß diese Farbe bereits den Indogermanen bekannt war. Sicher ist, daß Purpur schon 1600 v. Chr. auf Kreta gewonnen wurde. Sehr früh war auch das Krapprot bekannt, das aus einem Wurzelstock gewonnen wurde. Das wichtigste blaue Färbemittel lieferte der Waid. Dieser Strauch, aus dessen Blättern der Farbstoff gewonnen wird, wächst im Orient sowie in Süd- und Mitteleuropa. Man kennt seine färbenden Eigenschaften seit über zweitausend Jahren, obwohl die gewonnene gelbe Farbe dieses Gewächses erst durch Hinzufügen von Salzsäure blau wird. Als König der Farbstoffe wird jedoch der Indigo bezeichnet, der von einer in Indien wachsenden Indigopflanze stammt. Es gibt in den Tropen etwa 300 verschiedene Indigopflanzen-Arten.

Nachdem die Batikkunst nach Europa ge-

Seidenbatik »Blaue Landschaft« von Marianne Seitz. Die Gestaltung der Szene weist eine Anlehnung an den Jugendstil auf. Farben: Weiß, Blau, Blattgrün und Oliv. 1972
Foto: privat

kommen war – vor allem durch die auf der 1900 in Paris auf der Weltausstellung gezeigten Arbeiten holländischer Künstler, fand sie in den verschiedenen Ländern geteilte Aufnahme. Die größte Resonanz erfuhr sie in den Niederlanden, wo sie schon bald an der Kunstschule von Harlem unterrichtet wurde. Denkbar ungünstig war die Zeit für diese rein im Ornamentalen wurzelnde und durch das Ornament bestimmte Technik im Deutschland der Jahrhundertwende. Hier tobte man sich gerade im Jugenstil aus und hatte keinen Sinn für derart »veraltcte Gestaltungsäußerungen«. Um so erstaunlicher ist es, daß Batik – wenn auch in einer freieren Gestaltungsform – und Jugendstil etwa zur gleichen Zeit und in gleich starkem Maße seit einigen Jahren eine Renaissance erfahren, sich steigender Aufmerksamkeit erfreuen und sich gelegentlich miteinander verschmelzen: Batikarbeiten nach Art des Jugendstils.

Wachsmalerei und Färbekunst

Die Sprache der Kunst ist heute oft so verschlüsselt, daß auch der gutwillige Betrachter enttäuscht, zumindest ratlos davor steht. Nicht so die Batiken der Künstlerin Marianne Seitz aus Krailling.

Die Vielfarbigkeit in gekonnter Nuancierung, die fast spielerisch gesetzten Ornamente der Details, die überraschenden Perspektiven lassen bei allem klar erkennen, um was es geht. Dabei bleibt der eigenen Phantasie noch genügend Spielraum, das Auge findet immer neue Linien, denen es folgen kann, immer neue Punkte, auf denen es ruhen kann.

Marianne Seitz stammt aus dem Schwäbischen. Sie ist Kunsterzieherin. Ihre künstlerische Ausbildung erhielt sie bei dem bekannten Kirchenmaler Professor Franz Nagel an der Akademie in München, dort schloß sie auch das Studium für das künstlerische Lehramt ab.

Die Schule von Prof. Nagel spiegelt sich in den Arbeiten seiner Schülerin Marianne Seitz wieder: religiöse Themen, Darstellungen aus dem sakralen Bereich kehren immer wieder und werden in vielen Variationen behandelt, wie die Bildbeispiele beweisen. Allerdings fehlt den Fotos ein wichtiges Element, das die Arbeiten von Marianne Seitz so auszeichnet: Die Farbaussage. Bis zu fünf Färbe- und Wachszeichengänge führen zu einer Vielfarbigkeit von eigenartigem Reiz. Dabei zieht die Künstlerin bei ihren Arbeiten das Wachskännchen, den Tjanting, dem Pinsel vor. Mit unglaublicher Sicherheit führt sie in genau überlegten Linien das kleine Zeichengerät mit dem flüssigen Wachs über die gespannte Seide, wissend, daß nach dem Färben keine Korrekturen mehr möglich sind. Ganz nebenbei erläutert sie, welche Farbe sie zunächst, welche danach, welche als dritten, vierten und letzten Gang sie einfärben wird und wie die Arbeit dann aussieht. Man hört ihr zu, staunend, etwas ungläubig sogar, bis man die Voraussage nach

Diesen Pfingstaltar, eine Arbeit von unglaublichem Gestaltungsvermögen, vollendete Marianne Seitz 1964.
Maße: 81 × 94 cm
Foto: privat

Stunden am vollendeten Werk bestätigt sieht. Es ist nicht nur die genaue Kenntnis der Farbzusammenhänge, die eine solche Voraussage möglich macht, es sind Erfahrungen und optisches Vorstellungsvermögen, die zu den gewünschten Ergebnissen führen. Marianne Seitz arbeitet stets aus freier Hand. Lediglich eine Skizze, eine Art Ideenstütze liegt der Arbeit zugrunde, jedoch löst sie sich mit fortschreitender Zeichnung mehr und mehr von dem Vorbild – das Kunstwerk macht sich selbständig.

Wer die umständliche Technik des Batikens kennt, wird vielleicht annähernd ermessen können, wieviel physische und psychische Kraft die großformatigen Arbeiten – das Werk zum Thema »Schöpfung« in der Kinderkirche von St. Laurentius in München ist 320 × 110 cm groß – neben allen künstlerischen Anforderungen gekostet haben müssen. Etwa 10 qm groß dürfte eine Arbeit sein, mit deren Fertigstellung sie zur Zeit des Interviews gerade befaßt war.

Für die Ausstellung anläßlich des Eucharistischen Weltkongresses 1960 in München entwarf Marianne Seitz Meßgewänder für afrikanische Priester, in Schnittführung und Ornamentik aus den einheimischen Häuptlingsgewändern entwickelt, die viel Beachtung fanden. Von den vielen hervorragenden Arbeiten seien noch folgende besonders erwähnt: Taufbehang in der Münchener Kirche St. Thomas Morus (160 × 120 cm), Batik zum Thema »Wirkung des Hl. Geistes« (120 × 120 cm) im Jugendhaus in Josephstal, Batik zum Thema »family of man« (240 × 90 cm) im Institut für außerschulische Jugendarbeit in Gauting.

Seidenbatik von Marianne Seitz »Das himmlische Jerusalem« aus dem Jahre 1965. Foto: privat

Die Batiktechnik

Die Batik entsteht durch ein Reserveverfahren, bei dem Stoffe (gelegentlich auch Papiere) stellenweise durch Wachs abgedeckt, »reserviert«, und anschließend in einem Farbbad gefärbt werden. Die mit Wachs abgedeckten Flächen nehmen keine Farbe an, so daß sich nach dem Entfernen des Wachses ein Muster ergibt. Diesen Vorgang kann man mehrmals wiederholen, das heißt, man kann nach dem ersten Färbegang weitere eingefärbte Stoffstellen mit Wachs abdecken und nun ein dunkleres Farbbad machen.

Man kann auch Gewebe reservieren, indem man sie fest mit Garn abbindet oder mit Nähfäden dicht zusammenzieht, so daß an diese Stellen beim anschließenden Färben ebenfalls keine oder nur wenig Farbe kommt, jedoch haben diese Färbeverfahren, die »Plangi« genannt werden, mit der echten Wachsbatik nichts zu tun. Batik, ein Wort vom Javanischen »ambatik« abgeleitet, heißt soviel wie zeichnen oder schreiben. Dieses Zeichnen macht man mit Wachs, das durch Erhitzen flüssig gemacht wird, mit dem Tjanting, einem kleinen Wachskännchen. Sind größere Flächen zu reservieren, kann man das Wachs mit einem Borstenpinsel auftragen, dies sollte aber die Ausnahme bleiben.

Das Malen mit dem Tjanting setzt einen klaren Entwurf voraus, der möglichst wenig Überschneidungen, wenig Hintergrund, dafür geschlossene Formen in klarer Anordnung haben sollte. Vereinfachte Formen sind auf jeden Fall perspektivischen Ansichten vorzuziehen.

Vor Beginn der Wachszeichnung auf dem Stoff legt man auf Papier den originalgroßen Entwurf fest – am besten mit schwarzem wasserfestem Filzschreiber, der durch den Stoff hindurchscheint. Details sollten jedoch nicht schon festgelegt werden, es ist schöner, wenn sie sich während der Arbeit mit dem Tjanting von selbst entwickeln. Für den Anfang ist es ratsam, auch die Farben ungefähr

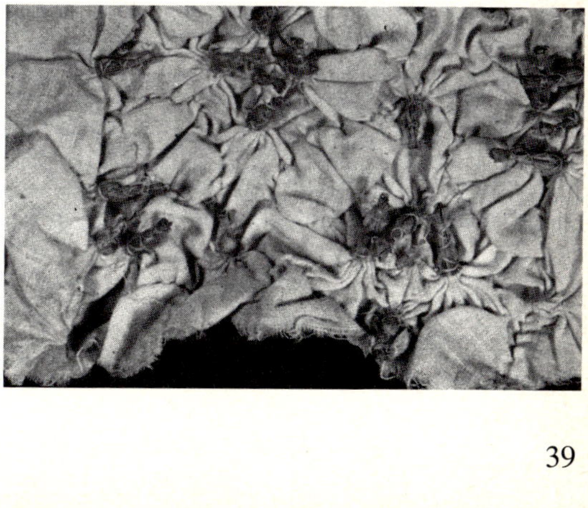

Abgebundener und mit Stroh zusätzlich umwickelter Baumwollstoff, der zu einer Färbetechnik vorbereitet ist, die Plangi heißt. An den umwickelten Stellen nimmt der Stoff kaum Farbe auf. Die Strohhütchen lassen die Farbe soweit durch, daß sich später ein strahlenförmiges Muster ergibt. Aus Java
Foto: Völkerkundemuseum, Universität Zürich

auszuwählen und mit Tusche oder Filzstiften auf den Entwurf zu zeichnen. Danach überlegt man genau, in welcher Reihenfolge der Stoff gefärbt und reserviert werden soll, und kennzeichnet die Farbfelder mit 1, 2 usw. Man beginnt immer mit der hellsten Farbe, also von Gelb über Orange und Rot bis Braun. Will man einen Farbton erreichen, der sich nicht durch Überfärben mehrerer Farben erzielen läßt, muß man den Stoff an der gewünschten Stelle wieder Entfärben (der Anweisung auf der Entfärber-Packung entsprechend. Dabei ist wichtig, daß Farbe und Entfärber vom gleichen Hersteller – z. B. Deka-Textilfarben – sind).

Material und Hilfsmittel

Fast jeder Stoff ohne Appretur läßt sich zum Batiken verwenden, jedoch eignen sich feine Baumwolle und Seide besonders gut.

Man färbt mit herkömmlichen lichtechten Textilfarben, die man in einem nichtoxydierenden Gefäß (Emaille, Porzellan, Plastik, Glas) der Anweisung auf der Packung entsprechend ansetzt. Beim Färben sollte man Gummi- oder Plastikhandschuhe tragen.

Fertige Wachsmischungen zum Batiken gibt es zu kaufen. Man kann sie jedoch auch selbst aus 2 Teilen Bienenwachs und 1 Teil Paraffin selbst mischen. Bienenwachs eignet sich zum Batiken genauso wie reines Paraffin, jedoch mit unterschiedlichen Ergebnissen. Bienenwachs ist sehr geschmeidig, das heißt, es bricht nicht an den aufgetragenen Stellen, wenn es ins Fahrbbad gegeben wird. Paraffin dagegen ist sehr spröde, es bricht leicht, und die an den Bruchstellen durchdringende Farbe ergibt die für viele Batiken typischen Krakeluren. Diese kann man jedoch auch erzielen, wenn man einen mit einem Wachs/Paraffingemisch abgedeckten Stoff vor dem Färben in das Gefrierfach des Kühlschrankes oder in Eiswasser legt und ihn anschließend etwas knittert. Vor Beginn der Arbeit mit dem Pinsel wird das Wachsgemisch in einer Dose im Wasserbad erhitzt und geschmolzen, danach stellt man es auf ein mit einem Teelicht erwärmten Rechaud (Stövchen). Das Wachs soll zwar flüssig, aber nicht ganz dünn sein. Vorsicht, es schäumt leicht und kocht über. Sobald sich Rauch entwickelt, muß das Wachsgemisch von der Wärmestelle genommen werden.

Zum Auftragen des Wachses benötigt man einen flachen schmalen Borstenpinsel (nur für große Flächen) und einen Tjanting. Tjantings kann man in Bastelgeschäften und Hobbyläden, gelegentlich auch in Geschäften für Mal- und Zeichenbedarf kaufen. Der Tjanting ist meistens aus Kupfer und besteht aus einem etwa daumengroßen Gefäß zur Aufnahme ungeschmolzener Wachsbrokken, das ein feines Röhrchen hat, durch das das geschmolzene Wachs fließt. Mit diesem Röhrchen zeichnet man direkt auf den Stoff. Das Gerät sitzt an einem hölzernen Haltegriff. Das Wachs im Tjanting wird vor Beginn der Malerei über einer Flamme geschmolzen, gelegentlich auch zwischendurch, wenn es sich um größere Arbeiten handelt, die mehr Zeit erfordern.

Bevor man mit der Wachsmalerei beginnt, muß der Stoff mit Reißzwecken über einen Holzrahmen (alten Bilderrahmen, Keilrahmen, einfacher Leistenrahmen) gespannt werden. Will man nicht aus freier Hand, sondern nach einer Skizze arbeiten, so klebt man diese mit Klebstreifen unter den Stoff. Man kann auch die Konturen des gewünschten Musters oder der sonstigen Darstellung mit einem weichen Bleistift direkt auf den Stoff zeichnen, bis man sich ganz von der Vorlage gelöst hat.

Außer den genannten Materialien und Hilfsmitteln braucht man noch: ein Gefäß für die Farbe, ein Gefäß zum Spülen, etwas Essigsäure für das letzte Spülbad, saugfähiges Papier (Zeitungen, aber keine Illustrierten) und ein Bügeleisen.

Der Stoff wird auf einen Rahmen gespannt

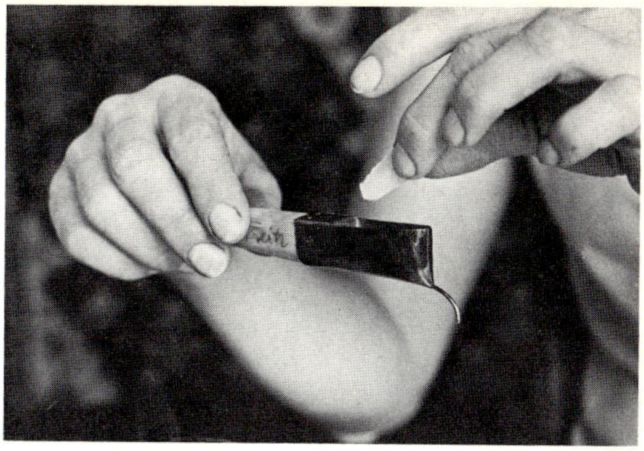

Wachsbrocken werden in den Tjanting gelegt . . .

. . . und über einer Spiritusflamme geschmolzen

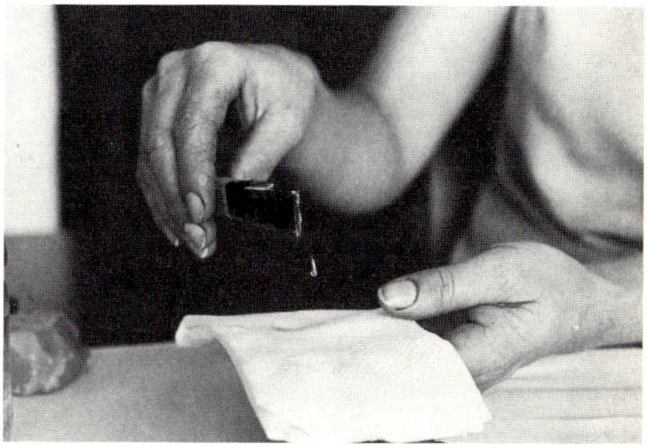

Das Wachskännchen wird unten von Ruß befreit

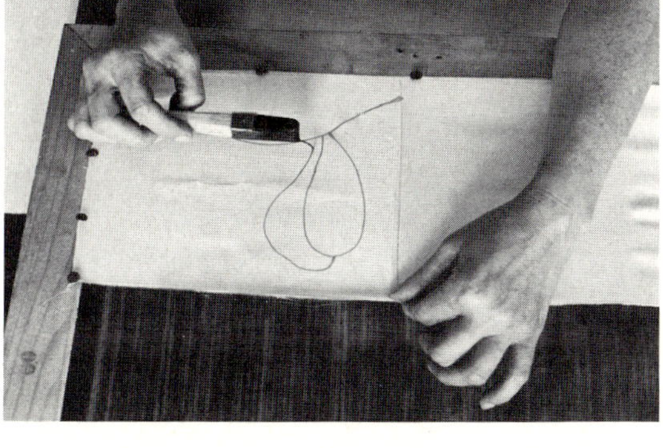

Beim Zeichnen muß der Tjanting waagerecht geführt werden

Man muß zügig arbeiten, um gleichmäßige Linien zu bekommen

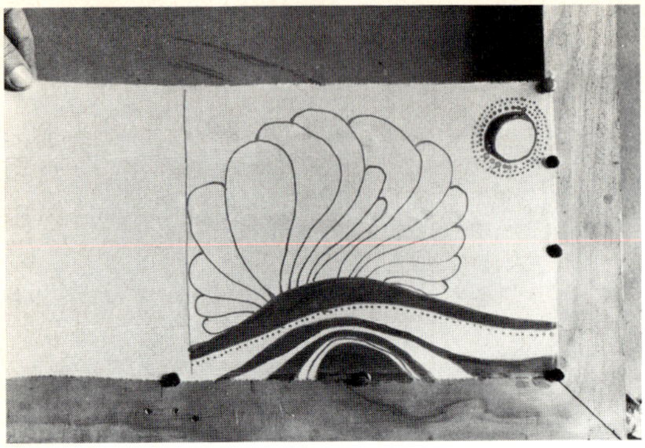

Die Wachszeichnung vor dem ersten Färbegang

Damit der Stoff gleichmäßig Farbe aufnimmt, wird er in kaltes Wasser getaucht.
Danach legt man ihn rasch ins Farbbad

Anschließend wird der Stoff in klarem Wasser gespült

Zur Arbeit mit dem Pinsel wird das Wachs auf einem Rechaud in einem Blechdeckel geschmolzen

Das Abdecken großer Flächen geht rascher mit dem Pinsel

Wachsauftrag vor dem zweiten Färbegang

Stoff mit Wachsauftrag vor dem letzten Färbegang

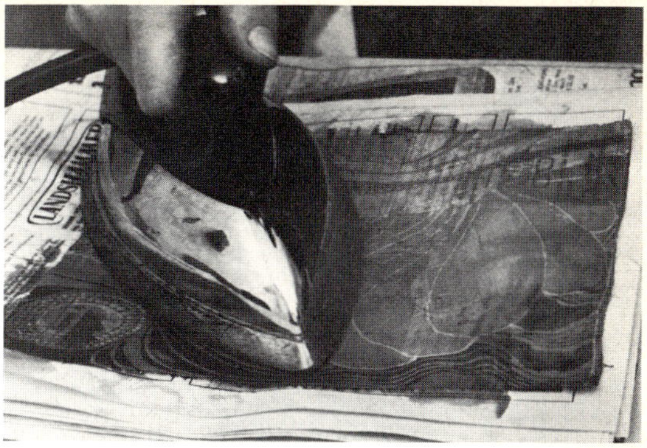

Auf saugfähigem Papier wird das Wachs nach dem Färben mit einem heißen Bügeleisen entfernt

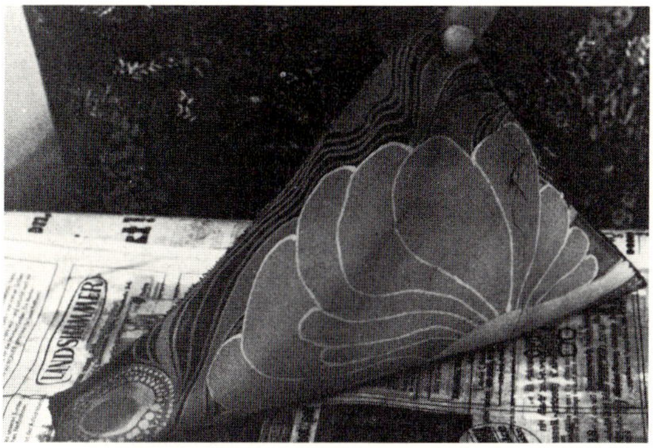

Die Papierlagen müssen gewechselt werden, bis sich kein Wachs mehr absetzt

Die fertige Batik: 1. Färbung Hellblau, 2. Färbung Hellgrün, 3. Färbung Rot auf Grün, wodurch ein schöner Braunton entstand

Fotos: Claus-Peter Schmid

Experimente

Außer mit Pinsel und Wachskännchen kann man das Wachs auch auf andere Weise auf den Stoff bringen, zum Beispiel durch Auftropfen direkt von einer Kerze. Dazu braucht man, wie bei allen Werktechniken, einige Übung. Wichtig ist, daß man die Kerze vor Beginn der Arbeit nicht so lange brennen läßt, daß sich schon viel flüssiges Wachs um den Docht herum gesammelt hat, es sei denn, man will nicht Tropfen sondern fließende Streifen aufs Wachs aufbringen. Tropfen ergeben hübsche Punktierungen. Um diese zu erreichen, dreht man die brennende Kerze ständig, während das Wachs auf den Stoff tropft. Ein dichtes Muster erzielt man, wenn man die Tropfen erst weitläufiger setzt und nach deren Erkalten in die Zwischenräume erneut Wachs tropft. Tut man das nicht, verschmelzen die Tropfen oft zu Flächen miteinander. Die Größe der Tropfen kann man variieren, indem man die Kerze einmal näher an den Stoff und einmal weiter entfernt hält und das Wachs abtropfen läßt.

Man kann auch den Stoff durch ganze Wachsgüsse reservieren, ihn dann ins Ge-

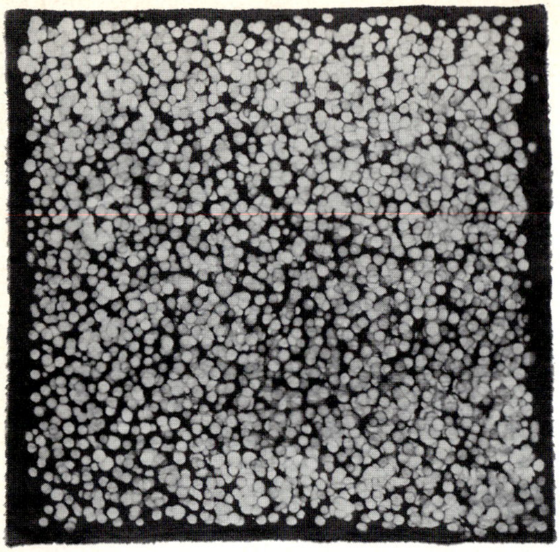

Bei dieser Batik wurde der Stoff mit Tropfen von einer Kerze abgedeckt. Sie wurden zuerst in weiten Abständen aufgebracht, danach wurden die Zwischenräume zwischen den erkalteten Punkten beträufelt
Foto aus dem Buch »Textiles Werken«, Otto Maier Verlag Ravensburg

Reservage mit aufgetropftem, teilweise auseinandergelaufenem Wachs einer Kerze. Die fast malerische Struktur entstand durch das Ausweichen des flüssigen Wachses vor dem bereits erstarrten Auftrag
Foto aus dem Buch »Textiles Werken«, Otto Maier Verlag Ravensburg

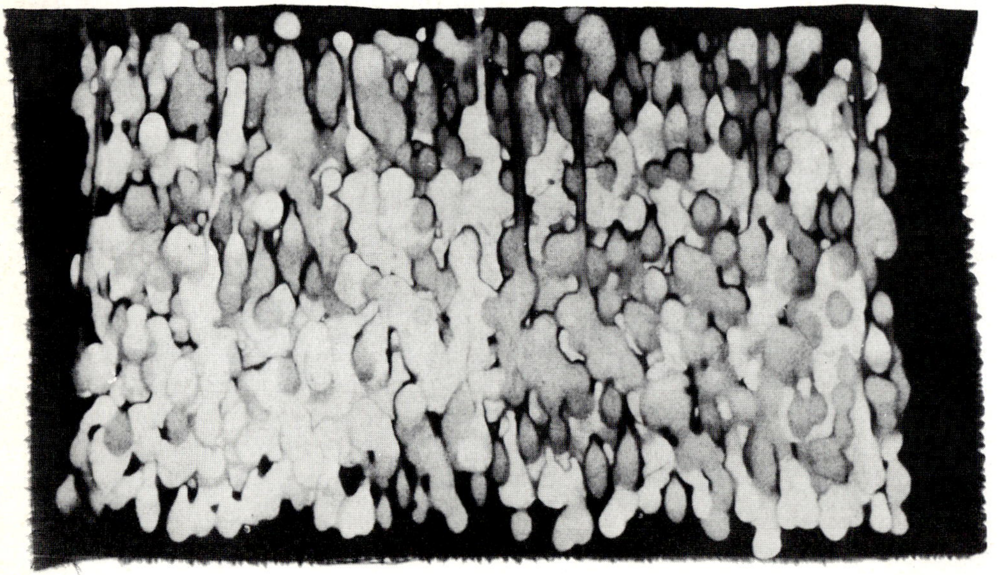

frierfach eines Kühlschrankes oder in Eiswasser legen und anschließend vor dem Färben kräftig knittern. Die Farbe dringt dann nur durch die Bruchstellen des Wachses in den Stoff ein. Geübte brechen das Wachs sogar nach genauen Vorstellungen.

Anstelle eines herkömmlichen Borstenpinsels kann man für den Wachsauftrag das Endstück eines zusammengerollten mehrfach genommenen Leinenlappens (wie eine Serviette) nehmen. Es ergibt sich dadurch eine schneckenförmige Reservage. Große Punkte erzielt man mit einem Stück Astholz, dessen Ende man mit einem sandgefüllten, innen mit Plastik abgedichteten Leinenläppchen umwickelt hat. Weitere Punktmuster in gleichen Abständen ergeben sich durch die Verwendung eines weitzinkigen Aluminiumkamms, wie er für die Tierpflege benutzt wird. Um das Wachs mit diesem Gerät aufzu-

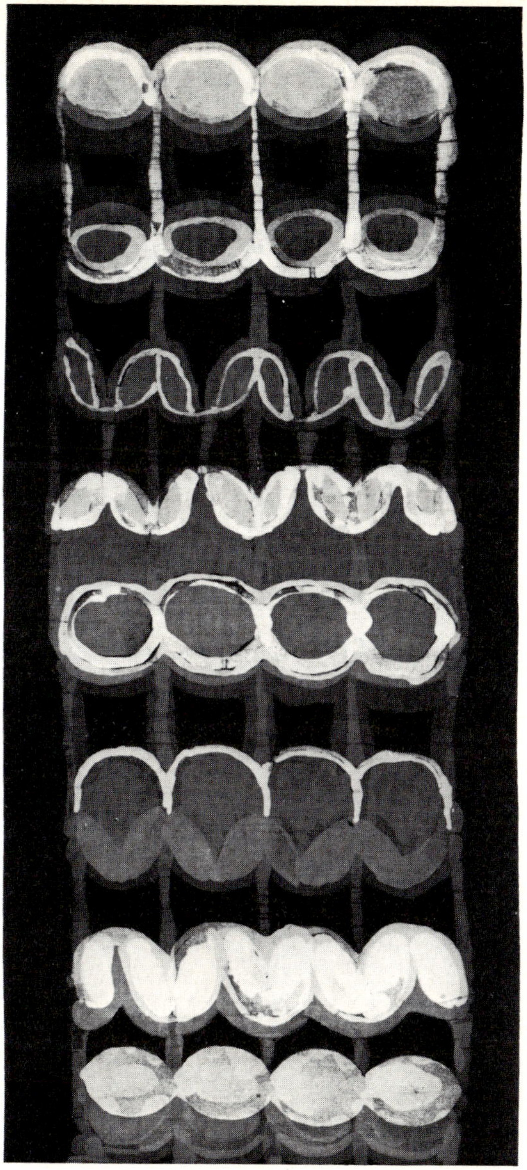

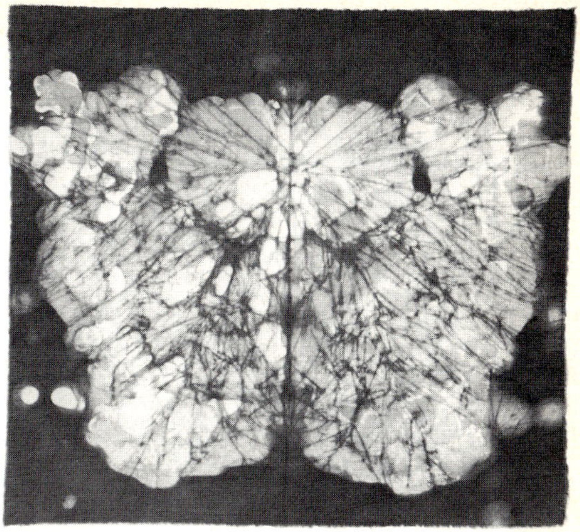

Hier wurde auf ein in Längsrichtung gefaltetes Gewebe Wachs gegossen. Nach dem künstlichen Brechen des Wachses durch Knittern ist es ausgebreitet und gefärbt worden
Foto aus dem Buch »Textiles Werken«, Otto Maier Verlag Ravensburg

Diese streng gegliederte Batik erinnert an Rapportdrucke aus der Textilindustrie. Sie würde sich gut für einen Dekorationsstoff eignen
Entwurf und Ausführung: Barbara Lehmann
Foto: Barbara Schulten

nehmen, schmilzt man es in einem der Länge des Kamms entsprechenden Behälter (Zigarillo- oder Keksschachtel), in den man einen mehrmals zusammengefalteten weichen Lappen legt, der sich mit dem flüssigen Wachs vollsaugt. Auf diesen Lappen wird der Kamm gedrückt. Man muß bei der beschriebenen Methode rasch arbeiten, weil das Wachs (oder Wachsgemisch) rasch erstarrt.

Seite 46:
Batik-Wandteppich mit in Streifen angeordneten Ornamenten in verschiedenen Bogen-, Schnecken- und Mäanderformen
Entwurf und Ausführung: Marion Brossmann
Foto: Barbara Schulten
Seite 47:
Mehrfarben-Batik, bei der der Farbauftrag zum Teil in einer Farbflotte und zum Teil mit dem Pinsel erfolgte. Das Gewebe wurde sowohl mit dem Tjanting als auch mit dem Pinsel reserviert
Entwurf und Ausführung: Monika Walter
Foto: Barbara Schulten

Zwei kleine Batiken im Jugendstil von Marianne Seitz.
Material: reine Seide. Farben: drei verschiedene Blaustufen
Fotos: Claus-Peter Schmid

Glasarbeiten

Glas – zerbrechliches Wunder

Seit jeher ist vom Glas ein Zauber ausgegangen. Jener amorphe, nicht kristalline Stoff, der raumgreifend, aber nicht raumfüllend, durchsichtig, aber sichtbar ist, der das Licht einfängt, ohne es aufzuhalten, der umschließt, aber nicht verhüllt, hat die Menschheit zu immer neuen Verarbeitungs- und Bearbeitungsversuchen angeregt.

Die Erfindung des Glases und die genaue Zeit seines Ursprungs sind ungeklärt. Sicher ist, daß das Glas als Nebenprodukt der Töpferei entstand. Die Ägypter, die eine Art Porzellan aus Quarzpulver und Natron bei 900 Grad brannten, wobei sich eine Oberflächenverglasung ergab, entdeckten, daß sich Quarzkiesel beim Brennen in der Nähe von Natron ebenfalls verglasten. Sie machten zuerst Perlen daraus. Das älteste Stück Glas, dessen Entstehungszeit festgestellt werden konnte, stammt aus der vorchristlichen Epoche um 1551–1527. Etwa von 1500 v. Chr. an beschichtete man einen Kern mit Glas, den man nach dem Erkalten der Masse entfernte. Die weiteren Bestrebungen in der Glasmacherei galten stets der Verfeinerung der Farben; die Form wurde dabei vernachlässigt. Dabei mögen die begrenzten Maße, die sich durch das Ummanteln eines Kerns zwangsläufig ergaben, die Hauptursache gewesen sein.

Im Laufe des 1. Jahrhunderts v. Chr. erfanden Syrer oder Alexandriner die Glasbläserei. Mit der nun möglichen Vergrößerung der Glasgegenstände auf das Zwanzigfache des vorherigen Umfangs eröffneten sich neue Wege sowohl für die Formgebung als auch für die Verwendung des Glases.

Alexandrien und Syrien entwickelten die Glaskunst weiter, blieben aber nicht die alleinigen Herrscher über das zerbrechliche Wunder. Im ganzen Römischen Reich wurden ihre Erzeugnisse nachgemacht, deren Geheimnisse ausgewanderte Handwerker in alle Provinzen trugen. Von dort aus gelangte die Glaskunst über Frankreich nach Spanien und Belgien. Straßburg, Trier und Köln hatten im 3. Jahrhundert n. Chr. bedeutende Glaswerkstätten.

Über das weltberühmte venezianische Glas ist aus der Zeit vor dem 12. Jahrhundert nichts bekannt. Begründet haben Venedigs Ruf zweifellos ausgewanderte Glasmacher aus Syrien und vielleicht auch Alexandrien – Kunsthistoriker sind sich darin nicht einig. Durch verschiedene Großbrände, verursacht

Die Heiligen Wendelin und Florian. Hinterglasbild aus Sandl/Niederösterreich, um 1830. Aus der Sammlung Tobler/Schweiz
Foto: Claus Hansmann

Seite 49:
Dieses eigenwillige Glasbild in der Tiffany-Methode besticht durch seine ungewöhnliche Form und durch die ausgefallenen Gläser: verschiedene Grüntöne in Kathedralglas mit blauen und hellvioletten Opalgläsern kombiniert
Entwurf und Ausführung: Frederick Ackiss
Foto: DESAG

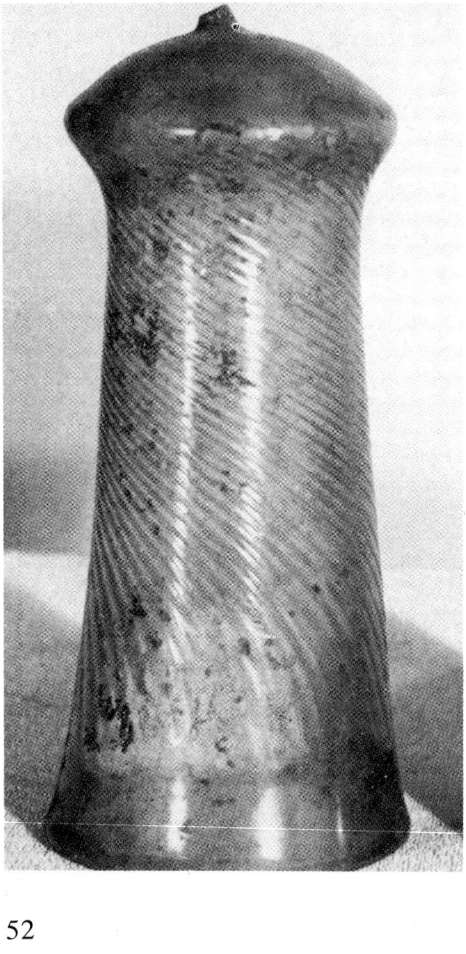

Seite 52:

Oben links: rheinisch-römische Glasflasche aus Bingen. 2. Jahrhundert n. Chr., 31 cm hoch
Foto: Walter Dexel

Oben rechts: Kanne mit Tellerfuß und angesetztem Henkel. Rheinisch-römisch, 2.–3. Jahrhundert n. Chr.
Foto: Walter Dexel

Unten links: Sturzbecher (ohne Standfläche) aus hellgrünem Glas, spiralenartig geblasen. Fränkisch, 6.–7. Jahrhundert n. Chr., 14 cm hoch
Foto: Walter Dexel

Unten rechts: grünliches Trinkglas mit aufgesetzten gelben Fäden aus dem 9.–10. Jahrhundert. In Norwegen gefunden. Ursprung deutsch
Foto: Walter Dexel

Süddeutsches Weinkännchen mit gravierter Inschrift (1749) und Rankenornament
Foto: Walter Dexel

durch Glasschmelzöfen, wurde die Glasmacherei 1291 von Venedig auf die Insel Murano verbannt. Die Hütten schlossen sich zu einer Zunft zusammen, die einem »Gastaldo« unterstand. Der Siegeszug venezianischen Glases begann 1463 mit der Erfindung einer Kristallglasart von bis dahin ungekannter Klarheit, die einer Familie Barovier zugeschrieben wird.

Von der deutschen Glasmacherei ist zunächst nichts Ruhmreiches zu berichten. Von Anfang an wurde Gebrauchsglas hergestellt, einfache Trinkgefäße für den nicht so feinsinnigen kleinen Landadel. Aber allmählich blühte auch hier die Kunst auf und setzte neue Maßstäbe. Besonders im süddeutschen Raum wurden die Dekore emailliert, in Schlesien vergoldet, in Böhmen geschliffen. Bald konnten sie sich mit venezianischen Erzeugnissen messen. Hausmaler, die vor allem in Nürnberg und Augsburg, aber auch in Schlesien tätig waren – Preußler, Hirschvogel und Schaper waren die berühmtesten –, beherrschten die Schwarzlotmalerei und die farbige Emailmalerei vollendet.

In der ersten Hälfte des 17. Jahrhunderts kam die in Vergessenheit geratene Zwischengoldglastechnik in Schlesien wieder auf, und in Holland machten die Schwestern Anna und Maria Visscher (1583–1649) durch ihre Diamantgravierungen von sich reden. Frans Greenwood begann im 18. Jahrhundert mit einer neuen Dekorationstechnik, die der Gravur ähnlich war, dem Punktieren, auch Stippen genannt. Die bedeutendsten Graveure kamen aus Böhmen.

Frankreich hat sich einen besonderen Ruf in Verbindung mit gotischen Kirchenfenstern erworben. Jedoch die Herstellung dekorativer Gebrauchsgläser nahm dort erst im 19. Jahrhundert mit der Einführung des Opalglases ihren Aufschwung. Baccarat, St. Louis, Clichy und Sévres beherrschten den Markt. Um die Mitte des 19. Jahrhunderts errang das französische Kristallglas den gleichen Platz auf den europäischen Märkten wie das böhmische und das englische Glas.

Mit der schweizerischen Glaskunst verbindet sich ein fast ausschließlich volkstümlicher Charakter. In der Zeit vom 17. bis zum 19. Jahrhundert hatte man hier eine besondere Vorliebe für naive Schmelzfarbenmalereien. Becher und meist kantige Flaschen aus dunkler Schmelze in Kobaltblau, Violett oder Braun – gelegentlich auch ungefärbtes Glas – wurden nach Art der Bauernmalerei verziert.

Zu den dekorativen Glastechniken zählen im malerischen Bereich auch die Glasmalerei und die Hinterglasmalerei – zwei grundverschiedene Arbeiten, die von Laien oft verwechselt werden.

Die Glasmalerei ist sowohl mit der Malerei als auch mit der Mosaikkunst verwandt. Ähnlich wie beim Mosaik wird die darzustellende Form durch Zusammenfügen verschiedener Glasabschnitte erreicht, die zusätzliche Innenzeichnung dagegen mit Farbe und Pinsel ausgeführt. Die für diese Technik er-

Glasmalerei-Fenster in der Kirche zu Bredstedt/Norddeutschland aus dem Jahre 1964.
Entwürfe: O. Thämer, Ausführung: Nickelsen, Hamburg. Auf dem Fenster »Stillung des Sturmes« findet sich unten rechts der Vermerk: »Gestiftet von Christine Bock geb. Hansen/Amerika«
Fotos: Rudolf Horstmann

forderlichen farbigen Gläser entstehen durch Zusätze von Metallen, die in die Fritte (Glasmasse) gegeben werden. Durch den Oxydationsprozeß nimmt das Glas je nach Grad der Erhitzung eine mehr oder weniger intensive Farbe an. Das Bemalen der Farbglasfläche wird mit Schwarzlot oder Bleiglasstaub und Zusätzen, die mit Öl gebunden werden, ausgeführt. Zu Beginn des 13. Jahrhunderts hat man außer Schwarzlot auch Silberlot genommen. Erst im 15. Jahrhundert kamen die Glasmalfarben auf. Die Bemalung wird bei etwa 600 Grad eingebrannt. Der letzte Arbeitsgang bei der Glasmalerei ist das Zusammenfügen der einzelnen Teile durch Bleiruten (Streifen mit doppelt T-förmigem Querschnitt, ähnlich wie bei Vorhangschienen), die an den Kreuzungspunkten verlötet werden. Durch die Erfindung der Transparentemails im 16. Jahrhundert, die sich flächig auf klares Glas aufschmelzen lassen, ist die Herstellung von Fenstern oder Bildern in Glasmalerei auch ohne mosaikartige Zusammensetzung mit Hilfe von Bleiruten möglich. Beide Techniken werden heute noch angewendet.

Vorläufer des Bleiglasfensters war wohl das Arabische Fenster – ein Stuckgitterornament, in das einzelne Glasstücke eingesetzt waren. Die frühesten Scherbenfunde, die Aufschluß über die ersten Glasmalereien geben, stammen aus dem 9. und 10. Jahrhundert, der Zeit der Karolinger.

Wie die Mosaikkunst, so war auch die Glasmalerei in erster Linie Kirchenkunst. Sie war den Glaubensinhalten des Mittelalters ganz und gar angemessen. Das Licht war nicht nur eine reine Naturerscheinung, sondern es symbolisierte die göttliche Wahrheit (»Gott ist das Licht«), die in der Darstellung der Heiligen unmittelbar gegenwärtig wurde. Es ist nicht allein die Farbharmonie, nicht die Schönheit, die den Betrachter in ihren Bann zieht, sondern es ist die Verschmelzung von Inhalt und Form, die unauslöschliche Eindrücke hinterläßt. Diese Ausstrahlungskraft, die von den berühmten Glasfenstern der Gotik ausgeht, ist auch in der ungestörten ursprünglichen Funktion begründet: alles Licht geht nur von den Bildfenstern aus, es fällt von draußen verwandelt und milde in den dämmrigen Raum und bestimmt seine Atmosphäre. Zur Zeit des Barocks und Rokokos, in der die Architektur eine im sakralen Bereich nie gekannte Lichtfülle beanspruchte, ging die Glasmalerei zurück. Erst in der Romantik lebte sie wieder auf.

Die Technik der Glasmalerei – und damit ihre eigenständige Kunstform – war von Anfang an so perfekt, daß sie sich bis heute kaum gewandelt hat. Das Zusammenwirken von Glas, Bemalung und Blei stellte eine optimale Erfüllung der praktischen und künstlerischen Ansprüche an ein Fenster dar.

In der Zeit des Jugendstils besann man sich auf die Kabinett-Malerei, die im 16. Jahrhundert aufkam, jedoch nur von untergeordneter geschichtlicher Bedeutung war. Der amerikanische Glaskünstler Louis Comfort Tiffany (1848–1933) erfand eine Reihe neuer Glassorten, die er sich patentieren ließ. Diese Gläser verwendete er bei der Herstellung von Fenstern im herkömmlichen Bleirutenverfahren, jedoch ohne Bemalung der einzelnen Farbgläser. Er suchte nach einer Methode, kleinste Glasstückchen zusammenzufügen, ohne daß kräftige Bleistreifen das Auge störten. Er fand die Lösung, indem er die einzelnen Glasstückchen mit schmalen Kupferbändern einfaßte und sie dann zusammenlötete. Es entstanden vor allem Lampenschirme, heute als Tiffany-Lampen ein begehrtes Sammelobjekt für Freunde der Jugendstilkunst.

Eine ganz andere Kunstgattung mit ganz anderen Zielen und Ergebnissen ist die Hinterglasmalerei. Das Besondere am Hinterglasbild: die Malerei ist fest mit einer klar durchsichtigen Glasscheibe verbunden, durch die hindurch sie betrachtet werden will. Als früheste Zeugnisse dieser Kunstform sind die Fondi d'oro anzusehen, goldene Figurendarstellungen auf den Böden von Glasgefäßen, vorwiegend aus dem 3. und 4. Jahrhundert n. Chr. Eine der sicher ältesten Darstellungen – eine Jagdszene – stammt aus dem 1. Jahrhundert v. Chr. Für diese Dekore, die unter den Glasböden angebracht waren, wurden aus einem Blattgoldauftrag zunächst die Umrisse ausgeschabt und dann die Linien der Innenzeichnung fein ausgekratzt. Im Museo Civio in Brescia befindet sich eine kleine runde Glasmalerei aus dem Anfang des 5. Jahrhunderts mit dem Bildnis der Kaiserin Galla Placidia und ihren Kindern.

Eine Beschreibung solcher Hinterglasmalereien, gelegentlich durch farbige Akzente ergänzt, gab Theophilus im 10. Jahrhundert n. Chr. Auch die späteren Hinterglasmalereien von Gotik, Renaissance, Manierismus und Barock folgten stilistisch den großen Werken dieser vorangegangenen Kunstepoche.

Aus der Zeit vor dem 14. Jahrhundert sind nur kleinformatige hintermalte Scheiben erhalten, die ähnlich wie Schmucksteine und Email in liturgisches Gerät und in Möbel sowie in Steinplastiken eingelassen sind. Eine Schrift von Cenino Cenini aus dem 14. Jahrhundert unterrichtet über Hinterglasmaltechniken im Italien dieser Zeit: Goldradierungen hinter Glas mit einfachen Hintermalungen.

Schon im 16. Jahrhundert zeichnete sich in Italien – vor allem in den Zentren Venedig und Murano – eine Entwicklung vom Einzelbild zur Serienproduktion ab, wobei der Einfluß großer Meister wie Leonardo da Vinci und Lukas Cranach deutlich wird.

Die Glasmalerei entfaltet sich auch in anderen europäischen Ländern, vor allem in den Niederlanden, der Schweiz und im Rheinland.

Im Barock und Rokoko entstanden Hinterglasmalereien mit Städteansichten, Wald- und Flußlandschaften, Schäferszenen; Genrebilder, Allegorien und Heiligenbilder, Porträts und Schiffsansichten.

Von besonderer Bedeutung für die Weiterentwicklung des Hinterglasbildes im 18. Jahrhundert wurde Augsburg, eine Stadt, in der Kunst und Kunsthandwerk in hoher Blüte standen. Um Augsburg bildeten sich zahlreiche Werkstätten, in denen den Augsburger Künstlern nachgeeifert wurde.

Die Glasmalerei um den Staffelsee und in Oberammergau wurde um die Mitte des 18. Jahrhunderts zur Hausindustrie. Aus dieser Zeit sind vor allem die kleinformatigen Ammergauer Taferln bekannt, auf denen Brustbilder von Heiligen, in Rundkartuschen gesetzt, zu sehen sind. Die Nachfrage nach diesen Hinterglaskunstwerken stieg immer stärker an, und bald machten sich sogenannte Verleger breit, um die Bilder über weite Distanzen, z. B. über Spanien nach Amerika, zu vertreiben.

Von der Augsburger Gegend aus fand die Glasmalerei zurück zu den Hütten, von denen das Glas bezogen wurde, und es entstand auch bald hier ein eigenes Hausgewerbe. Sowohl an der böhmisch-bayerischen als auch an der böhmisch-österreichischen Grenze entwickelten die Hinterglasmaler einen eigenen volkstümlichen Stil, geprägt durch die bäuerliche Formenwelt. Die auf diesen Bildern dargestellten Figuren sind oft in einen torähnlichen Rahmen gestellt, erscheinen hinter einem hochgezogenen Vorhang oder in Kartuschen. Die freien Felder sind mit Blumen – vorwiegend stilisierten Rosen – ausgemalt, unten oft mit einem Sockelfeld und einer Inschrift. Die Voraussetzung für solche in Serie hergestellten Bilder war die Verwendung von sogenannten Rissen, Umrißzeichnungen, die nach bestimmten Vorlagen vereinfachend mit Tusche auf Papier gezeichnet waren. Diese Risse wurden unter die Glastafeln gelegt und

Hinterglasbild, Votivgabe aus Seelisberg/Schweiz, 1778
Foto: Schweizerisches Museum für Volkskunde, Basel

Hinterglasbild aus Jugoslawien
Foto: Schweizerisches Museum für Volkskunde, Basel

nachgemalt. Die Maler verwendeten hierzu selbstgefertigte Farben. Die Rißkonturen wurden mit geleimten Wasserfarben nachgezogen, ebenso die Ornamentlinien, während die flächenfüllenden Abdeckungen mit öl- oder kaseingebundenen Farben ausgeführt wurden. Auch die Rahmen wurden von den Hinterglasmalern selbst hergestellt. Sie sind oft so charakteristisch, daß man daran die Herkunft eines Bildes erkennen kann.

Ein Bericht des Landgerichts Wolfstein im Bayerischen Wald aus dem Jahre 1830 gibt Auskunft über den Umfang der hausgewerblichen Glasmalerei dieser Zeit. Danach sollen fünf Glasmaler an die 35000 Bilder in einem Jahr hergestellt haben. Hausierer, die zu Jahrmärkten, Kirchweihen usw. reisten und vorwiegend Wallfahrtsorte aufsuchten, brachten die Hinterglasbilder bis nach Kroatien, Ungarn und Siebenbürgen.

Spanisches Hinterglasbild der Jungfrau Maria. Die Darstellung erinnert an eine stolze Spanierin mit Haube und Mantilla, selbst die Haartracht entspricht der spanischen Mode des 18. und 19. Jahrhunderts
Foto: Schweizerisches Museum für Volkskunde, Basel

Wie bei allen Kunst- und Handwerkszweigen so regte der weitläufige Handel mit Glasbildern auch die Künstler der belieferten Länder zu eigenen Arbeiten an. In den oft großformatigen Tafeln Rumäniens mischten sich Stilelemente der Ikonenmalerei mit volkstümlichen Ausdrucksformen. Jugoslawiens Hinterglasbilder aus dieser Zeit fallen durch besondere Farbigkeit auf.

Außer in Spanien und Süditalien, wo man seit dem 17. Jahrhundert Hinterglasmalereien ausführte, entstanden später auch in Persien, Indien und China Bilder, dem jeweiligen Stil entsprechend.

Durch die Einführung billiger Farbdrucke Ende des 19. Jahrhunderts und den Wandel des Geschmacks in den bäuerlichen Abnehmerkreisen kam die Hinterglasmalerei zum Erliegen.

Ein Manifest der Künstler, die sich im »Blauen Reiter« zusammenschlossen, machte 1912 wieder auf diese Kunstgattung aufmerksam. Kandinsky, Marc und andere Expressionisten malten zahlreiche Bilder in Hinterglastechnik. Auch die naiven Maler unserer Zeit – allen voran der Jugoslawe Ivan Generalić – haben eine neue Liebe zu dieser alten Kunst entdeckt, und mancher stille Hinterglasmaler, weniger bekannt, aber nicht weniger begabt, trägt damit zur Erhaltung dieser alten, liebenswerten Kunstform bei.

Mit Farben, Schwefel und Säuren

In dem winzigen Atelier von Fride Wirtl, Försterstochter aus dem Kleinen Walsertal, sieht es zeitweilig wie in einer Alchimistenküche aus. Die experimentierfreudige Hinterglasmalerin versucht mit Erfolg, neue Wege für eine alte Kunstform zu finden. Mit Metallsalzen, Schwefelleber und in doppelten Kanistern für niemanden zugänglich aufbewahrten Ätzflüssigkeiten hantierend, verändert sie Bildträger (Glas) und Auftrag. Dieser Auftrag besteht nicht ausschließlich aus Farben, er wird ergänzt durch Blattgold, Blattsilber und andere Feinmetalle. Was Fride Wirtl mit Hilfe der Chemie, vor allem aber mit Hilfe ihrer Phantasie und ihren gestalterischen Fähigkeiten zustandebringt, ist sehenswert – beschreiben kann man es dagegen sehr schwer. Mit herkömmlicher Hinterglasmalerei haben die Bilder dieser Künstlerin nichts mehr gemein, wenngleich sie mit der Hinterglasmalerei im traditionellen Stil begonnen hat.

Schon während ihrer Studienzeit (1947 bis 1951 Fachschule für Holzschnitzer in Berchtesgaden, 1952–1957 Akademie der bildenden Künste, München) interessierte sie sich für Glas mit seinen vielfältigen Bearbeitungsmöglichkeiten. Sie studierte noch 5 Semester in einer Glaswerkstatt und absolvierte außerdem 3 Semester freie Grafik.

Nachdem sie 1952 geheiratet hatte (ihr Mann ist Bildhauer) und die Kinder größer waren, wandte sie sich der Glasmalerei zu.

Foto: Claus-Peter Schmid

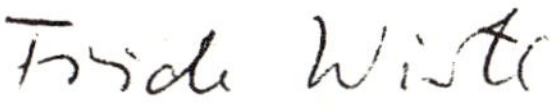

Sie machte mehrere Studienreisen in die Tschechoslowakei, nach Rumänien, Jugoslawien und Italien, um das Wesen und die verschiedenen Stilrichtungen alter Hinterglasbilder aus eigener Anschauung zu erfassen. Zuhause in Peiting/Obb. arbeitete sie sich schrittweise in die alten Techniken ein, indem sie Hinterglasbilder kopierte. Außer den Originalen, die sie besaß, besorgte sie sich Rißvorlagen von anderen Bildern; auch kleinere Abbildungen aus Kunstbüchern, die sie maßstabgetreu vergrößerte, halfen ihr, den Weg zu längst Vergessenem zurückzufinden.

Auf diesem Weg traf sie Menschen, die ihr mit Erfahrung und Fachwissen zur Seite standen. Restauratoren, Handwerker und Farbchemiker überließen ihr manches alte oder ungebräuchliche Rezept.

Heute malt Fride Wirtl keine alten Bilder mehr nach, es sei denn, ihr kommt gänzlich Unbekanntes vor die Augen. Sie hat längst einen eigenen unverwechselbaren Stil gefunden, der ihre Hinterglasbilder weit über die reine Dekoration hinaushebt. Auch kann man hier nicht wie bei den traditionellen Kunstwerken von klaren Bildinhalten oder rasch erkennbaren Darstellungen reden, wenngleich man spürt, daß diesen Bildern ein Konzept zugrunde gelegen hat. Die Aussagekraft, die von ihnen ausgeht, ist metaphorisch, sie läßt dem Geist Spielraum für eigene Vergleiche, für Fragen und Antworten. Dem Betrachter, der keine so hohen Ansprüche stellt, bleibt die Bildwelt Fride Wirtls dennoch nicht verschlossen, denn es läßt sich schlicht feststellen: hübsch anzusehen sind diese Malereien allemal.

Bei jedem ihrer neuen Bilder setzt sich die Malerin aus Peiting mit den technischen Möglichkeiten auseinander, die eine sinnvolle Verbindung mit Bildinhalt und Konzept der Komposition zulassen.

Seite 61:
Hinterglasmalereien von Fride Wirtl, Peiting, aus den Jahren 1973/74
Fotos: Fride Wirtl

Kopie eines rumänischen Hinterglasbildes von Fride Wirtl, Peiting/Obb.
Foto: privat

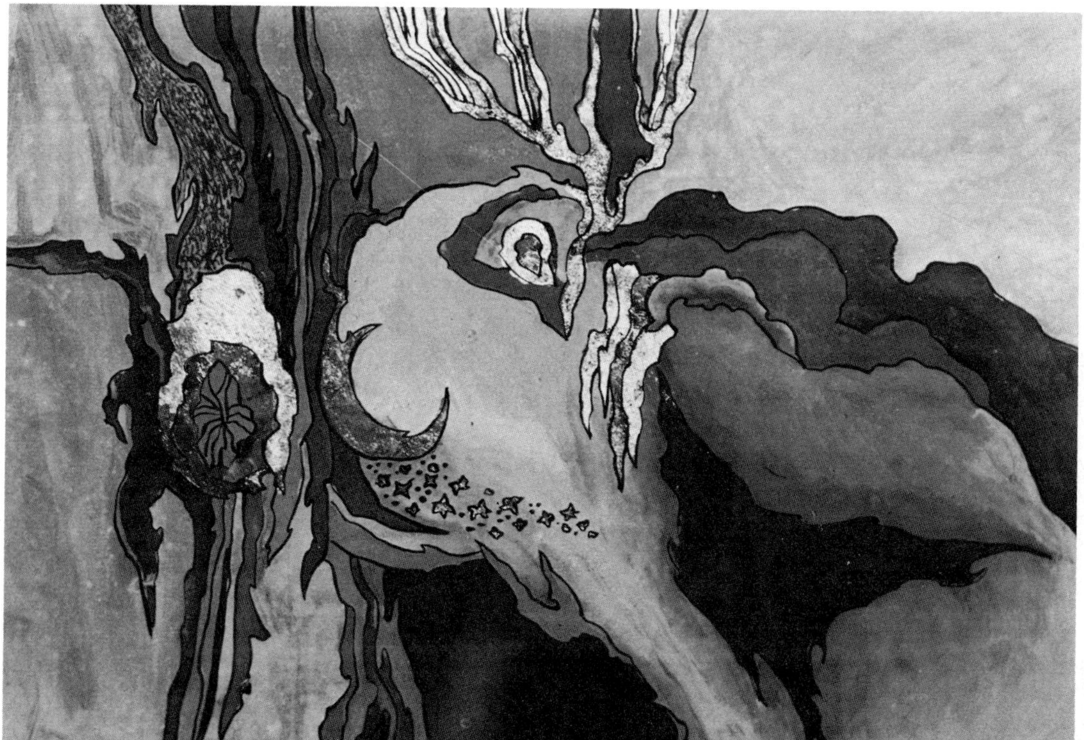

So wird ein Hinterglasbild gemalt

Zum Malen braucht man gutes Licht. Es sollte von vorn oder von links kommen. Arbeitet man bei Kunstlicht, so sollte man eine Lampe mit beweglichem Gelenkarm haben, die man nahe an das Bild ziehen kann.

Man kann entweder auf einfachem Bauglas (Fensterglas) malen oder auf Plexiglas, das allerdings leichter verkratzt. Glas sollte 2 mm stark sein, bei Tafeln, die über 20 × 30 cm groß sind, 3–4 mm.

Am besten malt man mit Pinseln aus Rotmarderhaar, die man mit den Haarseiten nach oben aufhebt. Für die Zeichnungen braucht man Stärken von 00–2, für flächige Malereien Stärken 3–6 (hier kann man auch einfachere Schulmalpinsel nehmen).

Farben braucht man sowohl für die Rißzeichnung als auch für die flächige Ausmalung. Früher nahm man für den Riß Farbpigmente, die mit Leim gebunden waren, für die Flächen wurden die Pigmente (Farbpulver) mit Öl gebunden. Heute kann man für die Rißzeichnung Dispersionsfarben nehmen, die es in kleinen Dosen und Flaschen, aber auch in größeren Plastikbehältern gibt. Man braucht: Weiß, Gelb, Ocker, Orange, Englischrot, Rot, Hellblau, Dunkelblau, Mittelgrün, Braun und Schwarz. Am Anfang kommt man auch mit weniger Farben aus. Zum Ausmalen der Flächen eignen sich am besten Studien-Ölfarben, die mit Leinöl angerieben werden. Auch hier gibt es eine Farbskala, die bei alten Hinterglasbildern

Der ideale Arbeitsplatz zum Malen: Tageslicht kommt von links, Kunstlicht kann mit einem Schwenkarm (Architektenleuchte) herangeholt werden

immer wieder auftaucht (das hängt mit den früheren natürlichen Erdfarben sowie Mineral- und Pflanzensubstanzen zur Farbengewinnung zusammen). Es sind dies: Weiß, Zinkgelb, Lichter Ocker, Kadmiumorange, Kadmiumrot hell, Englischrot, Chromoxydgrün stumpf, Coelinblau, Pariserblau, Vandyckbraun und Elfenbeinschwarz. Man kann diese Farben auch als malfertige Künstler-Ölfarbe kaufen, die man für die Hinterglasmalerei mit einem schnelltrocknenden Malmittel etwas verdünnt. Auch die mit Leinöl angeriebenen Farben müssen mit Malmittel oder Terpentin und Sikkativ (1 : 10) versetzt werden.

Zum Vergolden kann man zwischen dem billigeren Flüssiggold (z. B. Liquid Leaf, Farbe Renaissance, von Schmincke), echtem Blattgold und sog. Compositionsgold wählen. Das Compositionsgold wird mit einem Haftmittel (Mixteon) aufgerieben. Für den Anfänger eignet sich Flüssiggold besser, weil er damit rationeller arbeiten kann.

Außer den Farben braucht man einen Leinenlappen und Spiritus zum Reinigen der Glasplatte, sowie ein Malerbänkchen (eine auf zwei Klötzchen geleimte Leiste zum Aufstützen der Hand, das über die bereits bemalten Flächen gestellt wird). Zum Schutz der Glasplatte gegen Verunreinigung durch die Hände legt man auf die gerade nicht zu bemalende Fläche ein Blatt Papier.

Um sich die Technik der Hinterglasmalerei anzueignen, sollte man ausnahmsweise nach alten Vorlagen malen und diese kopieren, bevor man nach eigenen Entwürfen und Rißvorlagen arbeitet. Es geht bei der Hinterglasmalerei ja nicht einfach um das Bemalen einer Glasscheibe, sondern das Wesen dieser Malart liegt in der Ausführung, die stufenweise – Vordergrund, Mittelgrund, Hintergrund – vor sich geht. Jeder Fehler in der Reihenfolge wird später – besonders bei figürlichen Darstellungen – auf der umgedrehten Glasplatte sichtbar. Vorlagen, die man selbst vergrößern muß, findet man außer in diesem Buch in Museumskatalogen und Kunstbüchern.

Die Arbeitsfotos im Atelier von Fride Wirtl in Peiting machte Claus-Peter Schmid

Das Malerbänkchen verhindert, daß man schon bemalte Flächen verwischt. Man braucht es nicht unbedingt

Mit Kugelschreiber, Bleistift oder Feder wird der Riß auf Transparentpapier gezeichnet, seitenverkehrt auf weißes Papier gelegt und unter die mit Spiritus gereinigte Glasplatte gelegt

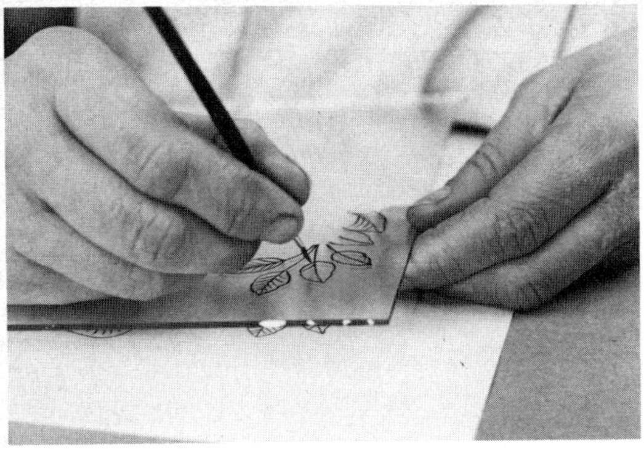

Mit dem feinsten Marderhaarpinsel Nr. 00 wird der Riß auf der Glasplatte nachgemalt

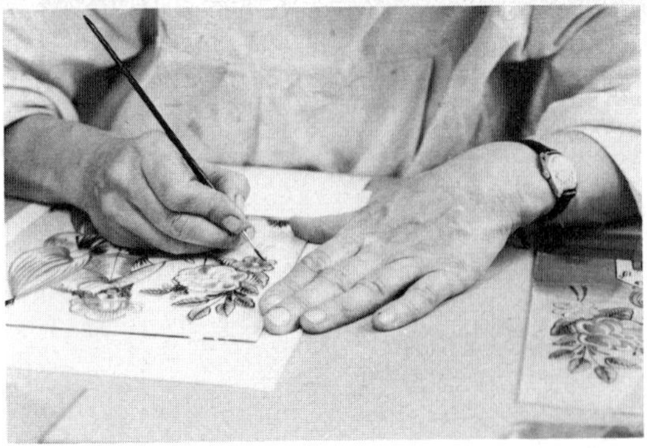

Bei dem hier entstehenden Hl. Florian wurde mit Rot begonnen, dann folgten Schwarz, Gold, Weiß und stark verdünntes Orange mit einer Spur Schwarz für die Gewandschattierungen

Will man bei vergoldeten Partien eine lebhafte Nuancierung erreichen, so erhitzt man das Compositionsgold (nicht Blattgold) auf einer Herdplatte bei der höchst einstellbaren Temperatur

Die zu vergoldenden Partien werden mit dem Haftmittel Mixteon bestrichen, das anschließend 15–30 Minuten trocknen muß. Fingerprobe: es darf keine Feuchtigkeit am Finger haften bleiben

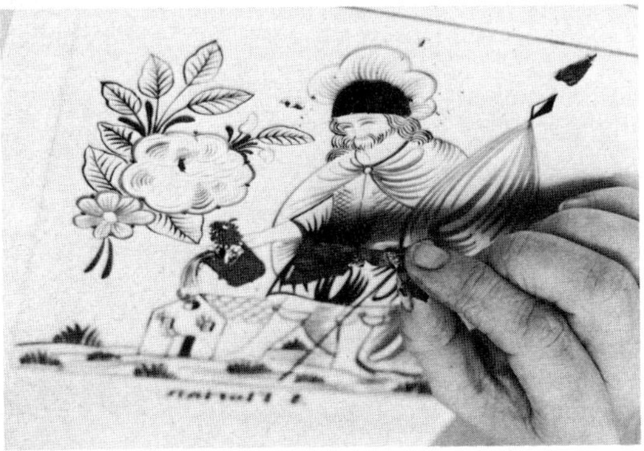

Auf die präparierte Stelle wird das Gold aufgelegt, mit dem Finger angedrückt und mit dem Daumen angerieben, damit sich darunter keine Luftblasen bilden

Zum Ausmalen der Flächen mischt man die Farben auf einer Palette oder einer anderen Unterlage mit schnelltrocknendem Malmittel und malt dann stufenweise von vorn nach hinten, das heißt bei dem gezeigten Beispiel: Stiefel vor dem Mantel, Mantel vor der Wiese usw.

S: Florian.

So wird Glasmalerei ausgeführt

Die Tiffany- und Bleiruten-Technik

Glasmalerei, jene Methode, bei der farbige Glasstücke durch verlötete Bleiruten mosaikartig miteinander verbunden und zusätzlich mit Schwarz- oder Silberlot bemalt werden, ist eine Kunsttechnik, die erhebliche handwerkliche Kenntnisse und Fähigkeiten voraussetzt. Für einen Laien, der noch nie auf diesem Gebiet tätig war, ist sie kaum ausführbar, ganz abgesehen davon, daß dazu Spezialwerkzeuge nötig sind.

Eine reizvolle Arbeit, die der klassischen Bleiverglasung sehr nahe kommt, ist die Tiffany-Methode. Hier werden die Kanten der Farbglas-Abschnitte mit selbstklebender Kupferfolie umwickelt und mit Spezial-Lötzinn zusammengelötet. Diese Technik ist auch von Laien ohne Schwierigkeiten zu bewältigen. Man braucht außer Antik- oder Farbglas (Dicke 2–3 mm) einen Glasschneider, selbstklebende Streifen aus Kupferfolie (nicht kupferfarbiges Kunststoffmaterial!), einen Elektrolötkolben (ca. 40–60 Watt), Spezial-Lötzinn (kein Radiolot oder Bastlerlot), Lötwasser, Tiffany-Patina, Spiritus zum Reinigen des Glases und Kupferdraht zur Randverstärkung bei großflächigen Arbeiten.

Die Arbeit beginnt mit dem Glasschneiden nach einem Entwurf mit einfachen Umrissen. Der Entwurf wird unter die Glasscheibe gelegt, und die Konturen werden in der jeweiligen Glasfarbe mit dem Rädchen des Glasschneiders nachgefahren. Entlang

Glasornament im Jugendstil nach der Tiffany-Methode von Frederick Ackiss
Foto: DESAG

dieser eingeritzten Linie läßt sich das Glas nach unten brechen. Ist das Glas zu dick oder die Kerbe zu schwach, so klopft man mit dem Griff des Glasschneiders von unten gegen die Kerbe. Dadurch entsteht ein Sprung, und das Glas bricht durch. Die Bruchkanten werden mit Sandpapier stumpf geschliffen, damit sie weder Hände noch Kupferfolie verletzen. Bevor man mit dem Glasschneiden beginnt, muß man den Tisch unbedingt mit mehreren Lagen Zeitungspapier oder einer anderen weichen Unterlage (z. B. Dämmpappe) bedecken. Nach dem Schneiden werden die Glasstücke mit Spiritus gereinigt, damit die Folie, die nun um jede Scherbe herumgeklebt wird, hält. Die Überstände der Folie werden auf beiden Seiten der Glasstücke mit dem Scherenrücken angerieben, so daß sie glatt aufsitzen. Danach legt man die eingefaßten Glasteile dem Entwurf entsprechend

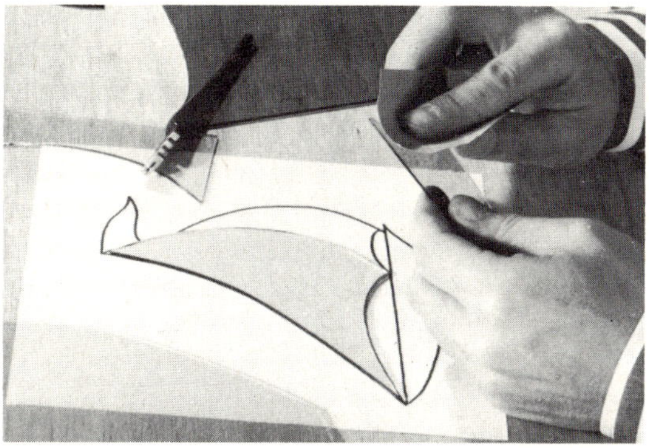

Nach den Umrissen eines einfachen Entwurfs werden die Glasteile ausgeschnitten und mit Sandpapier die Schnittkanten entgratet

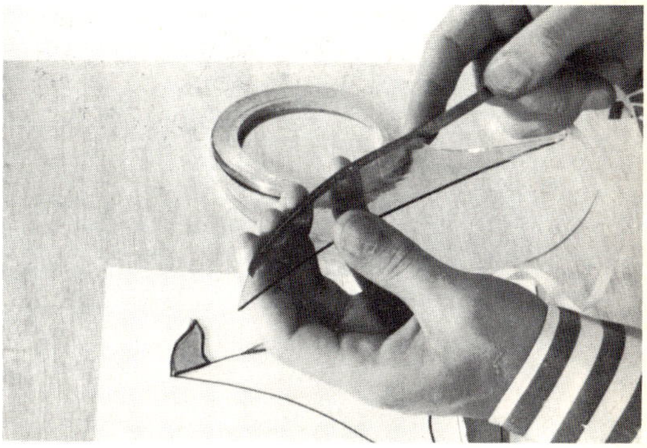

Die Kanten der Glasstücke werden mit selbstklebenden Kupferfolienstreifen so umklebt, daß der Streifen auf beiden Seiten gleich weit (etwa 5 mm) übersteht

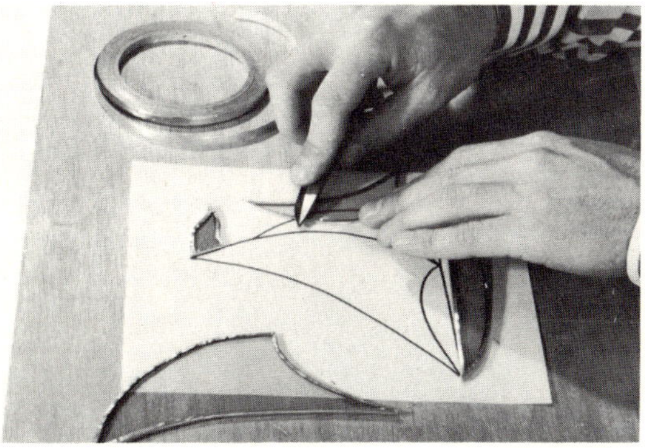

Anschließend wird die Folie umgebogen und mit einem stumpfen Gegenstand gut angerieben, so daß sie das Glas fest einschließt

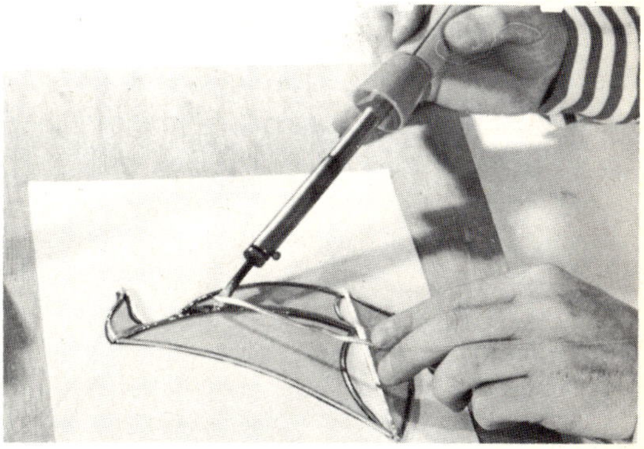

Von dem Lötzinn hält man das Ende an die Kupferfolie und bringt es mit dem Lötkolben zum Schmelzen. Der Lötkolben wird langsam neben dem Zinn an den Foliennähten entlanggeführt, so daß das Zinn in die Zwischenräume fließt. Das Bild wird von beiden Seiten verlötet

Arbeitsfotos der Tiffany-Glaskunst: DESAG/Grünenplan

Zwei Bleiverglasungen nach klassischer Bleirutenmethode von Hans Bernhardt, Ravensburg/Württ. Die Bilder sind 45 × 45 cm groß

zusammen und lötet sie unter Verwendung des Speziallots zusammen. Dabei muß man darauf achten, daß die Stücke genau plan liegen, sonst wird die Arbeit beulig. Auch um den Außenrand herum muß die Folie überlötet werden, so daß sie ganz verzinnt ist. Dabei arbeitet man einen als Öse gebogenen Kupferdraht gleich mit ein (sofern die Arbeit aufgehängt werden soll). Umfangreichere großformatige Glasmalereien werden um den ganzen Außenrand herum mit Draht verstärkt, damit sie mehr Halt haben. Abschließend werden die gelöteten Nähte mit Patina behandelt und leicht eingeölt, damit sie nicht oxydieren.

Malerei auf Glas

Unter dieser Bezeichnung versteht man gemalte Dekore auf Hohlglas, also Glasgefäßen. Man sagt auch Kaltmalerei, weil die Farben endgültig sind und nicht mehr durch Brennen beeinflußt werden, wie beispielsweise bei der Emailmalerei. Glasemailfarben werden bei 400 Grad aufgebrannt, sie entwickeln erst durch die Hitze ihre Schönheit und Leuchtkraft, ähnlich wie die Scharffeuerfarben der Porzellanmalerei oder die auf Metall aufbrennbaren Emailfarben (s. Kapitel Metall). Zwischen dem 17. und 19. Jahrhundert hatte die Kaltmalerei in ganz Europa ihre Anhänger, jedoch sind kaum Stücke aus dieser Zeit unbeschädigt erhalten, da sich die Malerei im Laufe der Zeit abgenutzt hat. Die Dekore wurden mit Öl- und Eiweißfarben oder auch mit Wachsemulsions- und Sandaraklackfarben aufgemalt. Sie waren – besonders bei böhmischen Stücken – häufig reliefartig aufgetragen. Später entwickelte man eine Art Abziehbild-Verfahren zum Übertragen der Dekore.
Heute stehen für die Kaltmalerei auf Glas malfertige sogenannte Hobbyfarben zur Verfügung, die man im Backofen bei 240 Grad in 30 Minuten aufbrennen (nicht ein-

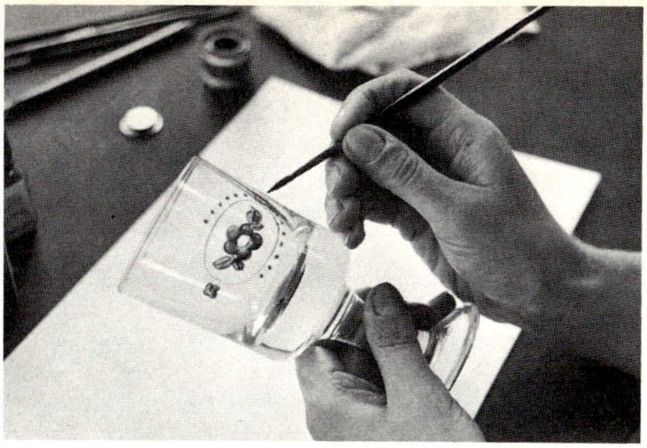

Mit Email-Zierlack (z. B. Deka Color) wird der Dekor auf das saubere Glas gemalt

Die Farbe wurde bei 240 Grad im Backofen aufgeschmolzen. Sie hat sich nicht verändert

Fotos: Manfred Bauer-Hamersen

brennen) kann. Sie sind auch ungebrannt wischfest und wasserbeständig, jedoch gegen Kratzer empfindlich.
Die Ausführung von Malereien auf Hohlglas ist einfach: Das Glas muß absolut sauber, staub- und fettfrei sein. Mit einem Spezialbleistift, wie man ihn bei der Porzellanmalerei verwendet (z. B. Allstabilo), malt man seinen Entwurf direkt auf das Glas oder legt nur in groben Zügen die Flächenaufteilung fest. Man kann auch den Entwurf auf Papier zeichnen und ihn auf der Innenseite des Glases befestigen (das geht natürlich nicht bei Flaschen). Mit feinen Haarpinseln malt man die Farben auf und brennt sie im Haushaltsbackofen ein. Dabei wird das Glas in den kalten Ofen gestellt und langsam mit aufgeheizt, damit es nicht springt. Es muß auch im Ofen langsam wieder auskühlen.

Geätzte Dekore
Für einen Laien ist es ohne Spezialwerkzeug nicht möglich, Glasgravierungen auszuführen. Die Heimwerkermaschinen sind als Antrieb für diese feine Arbeit zu grob. Man braucht so feine Instrumente, wie sie in der Zahntechnik verwendet werden.
Nicht so vollkommen, jedoch ähnlich in der Wirkung sind geätzte Dekore. Auch hier hebt sich, wie bei der Gravur, eine matte Zeichnung von der glänzenden Fläche ab. Diese matte Zeichnung kann man durch Flußsäure (Drogerie) ins Glas ätzen. Beim Umgang mit der Säure ist große Vorsicht geboten. Sie ätzt nämlich nicht nur Glas, sondern auch Haut und Augen!
Eine Glasätzung macht man so: Man deckt die zu verzierende Fläche mit Asphaltlack (Drogerie), der sich mit dem Pinsel verstreichen läßt, ab. Handelt es sich nur um das Teilstück einer größeren Fläche, so umlegt man die abgedeckte Fläche ringsherum mit

einem Wulst aus Glaserkitt oder Plastilin, den man fest ans Glas drückt. Er soll verhindern, daß die später aufzutragende Ätzflüssigkeit auf die ungeschützten Glasflächen läuft. Ist der Asphaltlack trocken (nach 2 Tagen), kratzt man mit einem spitzen Gegenstand das gewünschte Motiv in den Lack. Man kratzt den Lack also stellenweise wieder ab. Die ausgeschabten Lackreste entfernt man sorgfältig, so daß die Zeichnung ganz sauber ist. Dann trägt man mit einem Borstenpinsel die Säure auf die ausgekratzten Linien. Dabei darf man den Asphaltlack ruhig übermalen, er ist gegen die Säure unempfindlich. Nach mindestens drei, aber höchstens fünf Minuten wird die Säure unter fließendem Wasser gut abgespült (Vorsicht vor Spritzern, die mit Säure vermischt sind!). Danach entfernt man den Kittwulst und wischt den Asphaltlack mit einem terpentingetränkten Lappen ab. Das Glas wird anschließend mit einem üblichen Spülmittel abgewaschen, und nach dem Abtrocknen kommt die matte Ätzung deutlich heraus. Geätzte Glasscheiben kann man verspiegeln lassen oder farbig hintermalen (s. Hinterglasmalerei). Man kann die Ätzung auch vergolden, indem man die rauhe Zeichnung mit einem Spezialhaftmittel bestreicht und Blattgold anreibt (s. Hinterglasmalerei).

Nicht jede Drogerie verkauft bedenkenlos auf Verlangen hochprozentige Flußsäure, die sich zum Glasätzen eignet. Um das richtige Ätzmittel zu bekommen, muß man den Verwendungszweck angeben.

Fenster der Glaskünstlerin Illo v. Rauch-Wittlich in einem Kindergarten. Im Gegensatz zu den Fenstern der Gotik, die bewußt innen von außen trennten, ist hier die Verschmelzung eines Raumes mit der Natur hervorragend gelungen. Die Hauptmotive Sonne, Vogel und Blätter symbolisieren die lebenswichtigen Bereiche Wärme, Freiheit, Natur und Licht
Foto: Illo v. Rauch-Wittlich

Bemalte Glaskugeln, an deren Ösen aus Glas geschnittene Blätter kleben
Entwurf und Ausführung: Christel Claudius
Foto: Alfred Rolf Meyer

Angela Paysan aus Stuttgart hat in einer Serie farbenfroher Hinterglasbilder die Entwicklung und das Leben ihrer beiden Kinder dargestellt
Fotos: privat

Häkeln und Stricken

Herkunft unbekannt

Die Geschichte der Häkelei ist sehr schwierig zu verfolgen, da wenig über diese Technik geschrieben worden ist. Erstes Häkelgerät mag der Finger gewesen sein, mit dessen Krümmung man Schlingen gebildet, Maschen aufgefaßt hat. Es wird vermutet, daß die Stricknadel vor der Häkelnadel entstanden ist, und zwar als Einzelgerät, nicht als Paar oder Spiel (5 Stück). Aus dieser geraden Form, die aus Holz oder Knochen gewesen sein mag, könnte sich die Häkelnadel entwickelt haben.
Der früheste Fund eines Maschengebildes, das man als Vorstufe zur Häkelei ansehen könnte, stammt aus einem Moorgrab in Jütland (Dänemark). Es handelt sich um eine Wollmütze, deren Alter auf etwa 3100 Jahre geschätzt wird (Foto rechts). Sie ist im Kgl. Dansk Museum in Kopenhagen zu sehen. Die Verschlingung der sehr fein gesponnenen Fäden ähnelt aber auch der Sprang-Technik, die aus Ägypten stammt.
Bei Ausgrabungen auf der Akropolis fand man eine Marmorbüste mit dem Reliefmu-

Seite 73:
Drinnen-Draußen – Häkelarbeit von R. Hage-van der Schaaf aus Harderwijk. Diese bezaubernde Häkelei, die wie ein naives Bild anmutet, hat auch gestrickte Teile (Gardinen, Himmel). Sie erhielt bei dem Wettbewerb der Zeitschrift »Margriet« einen vierten Preis
Foto: Theo Dijkhuizen

Häkelspitzen aus dem 19. Jahrhundert aus Norddeutschland. Die zweite Spitze von unten wurde abwechselnd an den oberen und unteren Ösen auf ein Band aufgereiht und als Jabot getragen. Die zweite Spitze von oben ist ein Kissen-Zwischensatz
Foto: M. Bauer-Hamersen

Wollmütze aus einem Moorgrab in Jütland. Das Maschengebilde kann als Vorläufer der Häkelei angesehen werden, weist jedoch auch Merkmale der ägyptischen Sprang-Technik auf. Das Alter der Mütze wird auf 3100 Jahre geschätzt
Foto: JMRA

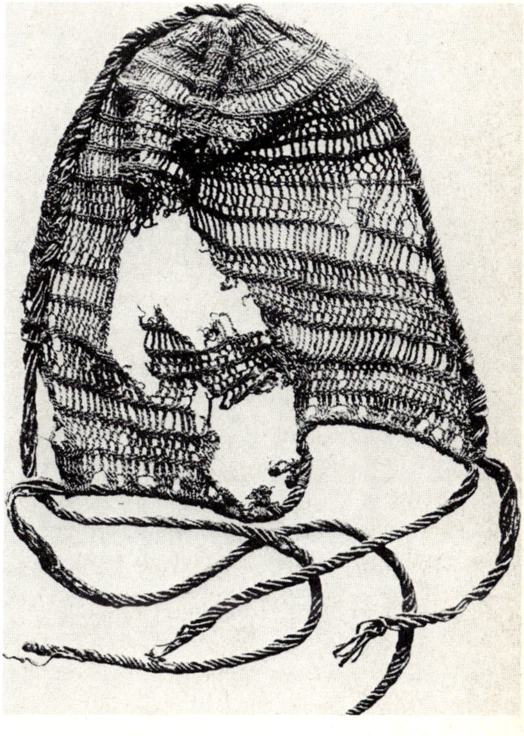

Zwei Kragen mit Elementen der Gipurehäkelei von Gretel Dehn, Alt-Freimann, aus dem Jahre 1912. Der Netzgrund des unteren Kragens ist besonders charakteristisch für die sogenannte Irische Spitze
Foto: Lammèr-Produktion

Seite 77:

Gehäkeltes Schultertuch um 1900
Foto: Textilmuseum Neumünster/Tidow

Seitenteil einer Hängematte aus Goajira/Venezuela. Es handelt sich um Filethäkelei. Die Hängematte selbst ist in Sprang-Technik gearbeitet
Foto: Museum für Völkerkunde, Wien/Fritz Mandl

ster eines Kleidungsstückes, das auf ein Maschengebilde, ähnlich heutigen Strickwaren, schließen läßt. Das Alter dieser Statue wird auf 2400 Jahre geschätzt.

Frühe Häkelaufzeichnungen kommen aus Südamerika. Sie werden im Zusammenhang mit anderen kolumbianischen Webwaren genannt. Danach benutzte eine kleine Gruppe primitiver Stämme gehäkelte Kleidung und gehäkelten Körperschmuck bei ihren Pubertätsriten.

Die amerikanische Autorin Mary Thomas, die ein Strickbuch geschrieben hat, deutet an, daß die Südamerikaner erst durch die Spanier zu Häkelarbeiten veranlaßt wurden. Als kulturelles Bindeglied zwischen ihnen führt sie die Ähnlichkeit der alten handgearbeiteten Häkelhaken als Beweis an. Sie stellt fest, daß die Strick- und Häkeltechnik sowie die verwandten Fadentechniken dieser Handarbeitsgattung von der arabischen Halbinsel ausgegangen sind, von wo aus sie sich ostwärts nach Tibet und westwärts bis nach Spanien ausbreiteten. Von dort aus wurden sie dann durch Kaufleute und Seefahrer weitergetragen. In koptischen Gräbern fand man (nach M. Thomas) Maschengebilde aus dem 4. und 5. Jahrhundert.

Die Häkeleien, die zunächst mit einfachen Nadeln aus Knochen, Bambus, Holz, Eisen, Kupferdraht, später aus Bernstein und Elfenbein angefertigt wurden, galten als primitive Handarbeit, die vorwiegend von Bauern, Seeleuten und Schäfern ausgeübt wurde. Vom 13. bis zum 19. Jahrhundert wurde die Häkelei als Nonnen-Arbeit bekannt. In den Klöstern wurde Altar- und Hauswäsche mit einfachen Häkelkanten versehen – mehr um sie haltbarer zu machen, weniger zur Verzierung.

Erst viel später fand die Häkelei mit der Verfeinerung der Arbeitsgeräte und Vervollkommnung der Technik Eingang in die anspruchsvolleren Kreise des Bürgertums und Adels. Während andere Spitzenarten sich von der Hochkunst zur Volkskunst entwikkelt haben – man denke vor allem an die berühmten Stickspitzen (s. Kapitel Sticken) und die vielen Arten von Klöppelspitzen (s. dort) –, ist mit Sicherheit anzunehmen, daß die Häkelei den umgekehrten Weg gegangen ist. Doch zunächst wird diese Handarbeitsart nicht als eigenständige Gattung angesehen,

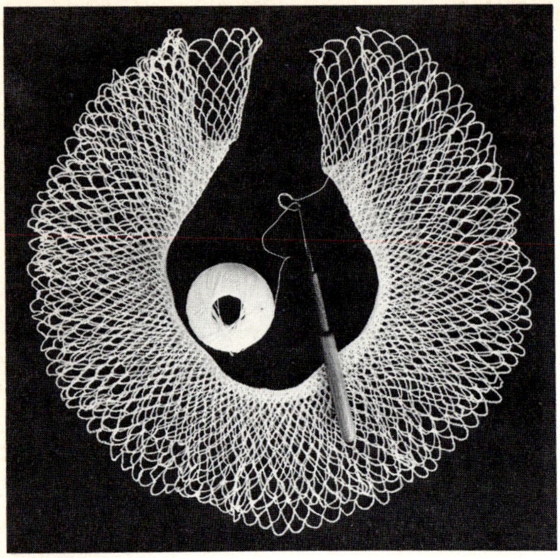

Doppelter Kragen, aus unterschiedlich großen Luftmaschenbögen gebildet. 1883. Privatbesitz
Foto: M. Bauer-Hamersen

Kinderhäubchen in Filethäkelei von der Insel Finkenwerder/Elbe. Um 1900, Privatbesitz
Foto: M. Bauer-Hamersen

sie wird – so vermutet man – als Hilfstechnik bei der Imitation von aus der Stickerei bekannten Kettenstichen angewandt. Bei dieser später als »Tamburierwerk« bekanntgewordenen Technik wurde Tüll- oder Netzgrund in einen runden Rahmen gespannt (Tamburin). Das Garn hielt man unter dem Rahmen, die Nadel auf der Oberseite des Tüllgrundes. Nun holte man mit der Nadel durch den Stoff die Garnschlaufen, die man ineinander verschlängte. Es entstand eine auf Stoff fixierte Luftmaschenreihe, die wie gestickte Kettenstiche aussah. Solche Reihen wurden dicht nebeneinander nach bestimmten Mustern gehäkelt und sahen Stickereien, die viel mühsamer anzufertigen waren, sehr ähnlich. Meister in dieser Technik waren die Iren, die so die berühmten Venezianer Spitzen nachahmten. Nach der großen Hungersnot 1846 war die in Heimindustrie gefertigte Spitzenproduktion die einzige wirtschaftliche Stütze Irlands. Die Irische Spitze, die ihren Ursprung gar nicht in Irland hatte, entwickelte sich allmählich von der imitierten Stickspitze zur reinen Häkelspitze. Noch heute kennt man die Bezeichnung »Irische Häkelei« (auch »Gipure«) für Arbeiten, bei denen einzelne, meist plastisch ausgearbeitete Blüten- und Blattformen durch ein gehäkeltes Grundmuster miteinander verbunden sind. Der Gründer des früheren k. u. k. österreichischen Spitzenhauses in Wien hat sich um die Erhaltung und Kultivierung dieser Häkeltechnik sehr verdient gemacht.

Auch in Schweden verstand man sich im 19. Jahrhundert auf das Häkeln feiner Spitzen und Rosetten, wie die Auswahl aus einer Sammlung des Nordiska Museet in Stockholm zeigt. 1844 kamen die ersten Häkelanleitungen heraus. Auch die erste Zeitschrift dieser Zeit mit Modeinformationen, das »Konst- och Nyhetsmagasin«, brachte in Fortsetzungen Muster für Häkelspitzen als Wäsche- und Kleiderbesatz.

Noch lange Zeit war die Häkelei eine reine Ziertechnik. Erst allmählich wurden auch Kleidungsstücke, Kissenbezüge und große Decken aus Wolle gehäkelt, wobei man nach der Periode fast ausschließlicher Weißhäkelei – abgesehen von Gold- und Silbermaterial – nun in Farben und Mustern schwelgte. Anfang des 20. Jahrhunderts entwickelte sich die Mode, Gardinen in Filethäkelei herzustellen. Man bevorzugte hierbei ein neues ecrufarbenes Kunstseidenmaterial, das sehr glatt, aber auch sehr schwer war. Obwohl das Häkeln von Gardinen und großen Decken sehr mühsam ist, zeichnet sich seit einigen Jahren wieder eine deutliche Vorliebe für diese Häkelarbeit ab.

Als jüngste Variante in der Geschichte der Häkelei ist das freie, kreative Häkeln bereits im Begriff, eine anerkannte Kunstform zu werden. Die Impulse dazu kommen aus den Niederlanden, die erstaunliche Könner auf dem Gebiet der Textilgestaltung in den Reihen ihrer Kunsthandwerker haben. Eine Holländerin ist es auch, die im deutschen »Workshop Hannover« versucht, interessierten Laien den freien, von Mustersklaverei losgelösten Umgang mit Häkelnadel und Faden nahezubringen.

Schwedische Häkelrosetten aus einer Auswahl des Nordiska Museet in Stockholm
Foto: Nordiska Museet

Gartentor – Häkelobjekt, 2 × 1,25 m groß. Mit sparsamsten Mitteln hat Gerda Edens hier eine eigenartige Wirkung erzielt: Man weiß nicht, ob man durch das Tor des eigenen Gartens ins Freie tritt, oder ob man von einer Straße aus in einen Garten geht. Das Tor jedenfalls läßt sich öffnen
Foto: Paul Kuiper Marken

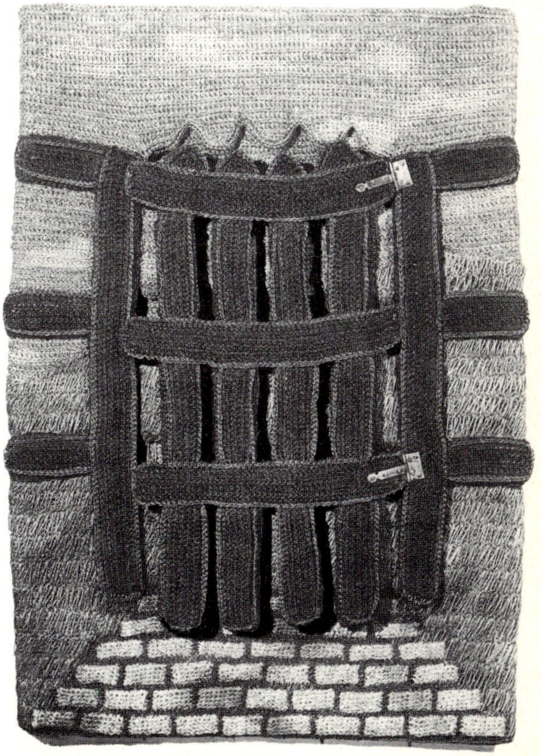

Avantgarde aus den Niederlanden

Gerda Edens, am 3. Mai 1942 geboren, hat sich der Textilgestaltung mit Faden und Häkelnadel auf sehr eigenwillige Weise verschrieben. Die in Spaarndam (Niederlande) wohnende Künstlerin studierte von 1961 bis 1965 Malerei und Grafik an der Rietveld Akademie in Amsterdam. Doch nach dem Abschluß des Studiums beschäftigte sie sich sogleich mit der Textilgestaltung. Zunächst machte sie Puppen, danach Wandteppiche in Applikationstechnik. Mehr und mehr wurden ihre Arbeiten raumgreifend. Vermutlich hat sie sich so schnell von der Malerei gelöst, weil ihr eine Dimension fehlte, um sich richtig auszudrücken.

Für ihre Arbeiten bevorzugt Gerda Edens heute Sisalmaterial, das den großflächigen Werken die nötige Festigkeit gibt. »Man kommt mit dem Material auch sehr rasch voran«, bekennt sie lachend, »früher habe ich mit anderem Material gearbeitet und mich oft viel zu sehr in Details verloren. Heute genügt mir ein simpler Frauentorso, um ihn in mehreren Variationen darzustellen.« Das beweist auch das 2 × 2,70 m große Objekt »Sechs Westen«, die mit ihren offenherzigen Décolletés auch »Sexwesten« heißen könnten – ohne den negativen Beigeschmack dieses Wortes.

Bei den Arbeiten von Gerda Edens ist deutlich die grafische Schulung erkennbar: alle Textilobjekte sind gekonnt proportioniert, sicher in der Farbstellung und von großer

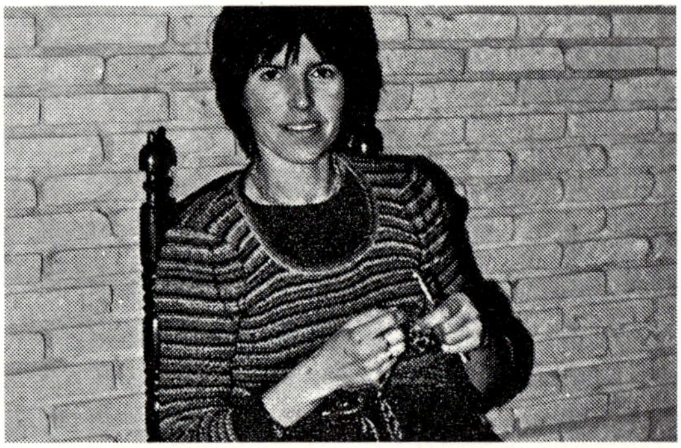

Aussagekraft. Die Themenwahl zeugt von innerer Gelöstheit, von einer Heiterkeit des Herzens, wie man sie bei Sonntagsmalern häufig feststellen kann. Und diese Originalität ist es vor allem, die die Arbeiten von Gerda Edens so unverwechselbar machen – ganz gleich, ob sie »Blumenkohl in einer Kiste« häkelt oder ein hölzernes Gartentor, das sich auch tatsächlich öffnen läßt. Auch bei dem sehr schönen Objekt »Gleichgewicht« wird die hintersinnige Sensibilität der Fadenkünstlerin spürbar: die beiden auf den ersten Blick gleichen Hälften, die gegeneinander ausbalanciert sind, zeigen bei näherer Betrachtung unterschiedliche Formen; die linke wirkt kleiner, weil sie 5 Rosetten weniger, dafür mehr Umfeld hat als die rechte. Zufall? Bei Gerda Edens ist nichts Zufall, aber manches gestaltet sie ohne gezielte Absicht aus dem Unterbewußtsein. »Früher arbeitete ich einfach drauflos und wartete ab, was daraus wird. Heute arbeite ich nach einem vorher festgelegten Konzept, an das ich mich aber nicht sklavisch halte – nur die große Linie liegt fest«, erklärt sie. Ausstellungen in Museen und Galerien haben ihr internationale Anerkennung gebracht. Ein besseres Zeichen dafür, daß man auf dem richtigen Weg ist, kann es nicht geben.

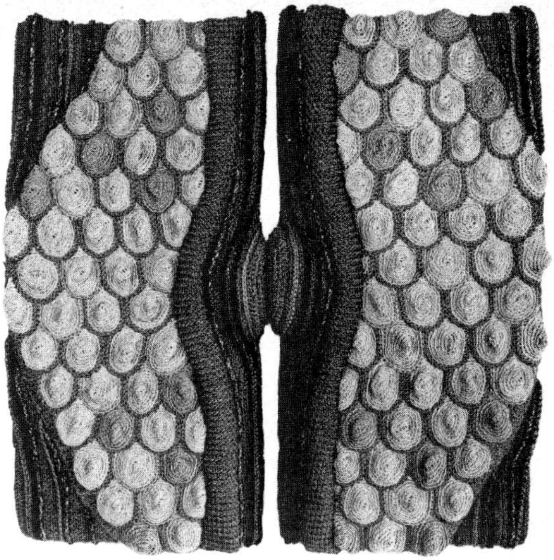

Gleichgewicht – ein Häkelobjekt, dessen Ausgewogenheit allein schon die Bezeichnung rechtfertigt. Das Auge ist lange beschäftigt und entdeckt bei längerer Betrachtung die Unterschiede der beiden Objekthälften, die dennoch ein gleichgewichtiges Paar ergeben
Foto: Paul Kuiper Marken

Sechs Westen – Häkelobjekt von Gerda Edens, 2 × 2,70 m groß. Die an sich schon plastische Häkelei wird durch unterlegten Schaumstoff noch betont und macht deutlich, daß nicht nur die Westen unterschiedlich sind, sondern auch die Westenträger
Foto: Paul Kuiper Marken

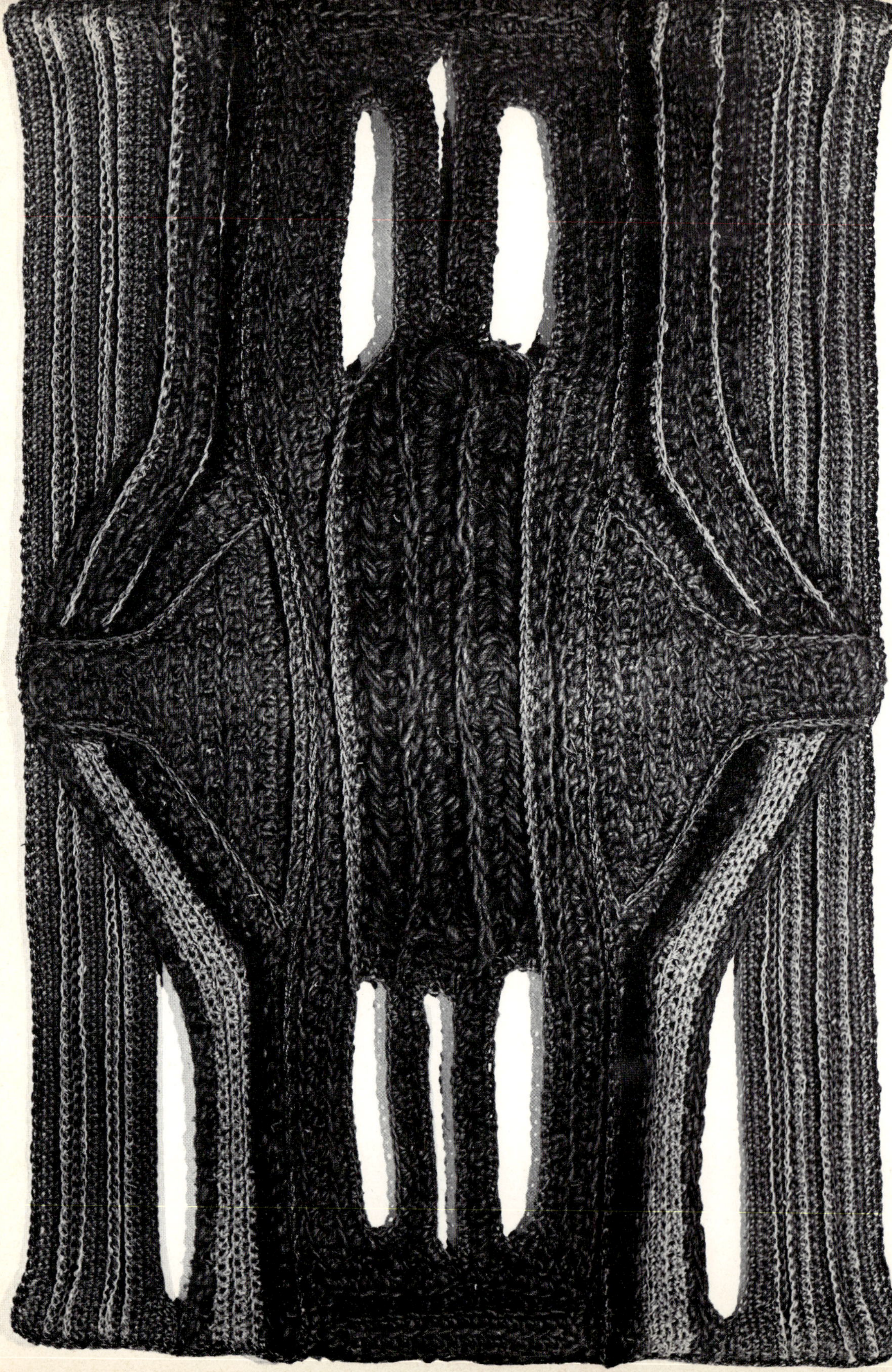

In einer Stunde gelernt

Wenn man auch davon ausgehen kann, daß die meisten Frauen die Häkeltechnik beherrschen, so haben Männer hier sicher einiges nachzuholen. Wie die Geschichte lehrt, war die Handarbeit in früherer Zeit nie ausschließlich Frauensache. Im Gegenteil, die wirklich großen Kunstwerke haben – sieht man einmal von den Arbeiten der Nonnen ab – in der Mehrzahl Männer geschaffen. Wann die Rollenteilung vollzogen wurde und die Frauen die Herrschaft über Nadel und Garn antraten, ist nicht festzustellen, aber es ist Zeit für eine Korrektur.

Häkeln ist leicht. Selbst Kinder lernen es in kürzester Zeit. Um kreativ zu sein (wenn dieses anspruchsvolle Wort in diesem Zusammenhang ausnahmsweise erlaubt ist), braucht man keine komplizierten Häkeltechniken zu beherrschen. Im Gegenteil: sie stören nur, weil man sich zu sehr auf die Maschenbildung konzentrieren muß, anstatt sich der freien Gestaltung zu widmen. Ein großer Vorzug der Häkelei liegt darin, daß man seine Arbeit ohne Materialverlust immer wieder auflösen, neu beginnen oder korrigieren kann. Dieser Aspekt ist eine gute Voraussetzung für den unbefangenen Umgang mit dem Material.

Das spätere Aussehen einer Häkelarbeit wird nicht allein durch die Maschen bestimmt, sondern schon vorher: durch das Verhältnis zwischen Nadel und Faden. Stimmen beide in der Stärke ungefähr überein, entsteht ein normales Maschenbild, wie man es bei Kleidungsstücken findet. Häkelt man dünnes Garn mit einer dickeren Nadel, entsteht ein lockeres Maschengebilde, ist das Verhältnis umgekehrt, wird die Arbeit besonders dicht und fest. Durch den Wechsel verschiedener Nadeln innerhalb einer Arbeit hat man also schon eine Gestaltungsmöglichkeit.

Eine weitere Möglichkeit besteht in der gehäkelten Form, die man beliebig durch Zunehmen (mehrere Maschen aus einem Maschenglied der Vorreihe) oder Abnehmen (Überschlagen von Maschen der Vorreihe) bestimmen kann.

Die dritte Möglichkeit bietet die Wahl des Materials, mit dem man häkelt. Jedes Material hat eine bestimmte Struktur, jede Struktur ergibt ein eigenes Maschenbild: rauh, glatt, glänzend, stumpf, weich, starr, fein oder grob.

Erst als letzte Möglichkeit sollte die Farbe

Ein Zeichen für alle anderen – Häkelobjekt aus Jute, Sisal und Wolle, 2,10 × 1,30 m groß. Dieses Zeichen, das Kreuz, kehrt in Annet Plenters Arbeiten immer wieder
Entwurf und Ausführung: Annet Plenter/Gaaikema
Foto: Paul Kuiper Marken

gelten, mit der man meistens mehr Effekte erzielen als wirklich gestalten kann. Vor allem sollte man einiges über Farbklänge und -harmonien wissen, damit man statt einer bunten Häkelei, an der man sich rasch satt sieht, eine farbige anfertigt.

Die Maschenbildung

Eine Häkelarbeit beginnt stets mit einer Luftmaschenreihe. Die weiteren Reihen, die im Anschluß daran gehäkelt werden – hin und her oder rundherum –, können aus Kettenmaschen, festen Maschen oder Stäbchen bestehen. Am Ende jeder Reihe macht man eine Luftmasche und wendet danach um, um weiter zu häkeln. Vergißt man die Wendeluftmasche, wird die Arbeit immer schmaler. Die Zeichnungen zeigen die einzelnen Maschenbildungen deutlich. Die Häkelnadel wird dabei wie ein Bleistift angefaßt. Der vom Knäuel kommende Arbeitsfaden wird von innen nach außen um den Ringfinger geführt und ebenso über den leicht angewinkelten Zeigefinger.

Das ist alles, was man über die Häkeltechnik wissen muß, denn alle auch noch so kompliziert aussehenden Maschengebilde basieren auf den Grundmaschen: Luftmasche, Kettenmasche, feste Masche und Stäbchen. Es macht mehr Spaß, eigene Maschenkombinationen und -abwandlungen auszuprobieren, als Vorgeschriebenes nachzuvollziehen.

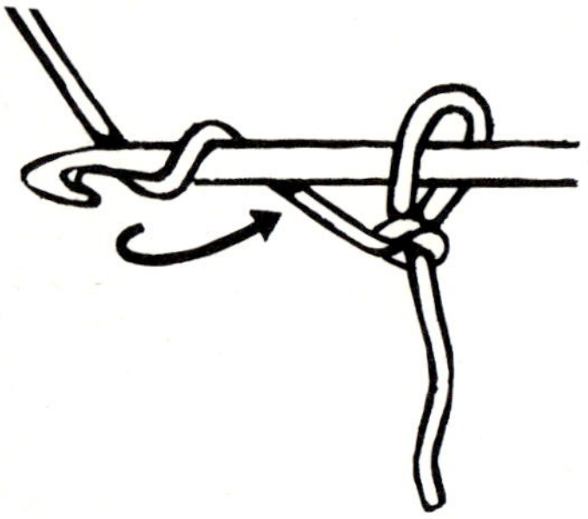

Man beginnt mit einer Schlinge, durch die die Häkelnadel geführt wird . . .

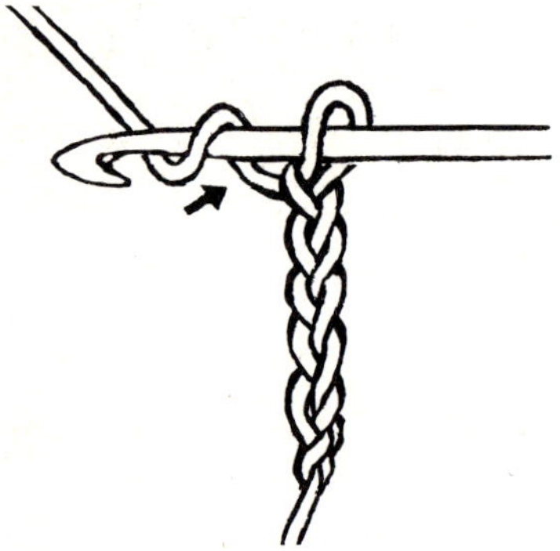

. . . und holt den Faden als Schlinge durch. So fährt man laufend fort

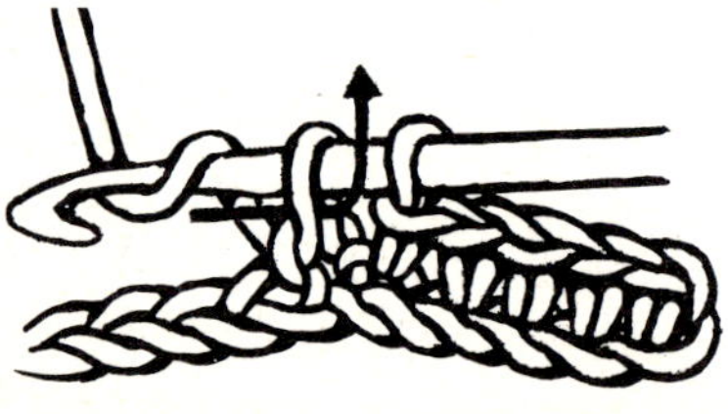

Feste Maschen: Nach dem Wenden in die zweitletzte Masche einstechen, Faden durch die aufgenommene Masche holen, Faden noch einmal holen und durch beide auf der Nadel befindlichen Schlingen ziehen

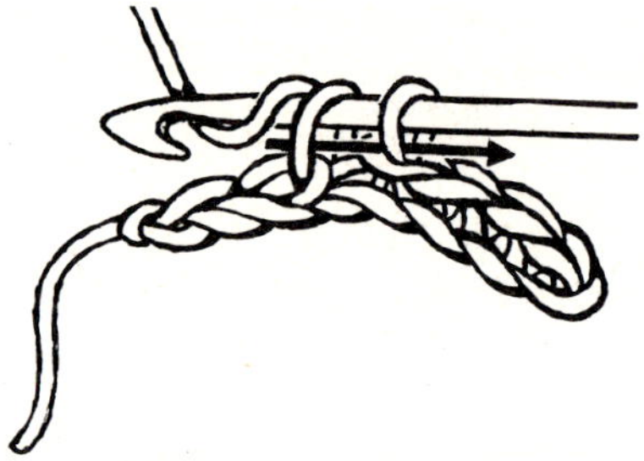

Zurückhäkeln mit Kettenmaschen: In das vorletzte Maschenglied einstechen, Schlinge holen und durch beide auf der Nadel befindlichen Maschen ziehen

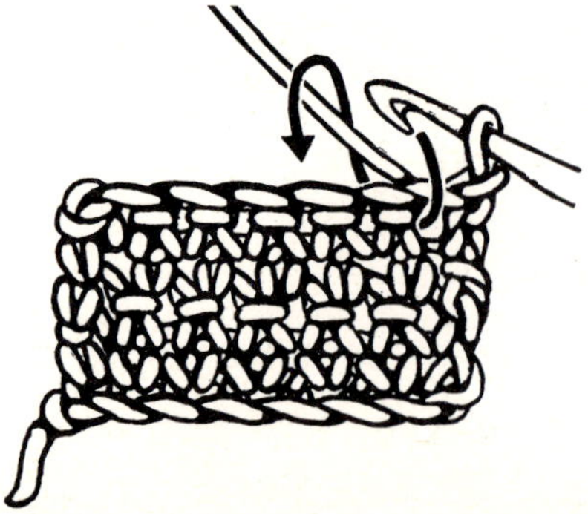

Wenden: Am Ende der Reihe eine Luftmasche machen. Am Anfang der folgenden Reihe in das vorletzte (nicht letzte!) Maschenglied der Vorreihe einstechen

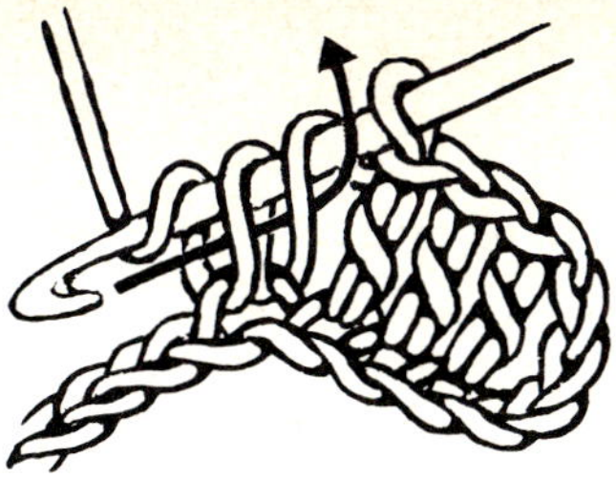

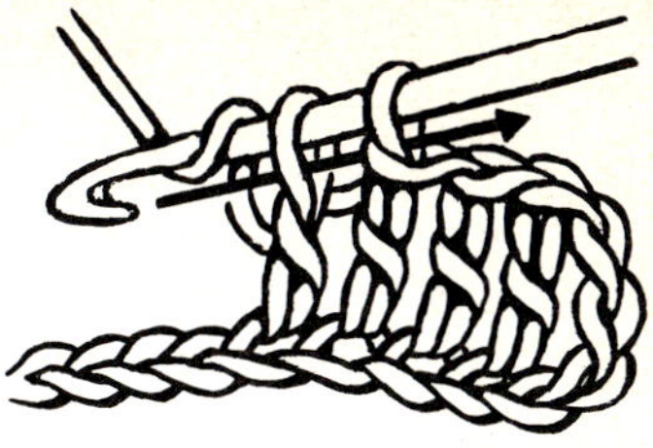

Stäbchen: Bevor man in das Maschenglied der Vorreihe einsticht, wird der Faden einmal um die Nadel geschlagen. Dann holt man den Faden wie gewohnt durch die Masche

Jetzt holt man den Faden noch einmal und zieht ihn durch zwei von drei auf der Nadel befindlichen Schlingen

Der Faden wird abermals geholt und nun durch die beiden letzten Schlingen gezogen

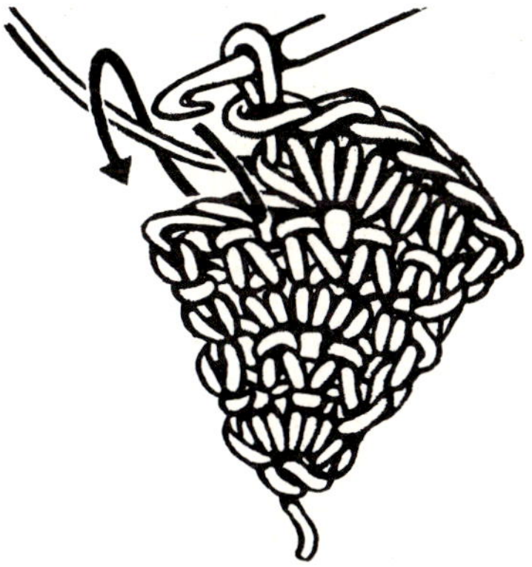

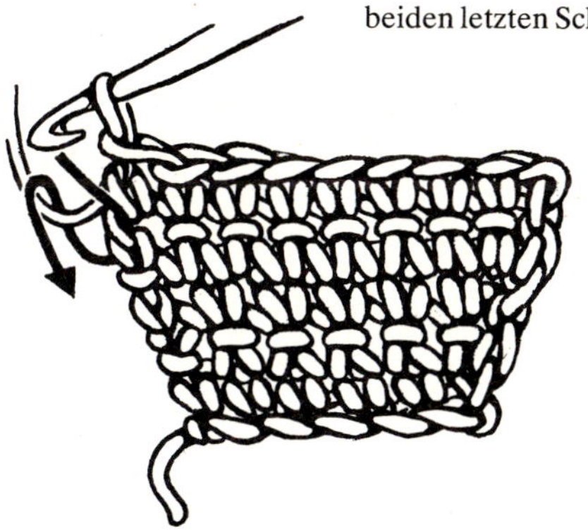

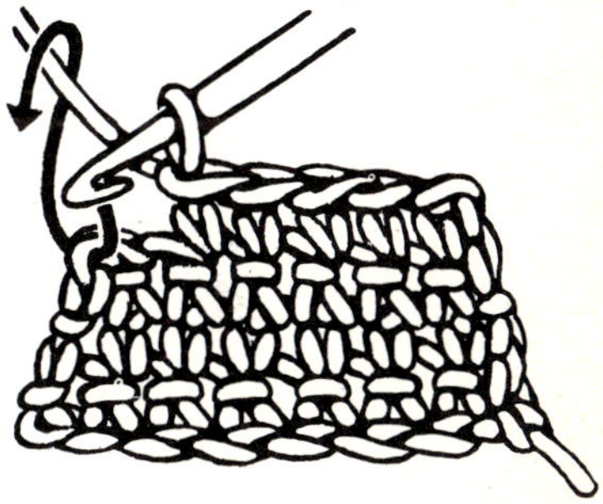

Zunehmen innerhalb der Reihe: Aus einem Maschenglied der Vorreihe arbeitet man zwei Maschen

Zunehmen am Ende der Reihe: Aus der letzten Masche der Reihe (Wendeluftmasche der Vorreihe) arbeitet man zwei Maschen

Abnehmen: Man übergeht ein Maschenglied der Vorreihe

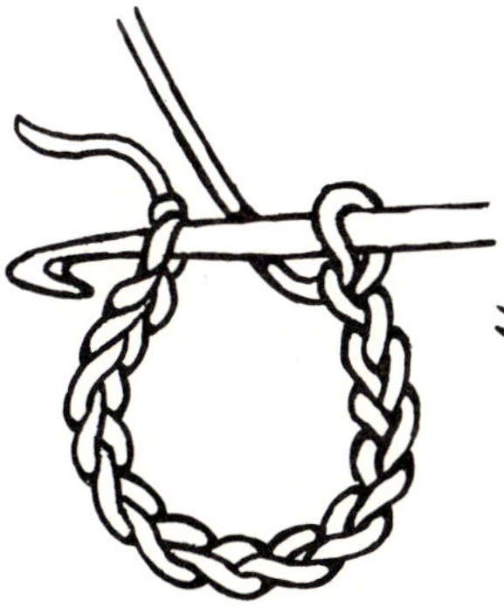

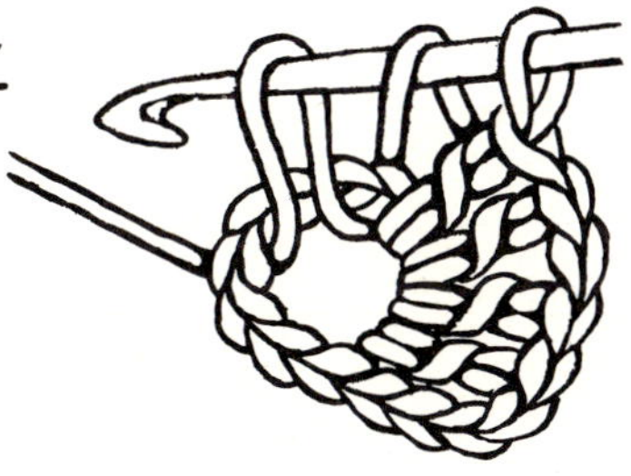

Runde Form: Man schließt die Luftmaschenreihe mit einer Kettenmasche zu einem Ring

In den Ring häkelt man so viele feste Maschen oder Stäbchen, bis alle Luftmaschen bedeckt sind. Dabei greift man um die Luftmaschen herum. Die Runde wird mit einer Kettenmasche geschlossen. Nach jeder Runde beginnt man mit einer Luftmasche (bei Stäbchen mit 2 Lm.) und häkelt weiter rundherum. Dabei nimmt man laufend zu (2 Maschen aus einer), so daß die Arbeit weder spannt noch wellig wird

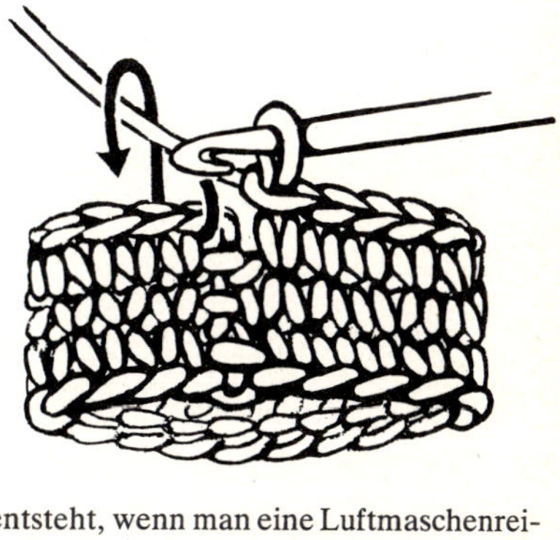

Ein Schlauch entsteht, wenn man eine Luftmaschenreihe zum Ring schließt und ohne Zunahme rundherum weiterhäkelt. Dabei kann man entweder spiralenartig arbeiten oder jede Runde mit einer Kettenmasche schließen und die neue mit einer Luftmasche beginnen

Die Natur bietet sich überall als Motivspender an: hier ist es ein Tulpenfeld – mit rosa und roten Tulpen
Foto M. Bauer-Hamersen

Das Tulpenfeld als Häkelgardine in den gleichen Farben. Wie bei Irischer Häkelei wurden die Tulpen in den Gittergrund gearbeitet.
Ausführung: Eva Horstmann
Foto: M. Bauer-Hamersen

Der Bürgermeistergarten – Häkelobjekt von Eva Horstmann, 80 × 120 cm, in mehreren Beige-, Gelb- und Grüntönen
Foto: M. Bauer-Hamersen

Seite 87:
Zwei Pfauen – Gardine in Filethäkelei aus weißer Baumwolle. Größe ca. 100 × 130 cm
Ausführung: Ariane Heyduck
Foto: M. Bauer-Hamersen

Blick in einen Holzstoß – eine besonders originelle Häkelarbeit von Gun Borg-Kunze aus Finnland (Workshop Hannover). Farben: Blaugrün in der Mitte, umgeben von Naturtönen in Braunbeige
Foto: A. G. Kremer

Kinder-Garten – Häkelarbeit in Violett- und Rottönen, mit sparsamem Grün und Silber. Die Silberfäden deuten Rinnsale und Pfützen an, in denen Kinder gern spielen.
Größe: 40 × 50 cm
Entwurf und Ausführung: Jutta Lammèr
Foto: M. Bauer-Hamersen

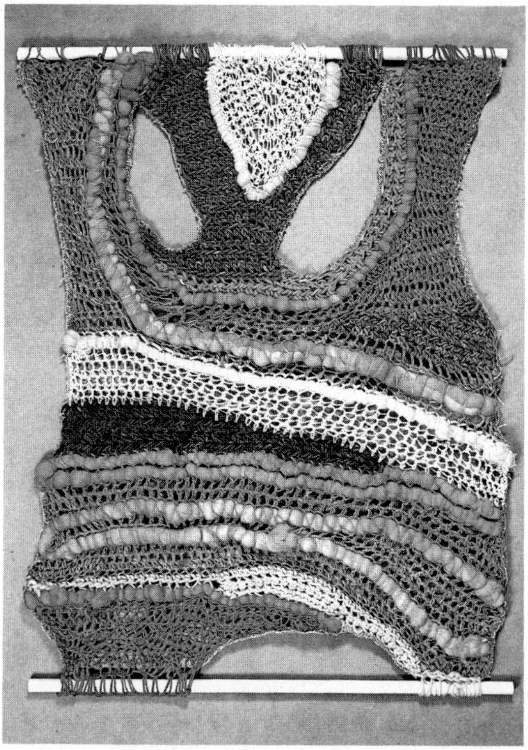

Wandverzierung ohne Namen – eine Häkelarbeit von N. van Giffen aus Amsterdam, die bei einem Häkel- und Strickwettbewerb der Zeitschrift »Margriet« ebenfalls einen vierten Preis bekam. Farben: Rot-, Violett- und Gelbtöne.
Foto: Fotostudio Dijkhuizen

Seite 89:
Vier Häkelobjekte (Thema Landschaft) von Textilkünstlerinnen. Beatrijs Sterk (Holland), Abbildung oben links, oben rechts und Mitte links.
Angelika Liebrecht (Hannover), Abbildung Mitte rechts.
Zwei Häkelobjekte, die unter der Anleitung und Beratung von Beatrijs Sterk im Workshop e. V. Hannover entstanden sind. Davon rechts unten Oda Püschel (Hildesheim).

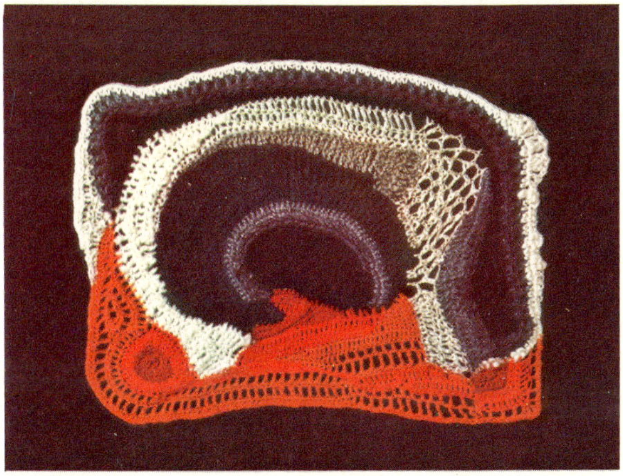
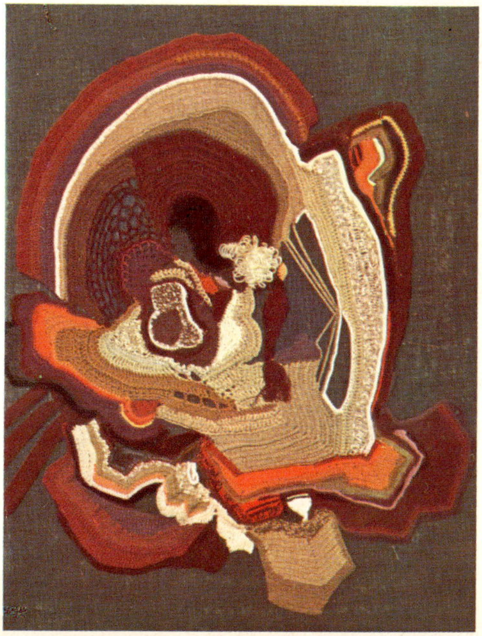

Der Faden reicht weit zurück

Vertieft man sich in die Geschichte der Strickkunst, so muß man feststellen, daß wir die Kunstfertigkeit unserer Vorfahren im Stricken nie erreicht haben. Zwar kannte man noch nicht eine solche Variationsbreite in der Maschenbildung – die meisten Gestricke waren glattflächig –, jedoch sind sie in ihrer Musterfülle und handwerklichen Perfektion unerreicht geblieben. Das beweisen viele Exponate internationaler Museen.
Die ältesten gestrickten Stücke stammen mit Sicherheit aus dem Jahre 256 n. Chr. Sie wurden bei Ausgrabungen im antiken Duros-Europos in Syrien gefunden. Zwei dieser Stücke aus Naturwolle haben Streifen in fünf verschiedenen Farben. Die Strickart ist ein Rippenmuster aus drei rechten und zwei linksverdrehten Maschen im Wechsel. Das dritte Stück ist einfarbig.
In Thüringen fand man im Grab einer Fürstin zwei Stricknadeln aus Knochen, die aus der Zeit um 300 n. Chr. stammen. In einem Merowinger-Grab fand man eiserne Stricknа-

Gestrickter Geldbeutel aus Ägypten, 4. Jh. n. Chr.
Foto: Textilmuseum Neumünster

Ähnlich wie dieses Rundstrickgerät für Kinder muß das Gerät ausgesehen haben, mit dem bereits um das 5. Jahrhundert n. Chr. Strümpfe und Kopfbedeckungen gestrickt wurden
Foto: M. Bauer-Hamersen

deln etwa aus der Zeit um 500 n. Chr. Sie werden im Museum für Urgeschichte in Weimar gezeigt.

Es wird angenommen, daß die Stricktechnik – wie das Häkeln – durch Nomaden von Osten her über Tibet, von Westen über Ägypten verbreitet wurde, von wo aus die Seefahrer sie nach Europa brachten. In koptischen Gräbern fand man Sandalensocken, die schon richtige Strumpfform hatten. Das beweist, daß man bereits um das 4. und 5. Jahrhundert das Zu- und Abnehmen von Maschen innerhalb eines Gestricks kannte. Auch muß man nach Art des Gestricks annehmen, daß es bereits zu dieser Zeit primitive Vorrichtungen gab, die das Rundstricken ermöglichten. Sie werden ähnlich konstruiert gewesen sein wie die kleinen Rundstrickgeräte – häufig aus einer Garnrolle und vier Nägeln selbst hergestellt –, wie Kinder sie noch heute benutzen. Im Textilmuseum in Washington befindet sich ein Strickstrumpf mit arabischen Zeichen und Motivelementen, der aus blauer und weißer Baumwolle rundgestrickt ist.

Die arabische farbige Strickerei hat eine wichtige Rolle in der Entwicklung der Strickkunst gespielt. In Forstat in Ägypten, an jener Stelle, auf der heute Kairo steht, fand man ein Gestrick aus rotbrauner Seide mit einem Rand aus Goldfäden, gestrickt mit verdrehten Maschen. Die Feinheit ist beachtlich: 14 Maschen auf einen Zentimeter! Ohne Zweifel haben diese Arbeiten das Strickhandwerk in Spanien und Italien von 1100 bis ins 16. Jahrhundert stark beeinflußt. Mit der Einführung der Seide in Europa wurde es möglich, in Farben und Mustern zu stricken, die dem Aussehen nach Brokat- und anderen Strukturgeweben ähnlich waren. Oftmals wurden die Konturen der Motive und Muster durch eingestrickte Silber- oder Goldfäden betont.

1254 wurden in Italien ein Paar Seidenstrümpfe gestrickt, aber es blieben Einzelstücke. Seidenstrümpfe waren kostbar und noch in den folgenden 300 Jahren höchst selten. Heinrich VIII. von England bekam 1547 ein Paar Seidenstrümpfe aus Spanien. Von dem Dänen Peter Oxe aus Gisselfeld wird berichtet, daß er 1578 vier Paar gestrickte Seidenstrümpfe und drei Paar Wollstrümpfe besaß.

Im 16. Jahrhundert war das Stricken auf dem Höhepunkt. Die Stricker mußten sich den Zünften der Tuchmacher anschließen, aber die Bedingungen für die Aufnahme waren sehr streng. Ein junger Mann mußte sechs Jahre lernen; drei Jahre davon mußte er sich in die Grundprinzipien des Strickerhandwerks einarbeiten, drei weitere Jahre seine Kenntnisse bei anderen Meistern außerhalb des Landes vervollkommnen. Danach mußte er eine Prüfung ablegen, um Meister zu werden. Sie bestand in der Anfertigung verschiedener genau festgelegter Strickarbeiten: in-

Meisterstück eines Strickers, angefertigt 1728 zur Aufnahme in die Tuchmacherzunft, von S. G. Sieber in Görlitz
Zeichnung nach einer unvollständigen Vorlage

nerhalb 13 Wochen war ein Teppich mit Musterung von der Größe 2,50 × 3,00 m zu stricken, außerdem mußten ein Wams, eine Mütze und ein Paar Strümpfe mit seitlichem Muster gestrickt werden.
Ein besonders schönes Stück, das zu diesem Zwecke gestrickt wurde, ist ein Teppich aus dem Jahre 1790, den der Deutsche Kristoffer Wagner gemacht hat. Er erinnert in seiner Musterung an einen geknüpften Orienttep-

Seite 93:
Strickutensilien des 19. Jahrhunderts aus der Sammlung des Schweiz. Landesmuseums in Zürich. Unter dem Strickmusterband rechts ein Rundstrickgerät für Bänder, darunter Stricknadeln aus Holz, Bein und Metall sowie Stricknadelmaße und ein Perlenstrickbeutel
Foto: Schweizerisches Landesmuseum, Zürich

pich. Der quadratische Teppich muß in einem Strickrahmen hergestellt worden sein, denn er ist nirgends zusammengesetzt, sondern über die ganze Breite aus einem Stück gearbeitet. Unvorstellbar, daß man mit so langen Nadeln gestrickt hat.

Die technische Nachbehandlung der Teppiche aus dieser Zeit hat es oft verhindert, daß Strickteppiche zunächst überhaupt als solche erkannt wurden. Ähnlich wie die heute im Alpenraum gebräuchlichen Walkjanker wurden die Strickteppiche durch heißes Waschen zum Verfilzen gebracht, anschließend gewalkt und geschoren. Ein solcher Teppich befindet sich in den Sammlungen des Neißer Kunst- und Altertumsvereins: In der Mitte stehen neben sechs weißen Lilien (Wappen des Fürstentums Neiße) die Jahreszahl 1667 und die Initialen B.B. Sie sind das Zeichen des damals bekannten Meisters Balthasar Böhme. Die übrige Musterung, zwei Bänder als Umrahmung mit Greifen, Tieren und Blüten verziert, ist nach Mustern aus Johann Sibmachers Stick- und Spitzenmusterbuch aus dem Jahre 1604 gearbeitet (s. auch Kapitel Sticken).

S.G. Sieber in Görlitz strickte 1728 einen Teppich, wie ihn die Zeichnung S. 92 ähnlich wiedergibt. Erstaunlich die exakte Schrift bei dem Randspruch aus dem Johannes-Evangelium – eine Meisterleistung, die der Zunft der Stricker zu allen Ehren gereichte.

Nach den Tuchmachern machten nun auch die Barettmacher die Aufnahme in ihre Zunft von der Anfertigung eines gestrickten Musterteppichs abhängig.

Die sich immer mehr ausbreitende Strickkunst macht es schwer, ihre Entwicklungen und Strömungen weiter zu verfolgen. Die Geschichte berichtet, daß die Bewohner einer kleinen Insel südlich der Shetland-Inseln, Fair Isle, die Buntstrickerei von schiffbrüchigen spanischen Seeleuten gelernt haben sollen. Auf den Shetland-Inseln selbst

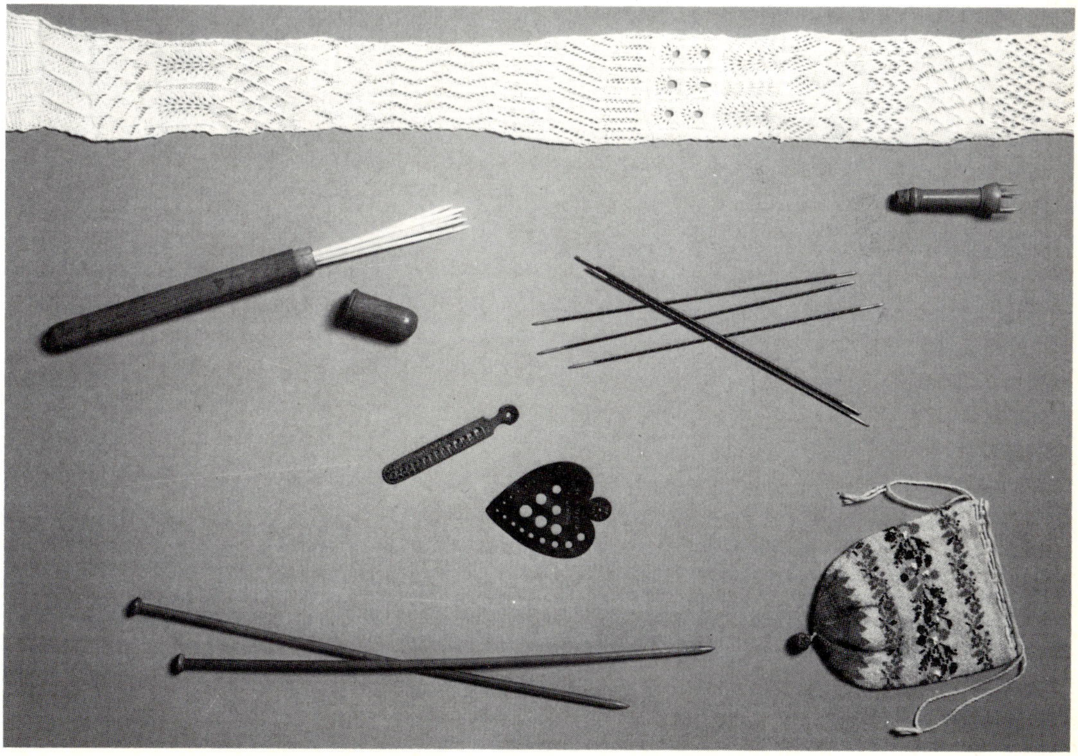

war einfarbiges Gestrick aus feingesponnenem Baumwollgarn üblich. Man kannte nur zehn Grundmuster, die man jedoch sehr kunstvoll miteinander kombinierte. Diese Strickart wurde auch in Deutschland sehr beliebt. Aus dem Jahre 1836 ist eine Art Babysack erhalten, der aus weißer Baumwolle mit hellblau eingestricktem Namen nebst Jahreszahl und bunten Glasperlen gefertigt ist, die ebenfalls als Rosenbordüre eingestrickt sind.

Die Bewohner der Inseln vor der irischen Westküste strickten, genau wie die Fischer der Gegend um Cornwall und Devon, Pullover mit ganz bestimmten Mustern, an denen man erkennen konnte, woher ein Fischer stammte. Jede Fischerfamilie hatte ihr eigenes Muster. Die Pullover für die Arbeit waren meist einfach gestrickt, die für die Festtage zeigten kunstvolle Relief- und Knotenmaschen. Da diese Muster oft religiöse Bezeichnungen wie »Heiliges Herz«, »Bethlehems Stern« oder »Jacobsleiter« trugen, ist anzunehmen, daß sie von koptischen Missionaren stammen, die in Irland Klöster errichtet hatten.

Die Anfänge der amerikanischen Strickarbeiten sind weniger bemerkenswert. Man begnügte sich mit der Herstellung einfacher zweckmäßiger Kleidungsstücke und strickte auch für den Hausgebrauch Bettdecken und kleine Teppiche, die mehr wärmen als schmücken sollten. Bereits sechsjährige Kinder lernten das Stricken, und es sind aus ihren Reihen viele tüchtige Handwerker, aber wenige Künstler hervorgegangen, deren Arbeiten zu erwähnen sich lohnt.

Die Hopi-Indianer lernten das Stricken von den Spaniern, die im 16. Jahrhundert nach Amerika kamen. Sie strickten vor allem fußlose Beinlinge, eine Art Gamaschen aus weißer Baumwolle, die nur die Männer trugen. Nach der Eroberung Perus durch die Spanier, 1532, wurden dort sehr schöne Stricksachen angefertigt. Es entstanden unter anderem kunstvoll gemusterte Hirtentaschen aus Lamawolle, die noch heute nach diesen überlieferten Vorlagen gearbeitet und exportiert werden. In Europa strickte man mittlerweile aus Seiden- und später aus Kunstseidengarnen Schals, Tücher und Dekken in vielerlei Maschenkombinationen, oft rund, von einem Mittelpunkt ausgehend. Man nannte diese Art Kunststricken, ohne zu wissen, daß die wirkliche Strickkunst bereits vor über tausend Jahren ganz andere Maßstäbe gesetzt hatte.

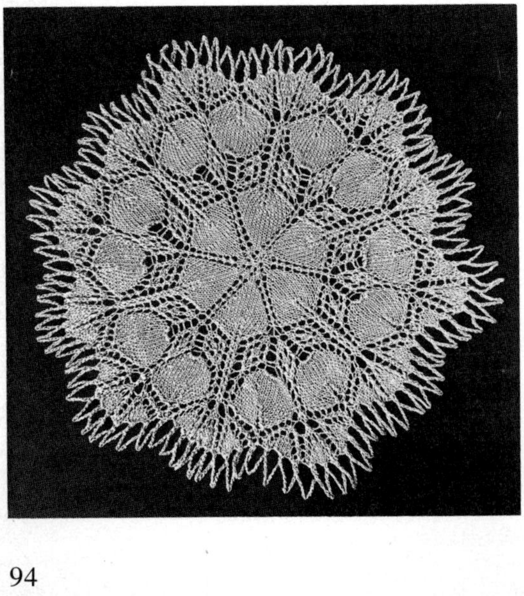

Kleine Decke aus Kunstseide in der für Anfang des 20. Jahrhunderts üblichen sogenannten Kunststrickerei, die gerade wieder auflebt. Man beginnt mit mehreren Nadeln in der Mitte und arbeitet bei großen Decken später mit der Rundnadel weiter
Foto: M. Bauer-Hamersen

Vom Webstuhl zur Stricknadel

In der Geschichte der Entwicklung der Strickerei hat Amerika nur eine unbedeutende Rolle gespielt. Erstaunlich, daß gerade aus den Vereinigten Staaten jetzt die Anstöße dazu kommen, Strickerei nicht mehr als Zweckhandarbeit anzusehen, sondern sie als Ausdrucksmittel auf dem weiten Gebiet der Textilgestaltung zu nutzen.

Den wichtigsten Anstoß gab eine Frau, die selbst zunächst gewebt hat: Mary Walker Phillips. Die Künstlerin, die am 23. November 1923 in Fresno (Kalifornien) geboren wurde, ist Kunsterzieherin für textiles Gestalten, Designerin und Buchautorin. Die Liste ihrer Wirkungsbereiche – Kurse, Ausstellungen, Publikationen, Rundfunk- und Fernsehsendungen – umfaßt vierzehn maschinengeschriebene Seiten. Das ist selbst im Land der Superlative ein erstaunlicher Rekord.

Begonnen hat sie die Strickerei beim Experimentieren mit Webmaterial, das hier und dort übrigblieb. Inzwischen ist Mary Walker Phillips allerdings längst aus dem Experimentierstadium heraus. Ihre Strickarbeiten werden auf internationalen Kunstausstellungen gezeigt, hängen in so berühmten Museen wie dem Museum of Modern Art in New York oder dem Museum of Contemporary Crafts. Mary Walker Phillips engagiert sich sehr stark für die Wiederbelebung traditioneller Handarbeitstechniken und versucht mit ungewöhnlichen Einfällen und Beispielen neue Maßstäbe zu setzen und zum freieren Umgang mit Material und Arbeitsgerät zu ermutigen.

Naturfarbenes und abgetöntes Leinengarn bringen Licht- und Schattenwirkung in diesen schönen Ststory-teppich von Mary Walker-Phillips, der 1974 entstand. Er ist 66 × 56 cm groß
Foto: Marc Cohen

Popcorn – ein gestrickter Wandteppich von Mary Walker-Phillips, New York. Das 92 × 72 cm große Gestrick entstand 1967. Es ist aus weißer Seide und handgesponnener Naturwolle
Foto: Ferdinand Boesch

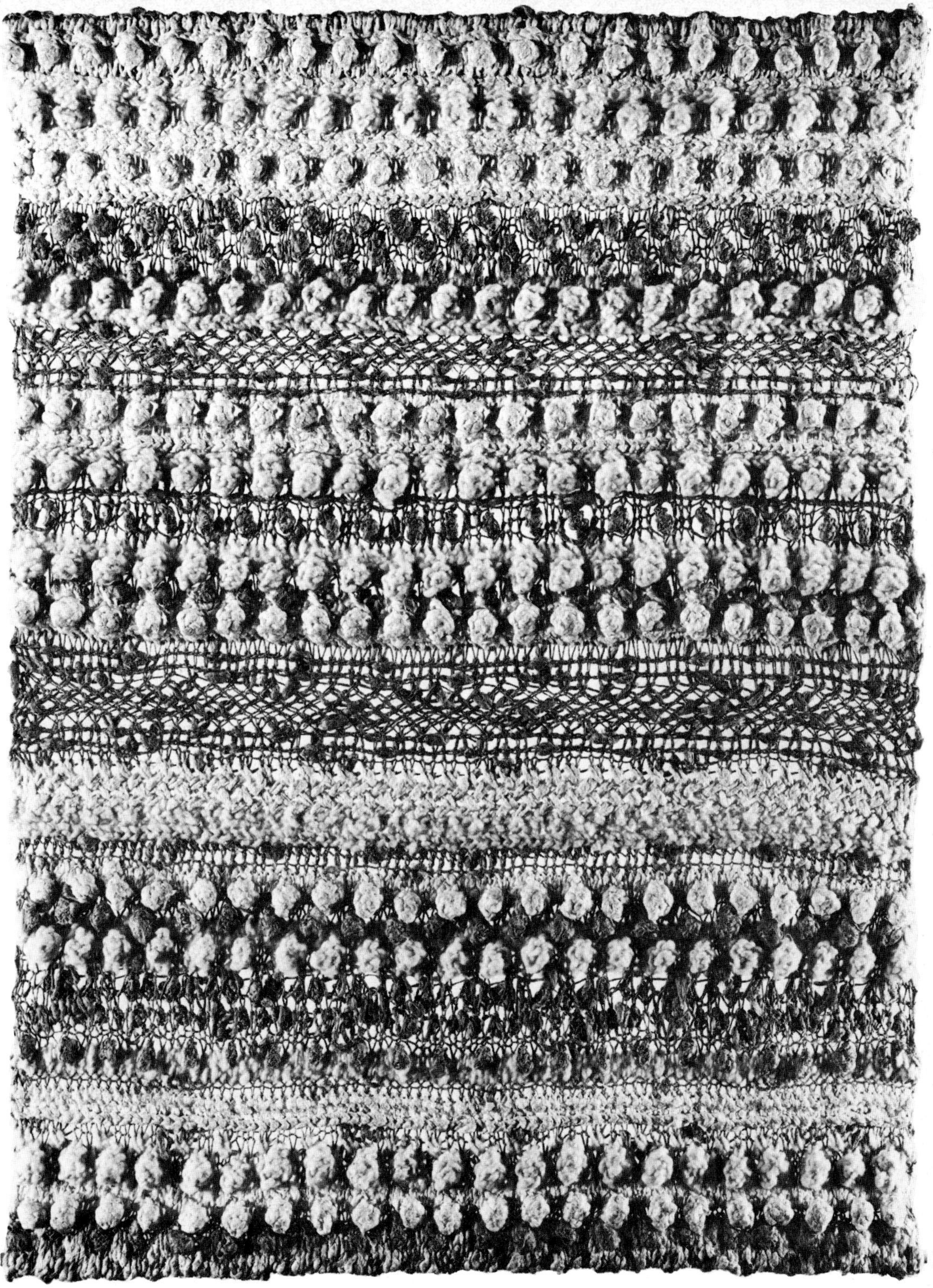

Experimente mit Maschen

Für das variationsreiche Stricken nach eigenen Vorstellungen muß die Kenntnis der Grundmethode vorausgesetzt werden. Wer erst Stricken lernen möchte, kann das schnell und problemlos nach einem Spezialbuch, wie zum Beispiel dem Ravensburger Hobbybuch »Stricken – die neueste Masche« oder »Das große Ravensburger Handarbeitsbuch«, in dem alle wichtigen Handarbeitstechniken enthalten sind. Wer Grundkenntnisse im Stricken besitzt, für den ist das freie Stricken kein Problem. Es kommt hierbei nicht auf komplizierte Stricktechniken an, sondern allein auf den Ideenreichtum, die Kühnheit, auf unkonventionelle Weise Maschen zu bilden und miteinander zu kombinieren. Die Zeichnungen geben einige Beispiele wieder, von denen Mary Walker Phillips eine Fülle in ihrem Buch »Creative Knitting – A New Art Form« zeigt.

Beim freien Stricken kann man – genau wie beim Häkeln – das Aussehen einer Arbeit variieren durch

Wechsel zwischen dünnen und dicken Nadeln innerhalb der Arbeit

Wechsel zwischen unterschiedlich dickem Fadenmaterial

Wechsel zwischen Material unterschiedlicher Fadenstruktur

Wechsel zwischen unterschiedlichen Maschen.

Wechsel zwischen unterschiedlichen Farben

Wechsel in der Anordnung der Farben.

Man sollte sich jedoch hüten, alle Möglichkeiten an einem Stück auszuprobieren, damit sich die Elemente nicht gegenseitig die Wirkung nehmen. Vor allem mit der Farbe sollte man hier – wie in allen Bereichen – behutsam umgehen, was nicht gegen eine vielfarbige Komposition sprechen soll, wenn diese ausgewogen ist. Dennoch: die schönsten Ergebnisse erzielt man gerade mit sparsamen Mitteln – etwa mit Naturmaterial in unterschiedlichen Tönen und Strukturen, wie Wolle und Leinen. Die Beispiele von Mary Walker-Phillips machen das deutlich, ebenso die bei-

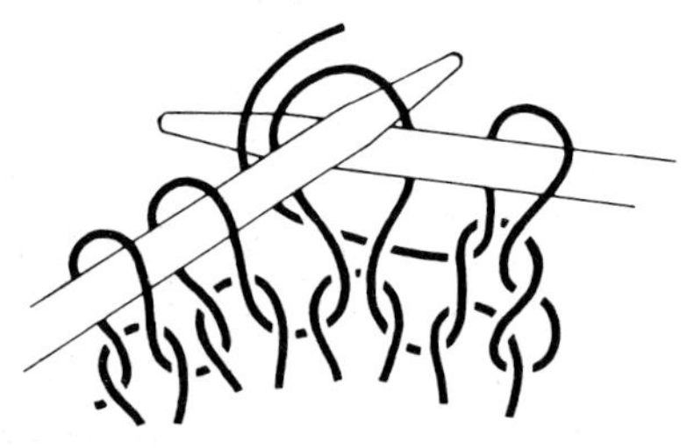

Einfache Rechtsmasche

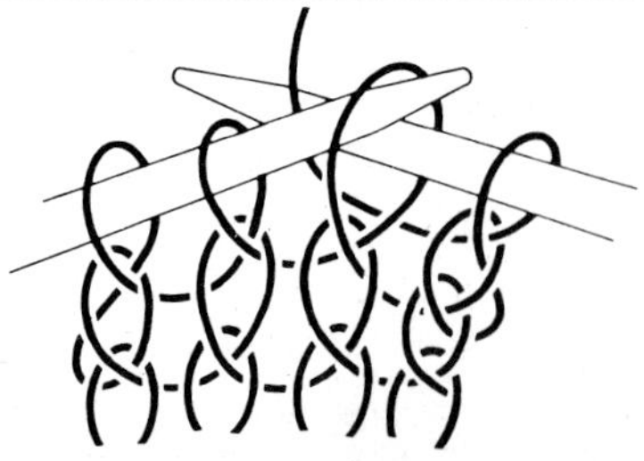

Rechtsverdrehte Masche

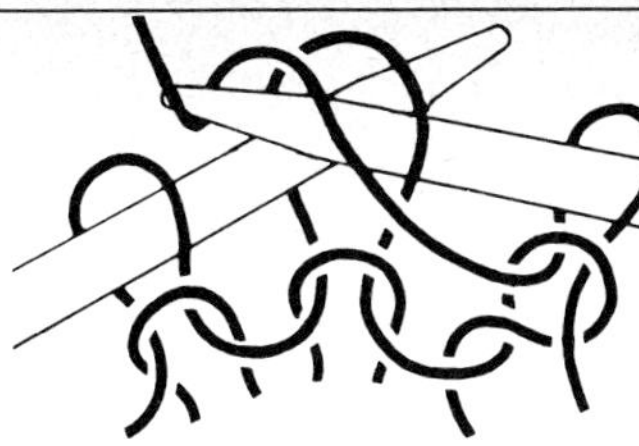

Einfache
Linksmasche

Linksverdrehte
Masche

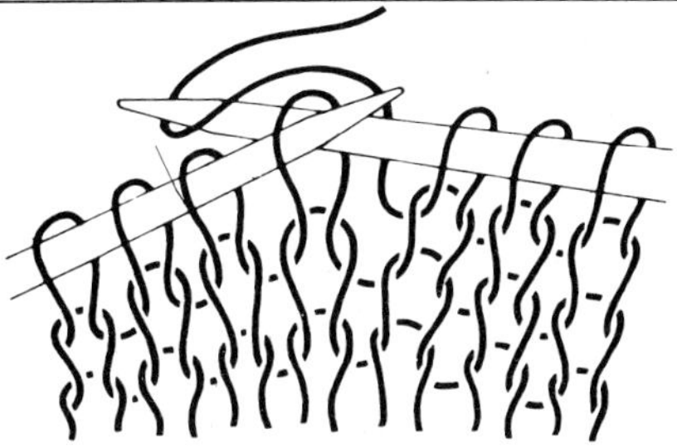

Asiatische Rechtsmasche

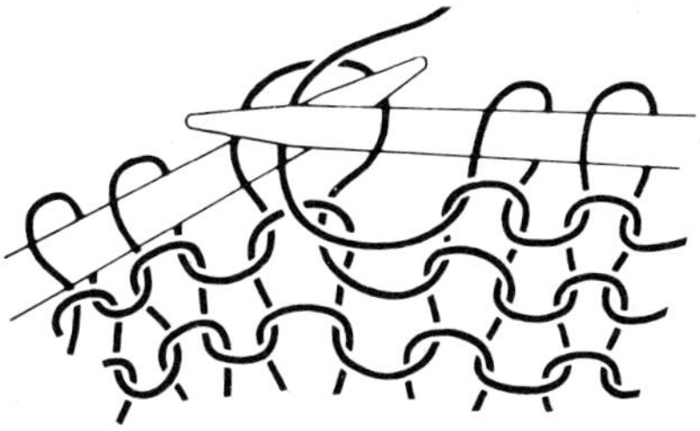

Asiatische Linksmasche

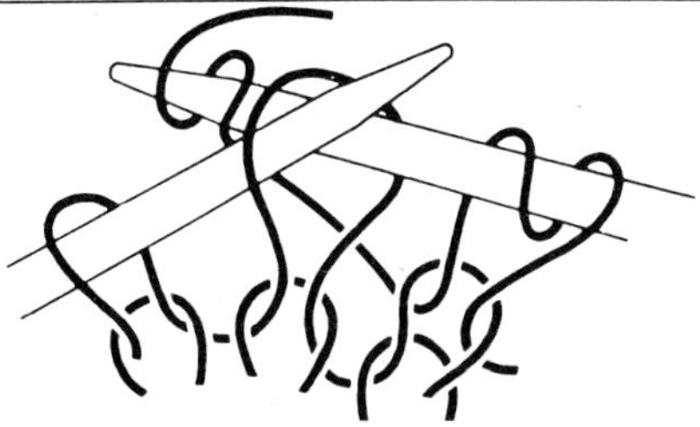

Verlängerte Masche: Bei der Hinreihe Faden zweimal um die rechte Nadel schlagen . . .

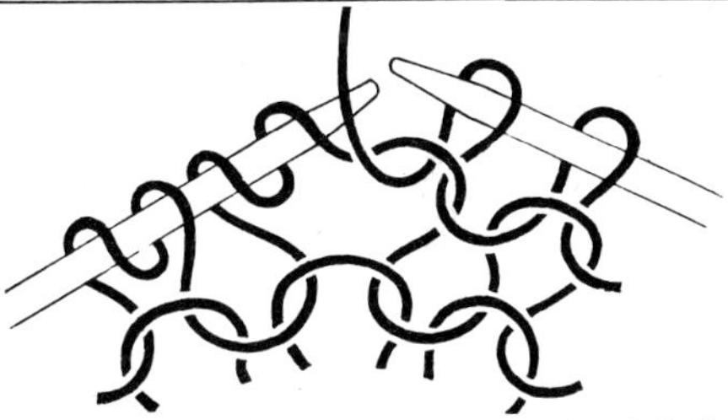

. . . und bei der Rückreihe den Umschlag auf die linke Nadel nehmen

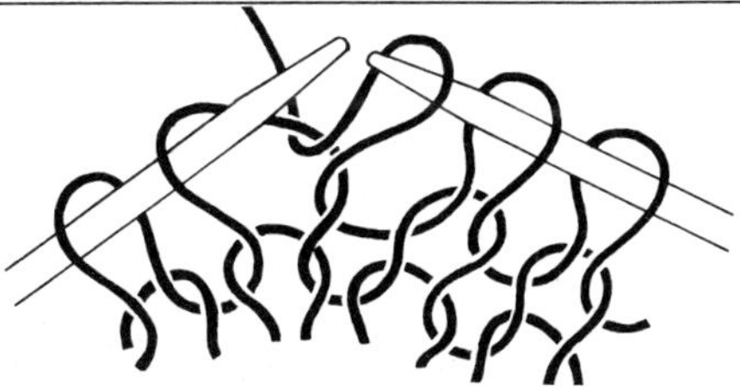

Knötchenmasche: Eine abgestrickte Masche auf die linke Nadel nehmen . . .

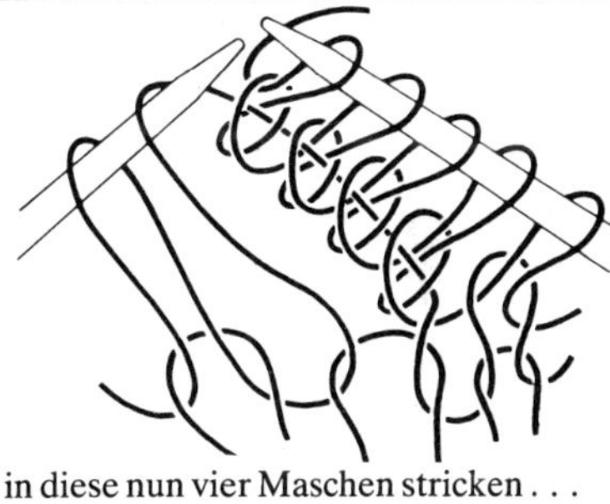

. . . in diese nun vier Maschen stricken . . .

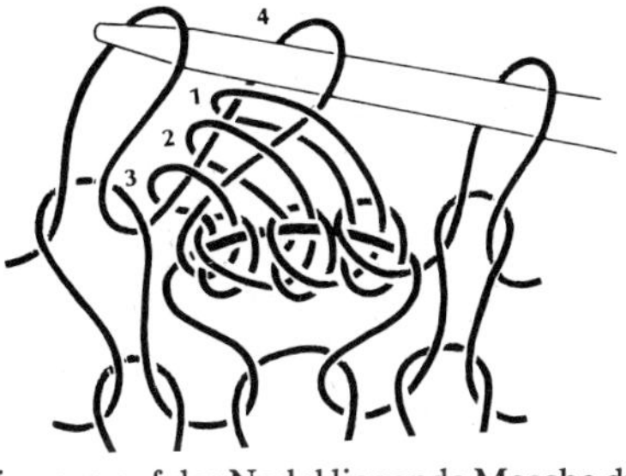

. . . die vorn auf der Nadel liegende Masche durch die anderen drei durchziehen, so daß daraus eine Masche wird

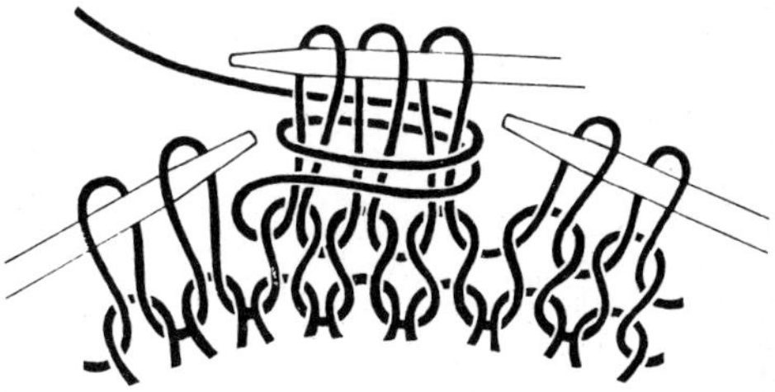

Gebündelte Maschen: Faden nach dem Abstricken um mehrere Maschen winden. Hilfsnadel nehmen

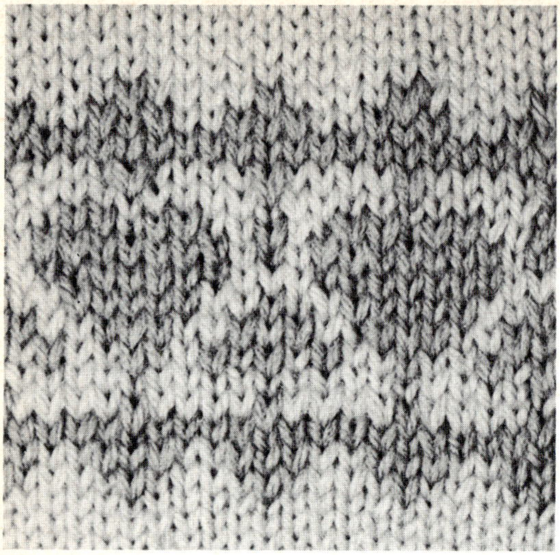

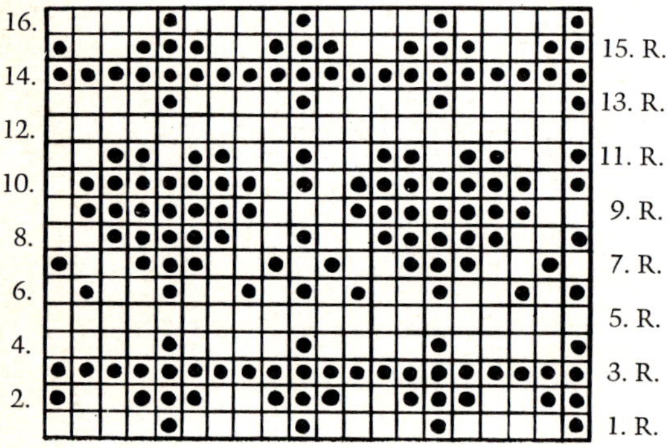

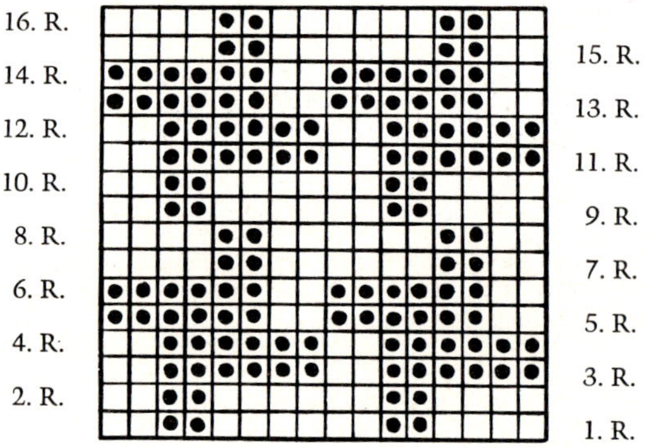

den prämiierten Arbeiten aus der holländischen Zeitschrift »Margriet«, Seite 101.

Will man es jedoch den Kunststrickern vergangener Jahrhunderte gleichtun, so muß man die Jacquard-Stricktechnik beherrschen, bei der man mit mehreren Farbfäden zugleich strickt, wobei die ruhenden Fäden unter dem Gestrick mitlaufen. (Genaue Anleitungen in »Das große Ravensburger Handarbeitsbuch«.) Einer solchen Musterstrickerei muß unbedingt ein Entwurf zugrunde liegen, den man auf kariertes Papier zeichnet. Jedes Karo zählt eine Masche, wobei unterschiedliche Farben durch unterschiedliche Zeichen auf dem Entwurf markiert werden. Die Fotos und Zeichnungen oben zeigen zwei einfache Typenmuster und die danach gearbeiteten Strickproben.

Das eigentliche freie Stricken setzt aber voraus, daß man nicht nach einer Vorlage arbeitet, sondern seinen Eingebungen folgt und das tut, was einem Spaß macht. Denn beim Experimentieren bekommt man das richtige Materialgefühl, muß man sich mit dem Material auseinandersetzen. Nur so kann man wirklich schöpferisch sein. Dabei ist es gleich, welcher Mittel man sich bedient: ob man Plastik- oder Nylonfäden mit feinen Nadeln verarbeitet oder selbstgesponnene Schafwolle auf selbstgeschnitzten Holznadeln verstrickt.

Seite 100:
Stricktypenmuster und danach angefertigte Strickproben

Seite 102:
Frau im Fensterrahmen – diese Strickarbeit besticht nicht nur durch ihre Originalität, sondern vor allem durch den Einsatz sparsamster Mittel, mit denen diese Wirkung erzielt wurde. Man beachte nur die Anordnung der Strickreihen, die dem Fensterrahmen seine Perspektive geben. Ein Beitrag von M. Luiken-Aerssens aus Meerle/Belgien, der mehr als den 4. Preis eines Strickwettbewerbs verdient hätte
Foto: Theo Dijkhuizen

Rechts:
Stählerne Stadt – Strickbild von Elisabeth Puylaert, Tilburg/Niederlande. Diese interessante Arbeit verblüfft durch das Material: Silberdraht (nicht Silberfaden) wurde hier zu einer klaren Komposition verarbeitet. Die Arbeit erhielt bei einem Strickwettbewerb den 4. Preis

Unten:
Schwarz auf Weiß – eine Strickkomposition von H. E. Bosch-van Foreest aus Pijnacker/Niederlande, die ebenfalls ausgezeichnet wurde
Fotos: Theo Dijkhuizen

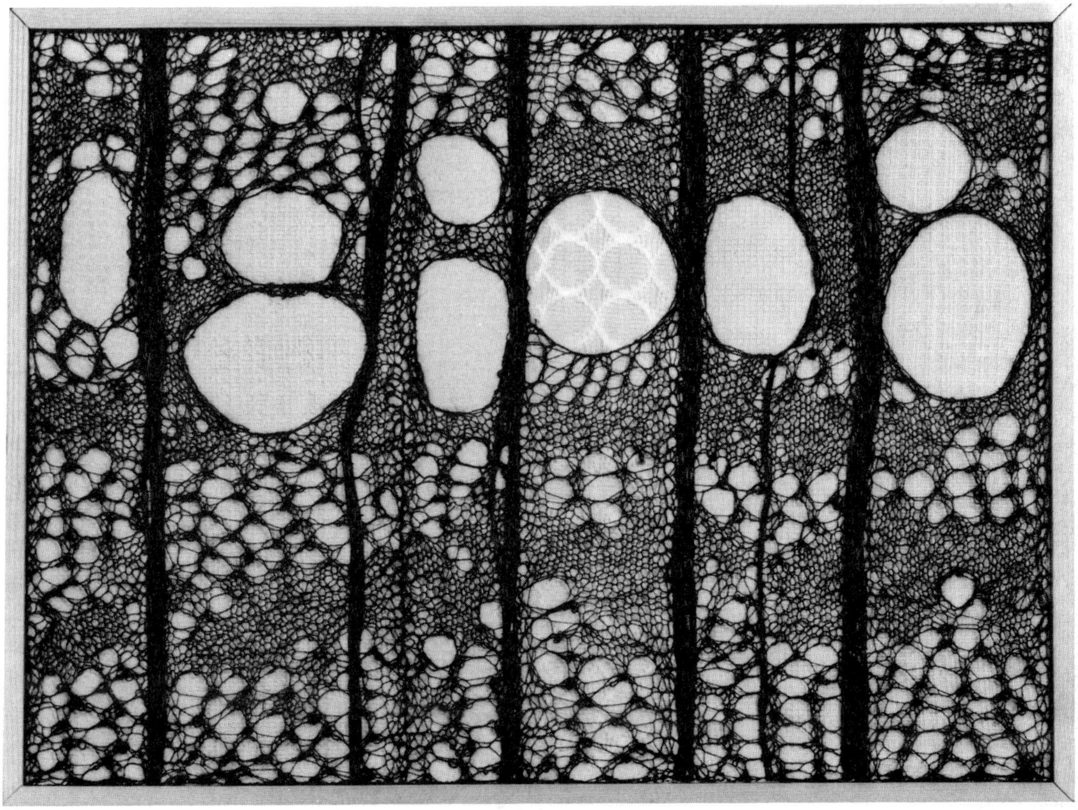

Holzgestaltung

1826.

Von den Anfängen der Holzgestaltung

Auf kaum einem anderen Gebiet fließen Kunst und Handwerk so unmerklich ineinander über wie bei der Arbeit mit Holz. Seit jeher hatten Zimmerleute und Schreiner eine besondere Vorliebe für Schnitzereien, mit denen sie ihre Arbeiten verzierten. Sie taten das zunächst mit einfachen Geräten. So verzierten die Bau- und Zimmerleute die Holzbauten zur Zeit der alten Germanen mit dem Stecheisen, mit dem sie Balken mit Kerben verschiedener Art versahen. Mit der Entwicklung des Handwerks und der Werkzeuge entwickelte sich auch die Holzschnitzerei, und schließlich bildeten die Schnitzer eigene Zünfte.

Die ältesten noch erhaltenen Schnitzwerke stammen aus Ägypten. Dort war die Schnitzkunst bereits dreitausend Jahre vor Christus auf einer hohen Stufe, wie Holzplastiken in den Museen von Kairo und Bulak aus dieser Zeit beweisen.

Skulpturen von Königen und hochgestellten Persönlichkeiten zeigen die Umsetzung des Gesehenen in Holz in höchster handwerklicher Vollendung. Doch arbeiteten die Schnitzer nicht nur für die oberen Schichten, sondern auch für Bürger und Handwerker anderer Zünfte. Da nach ägyptischem Glauben dieser Zeit die Seele der Verstorbenen in ihren Abbildern weiterlebte, waren die Angehörigen darauf bedacht, Bilder von ihren Toten schnitzen zu lassen.

Von Schnitzwerken der Griechen ist wenig

Eines der berühmtesten Werke Tilman Riemenschneiders: die Heilige Barbara, Würzburg, um 1510 (oben)
Bayerisches Nationalmuseum München
Foto: Praun Photo

Seite 103:
Geschnitztes Pferd aus Jacarandaholz, Arbeit aus dem Gefängnis Leme Brito, Bahia (Brasilien)
Foto: Museum für Völkerkunde, Wien/Fritz Mandl

Die Fotos der Lebzeltermodel aus dem 18. und 19. Jahrhundert wurden uns freundlicherweise aus der Sammlung des Deutschen Goethe-Instituts in Boston zur Verfügung gestellt (links)

Sakristeischrank mit reicher Flachschnitzerei aus Bad Tölz, um 1480, Bayerisches Nationalmuseum München

Seite 107:

Barock-Portal, 1634, mit geschnitzter Holztür (vermutlich aus späterer Zeit) aus Norddeutschland
Foto: Rudolf Horstmann

Rokoko-Oberlichttür (1778) an einem Dithmarscher Wohnhaus in Wöhrden
Foto: Rudolf Horstmann

Die Hirten auf dem Felde – München, um 1800. Aus der Krippensammlung des Bayerischen Nationalmuseums, München

bekannt. Jedoch wird von dem Gottesleugner Diagoras berichtet, daß er eine hölzerne Herkulesstatue zum Feuern genommen haben soll, weil es ihm an Brennmaterial fehlte. Auch Plinius berichtet, es habe noch zu seiner Lebzeit vielerorts in Griechenland Holzschnitzwerke gegeben.

In der romanischen Zeit war die Schnitzkunst bereits hoch entwickelt. Beachtliche große Arbeiten aus germanischen Werkstätten sind unter anderem die Kreuzigungsgruppe im Dom zu Halberstadt und eine andere Gruppe in der sächsischen Schloßkirche von Wechselburg.

Zur Zeit der Goten stand die Holzschnitzkunst im germanischen Norden in höchster Blüte. Hier, wo Bronze und Marmor nicht so leicht zu beschaffen waren, entstanden Werke von hohem künstlerischen Rang. Die Arbeiten von Michael Pacher, Veit Stoß, Brüggemann und Riemenschneider sind bis auf den heutigen Tag nicht nur Kunstkennern ein Begriff. Die Schätze der Museen, z.B. des Germanischen Museums in Nürnberg oder des Bayerischen Nationalmuseums in München – um nur einige zu nennen –, legen Zeugnis ab vom hohen Stand damaliger Schnitzkunst.

Doch nicht nur in Deutschland, sondern ebenso in Italien, Frankreich, Spanien und den Niederlanden verstand man sich aufs Schnitzen. Besonders in Antwerpen und Brüssel gab es gegen Ende des fünfzehnten und Anfang des sechzehnten Jahrhunderts berühmte Werkstätten, die über die Grenzen ihres Landes hinaus andere Länder mit Holzbildwerken belieferten. Allein 20 geschnitzte Altäre im Nationalmuseum von Stockholm stammen aus den Niederlanden.

Viele Schnitzwerke aus der gotischen Zeit sind den Bilderstürmern zum Opfer gefallen. Vom Berner Münster wurden 1528 fünfundzwanzig Altäre verbrannt, alle Altäre des Ulmer Münsters wurden 1531 vernichtet. Noch schlimmer waren die Verluste in den Niederlanden, wo um 1566 fast sämtliche Schnitzwerke in den Kirchen vernichtet worden sind.

Die Religionskriege in Mitteleuropa, besonders der Dreißigjährige Krieg, haben die Holzschnitzerei in Deutschland und den Niederlanden fast vollständig zum Erliegen gebracht. Jedoch mit dem Vordringen der italienischen Renaissance nach Deutschland und den Niederlanden lebte diese Kunst wieder auf. Jetzt arbeiteten die Meister nicht mehr, um Kirchen auszuschmücken. Ihre neuen Auftraggeber waren Ratsherren und

reiche Bürger. Zunft- und Rathäuser, aber auch Privatwohnungen wurden mit reichverzierten Wandtäfelungen und Möbeln versehen. Oft glichen die Schnitzereien hölzernen Bilderbogen, auf denen nicht nur Tiere und Figuren aus dem Alltag, sondern Märchengestalten und ganze Heiligenlegenden dargestellt waren. Es ging weiter aufwärts mit der Bildschnitzerei, die ihre zweite Blüte zur Barockzeit erreichte – vor allem in Süddeutschland und in den Niederlanden. Um die für das Barock typischen ausladenden Formen zu erreichen, wurden einzelne Teile zusammengeleimt. Altäre, Kanzeln und Chorgestühle dieser Zeit weisen nicht mehr die Feinheiten gotischen Schnitzwerks auf, sie sind malerischer, schwungvoller. Der Barockstil breitete sich rasch aus; nicht nur Schlösser und Rathäuser wurden dieser Gestaltungsform unterworfen, auch bei Gebrauchsgegenständen wurde der neue Stil angewandt. Selbst Kirchenbehörden ließen sich so weit mitreißen, daß manchmal wertvolle gotische Schnitzaltäre durch Barockaltäre ersetzt wurden.

Während die Holzschnitzer zunächst in der dem Barock folgenden Rokokozeit mit ihren zarten eleganten Formen in der Ausschmükkung von Innenräumen genügend Arbeit hatten, ging die Nachfrage nach Schnitzereien aus Holz bald immer weiter zurück. Das lag nicht zuletzt daran, daß man die Holzschnitzereien, die nicht naturbelassen, sondern versilbert oder vergoldet wurden, nun mehr und mehr durch Stuck aus modelliertem Gips ersetzte. Das napoleonische Zeitalter und das spätere Biedermeier mit seinen geraden Formen brachten den Holzschnitzern wenig Betätigungsmöglichkeiten. Im 19. Jahrhundert begann man, Holzschnitzereien zu imitieren, und zwar mit Hilfe von Leim und Sägespänen, Kartoffelfasern und Stärke, Gips und Bindemittel. Selbst aus Papiermaché wurden der Schnitzerei nachempfundene Machwerke hergestellt.

Dennoch lebte das Schnitzerhandwerk durch eine neue Kunstbewegung nach der Jahrhundertwende noch einmal auf, jedoch stets bedroht von irgendwelchen Neuerungen. Diesmal war es die Erfindung sogenannter Schnitzmaschinen – heute wieder für Hobbyschnitzer angeboten –, mit deren Punktiervorrichtung man Kunstwerke aus anderem Material abtasten und in Holz nachgestalten konnte. Glücklicherweise hat es aber immer Leute gegeben, die das gute echte Handwerk mit all seinen Voraussetzungen und Konsequenzen zu erhalten und zu fördern gewußt haben, so daß die Schnitzerei als handwerkliche Kunstform bis auf den heutigen Tag erhalten geblieben ist.

War bis hier nur von den großen Kunstwerken die Rede, so soll die volkstümliche Schnitzerei nicht unerwähnt bleiben. Schönes Haus- und Gebrauchsgerät, vom Ochsenjoch bis zum Back- oder Buttermodel, von Spiegelrahmen, Kassetten, Koffern (Truhen) bis zu Kummen (Schüsseln), Trögen und Eßgeschirr wurden vielerorts mit Geschick und Phantasie hergestellt. Eine führende Rolle spielte hier die alpenländische Bauernkunst, jedoch auch die einfachen russischen Holzskulpturen, deren Blütezeit das 17. und 18. Jahrhundert waren, sind weit über die eigenen Landesgrenzen hinaus bekanntgeworden. Noch heute wird in den Dörfern um Archangelsk Holzspielzeug geschnitzt, dem die Ursprünglichkeit der Vorläufer noch anhaftet. Die »Matrjoschka« – Puppe in der Puppe – war ursprünglich nicht gedrechselt, sondern handgeschnitzt. Sie wurde aus einem ausgehöhlten Block geschnitzt, in die Höhlung wurde eine kleine Puppe aus einem beschnitzten Abfallstück hineingelegt. Bald wetteiferten die Bauernschnitzer miteinander darum, wer aus einem Holzklotz von bestimmter Größe die meisten Puppen herzustellen vermochte (mündl. Überlieferung Louise Bendorat). Auch die schwedischen Holzpferde aus Dalarna, die

Mangelhölzer in reicher Reliefschnitzerei aus dem 18. Jahrhundert
Altonaer Museum/Norddeutsches Landesmuseum
Foto: M. Bauer-Hamersen

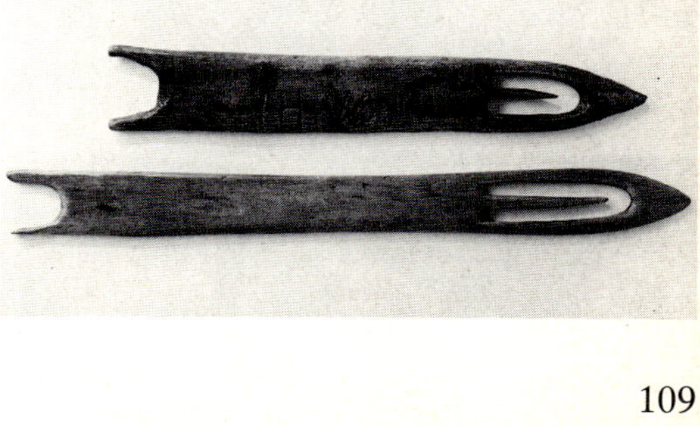

Zwei von Fischern geschnitzte Netzschiffchen, um 1800, Insel Föhr
Foto: M. Bauer-Hamersen

noch heute handgeschnitzt und nach alten Vorlagen bemalt werden, waren zunächst Freizeitschnitzereien der Holzfäller. Waldarbeiter und Holzfäller im Schwarzwald waren es auch, die Uhrengehäuse beschnitzten, aus denen sich allmählich die heute weltbekannten Schwarzwälder Schnitzuhren entwickelten. Sie waren schon berühmt, noch ehe ein Uhrmacher den beliebten Kuckuck dazu erfand.

Eine besondere Stellung unter den Schnitzereien nehmen die Krippenszenen ein. Große Meister und kleine Bauern, Klosterschüler und Holzfällerknaben haben sich mit der Darstellung der Geburt Christi und anderer religiöser Szenen befaßt. Es entstanden große Krippen für Kirchen und kleine für Wohnstuben; Figuren in Lebensgröße, aber auch solche, die alle zusammen in einer Nußschale Platz hatten. Die wohl ältesten Krippen, sogenannte »Bethlehems« (nach Lukas 2,15: »Lasset uns nach Bethlehem gehen ...«), sind vermutlich im 15. Jahrhundert in Flandern aufgestellt worden. Das Bayerische Nationalmuseum in München besitzt eine Krippe aus dem Jahre 1610 von Abraham Lotter. In Italien waren neben Rom Sizilien und Neapel Zentren der Krippenkunst, jedoch waren die Figuren nicht immer aus Holz. Oft wurden geschnitzten Köpfen aus Draht geformte stoffumkleidete Körper angesetzt. Die Krippen aus Bayern, Österreich und Schwaben unterscheiden sich wesentlich von der italienischen Krippenkunst: sie sind einfacher und klarer in ihren Formen, sparsamer im Beiwerk und dadurch aussagekräftiger. Doch auch hier gibt es wieder eine Ausnahme: die Oberammergauer Krippenkästen, die bis ins 19. Jahrhundert hinein als Hauskrippen gefertigt, bunt bemalt und durch vielerlei Flitter ergänzt wurden.

Nachdem in der Mitte des 18. Jahrhunderts der Bedarf an Krippenfiguren immer größer geworden war, bildete sich ein eigener Berufsstand: die Kripperlmacher. Aus dieser Zunft gingen auch die Herrgottschnitzer hervor, die noch heute in Süddeutschland ansässig sind und die alte Tradition bewahren.

Nicht so weitverbreitet, aber vielen anderen Schnitzwerken ebenbürtig, sind die Schiffsschnitzereien. Die frühesten Originale dieses Zweiges stammen aus dem beginnenden Mittelalter. Aus dieser Zeit sind noch Tierornamente der Wikinger erhalten. Den höchsten Stand erreichte diese Kunst um die Mitte des 17. Jahrhunderts. Vornehmlich in England und Holland, aber auch in Schweden, Frankreich und Spanien arbeiteten Bildhauerwerkstätten ausschließlich für Schiffseigner, die häufig den ganzen Rumpf eines Schiffes beschnitzen ließen – oft nach Entwürfen berühmter Künstler.

Der knieförmige Vorbau am Bug der Schiffe, das Galion, wurde erst ausgangs des 17. Jahrhunderts als Postament für eine Skulptur genutzt. Mitte des 19. Jahrhunderts ging man dazu über, die Galionsfigur direkt am Vordersteven mit dem Schiff zu verbinden, und es entstand der Eindruck, als wüchse sie vorn aus dem Schiffsrumpf heraus. Über deutsche Schiffsbildschnitzer ist kaum etwas bekannt. Vermutlich gab es nur wenige »Puppenschneider«, wie man sie damals nannte, die sich ausschließlich mit dieser Arbeit befaßten. Vielmehr haben die Schiffszimmerleute die Figuren geschnitzt. Waren es zunächst die Schutzheiligen der Seefahrt und andere maritime Symbole, die die Schiffe zierten, so

Galionsfiguren aus der Sammlung Schiff und Kunst des Altonaer Museums/Norddeutsches Landesmuseum
Foto: M. Bauer-Hamersen

ging man später dazu über, auch verdiente Persönlichkeiten – wie hervorragende Seefahrer – oder den Schiffseignern nahestehende Personen nachzubilden. Um fast jede Galionsfigur rankte sich irgendeine Legende, spann man irgendein Netz aus Seemannsgarn.
Eine Sammlung besonders eindrucksvoller und schöner Galionsfiguren befindet sich im Altonaer Museum – Norddeutsches Landesmuseum in Hamburg-Altona (s. Fotos Seite 111). Der Teeclipper »Cutty Fark« in Greenwich beherbergt Galionsfiguren des 19. Jahrhundert aus der Sammlung von Captain Long John Silver. Sie werden von der wohl auf der Welt noch einzig existierenden Schnitzwerkstatt für Galionsfiguren auf der Isle of Wight restauriert und instandgehalten. Die beiden Figurenschnitzer Whitehead und Gaches beschränken sich nicht nur auf die Erhaltung des Alten, sie führen auch neue Aufträge für Figuren aus, die exzentrische Schiffseigner von Oldtimer-Seefahrzeugen bei ihnen bestellen.

Schnitzerei und Holzintarsie

Mit der Verfeinerung der Werkzeuge entwickelte sich eine andere dekorative Holzkunst: die Intarsie. Verschiedenartige und -farbige Hölzer von gleicher Stärke wurden nach einer Vorlage zersägt und mosaikartig zu einer geschlossenen Bildfläche auf einen Holzuntergrund aufgeleimt. Man nannte diese Technik Sägeintarsie zum Unterschied von gestalteten Holzflächen, in die man Teile aus Perlmutt oder Bein als Schmuckelement einlegte. Im 15. Jahrhundert stand die Intarsienkunst in Italien in hoher Blüte. Man bevorzugte geometrische Formen, die Darstellungen waren abstrakt. Nicht so die deutschen Intarsienwerke. Hier findet man naturalistische Wiedergaben von Rankenwerk und Blumen. Allmählich entwickelte sich die Intarsienkunst zu einer eigenen Mode, die auch oft an ungeeigneten Objekten ihren Ausdruck fand. In der zweiten Hälfte des 16. Jahrhunderts schienen die Kunstschreiner geradezu miteinander zu wetteifern, sie entwickelten in der Färbung und Schattierung der einzelnen Hölzer streng gehütete Geheimrezepte. Aus dieser Zeit findet man auch beide Kunstformen, die Schnitzerei und die Intarsie, an einem Möbelstück miteinander vereint. Ein Zeugnis dieser kombinierten Technik ist der Wrangelschrank aus dem Jahre 1566, der im Landesmuseum in Münster/Westf. zu sehen ist. Dieser Kabinettschrank aus Kiefernholz zeigt auf den Außenseiten Sägeintarsien von unübertroffener Vielfalt und Schönheit aus Obsthölzern, Ahorn und Ebenholz. Kunsthistoriker entdeckten an diesem Stück sowohl Tiroler, schwäbische und bayerische Stilelemente auf den Außenfronten als auch im geschnitzten Innenteil niederländisch-deutsche Merkmale. Erstaunlich und fast unbegreiflich, daß der Meister dieses einmaligen Kunstwerkes bis heute nicht genau zu bestimmen ist, lediglich eine noch ungedeutete Werkstattmarke könnte eines Tages zu ihm führen.

Ein Intarsienkunstwerk, einzig in seiner Art und Vollendung, ist der Wrangelschrank aus dem Jahre 1566 eines noch unbekannten Meisters
Foto: Landesmuseum für Kunst und Kulturgeschichte, Münster

Die Innenansicht des Schrankes zeigt neben reichem Intarsienschmuck auf den Kassettentüren kostbare Schnitzereien, davor Alabastersäulen mit Goldverzierungen

Verwandt mit den Wäldern

Foto: Barbara Schulten

Der Holzbildhauer Walter Sack – 1920 in Eßlingen am Neckar geboren – zeigte schon als Kind ein außergewöhnliches Talent zum bildhaften Gestalten. Zwei extrem harte Kindheitsjahre in einem einsamen Blockhaus im Fichtelgebirge schufen das besondere Verhältnis zum Holz als Werkstoff. »Meine Lehr- und Studienzeit waren Wanderjahre, die über Polen und Rußland nach Vorderasien führten«, sagt der Künstler. Nach Kriegsteilnahme und Flucht aus der CSSR in Ludwigsburg heimisch geworden, hat er sich durch Arbeiten für private und öffentliche Häuser sowie durch Restaurationen im In- und Ausland einen Namen gemacht. Obwohl Walter Sack auch mit Stein, Eisen und Buntmetallen arbeitet, gehört seine besondere Liebe dem Holz. Er hat eine persönliche Beziehung zu Bäumen, die weit über das zweckgebundene Materialdenken hinausgeht: sie sind seine Freunde, seine Brüder. Er schreibt dazu:

Holz ist ein eigenwilliger und lebendiger Werkstoff. Leider wird ihm heute nicht mehr der Platz zuerkannt, den er vielerorts nach wie vor verdienen würde. Deshalb ist es mir wichtig den Wert dieses schönen Materials ins rechte Licht zu rücken. Dazu dürfte eine Rückerinnerung an Zeiten, als es den Menschen noch mit wohliger Wärme umgab und im Haushalt, im Erwerb und in der Kunst nicht wegzudenken war, nützlich sein. Die Welt des Holzes kennenzulernen ist vor allem für die Freunde der Holzschnitzkunst von Bedeutung.

Ich erlebte sie zuerst einmal in der Natur. Im Baum dem urwüchsig gewachsenen Gesellen von Wind und Wetter. Ich lauschte dem Ächzen des Holzes, wenn die Äste im Sturm sich aneinander rieben und betastete die federnden Splitter geborstener Bäume, welche unschwer die Faserrichtung im Holz erkennen ließen. Das abenteuerlich wuchernde Wurzelwerk auf steinigen Wegen steigerte meine Fantasie. Eingehend und sinnend betrachtete ich die Stümpfe, deren Querholz mir die Lebenszeit des gefällten Baumes in Form von Jahresringen preisgab. Und entdeckte das Frühholz eines "Jahres", welches sich deutlich von seinem im Sommer entstandenen dunkler gefärbtem, härteren Spätholz abhob.

Der Wald lehrt eine Ehrfurcht, welche zweifellos die Einstellung und den Umgang mit der lebenden Materie Holz entscheidend prägt. Es ist durch das Fällen auch keineswegs zum sterben verurteilt. Vermittels seiner nach dem Trockenprozeß in den Zellen verbliebenen chemischen Bestandteilen, welche ehedem im Baumsaft enthalten waren, ist es in der Lage über lange Zeiträume weiterzuatmen. Das heißt: Feuchtigkeit anzuziehen und wieder abzugeben. Dementsprechend will es behandelt sein.

In Sägewerken genieße ich heute noch den würzigen Geruch des frisch angeschnittenen Holzes, der in einer Umgebung von Beton und Kunststoffen fremd geworden ist. Ich empfehle jedem, sich einmal das feucht-warme Holzmehl durch die Finger gleiten zu lassen und den Blick auf ein frisch von der Gattersäge geschnittenes Herzbrett (Mittelbrett) mit seiner streng linierten Maserung zu werfen. Man sehe auch die Seitenbretter an, die zur Schwarte hin zunehmend weich geschwungen bis geflammt gezeichnet sind – und entdecke somit die vielfältige Schönheit dieses Werkmaterials das keine Langeweile kennt. Die Maserung spielt bei geglätteten naturfarbenen Schnitzereien eine große Rolle.

Auch in Holzhandlungen gibt es einiges zu studieren. Fein säuberlich auf Stapelleisten geschichtete Bretter und Bohlen geben der Luft die Möglichkeit die Ware von allen Seiten zu umfächeln. Die reiche Farbscala der verschiedenen Holzarten erwecken die Neugierde. Es lockt mit dem Holzprobenstecher das Material auf seine "Nachgiebigkeit" zu prüfen.

Nach solchen Exkursionen rate ich dem gestalteten und geformten Holz eifrig nachzuspüren. Es tritt vor allem an alten historischen Stätten dominierend und vielfältig in Erscheinung. Sei es in der Architektur, im Hausgerät und in der Kunst. Dieses "Holzerlebnis" anderer Art wird den Blick durch viele Vergleichsmöglichkeiten kritisch schärfen. Das betrifft bei einer Figur beispielsweise den Stil der Formgebung, den Grad der Ausarbeitung (rustikal bis fein), die Art der Oberflächenbearbeitung und die des Überzugs. Gewachst, geölt, gebeizt, farbig lasiert, in Farbe gefaßt, mit glänzendem Lack überzogen oder einfach vom hohen Alter verfärbt. – So kann uns zum Beispiel der Anblick eines grauverwitterten Bergkreuzes lehren, keinem falschen Perfektionismus zu huldigen. Auf Grund solcher Erkenntnisse gewinnt man die richtige Einstellung zum Holz und wird es lieben und schätzen lernen.

Holz, Werkzeug und Schnitztechnik

Für die Holzschnitzerei braucht man nicht unbedingt Elektrowerkzeuge, schließlich haben die Bildhauer früherer Jahrhunderte hervorragende Kunstwerke ohne Hilfskraft aus der Steckdose geschaffen. Das wichtigste Handwerkszeug, das ein Laie besitzen sollte, läßt sich in vier Gruppen einteilen:
Werkzeug für die Materialgewinnung und die Zurichtung des Holzes zum Werkstück und Rohling (Abb. 1),
Werkzeug zum Schnitzen (Abb. 2 bis 5),
Werkzeug zum Glätten der Schnitzerei (Abb. 6),
Werkzeug zum Schärfen der Schnitzeisen und Messer (Abb. 7).
Das handliche Werkzeug von Abbildung 1 ist so zusammengestellt, daß es gut im Rucksack Platz hat: die Baumsäge ist 55 cm lang und 24 cm breit; Beil, Mehrzwecksäge, Schlangenbohrer und Bohrwinde sowie der Klüpfel sind kleiner und ordnen sich gut ein.
Zum Schnitzen benötigt man die auf Abbildung 2 gezeigten Bildhauereisen. Es sind dies von links nach rechts: Geradeisen, Flacheisen, Hohleisen (auch Bohrer genannt) und Geißfuß. Die auf Abbildung 3

1

Werkzeug für die Materialgewinnung und Zubereitung des Holzes

2

Werkzeug zum Schnitzen; Geradeisen, Flacheisen, Hohleisen und Geißfuß (von links nach rechts)

3

4

Werkzeug zum Herstellen großer Bildwerke: Geradeisen, 8 cm breit, Hohleisen, 5 cm breit. Daneben zum Vergleich ein normales 14 mm-Flacheisen

Drei gekröpfte Hohleisen, mit deren Hilfe man Holz auch in tiefen Aushöhlungen spanweise abheben kann

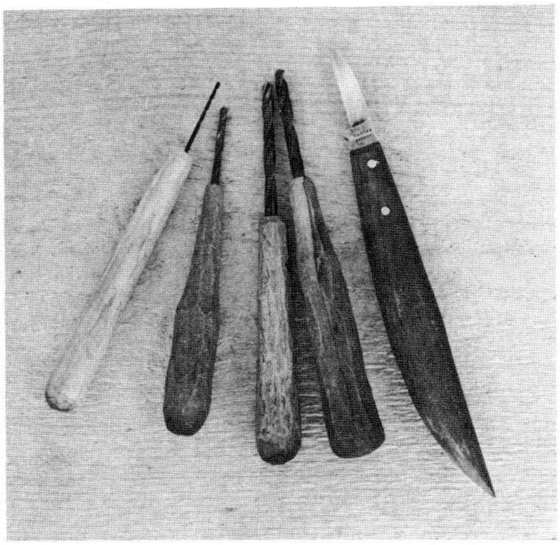

5

Neben dem Schnitzmesser (rechts) 4 Spiralbohrer, in Hartholzhefte eingesetzt, mit denen besonders Kinder Holz bearbeiten können

gezeigten beiden Schweizereisen – ein 8 cm breites Geradeisen und ein 5 cm breites Hohleisen – benötigt man zur Fertigung großer Bildwerke, zum Beispiel Stammplastiken. Das normale 14-mm-Flacheisen daneben zeigt den Unterschied. Die auf Abbildung 4 gezeigten gekröpften Hohleisen sind beim Schnitzen von Holzgefäßen unentbehrlich. Sie ermöglichen auch bei tiefen Aushöhlungen eine spanabhebende Arbeitsweise. Neben dem auf Abbildung 5 gezeigten Schnitzmesser liegen Spiralbohrer, die in selbstgefertigte Hartholzhefte gesteckt wurden. Mit diesem einfachen Universalwerkzeug können vor allem schon Kinder recht gut arbeiten, man denke nur an Verzierungen auf Wanderstöcken, an Untersetzer und an Holzteile, die zu einer Kette aufgereiht werden können. Selbst kleine Figuren lassen sich mit diesen Instrumenten schnitzen.

Wichtig für die gute Funktion und Haltbarkeit eines Werkzeugs ist dessen Behandlung und Verwahrung. Gut geeignet sind Taschen aus Segelstoff oder Leder, in denen jedes Werkzeug sein eigenes Fach hat. Wird das Werkzeug in einem Kasten aufbewahrt,

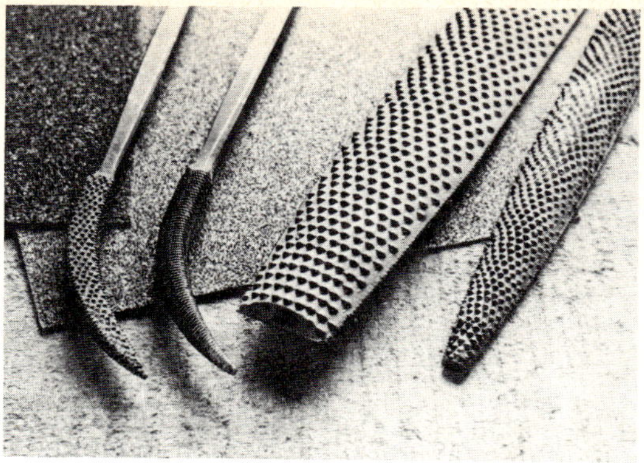

6

Werkzeug zum Glätten des Holzes: geschweifte Feilen, Holzraspeln und Glaspapier in verschiedenen Körnungen

7

Hilfsmittel zum Schärfen der Schnitzwerkzeuge: Innenabziehstein, Belgischer Brocken (Ölabziehstein), Lederriemen

steckt man die Schneiden zur Schonung in Kork oder Styropor.
Arbeiten, bei denen die Holzmaserung deutlich sichtbar sein soll, müssen geglättet (geschliffen) werden. Dazu benutzt man Werkzeuge und Hilfsmittel wie auf Abbildung 6: Raspeln (Holzfeilen) zum Vorglätten mit grob- und feingehauenem Blatt, Glaspapier in verschiedenen Körnungen für den letzten Schliff. Schlecht zugängliche Stellen bearbeitet man mit schlanken geschweiften Holzfeilen.
Wichtig für gute und mühelose Arbeit ist das Schärfen der Werkzeuge. Man sollte sich nicht vor der einmaligen Anschaffung einer Handschleifmaschine zum Vorschleifen drücken – sie ist ihr Geld wert. Anschließend schleift man auf einem Belgischen Brocken (Ölabziehstein) nach. Für den Innenschneideteil von Hohleisen und Geißfüßen nimmt man einen schmalen Hohlmeißelstein, wie ihn Abbildung 7 (ganz links im Hohleisen liegend) zeigt. Der Abziehriemen, ein Gerät, das man leicht selbst aus einem Ledergürtel herstellen kann, sorgt für den Nachschliff der Schnitzwerkzeuge.

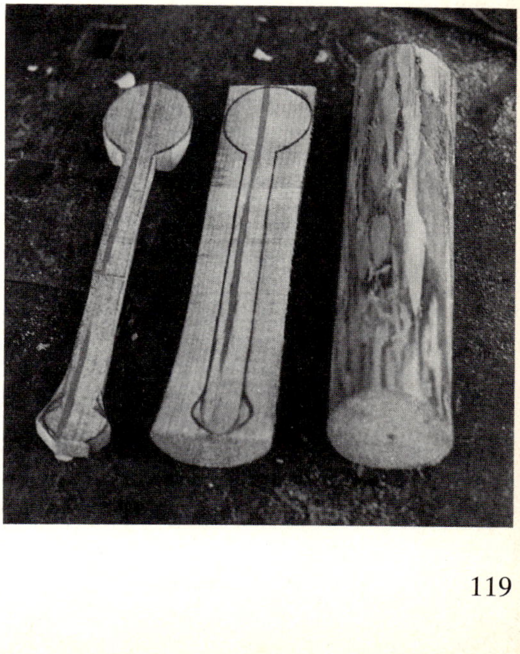

Vorbereitung zum Schnitzen eines Holzlöffels: Die Umrisse werden auf die Hälfte eines Rundholzstückes gezeichnet und ausgesägt

Ein Serviettenring entsteht

Das Holz für diese kleine Arbeit ist nicht schwer zu beschaffen: man findet es auf Spaziergängen im Wald und um den Wald herum. Gemeinden und Forstverwaltungen geben Auskunft über die Bestimmungen für das Holzsammeln. Je frischer das Holz ist, um so besser läßt es sich bearbeiten. Besonders geeignet ist Lindenholz, das man allerdings selten im Wald findet.

Die Fotos 8 bis 15 zeigen die einzelnen Entstehungsstufen eines Serviettenringes.

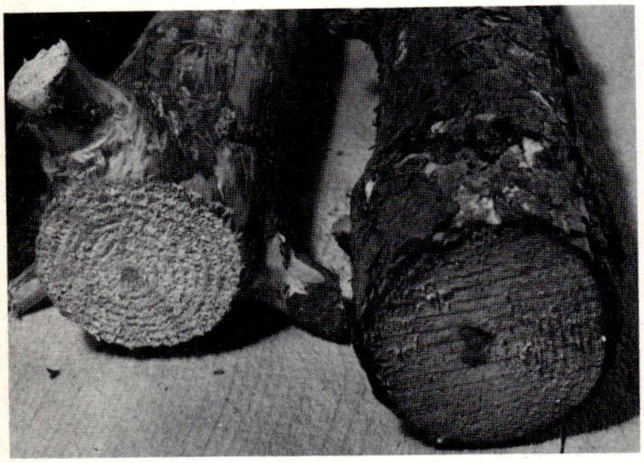

8

Im Wald aufgelesene Kiefernstamm-Stücke mit 5,5 und 6,5 cm Durchmesser

9

Das von der Rinde befreite Holz (6,5 cm Durchmesser) wird eingespannt und in sein Querholz mit einem 26 mm-Schlangenbohrer ein Loch gebohrt

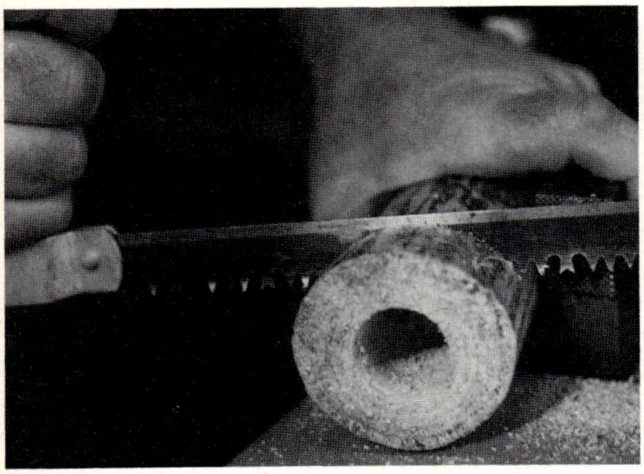

10

Anschließend wird ein 3,5 cm breiter Rohling für den Ring abgesägt. Bei tiefer Bohrung kann man gleich mehrere Ringe absägen

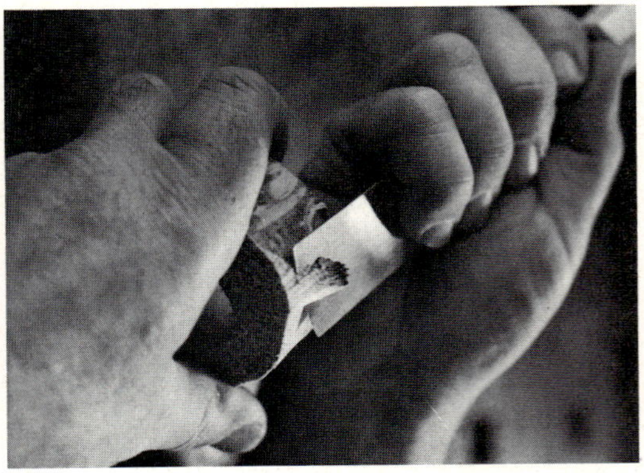

11

Die Oberfläche wird mit dem Flacheisen bearbeitet. Das Eisen wird kurz gefaßt, und die schnitzende Hand muß ständig am Werkstück liegen, um ein Ausgleiten in die haltende Hand auszuschließen

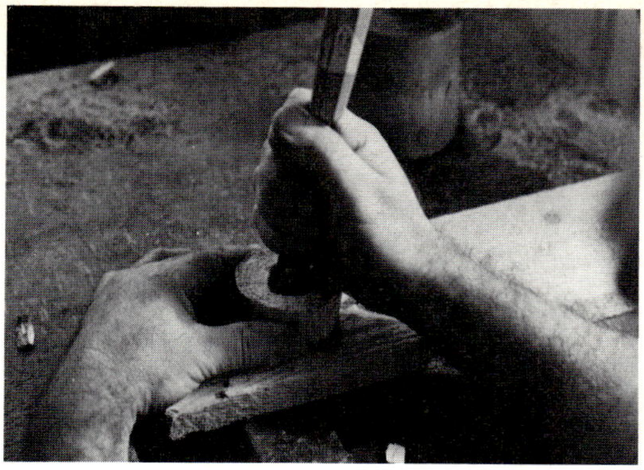

12

Mit dem Hohleisen wird die Bohrung vergrößert. Dazu legt man ein Brett auf den Arbeitstisch, um die Platte zu schützen

13

Die scharfen Kanten des Ringes werden mit dem Schnitzmesser bearbeitet (gebrochen), so daß sie schön griffig sind. Danach wird der Ring mit Kerbschnitten verziert

14

So kann der fertige Serviettenring aussehen, dessen flache Seiten man zum Schluß mit Glaspapier glättet

15

Eine weitere Möglichkeit, einen Serviettenring – hier mit größerem Durchmesser – zu gestalten

Kerb- und Flachschnitzereien

Für diese Technik nimmt man ein Brett aus einem Sägewerk oder aus der Holzhandlung. In Heimwerkerbedarfsgeschäften ist das Holz meistens schon gehobelt und vorgeschliffen. Aber ein richtiger Schnitzer glättet sein Holz selbst mit dem Handhobel.

In das Übungsbrettchen (Foto Nr. 16) wird gerade eine Rosette eingeschnitten. Man setzt den Geißfuß dazu im Mittelpunkt eines mit dem Zirkel geschlagenen Kreises an und führt ihn immer tiefer gehend zum Außenrand des Kreises ins Holz. Der Span wird mit dem Schnitzmesser entfernt.

Die Keilschnitt-Flachschnitzerei auf Abbildung 18 wurde aus den Kerbzeichen Punkt und Strich gebildet. Die Kerben wurden mit dem Hohleisen vorgeschnitten und mit dem Geradeisen fertiggestellt. Diese Methode ermöglicht ein exaktes Schnitzwerk mit scharfen Konturen.

Wer das Schnitzen zu seinem Dauerhobby machen möchte, sollte vielleicht die Anschaffung einer Abricht- und Dicktenhobelmaschine in Erwägung ziehen. Man kann nicht nur kräftesparender, sondern auch individueller arbeiten.

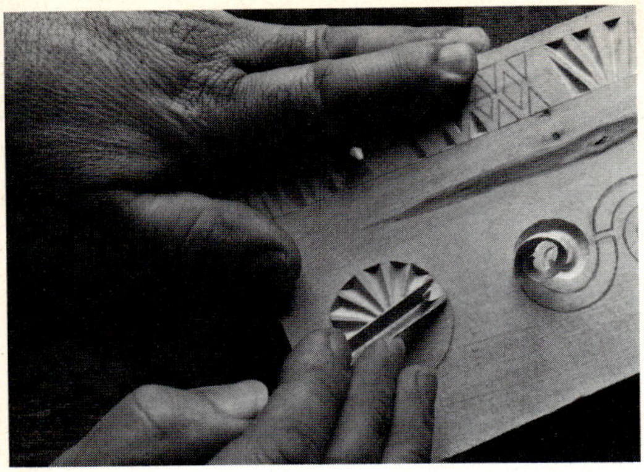

16

Übungsbrettchen aus Lindenholz, in das gerade eine einfache Rosette geschnitten wird. Daneben ein begonnenes Ornament in S-Form

17

Hier noch einmal das Übungsbrettchen mit verschiedenen Ornamenten

18

Keilschnitt-Flachschnitzerei, gebildet aus den Kerbzeichen Punkt und Strich, mit Hohleisen vorgearbeitet, mit Geradeisen vollendet

19

Ein sehr schönes Ornament, das im Prinzip in der gleichen Schnitztechnik wie die Schnitzerei auf Foto 18, jedoch unter Zuhilfenahme eines flachen Hohleisens gearbeitet wurde

20

Anregung für ein Springerlemodel, das man am besten aus Ahorn oder Buche herstellt. Vogel, Sonne und Schlange sind leicht zu schnitzen

Fotos: Walter Sack und Barbara Schulten

Dominosteine in Kerbschnitzereien
Foto aus dem Buch »Werkstoff Holz«, Otto Maier Verlag Ravensburg

Das Relief

Im Gegensatz zur Kerb- und Flachschnitzerei ist das Relief ein erhaben aus der Werkstoff-Fläche geschnitztes Bildwerk. Je nach Höhe einer erhabenen Darstellung spricht man vom Flach-, Halb- oder Hochrelief. Damit ist jeweils die Gesamthöhe eines Reliefs – vom Untergrund an gemessen – gemeint. Innerhalb dieser Höhe kann ein Relief aus mehreren Stufen aufgebaut sein. Am Beispiel eines Reliefs, das eine Landschaft darstellt, wird das sofort erkennbar. Hier kann man in drei Stufen arbeiten: Die höchste Stufe bildet den Vordergrund. Sie begrenzt zugleich die Gesamthöhe des Reliefs. Etwas tiefer auf der zweiten Stufe liegt der Mittelgrund der Landschaft, während Stufe eins den Hintergrund bildet. Der Reliefuntergrund bildet schließlich den Horizont.

Hohlformen aus dem Klotz

Besondere Sorgfalt erfordert die Anfertigung von Hohlformen. Ohne vorzuzeichnen wird aus dem Abschnitt einer Bohle – am besten aus Birnbaum- oder Kirschbaumholz – mit dem Hohleisen eine Höhlung herausgehoben, die eine gleichmäßige Wandung, vor allem einen ruhigen Umriß zeigt. Die Ebenmäßigkeit der Höhlung prüft man mit der tastenden Hand. Man bekommt so allmählich das richtige Materialgefühl. Mit

Aus einem abgelagerten Eichenholzklotz herausgearbeitete Schüssel in einfacher, zeitloser Form
Foto: aus dem Buch »Werkstoff Holz« der Reihe »Das Spiel mit den bildnerischen Mitteln«, Otto Maier Verlag Ravensburg

Masken in Einlegearbeit. Hier wurden rechtwinkelige Formen ausgesägt, in drei Tönen gebeizt und wieder zu einer geschlossenen Fläche zusammengesetzt
Foto aus dem Buch »Werkstoff Holz«, Otto Maier Verlag Ravensburg

Glaspapier arbeitet man nur, um das Holz zu glätten, wenn die Schnitzarbeit beendet ist, nicht etwa, um Schnitzspuren zu korrigieren. Nachdem die Innenform fertig ist, wird die Außenform geschnitzt.

Einlegearbeiten

Diese Technik wird oft mit der Intarsie verwechselt, jedoch unterscheidet sie sich von ihr insofern, als hier aus einer Sperrholz- oder Furnierplatte Formen herausgeschnitten, gebeizt und wieder in die Ausschnitte eingesetzt werden. Bei der Intarsie wird dagegen nicht aus einer Grundplatte stammendes, sondern fremdes Furnierholz auf einer Grundplatte zu einem Muster oder Motiv zusammengesetzt.

Zur Herstellung einer Einlegearbeit bereitet man aus verschiedenfarbigen Papieren, die der Zahl der später gewünschten Holzfarben entsprechen, einen Entwurf vor. Das Papier wird aufeinandergelegt und mit der Schere ausgeschnitten. Selbstverständlich, daß man sich auf einfache Formen beschränkt. Die so entstandenen Formteile können nun beliebig zusammengesetzt, umgelegt und ausgetauscht werden, bis die beste Lösung gefunden ist. Dann kann man den Entwurf auf das Holz übertragen, es danach aussägen und beizen. Die Einlegearbeit wird auf eine Unterlage aufgeleimt.

Intarsien

Intarsien werden in Furnierholz ausgeführt. Man unterscheidet zwischen Messerschnitt- und Sägeintarsie. Die Messerschnitt-Methode erlaubt nur geradlinige Formen, während man mit der Säge auch geschwungene Linien herausarbeiten kann.

Die für die Intarsien ausgewählten Furniere klebt man mit wasserlöslichem Kleber einzeln auf Papier, Papier und Furniere wiederum mit wasserlöslichem Kleber schichtweise aufeinander. Dann überträgt man den Entwurf auf die obere Furnierschicht und schneidet die Form mit Messer oder Laubsäge aus. Man achte darauf, daß man ein ganz feines und scharfes Sägeblatt verwendet, sonst reißt das Holz an den Kanten leicht. Anschließend löst man die Furnier- und Papierschichten in lauwarmem Wasser wieder voneinander und trocknet sie zwischen saugfähigen Papierlagen, die man mit einem schweren Gegenstand belastet. Man hat jetzt so viele gleiche Teile, wie man Furnierschichten aufeinandergeklebt hatte. Diese Teile können nun wieder zu einer geschlossenen Fläche zusammengesetzt bzw. zusammengelegt werden. Liegen alle Teile mit der Schauseite nach oben richtig, überklebt man sie mit selbstklebenden Streifen und leimt die ganze Fläche mit der Holzseite (rohe Seite) auf die vorgesehene Unterlage. Bis der Kleber (z. B. Ponal oder Pritt) abgebunden hat, wird die Arbeit zwischen Papierlagen und Brettern beschwert, damit sie sich nicht verzieht. Zum Schluß löst man die Klebstreifen und behandelt die Oberfläche der Intarsienarbeit nach Wunsch.

Flächenreliefarbeiten

Eine andere Form als die Schnitzerei ist die Gestaltung einer Holzfläche durch Sägen und Leimen, um eine dekorative Wirkung zu erzielen. Dazu werden aus einer Sperrholzplatte oder einem nicht zu starken Brett Formen herausgesägt (Laubsäge) und an anderer Stelle wieder aufgeleimt. Die ganze Arbeit wird dann auf ein weiteres Brett als Unterlage, also eine Art Reliefträger aufgeleimt. Bei dieser Technik darf nichts von der Grundplatte weggenommen oder ihr hinzugefügt werden. Man muß mit dem durch das Aussägen gewonnenen Material operieren. Die Holzarbeit läßt der Phantasie weiten Spielraum und lehrt durch Verschieben der ausgesägten Teile vor dem Aufleimen maßgebende Prinzipien für die Flächengestaltung erkennen.

Diese 20 cm lange Häschenfigur wurde aus zusammengeleimten Schichten aus massiven Hölzern und Furnieren gearbeitet. Form und Anordnung der Schichten bilden hier eine vollkommene Harmonie
Foto aus dem Buch »Werkstoff Holz«, Otto Maier Verlag Ravensburg

Die Holzschichtung

Während beim Schnitzen plastische Formen dadurch entstehen, daß man Holz mit einem Werkzeug abträgt, geschieht bei der Schichtung das Gegenteil: man schafft eine Form, indem man Holz hinzufügt. Das ist am besten an einem Beispiel erklärt:

Man schneidet aus einem Brett die Form eines Fisches. Diese bildet die Mittelschicht, auf die nach beiden Seiten, jeweils einige Millimeter kleiner als die vorhergehende Form, weitere Schichten aufgeleimt werden, die aus unterschiedlich starkem Holz sein dürfen. Die Rohform hat also durch die aufgeleimten immer kleiner werdenden Nachbildungen der Grundform plastisches Aussehen bekommen. Die Übergänge zwischen den einzelnen Holzschichten werden anschließend mit Holzraspel, Feile und Glaspapier so lange bearbeitet, bis keine Absätze zwischen den einzelnen Schichtkanten mehr tastbar sind. Durch die Verwendung verschiedener Holzarten, die man auch noch beizen kann, ergeben sich zahlreiche interessante Variationsmöglichkeiten.

Ausgesägter und auf eine Holzplatte geleimter Fisch, der mit einfachen Schab- und Stechwerkzeugen bearbeitet wurde. Arbeit eines Zehnjährigen
Foto aus »Werkstoff Holz«, Otto Maier Verlag

Hund Greif, volkstümliche Plastik von Andreas Fischer (1857–1939) vom Seidenhof bei Kulmbach/Ofr. Höhe: 85,5 cm
Bayerisches Nationalmuseum München
Foto: Praun Photo

Geschnitzte Holzmaske aus Mexiko
Foto: Paris Match/Dirand

Sitzende Katze – diese schöne Figur mit ihren weichen Konturen lenkt vollkommen von dem ursprünglich spröden Werkstoff ab und erzeugt den Eindruck von Weichheit und Wohlbehagen.
Gestalter: Walter Sack

Klöppeln

1

2

3

4

5

6

7

8

Die feine Kunst des Klöppelns

Venedig gilt als die Wiege der Klöppelkunst. Von hier soll diese Handarbeitstechnik im 16. Jahrhundert ihren Ausgang genommen haben. So jedenfalls berichten die meisten Chroniken. Die Kunsthistorikerin Natalie Bruck-Auffenberg schreibt die Erfindung des Klöppelns Dalmatien zu. In ihrem 1910 erschienenen Buch »Dalmatien und seine Volkskunst« schrieb sie: »Schon vom 15. Jahrhundert an nützte Venedig raffiniert und mit eiserner Konsequenz bis zur Neuzeit die kraftvolle und originale Produktion seines weltunerfahrenen Nachbarn aus«. Tatsächlich lassen sich in dem 1557 in Venedig erschienenen Modellbuch für Klöppelmuster von Vecellio die dalmatinischen Originale nachweisen (nach Bruck-Auffenberg). Es ist bekannt, daß auch die um das 17. Jahrhundert in Südfrankreich ins Leben gerufene Spitzenindustrie vorwiegend Klöpplerinnen aus Dalmatien beschäftigte.

Noch früher taucht diese Spitzenkunst in den Regionen des Golfes von Tigulio auf. Alte Chroniken berichten unter anderem schon aus dem Jahre 1254 von Spitzenklöppelei. Im 14. Jahrhundert sollen Genuesen bereits Spitzen aus Brügge mitgebracht und anhand dieser ihre Klöppelmuster vervollkommnet haben. Im 15. Jahrhundert wetteiferten die Frauen von Rapallo und Santa Margherita miteinander um die schönsten Spitzen aus Zwirn und Seide. Im Jahre 1812 berichtete der Bürgermeister von Santa Margherita, daß dort 400 Spitzenklöpplerinnen und 20 Spitzenhändler ansässig seien. Das für die Geschichte der deutschen Klöppelkunst wichtigste »Neue Modellbuch« wurde 1561 bei Christoff Froschauer in Zürich verlegt. In diesem Buch ist vermerkt, daß die »Kunst der Däntelschnüren« erstmalig 1536 von Venedig aus nach Deutschland gelangte. Barbara Uttmann, die Frau eines reichen Kaufmanns aus Annaberg, begann 1561 die

1 Venezianisches Klöppelkissen mit angefangener Formspitze auf einem Standfuß aus Holz

2 Klöppelspitzen und -einsätze aus venezianischer Schule

3 Klöpplerin in historischer Tracht aus Milano

4 Klöpplerin in historischer Tracht aus Venezia

5 Klöpplerin in historischer Tracht aus Pellestrina

6 Klöpplerin in historischer Tracht aus Chioggia

7 Klöpplerin in historischer Tracht aus Cantu

8 Klöpplerin in historischer Tracht aus Burano

Fotos: Lorenzo G. Bozano

Seite 129:
Altes schwedisches Klöppelkissen, vermutlich in einem Bauernhaus hergestellt, mit groben handgeschnitzten Hölzern
Foto: Hemslöjd/Nordiska Museet

Geklöppelter Spitzeneinsatz aus Leinengarn in venezianischer Manier (vermutlich nach einer Reticella-Vorlage von Vecellio)
Fotoreproduktion

Arbeit zu organisieren: sie verteilte die Arbeiten an Klöpplerinnen, zahlte ihnen die Löhne und sorgte für den Absatz der erzgebirgischen Spitzen, mit denen viele Familien ihr Brot verdienten.

Um die Spitzenklöppelei des Erzgebirges technisch und künstlerisch weiter zu entwikkeln, gründete die sächsische Regierung 1877 die Spitzenklöppelmusterschule in Schneeberg, an der Frauen im Klöppeln, Männer im Entwerfen ausgebildet wurden. Erst fünfzig Jahre später war es möglich, daß auch Frauen in die Musterklassen für Entwurf aufgenommen wurden.

In den Niederlanden tauchte die Spitze fast zur gleichen Zeit auf wie in Italien. Hier bildete sich rasch eine sehr eigenwillige Gestaltung, sowohl technisch als auch künstlerisch, heraus. Brüsseler Spitzen erlangten Weltruf, auch die Städte Brügge, Gent und Mecheln

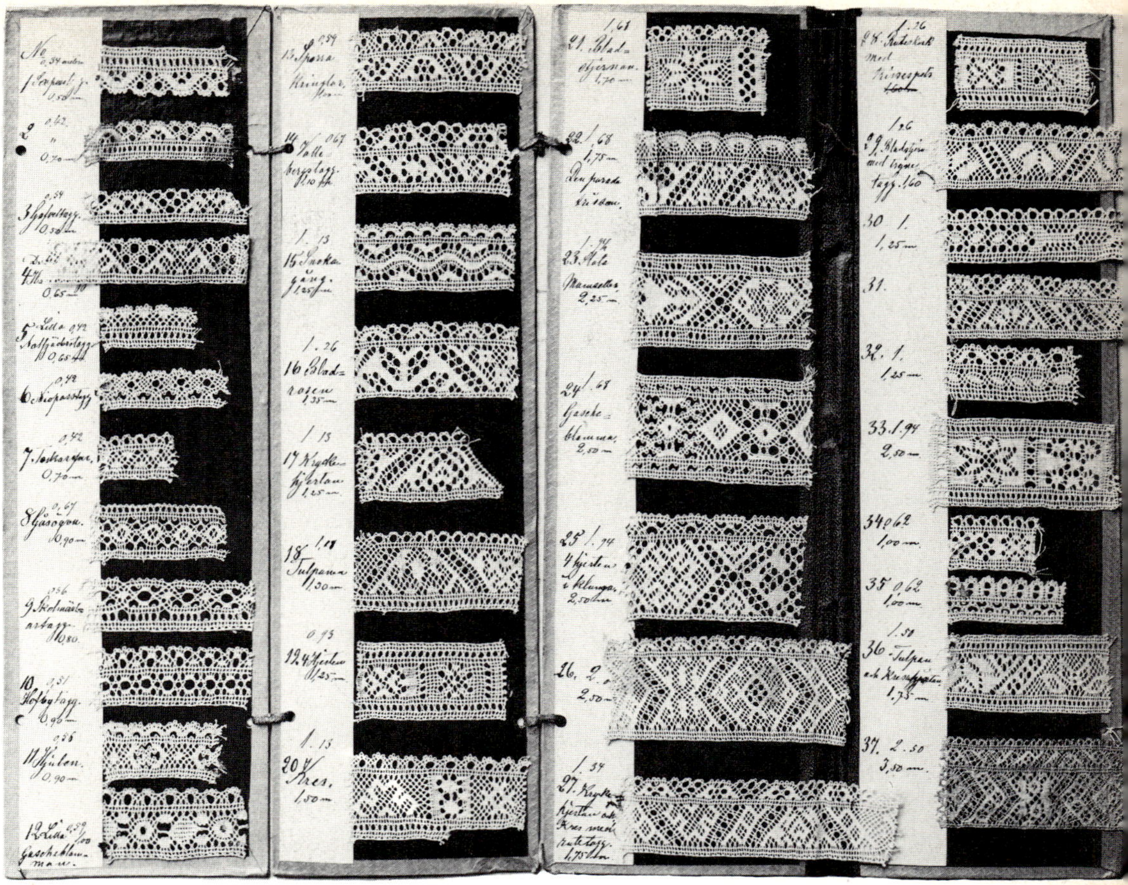

Karten mit skandinavischen Spitzen aus Ingelstad/Skane. Auf den Karten sind Namen und Preise der Spitzen vermerkt
Foto: Hemslöjd/Nordiska Museet

kamen zu großem Ansehen durch ihre Klöppelerzeugnisse.
Im 16. Jahrhundert wurde die Klöppelkunst in Nordfrankreich heimisch. Während man zunächst mit dem üblichen feinen weißen Leinenfaden arbeitete, kamen im 17. Jahrhundert Gold- und Silberspitzen, im späten 18. Jahrhundert schwarze Chantilly- und Seidenspitzen auf.
Auch Spanien brachte wertvolle, etwas schwerfälliger anmutende Spitzen als die französischen heraus. Sie waren – wie auf Gemälden dieser Zeit z. B. von Velazquez zu sehen – meist schwarz oder aus Goldfäden.
Der Darstellung von Klöppelspitzen haben sich die Maler van Dyck, Terborch und Frans Hals mit besonderer Sorgfalt angenommen. Dichtgemusterte Leinenschlagspitzen mit Zackenabschluß findet man auf vielen Bildern van Dycks, nach denen man sogar diese

Geklöppelte Einsätze für Fenstervorhänge nach Brüsseler Vorbild aus der 1. Hälfte des 18. Jahrhunderts
Fotoreproduktion

Seite 135:
Teil einer Spitze mit quadratischem Netzgrund, Burgund um 1800 (Privatbesitz)
Fotoreproduktion

Spitzenart »Van-Dyck-Spitzen« nannte. Bald genügten den anspruchsvollen Auftraggebern die schmalen Kanten- oder Einsatzspitzen nicht mehr. Die große Stoffmenge, die die Mode des ausgehenden 17. Jahrhunderts diktierte, verlangte nach üppigerem Schmuck, und bald wurden auch breitere Bahnen von Klöppelspitzen hergestellt. Diese Spitzen wurden nicht mehr, wie die schmalen Streifen, auf zylindrischen Klöppelkissen gearbeitet, sondern auf großen, mit Sand gefüllten Klöppelsäcken.

Um die Mitte des 17. Jahrhunderts blühte auch in Malta und der angrenzenden Insel Gozo die Klöppelindustrie, wobei es sich selbstverständlich immer nur um handgearbeitete Spitzen handelte. Nachdem Frankreich Malta besetzt hatte, ruhte die Klöppelkunst und wurde erst 1833 durch die englische Lady Hamilton-Chichester wiederbelebt. Die neueren Spitzen waren jedoch, im Gegensatz zu den ursprünglich eigenständigen Mustern, an norditalienische Vorlagen angelehnt. Charakteristisch für die Spitzen aus dieser Gegend, die in Weiß, Schwarz oder auch farbig hergestellt wurden, war das immer wiederkehrende Malteserkreuz als Hauptmotiv neben kleineren sogenannten Mouches (zu deutsch »Fliegen«). Malteser Spitzen wurden in der Folgezeit auch in Nottingham (England) imitiert.

Im Norden Europas wurde die Spitzenklöppelei ebenfalls heimisch. Vom 1370 gegründeten schwedischen Kloster Vadstena, dessen Klosterordnung das Erlernen der feinen Textilkünste ausdrücklich vorschrieb, breitete sich nach Aufhebung des schwedischen Klosterwesens um 1757 die Spitzenkunst auch im Volk aus. Durch die Verbindung mit ehemaligen Tochterklöstern in Flandern, Holland und Italien fand ein reger Musteraustausch statt, so daß sich keine typisch schwedische Klöppelspitze entwickeln konnte. Weitere Klöppelzentren bildeten sich in den Orten Ore/Dalarna, Leksand/Dalarna, Almundsryd/Smaland, Rättvik/Dalarna und Delsbo/Hälsingland.

Bereits zu Beginn des 17. Jahrhunderts bemühte sich der Dänenkönig Christian IV. um die Förderung der in Tondern heimischen Klöppelindustrie, deren Tradition sich in kleinem Kreise bis in die Gegenwart fortgesetzt hat. Ist es heute schwierig, Klöppel-Handwerkszeug und -Material zu beschaffen, so kann man in dem grenznahen Städtchen Tondern ohne weiteres diese Dinge in einem kleinen Handarbeitsgeschäft kaufen.

Wandlung mit der Mode

Brüssel, vor allem zunächst berühmt durch seine klösterlichen Spitzenmanufakturen, war richtungweisend mit seinen um 1700

entstandenen geklöppelten Spitzenbahnen. Die geübten Klöpplerinnen waren imstande, auch figürliche Darstellungen von Menschen und Tieren harmonisch in den ornamentalen Grund einzuarbeiten. Diese Muster sind noch heute Vorlagen für die Hand- und Maschinenspitzen aus Brüssel.
Mit dem Beginn des 18. Jahrhunderts wandelten sich die Muster und paßten sich dem Stil des Spätbarocks und der Régence-Zeit an.
Um die Mitte des 18. Jahrhunderts wurden die Stoffe der von Frankreich ausgehenden Mode leichter, die Farben heller. Entsprechend folgten die Spitzen, die in unerhört feiner Ausführung entstanden. Neben Brüssel erwarben sich vor allem Mecheln, Binche und Valenciennes einen Namen. Während in Brüssel ganze Umhänge und Blusen gearbeitet wurden, entstanden in den drei anderen Zentren mehr Meterspitzen für Besätze und Kantenabschlüsse, Volants und Jabots für Herrenkleider. Vor allem die Barben – Haubenbänder der Damen – wurden mit größter Raffinesse gearbeitet. Sie waren zu jener Zeit die begehrtesten Modeartikel. Die Muster setzten sich vor allem aus Ranken, Blumenbuketts, Einzelblüten oder Rocaille-Formen zusammen.
Trotz aller Moderichtungen bildeten die einzelnen Entstehungsorte unverwechselbare Eigenarten heraus: Man erkennt die Klöppelspitze aus Mecheln an ihrem wabenartigen Netzgrund und einer Art Konturfaden, der die Motive gegen diesen Grund abgrenzt; die Binche-Spitze wirkt reliefartig auf fünfeckigem Maschengrund; bei der Valenciennes-Spitze bilden Maschengrund – rund oder quadratisch – und Leinenschlag-Motive eine harmonische Einheit.
Um die Mitte des 18. Jahrhunderts erreichte die Klöppelkunst – die Kunst, nicht die Technik – ihren Höhepunkt. Von da an begann man, sich die Arbeit durch allerlei Tricks zu erleichtern. So wurden zum Beispiel kleine einzeln angefertigte Klöppelmotive auf einen vorbereiteten Tüllgrund aufgearbeitet. Zur Zeit Ludwig XVI. kamen die sogenannten »Blonden« auf, Klöppelspitzen aus ungebleichtem (blondem) Seidengarn. Sie wurden vor allem in Caen und Bayeux hergestellt, kamen aber in ihrer künstlerischen Ausführung bei weitem nicht an die feinen Leinenspitzen des Barock und Rokoko heran.
Die Französische Revolution brachte das Ende der Spitzenkunst, die vor allem von Aufträgen der Adelshäuser lebte. Viele Manufakturen gingen ein. Auch Napoleons Bemühungen um die Wiederbelebung dieses Erwerbszweiges scheiterten zunächst an dem mangelnden Interesse für die textilen Lieb-

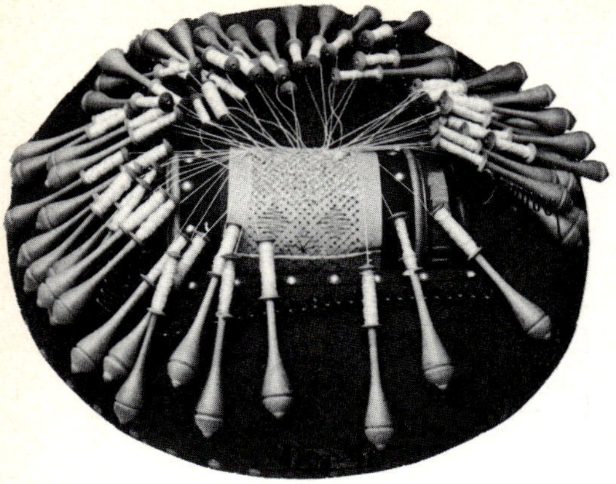

habereien des vergangenen Jahrhunderts. Erst als die Röcke wieder weiter, die Kleider wieder üppiger wurden, lebte auch die Spitzenkunst allmählich wieder auf, erreichte jedoch nie mehr ihr früheres Niveau.

Einen großen Rückgang erlitt die Handklöppelei durch eine 1885 in Betrieb genommene Schiffli-Maschine, die Klöppelspitzen mechanisch herstellte. Zwar war es nur möglich, mit dieser Maschine Meterware herzustellen, doch der wesentlich geringere Preis solcher Maschinenspitzen ließ manchen Käufer auf eine paßgenaue Handspitze verzichten. Glücklicherweise haben Gesellschaftskreise mit ausgeprägtem künstlerisch-ästhetischem Empfinden (und den entsprechenden Mitteln) dafür gesorgt, daß die Handklöpplerinnen nicht brotlos wurden. Zahlreiche private und staatliche Klöppelschulen gaben überdies dieser bezaubernden Handarbeitskunst neue Impulse. Auch die galante Moderichtung um 1900, die die Spitze neu für sich entdeckte, sorgte für einen Aufschwung der Handklöppelspitze mit ihren individuellen Möglichkeiten.

So ist letztlich die Erhaltung dieses Kunstzweiges – wie so vieles andere auch – der Eitelkeit des Menschen zu verdanken.

Die Klöppelkunst in Deutschland

Man kann das Erzgebirge wohl als das bedeutendste Klöppelzentrum Deutschlands bezeichnen, dennoch darf man auch andere Orte nicht unerwähnt lassen. 1685, nach Aufhebung des Edikts von Nantes, richteten eingewanderte Hugenotten Spitzenwerkstätten in Berlin ein.

Potsdam hatte im 18. Jahrhundert eine bedeutende Spitzenmanufaktur, die vor allem niederländische Arbeiten zum Vorbild nahm. Vom 17. Jahrhundert an entstanden in Thüringen, Württemberg, Bayern und Baden Klöppelwerkstätten. Diese deutschen Werkstätten waren weniger durch den Einfallsreichtum ihrer Muster als vielmehr durch die Qualität und die Sorgfalt der Ausführung konkurrenzfähig. Sie florierten bis zum ersten Weltkrieg mehr oder weniger gut, gerieten aber in den krisenreichen zwanziger und dreißiger Jahren mehr und mehr in Schwierigkeiten, von denen sie sich nie mehr erholt haben.

Spitzenklasse

Foto: Lammèr-Produktion

Der Name Leni Matthaei ist mit der Klöppelkunst untrennbar verbunden, und zwar liegt die Betonung auf dem Begriff »Kunst«. Nicht die Technik, die die heute über Hundertjährige meisterhaft beherrscht, hat sie weltbekannt gemacht, sondern ihre phantasievollen ungewöhnlichen Entwürfe brachten ihr den Ruf ein, den Leni Matthaei seit über einem dreiviertel Jahrhundert innehat. Ihre Spitzen sind an keine Epoche, keine der alten Kunst- oder Moderichtungen angelehnt; man erkennt keine venezianische, französische oder flandrische Stilrichtung an ihnen. Sie sind unverwechselbar.
Leni Matthaei war es, die Anfang des 20. Jahrhunderts mit ihren bahnbrechenden Ideen eine neue deutsche Spitzenkunst ins Leben rief, die zu einem festen Begriff geworden ist. Noch heute arbeitet die charmante und erstaunlich bewegliche Greisin an neuen Entwürfen. Mit Freude, aber ohne Eitelkeit, erläutert sie den Entwurf zu einer großen Arbeit, deren Auftraggeber der hervorragende Kunstkenner und Präsident der Deutschen Bundesbank, Dr. Karl Klasen, ist. Dieser Entwurf hat nichts Antiquiertes, Verschnörkeltes – die grafisch sichere Komposition könnte von einem modernen Architekten stammen. Leni Matthaei, diese ungewöhnliche Frau mit der unerschöpflichen kreativen Begabung, wurde am 2. Juni 1873 in Stade an der Elbe geboren. Sie begann als Zeichnerin und hatte schon sehr früh nennenswerte Erfolge. Ihre ersten Klöppel-Entwürfe wurden von erzgebirgischen Klöpplerinnen nachgearbeitet, zu denen sie durch eine erzgebirgische »Spitzenfrau«, bei der ihre Mutter in Hannover Klöppelarbeiten kaufte, Kontakt hatte. Sie nahm einige Entwürfe von Leni Matthaei mit und brachte

nach einem Jahr die geklöppelten Arbeitsproben – einige Muster für Meterware und einen Spitzenfächer – nach Hannover. Leni Matthaei ließ den in Seide geklöppelten Fächer auf ein Perlmuttergestell montieren und schickte ihn zusammen mit den anderen Proben 1904 nach Berlin zu einer gerade stattfindenden Fächerausstellung. Hofrat Alexander Koch, Verleger der Reihen »Kunst und Dekoration« und »Stickerei-Zeitung und Spitzen-Revue« entdeckte diese Arbeiten und veröffentlichte sie in seinen Publikationen.

Ein weiterer wichtiger Kontakt kam durch die Ausstellung zustande: die Bekanntschaft mit der Leiterin der Kunstabteilung des Kaufhauses Wertheim, Berlin, Frau Oppler-Legband. Als sie erfuhr, daß Leni Matthaei zwar zahlreiche Klöppelentwürfe gemacht und erfolgreich angeboten hatte, jedoch

Werfen . . .

Drehen . . .

Kreuzen . . .

und Nadelstechen. Leni Matthaei demonstriert die Grundelemente des Klöppelns

selbst nicht klöppeln konnte, riet sie ihr dringen, eine Klöppelschule zu besuchen. Das war der Punkt, der die Zeichnerin und Entwerferin Matthaei endgültig auf den Weg zur Spitze brachte. Durch einen glücklichen Umstand erhielt sie die Möglichkeit, an der berühmtesten Spitzenschule der Welt, der »Ecole des Dantelles et des Broderies de la ville de Paris«, zu studieren.

Sie sagt: »Zuerst fiel mir der Abschied von der Zeichnerei schwer, denn ich hatte schon Erfolge mit Landschaften, Blumen und anderen Aquarellen für Verlagswerke erzielt und mußte nun noch einmal ganz von vorn anfangen.« Leni Matthaei hat es nicht bereut. Der Erfolg, an dem sie stets auch ihre Klöpplerinnen durch bessere Löhne teilhaben ließ, ist ihr treu geblieben. Doch sind der betagten, mit vielen Preisen und Ehrungen ausgezeichneten Künstlerin Schicksalsschläge nicht erspart geblieben. So mußte sie als Siebzigjährige nach einem Totalschaden durch Bomben des zweiten Weltkrieges in Hannover noch einmal neu beginnen, denn sie hatte alles verloren. Sie tat es mit einer Energie, die man der zierlichen Frau nie zugetraut hätte, und wurde in Reutlingen heimisch, wo sie noch heute wohnt und arbeitet.

164 Einzelentwürfe hat Leni Matthaei bis heute gemacht, die sie genau in Gruppen einteilt: A sind Kragen, B Decken mit eingestickten Motiven, C ganze Klöppeldecken und D Meterspitzen. »Meterware mache ich aber schon lange nicht mehr«, sagt Frau Matthaei, »sie stellt eine langweilige Wiederholung eines bestimmten Motivs dar. Mich begeistern neue Motive und Formen.«

Auf die Frage, ob das Klöppeln schwierig und zeitraubend sei, antwortet sie: »Ich arbeite mit verhältnismäßig wenig Klöppelhölzern. Ein Anfänger beginnt mit 4, also 2 Paar Hölzern, mit denen er das Werfen, Drehen, Kreuzen und Nadelstechen – die stets wiederkehrenden Handgriffe – übt. Meister arbeiten mit mehreren hundert Hölzern. Wieviel Zeit man braucht, hängt von dem Schwierigkeitsgrad des Musters, aber auch von der Geschicklichkeit der Klöpplerin und der Garnstärke ab. Mit einem 12er Zwirn dauern 10 cm Spitze etwa eine Viertelstunde, mit einem feinen 100er Zwirn dagegen schon 4 Stunden. Ich arbeite nur mit Fäden aus reinem Leinen. Werden Motive in Decken eingestickt, so müssen die Stoffe ebenfalls aus reinem handgewebtem Leinen sein, um eine harmonische Einheit zu bilden.« Sie ist gewissenhaft, diese tüchtige Dame. Das Einsticken der Motive in Leinen nimmt sie am liebsten selbst vor, weil es ihr sonst nicht fein genug wird.

Ist die Klöppelei für Laien seit jeher der Inbegriff unbegrenzten Zeitaufwandes, so macht Leni Matthaei deutlich, daß sie weit mehr sein kann: eine Kunstform, die der Kreativität ungeahnte Möglichkeiten eröffnet, wenn man sie zu nutzen versteht.

LM

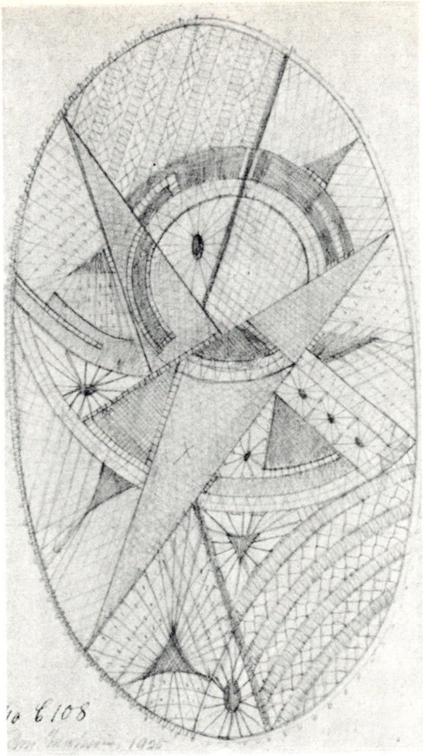

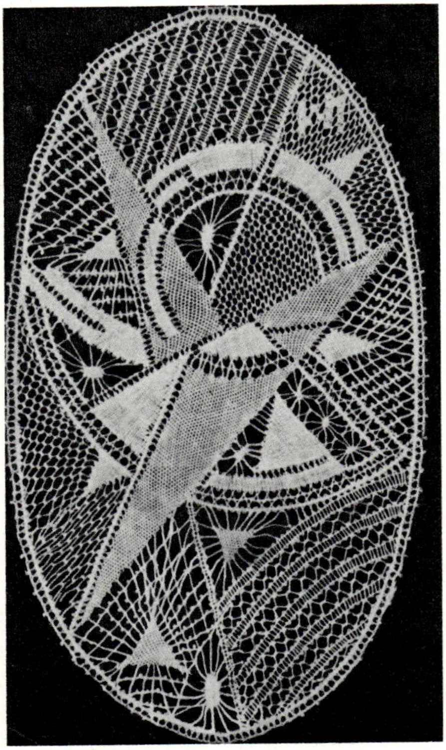

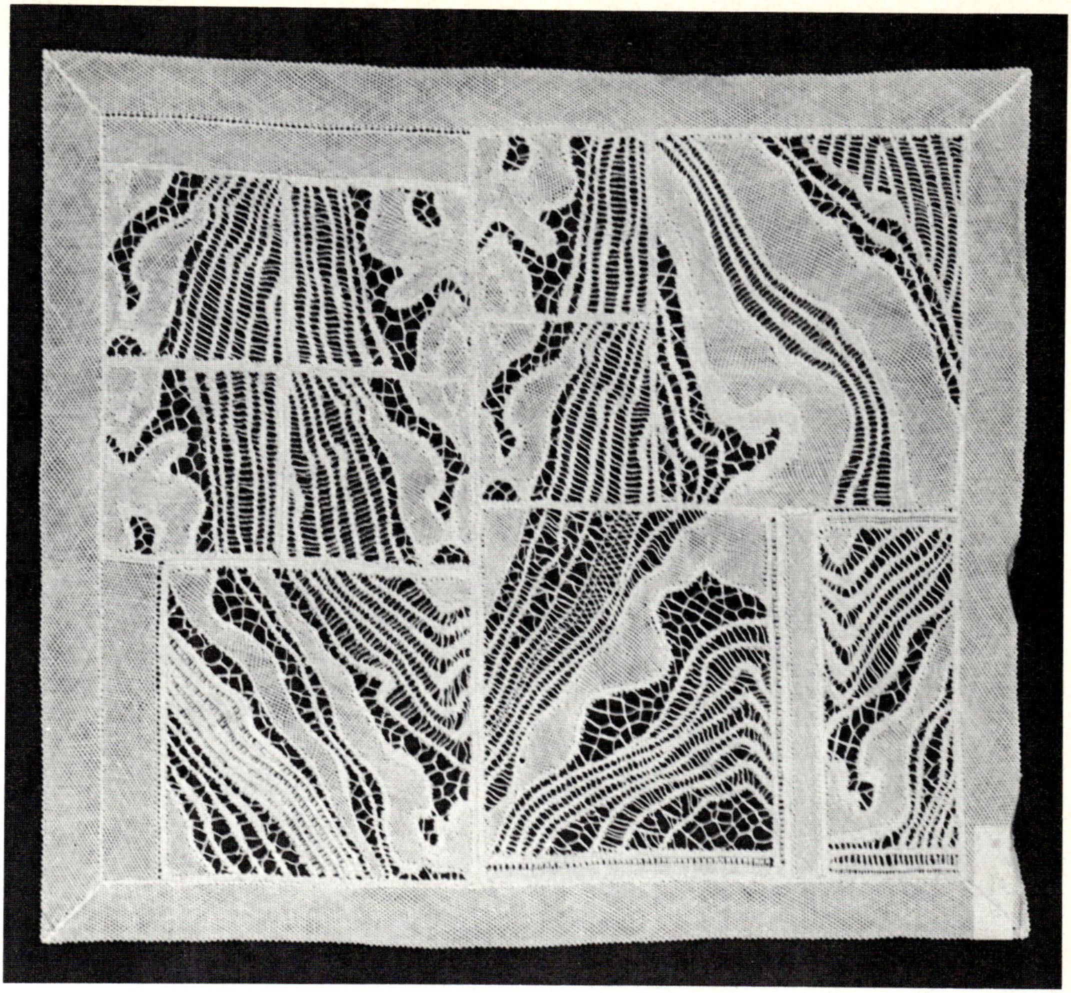

Die Arbeit »Zyklus Leben II« ist ganz aus Leinen geklöppelt. Auch der Grund, in den die Hauptmotive eingearbeitet sind, ist nicht gewebt, sondern geklöppelt. Diese Arbeit von Leni Matthaei, die das Landesgewerbeamt Baden-Württemberg angekauft hat, wurde 1962 mit dem Staatspreis des Landes Baden-Württemberg ausgezeichnet
Foto: Landesgewerbeamt Baden-Württemberg

Seite 140:
Eine Idee wird verwirklicht: Der Entwurf- oder Ideenskizze folgt die Reinzeichnung als Stechblatt für den Klöppelbrief (weiße Punkte auf schwarzem Grund), nach dem das ovale Deckchen entsteht. Eine der typischen dynamischen Arbeiten von Leni Matthaei. Zwischen dem Entwurf (1922) und der Reinzeichnung (1925) liegen dreieinhalb Jahre

Einführung in die Klöppeltechnik

Eine Klöppelarbeit entsteht durch Kreuzen, Drehen und Verflechten von Fäden zu mehr oder weniger dichten Streifen oder Flächen. Man benötigt zur Ausführung dieser Arbeit ein Klöppelkissen (s. Fotos S. 141 und S. 144), Klöppelhölzer – das sind kleine Spulen aus Holz mit einem Griffende – (s. Foto S. 143), Garn und Stecknadeln.

Der Klöppelarbeit liegt eine Musterzeichnung zugrunde, die man Klöppelbrief nennt.

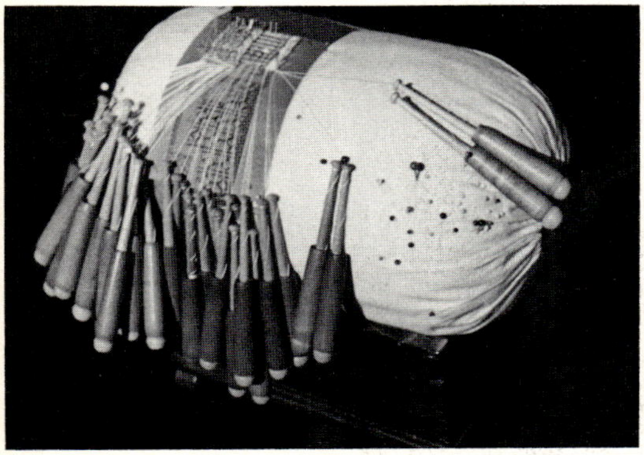

Dieser Klöppelbrief wird auf bzw. um das Klöppelkissen gespannt. Er zeigt den Fadenlauf und die Kreuzungspunkte der Arbeit, in die man die Stecknadeln zum Halten der Fäden einsticht. Mit fortlaufender Arbeit werden die Nadeln jeweils in die auf dem Klöppelbrief vorgestochenen Löcher versetzt. Klöppelbriefe können einigermaßen Begabte nach eigenen Entwürfen selbst herstellen, sobald sie die Klöppeltechnik in ihren Grundbegriffen beherrschen. Die detailliert ausgearbeitete Vorlage zu einem Klöppelbrief nennt man Stechblatt (s. Foto S. 145), weil die Löcher mit einer Pikiernadel oder einer einfachen Stopfnadel durch diese Vorlage, die man auf ein Stück Karton legt, durchgestochen werden. Die Linien zwischen den Einstichen kann man dann direkt auf dem Klöppelbrief nachzeichnen oder die Vorlage neben die Arbeit legen, bis man die erforderlichen Griffe, die man Klöppelschläge nennt, aus dem Kopf beherrscht.

Man kann jedoch auch Klöppelmuster ohne Vorlage während der Arbeit gestalten. Das setzt natürlich ebenfalls die Kenntnis der Grundschläge des Klöppelns voraus, durch deren phantasievolle Kombination das Muster entsteht. Hier sollte man anstelle des Klöppelbriefes kariertes Papier – am besten auf der Rückseite mit Tesastreifen verstärkt – um das Klöppelkissen spannen. Durch die Einstichpunkte der Nadeln, die sich aus der Arbeit ergeben, entsteht dann ein Klöppel-

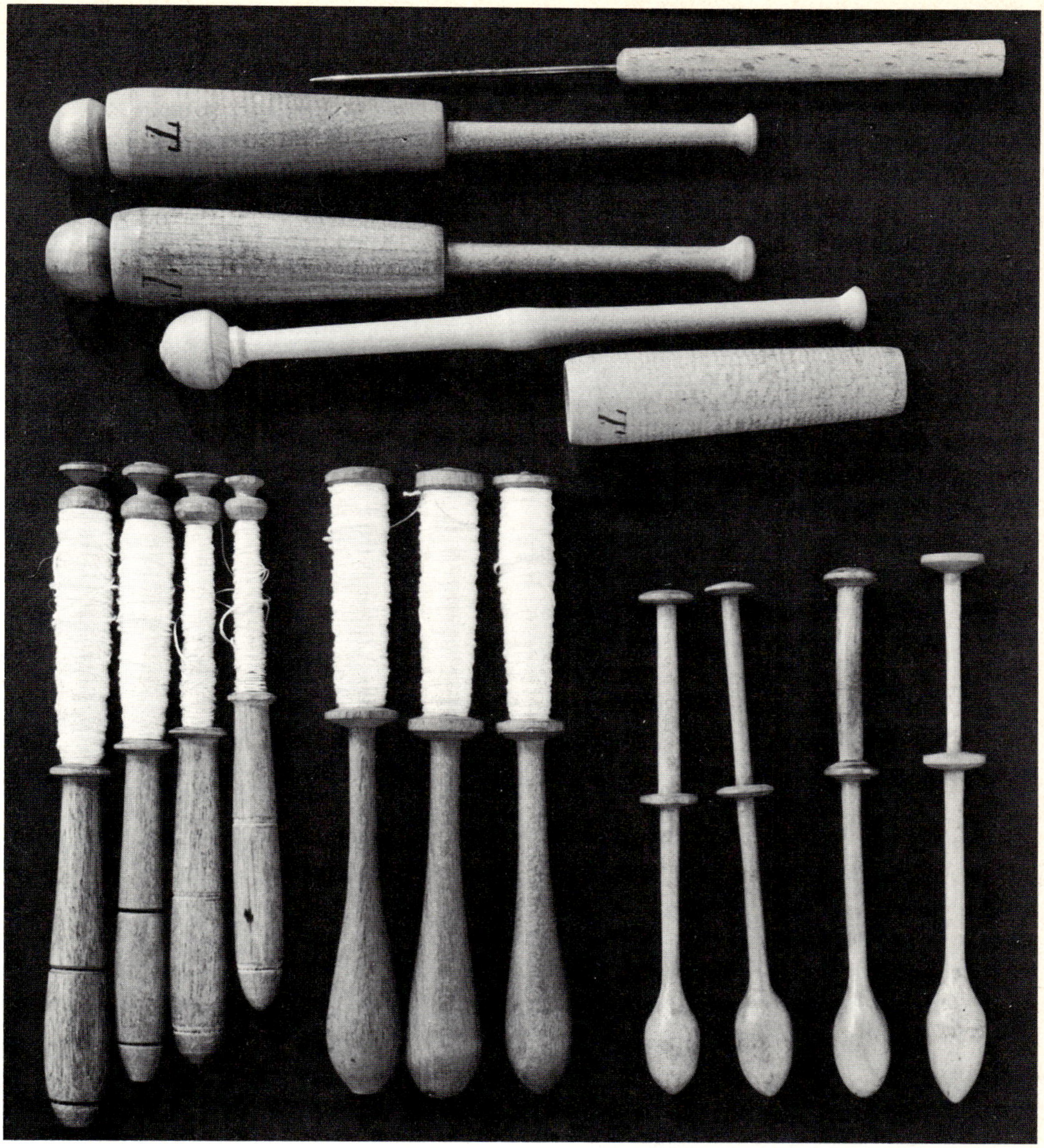

Seite 142:

Klöppelkissen aus Tondern/Dänemark
Foto: M. Bauer-Hamersen

Deutsches Klöppelkissen mit Hülsenklöppeln und angefangener Arbeit von Leni Matthaei
Foto: Dr. Theo Eberle

Klöppelhölzer in verschiedenen Ausführungen aus Schweden (Knyppelpinnar), Dänemark (Knippelpinner), Deutschland und Italien (Tombolo) und einer Pikiernadel aus Dänemark zum Anfertigen des Klöppelbriefes nach dem Stechblatt. Die italienische Klöppelform ist auch in der Schweiz bekannt, wo man sie Däntelhölzli nennt. Die englischen »Bobbins« entsprechen etwa dem deutschen Modell, das es in zahlreichen Variationen gibt

Klöppelkissen aus Istanbul mit angefangener Arbeit. Aus dem Nachlaß von Frau Aurelie van Devoorde. Besitzerin: Elna Blänsdorf
Foto: M. Bauer-Hamersen

Klöppelkissen auf kleinem Tischgestell. Sächsisches Modell mit gestreiftem Bezug. Hülsenklöppel mit grobem Übungsgarn bespult. Klöppelbriefpappe ohne Einstiche für Lernzwecke
Foto: M. Bauer-Hamersen

Klöppelkissen für Feinklöppelei aus Schweden. Der drehbare Zylinder (mit angefangener Spitze) ist zur Hälfte in die Arbeitsplatte eingelassen. Vor dem Zylinder wird geklöppelt, der Raum dahinter ist zur Aufnahme der fertigen Arbeit bestimmt
Foto: Nordiska Museet

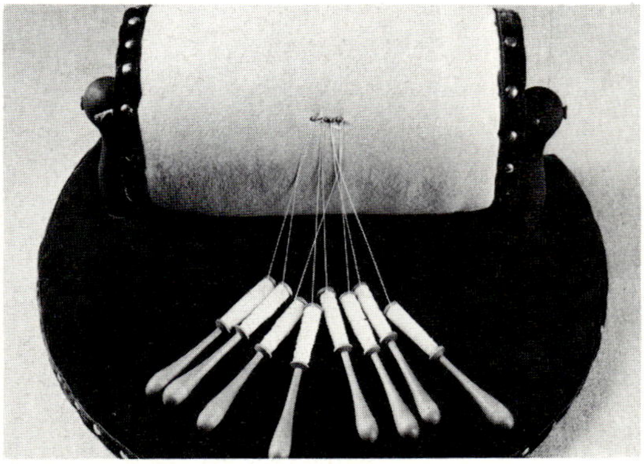

Neues Klöppelkissen, einem französischen Modell nachgebaut. Ausführung: Jutta Lammèr
Foto: M. Bauer-Hamersen

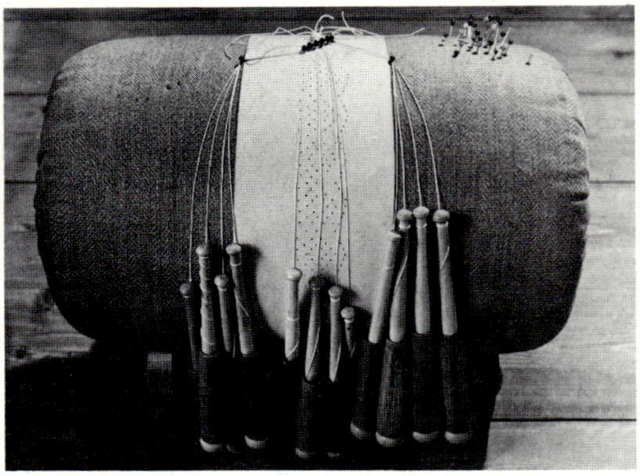

Das ist das Stechblatt zur Eckenbildung der nebenstehenden preisgekrönten Spitze von Leni Matthaei
Fotoreproduktion aus dem Buch »Klöppel-Spitzen«

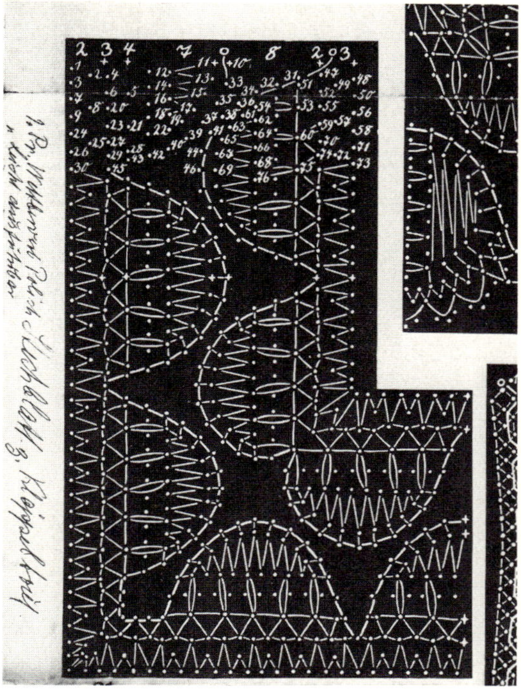

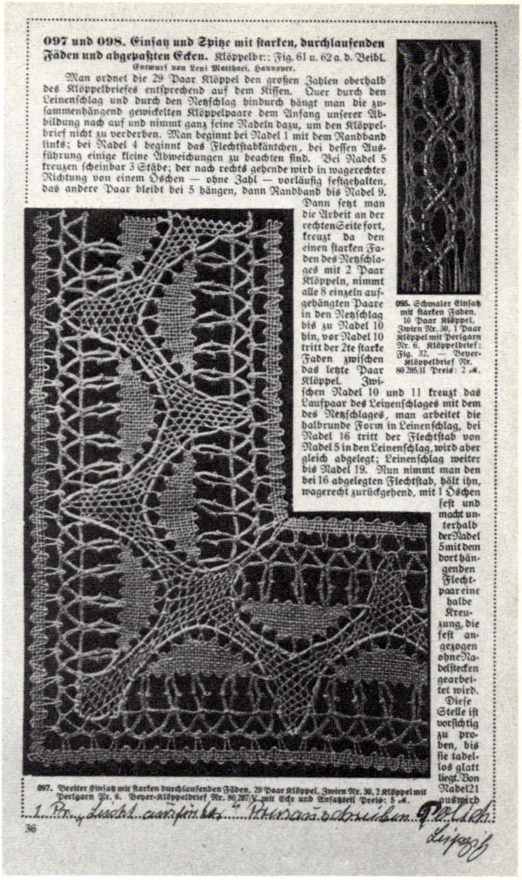

097 und 098. Einsatz und Spitze mit starken, durchlaufenden Fäden und abgepaßten Ecken. Klöppelbr.: Fig. 61 u. 62 a. d. Beibl.

Entwurf von Leni Matthaei, Hannover.

Man ordnet die 29 Paar Klöppel den großen Zahlen oberhalb des Klöppelbriefes entsprechend auf dem Kissen. Quer durch den Leinenschlag und durch den Netzschlag hindurch hängt man die zusammenhängend gewickelten Klöppelpaare dem Anfang unserer Abbildung nach auf und nimmt ganz feine Nadeln dazu, um den Klöppelbrief nicht zu verderben. Man beginnt bei Nadel 1 mit dem Randband links; bei Nadel 4 beginnt das Flechtstabkäntchen, bei dessen Ausführung einige kleine Abweichungen zu beachten sind. Bei Nadel 5 kreuzen scheinbar 3 Stäbe; der nach rechts gehende wird in wagerechter Richtung von einem Öschen — ohne Zahl — vorläufig festgehalten, das andere Paar bleibt bei 5 hängen, dann Randband bis Nadel 9. Dann setzt man die Arbeit an der rechten Seite fort, kreuzt da den einen starken Faden des Netzschlages mit 2 Paar Klöppeln, nimmt alle 8 einzeln aufgehängten Paare in den Netzschlag bis zu Nadel 10 hin, vor Nadel 10 tritt der 2te starke Faden zwischen das letzte Paar Klöppel. Zwischen Nadel 10 und 11 kreuzt das Laufpaar des Leinenschlages mit dem des Netzschlages, man arbeitet die halbrunde Form in Leinenschlag, bei Nadel 16 tritt der Flechtstab von Nadel 5 in den Leinenschlag, wird aber gleich abgelegt; Leinenschlag weiter bis Nadel 19. Nun nimmt man den bei 16 abgelegten Flechtstab, hält ihn, wagerecht zurückgehend, mit 1 Öschen fest und macht unterhalb der Nadel 5 mit dem dort hängenden Flechtpaar eine halbe Kreuzung, die fest angezogen ohne Nadelstecken gearbeitet wird. Diese Stelle ist vorsichtig zu proben, bis sie tadellos glatt liegt. Von Nadel 21 aus wird

098. Schmaler Einsatz mit starken Faden. 10 Paar Klöppel, Zwirn Nr. 30, 1 Paar Klöppel mit Perlgarn Nr. 6. Klöppelbrief: Fig. 32. — Beyer-Klöppelbrief Nr. 80 295 II Preis: 2 ℳ.

097. Breiter Einsatz mit starken durchlaufenden Fäden. 29 Paar Klöppel, Zwirn Nr. 30, 2 Klöppel mit Perlgarn Nr. 6. Beyer-Klöppelbrief Nr. 80 297/V mit Ecke und Ansatzteil Preis: 5 ℳ.

36

Seite 144, unten rechts:
Erzgebirgisches Klöppelkissen mit naturfarbenem Bezug aus Leinenköper. Das sehr feste Kissen hat innen einen Stein, der mit Heu umkleidet ist
Foto: M. Bauer-Hamersen

So sieht die nach der gezeigten Vorlage geklöppelte Ecke aus
Fotoreproduktion aus dem Buch »Klöppel-Spitzen« von Gussy von Reden
(Beyers Handarbeitsbücher, Band 5, 1921)

brief, der sich zur Wiederholung des Rapports verlängern läßt. Besonders bei seinen ersten Versuchen sollte man darauf achten, daß die Klöppelarbeit auf beiden Seiten einen festen Rand hat, während die Mitte locker sein kann. Sonst hat der Klöppelstreifen keinen Halt, und das Flechtbild verzieht sich. Danach kann man Versuche mit einer sogenannten Außenspitze – einer Arbeit mit nur einer festen Kante – machen, bevor man sich völlig von der Streifenform löst.

Es gibt viele verschiedene Arten von Klöppelkissen: dicke, an eine Nackenrolle erinnernde Polster, die auf einem kastenförmigen Gestell liegen; Polster gleicher Art, die einen eigenen Ständer haben; kleinere zylindrische Rollen, die drehbar sind und an der geraden Oberkante einer halbrunden Platte sitzen; tellerartige gepolsterte Pulte, die sich um einen Mittelpunkt drehen; gepolsterte mit Sand gefüllte Kästen, deren hinterer Rand 3 cm höher als der vordere ist, und

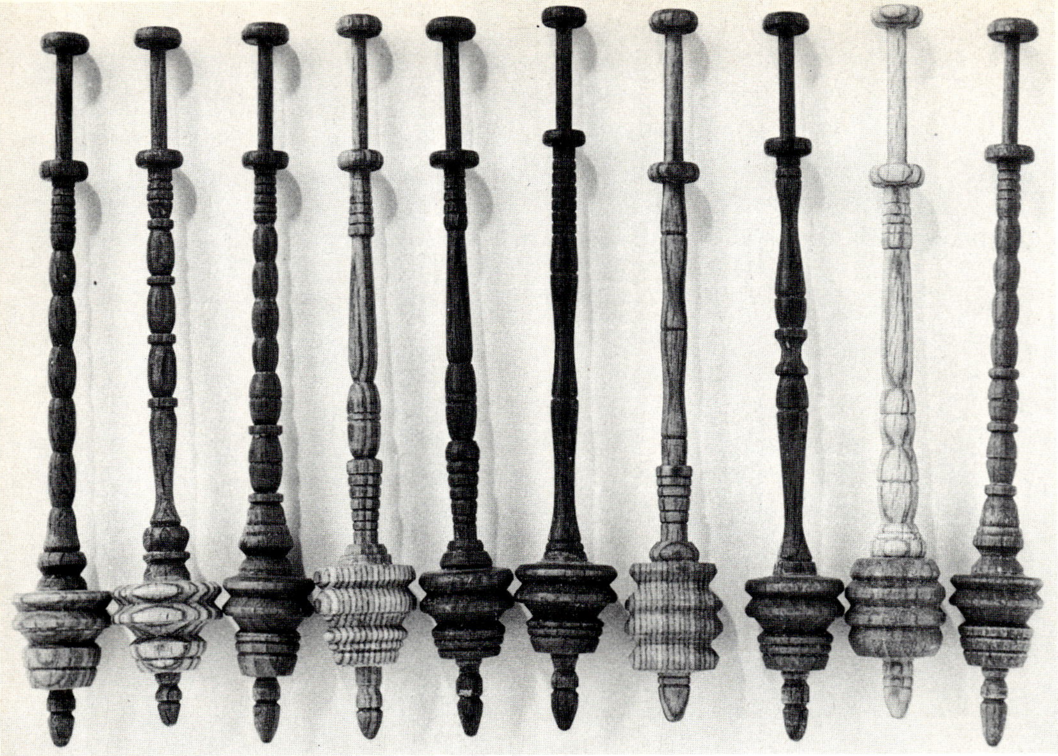

Zehn verschiedene gedrechselte Klöppelhölzer aus Kirsch- und Nußbaumholz. Tondern/Dänemark
Privatbesitz
Foto: M. Bauer-Hamersen

große roßhaargefüllte Beutel, sogenannte Klöppelsäcke. Alle diese Geräte sind aber heute kaum noch zu beschaffen, es sei denn im Antiquitätenhandel oder in Gegenden, in denen die Klöppelarbeit noch fortlebt (z.B. in den ländlichen Bezirken Spaniens, Italiens, auf Mallorca, in Tondern/Dänemark, im Erzgebirge und in Südfrankreich). Man kann jedoch ohne weiteres nach den auf den Fotos gezeigten Modellen selbst ein Klöppelkissen herstellen.

Klöppelhölzer – auch nur Klöppel oder nur Hölzer genannt – gibt es in zahlreichen Ausführungen. Die kleinen Holzspulen, die an einer Art Griffstab sitzen, sind je nach Feinheit des zu verarbeitenden Fadens dicker oder dünner. Die Griffstäbe selbst sind fein gedrechselt oder geschnitzt (s. Foto oben). Es gibt auch Klöppel, auf deren Griffenden kleine Hülsen sitzen, die über die aufgespulten Fäden geschoben werden, um diese vor Verschmutzung zu schützen (s. Foto S. 144 unten rechts).

Vorbereitung

Zunächst wird der mit den Stechlöchern versehene Klöppelbrief – auch Aufwinde genannt – so um das Klöppelkissen gespannt, daß Anfang und Ende des Briefes genau zusammentreffen und fortlaufendes Arbeiten ermöglichen. Ist der Klöppelbrief zu lang bzw. das Kissen zu dünn, umwickelt man die Walze mit Stoffstreifen, bis der Klöppelbrief

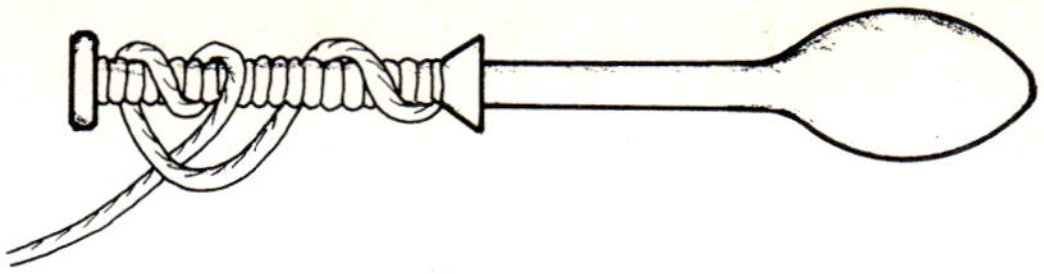

Das Ende des um die Klöppelspule gewickelten Arbeitsfadens wird mit einer Schlinge befestigt

Zu Beginn der Arbeit werden die Klöppel paarweise zusammengeknotet und mit Nadeln am Klöppelkissen festgesteckt

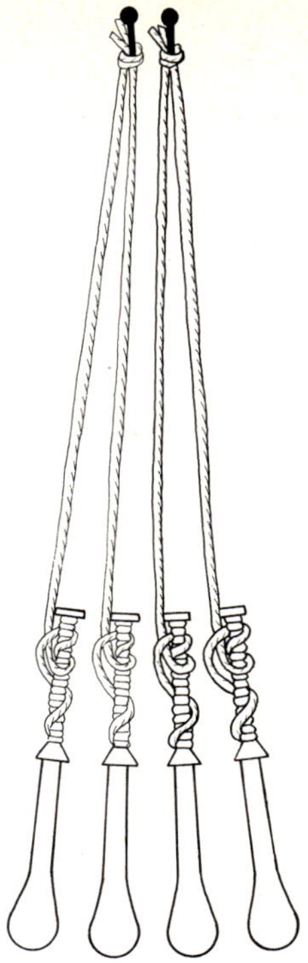

Versuch einer freien Klöppelei mit dickem Baumwoll-Kettgarn (Webgarn). Als Klöppel dienen Kinder-Kegel und Leistenabschnitte
Foto: M. Bauer-Hamersen

genau herumpaßt. Ist der Brief hingegen zu kurz, muß man ein Stück des gleichen Kartonmaterials ankleben, das man zuvor dem Brief folgend durchstochen hat.
Das Garn wird der Zeichnung oben links entsprechend um die Hölzer gewickelt und mit einer Schlinge gehalten, damit es sich bei der Arbeit nicht abspult. Der Arbeitsfaden soll etwa 10 cm lang sein. Man knotet die Arbeitsfäden paarweise zusammen und befestigt den Angaben des Klöppelbriefes entsprechend die Klöppelpaare mit Nadeln. Während man für traditionelle Klöppelarbeiten (Spitzen und Einsätze, Decken und Kragen) möglichst feines Leinen- oder Baumwollgarn nimmt, kann man für frei gestaltete Arbeiten, die nur dekorativen Charakter haben, jedes beliebige Garn nehmen, jedoch sollte das Material möglichst glatt und gut gezwirnt sein, weil es sonst zu rasch aufrauht. Auch Bast- und Plastikmaterial sind durchaus zum Klöppeln geeignet.

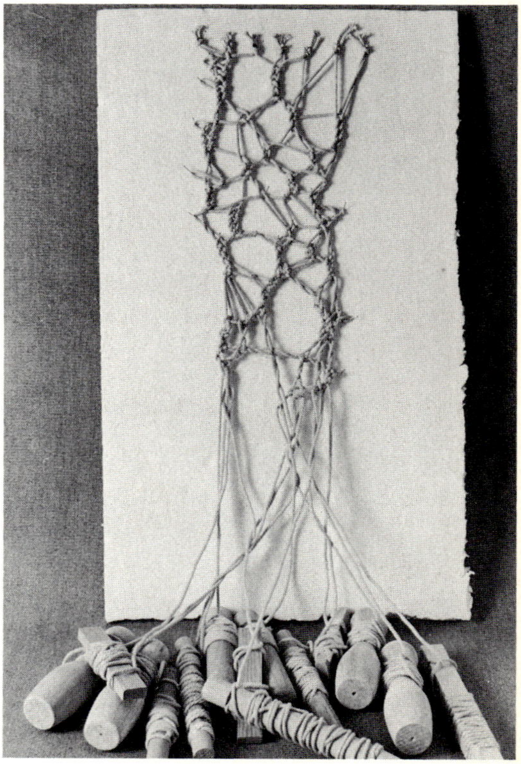

Später, wenn man die Grundbegriffe beherrscht und mehr experimentiert, kann man sich ganz von den Klöppelhölzern lösen und dicke Garne auf Rundholzstäbe, ausgediente Kinder-Kegel oder ähnlichen Spulen-Ersatz wickeln. Zunächst aber zurück zur klassischen Klöppelei.

Arbeitsweise

Die obere Reihe des Klöppelbriefes ist die Anschlaglinie. Die darauf befindlichen Buchstaben kennzeichnen die Stellen, an denen die Klöppelpaare mit Stecknadeln befestigt werden, römische Ziffern geben deren Anzahl an. Unterhalb der Anschlaglinie steht der mit Zahlen versehene erste Mustersatz. Die Zahlen über den dazugehörenden Einstichpunkten kennzeichnen die Stellen, an denen die einzelnen Schläge mit Stecknadeln gehalten werden. Die Numerierung stimmt mit der Musterbeschreibung, die zu einem solchen Klöppelbrief gehört, überein. Bei den nächsten Mustersätzen fehlen die Zahlen. Ein die Punkte verbindendes Liniennetz deutet den weiteren Gang der Arbeit an, bis schließlich nur noch die Stechlöcher die inzwischen eingearbeitete Klöpplerin orientieren.

Die einzelnen Schläge

Klöppelbriefe sind nur schwierig aufzutreiben; es ist jedoch zu erwarten, daß in absehbarer Zeit frühere Vorlagen wieder neu aufgelegt werden, da die alten Handarbeitstechniken eine erstaunliche Neubelebung erfahren und fast das gleiche Interesse finden wie Sachantiquitäten.

Die Grundbegriffe des Klöppelns kann man jedoch auch ohne Vorlage erlernen. Man arbeitet jeweils nur mit zwei Paar Klöppeln zugleich, egal, wie viele insgesamt an die Anschlaglinie angestochen sind. Die ruhenden Paare werden, um ein Verwirren der Fäden zu vermeiden, mit Stecknadeln rechts und links als Bündel am Kissen befestigt. Je ein Paar Klöppel wird in die rechte und in die linke Hand genommen. Man greift unter die Hölzer, die geöffneten Handflächen zeigen zum Körper, vier Finger liegen unter den Klöppeln, der Daumen jeder Hand liegt oben und hält sie. Das ist die Ausgangsposition.

Das Drehen wird mit den beiden Klöppeln eines Paares ausgeführt, und zwar mit der Hand, in der das Paar liegt: der rechts liegende Klöppel wird über den links liegenden gelegt. Führt man dieses Drehen mit zwei Paaren zugleich aus, was sehr häufig vorkommt, so arbeitet man nicht etwa gegenläufig (Anfänger drehen oft beide Paare von außen nach innen), sondern stets rechts über links.

Das Kreuzen wird mit beiden Klöppelpaaren und mit beiden Händen ausgeführt. Dazu legt man den Innenklöppel des linken über den Innenklöppel des rechten Paares. Die

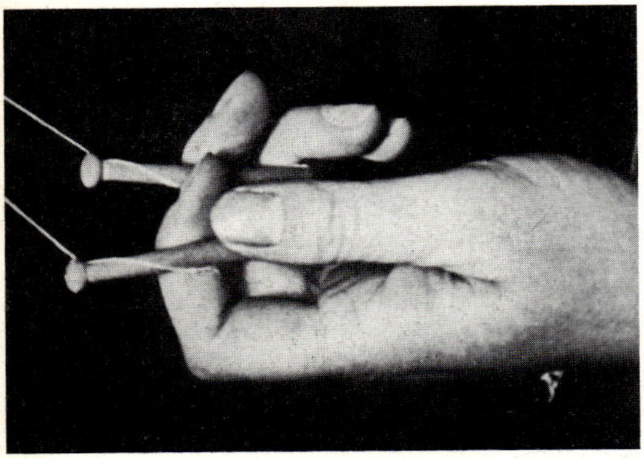

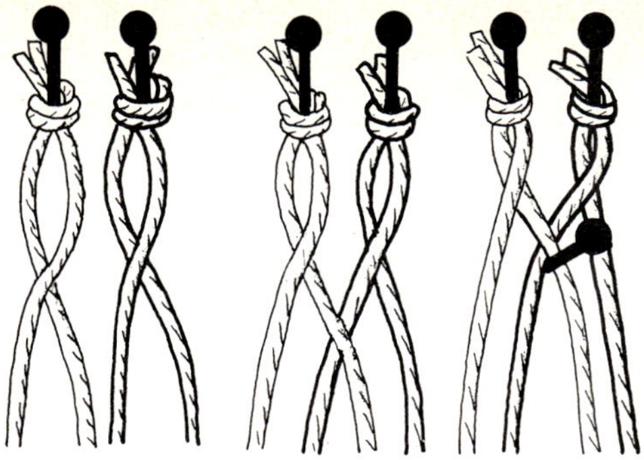

Erster Handgriff: das Drehen. Hierbei werden die beiden rechten Klöppel eines Paares über die linken gelegt

Zweiter Handgriff: das Kreuzen. Der linke der beiden nun innen liegenden Klöppel wird über den rechten geworfen

Dritter Handgriff: das Nadelstechen unmittelbar unter dem Kreuzungspunkt der Fäden. Ein Halbschlag ist entstanden

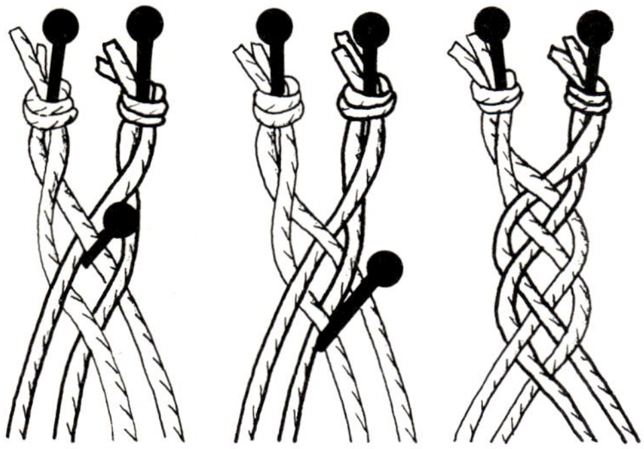

Wiederholung von vorn: Drehen, Kreuzen. Zwei Halbschläge ergeben einen Ganz- oder Doppelschlag

Der zweite Halbschlag, der einem vorangegangenen Halbschlag als Teil eines Musters folgt, wird mit Schlußschlag bezeichnet

Der Flechtschlag ist die fortlaufende Ausführung von Halbschlägen, die mit zwei Klöppelpaaren gearbeitet werden

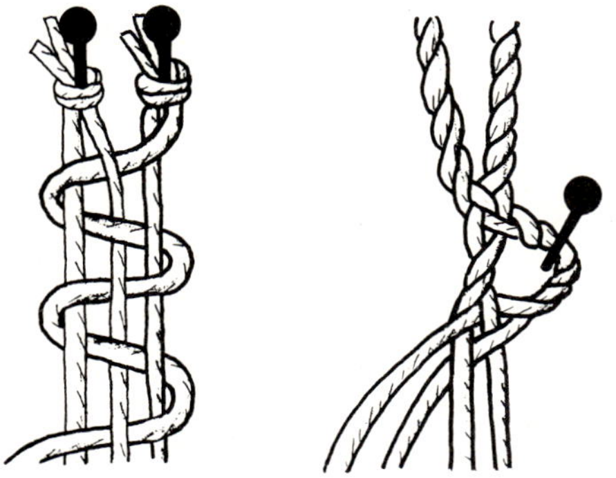

Beim Form- oder Formenschlag werden drei von vier Fäden zweier Klöppelpaare straff gehalten, der vierte läuft zwischen ihnen hin und her

Der Randschlag wird mit einem Dreh- und einem Laufpaar ausgeführt, wobei das Laufpaar am Außenrand gedrehte Ösen bildet

Zeichnungen: Ariane Heyduck

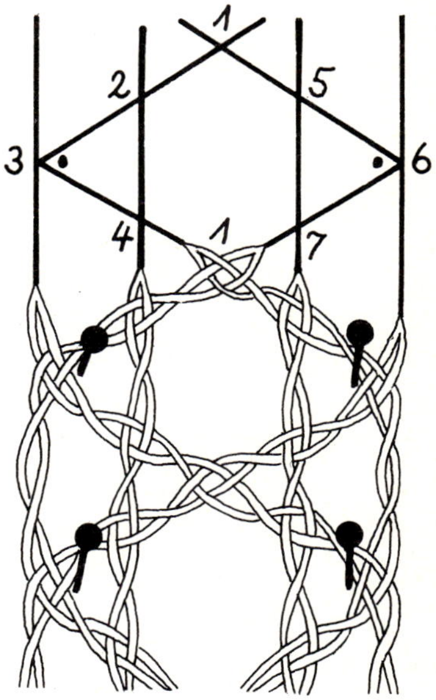

Eines der gebräuchlichsten Klöppelgrundmuster: der Löcherschlag, der aus halben Schlägen mit sich kreuzenden Paaren besteht

beiden Außenklöppel ruhen. Nach dem Kreuzen werden die Arbeitsfäden gleichmäßig, aber nicht zu fest angezogen. Unter den Kreuzungspunkt wird eine Nadel gesetzt. Es empfiehlt sich, zuerst diese Handgriffe so lange zu wiederholen, bis man sie automatisch kann: Drehen-Kreuzen-Nadelstechen usw. Diesen Vorgang nennt man Halbschlag. Zwei Halbschläge ergeben einen Ganzschlag, auch Doppelschlag genannt. Ist von einem Schlußschlag innerhalb eines Musters die Rede, dann ist der einem besonders gestalteten Halbschlag oder Flechtschlag anschließende Halbschlag, also Drehen-Kreuzen-Nadelstechen gemeint.

Der Flechtenschlag, auch Flechtschlag genannt, ist das einfachste Muster, das man mit nur zwei Klöppelpaaren herstellen kann. Man betrachtet diesen Flechtenschlag als Ausgangspunkt aller Klöppelarbeiten überhaupt. Er wurde bereits beschrieben, denn er ist nichts weiter als die Wiederholung des Vorgangs: Drehen-Kreuzen-Nadelstechen-Drehen-Kreuzen-Nadelstechen usw.

Der Formen- oder Formschlag wird vorwiegend zur Bildung von geschlossenen Musterteilen, z.B. Blättchen, Ovalen, Quadraten, angewendet. Man hält dazu drei Klöppel von zwei Paaren straff und arbeitet mit dem vierten wie folgt: Drehen mit dem ersten (danebenliegenden), den zweiten kreuzen, zweimal drehen mit dem dritten (äußeren), den folgenden rückgehend kreuzen, mit dem nächsten drehen usw. Den hin- und hergehenden Klöppel nennt man Laufklöppel.

Der Löcherschlag setzt sich aus Halb- oder Ganzschlägen zusammen. Der einfachere und häufiger angewendete Löcherschlag besteht aus Halbschlägen. Man kann diesen Löcherschlaggrund mit beliebig vielen Klöppelpaaren, mindestens jedoch sechs, ausführen. Die Arbeitsgänge zeigt die Zeichnung S. 149.

Der Jungfern- oder Rohrstuhlgrund ist eine Abwandlung des einfachen Löcherschlages. Er entsteht, wenn man mit den Klöppelpaaren jeweils zwischen den Nadeln noch eine Drehung und Kreuzung ausführt, ohne Nadel einzustechen. Von den im Klöppelbrief vorgestochenen diagonal verlaufenden Reihen werden jeweils zwei zusammen ausgeführt. Die Anzahl der dazu verwendeten Klöppel muß durch vier teilbar sein.

Der Randschlag soll einer Klöppelarbeit festeren Halt geben. Die einfachsten Arten sind der glatte Rand, für den man zusätzlich zum Innenmuster drei Klöppelpaare benötigt, und der Öschen- oder Zackenrand, den man mit zwei zusätzlichen Klöppelpaaren auf jeder Seite der Arbeit ausführen kann. Man unterscheidet hierbei das Drehpaar und das Laufpaar. Das Laufpaar geht dabei in Ganzschlägen durch das Drehpaar wechselnd von innen nach außen und nach zwei oder mehreren Drehungen – je nach gewünschter Ösengröße – wieder von außen nach innen zurück. Das Drehpaar, das die Ösen bildet, wird am Außenrand durch Nadeln gehalten (s. Zeichnung S. 149).

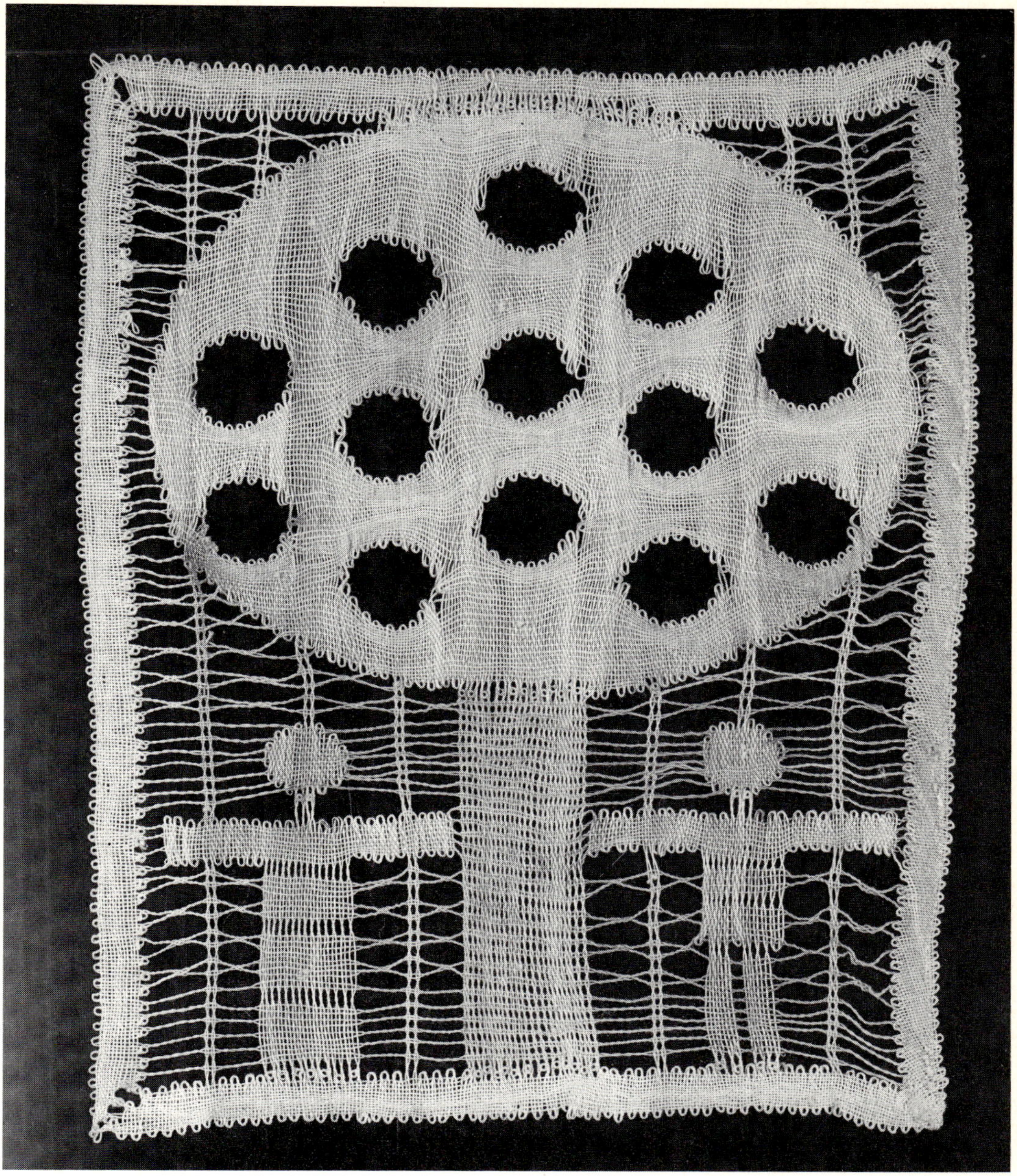

Seite 150:
Buchzeichen aus geklöppelter Baumwolle mit Schmetterlingen und Tulpenknospen in Leinenschlag ausgeführt (Privatbesitz)
Foto: M. Bauer-Hamersen

Baum – Klöppelspitzenbild in moderner Auffassung von Johanna Harre, Hannover. Diese schöne Arbeit erhielt den 2. Preis bei einem Wettbewerb, den die Arbeitsgemeinschaft Kunsthandwerk Niedersachsen 1974 ausschrieb
Foto: Kunst + Handwerk

Geklöppelte Buchzeichen aus Baumwollhäkelgarn. Entwurf und Ausführung in Anlehnung an alte Klöppelbriefe: Jutta Lammèr
Foto: M. Bauer-Hamersen

Klöppelarbeit aus Vinylfäden »small white lace« des amerikanischen Tapisserie-Künstlers Ed Rossbach, 1970 entstanden
Foto aus »beyond craft: the art fabric«, Van Nostrand Reinhold Company

Knüpfen

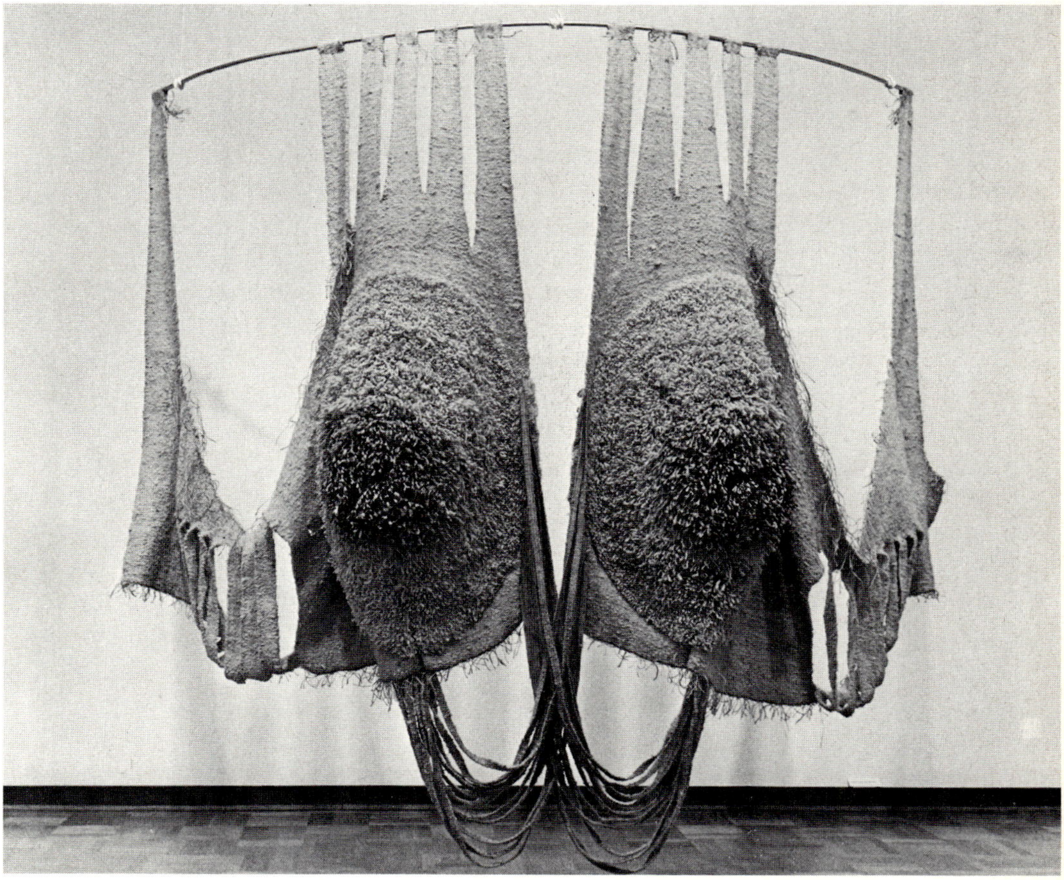

Geheimnis aus dem Morgenland

Der Teppich hat als Schutz gegen Kälte das Tierfell abgelöst. Wann der erste Teppich gewebt oder geknüpft – beide Techniken sind eng miteinander verbunden – worden ist, hat man bis heute nicht herausgefunden. Immerhin weiß man, daß die Kunst des Teppichknüpfens auf eine jahrtausendealte Geschichte zurückgeht.

Der älteste Knüpfteppich wurde erst 1949 im sibirischen Altai-Gebirge von einem sowjetischen Archäologenteam gefunden. Er war völlig eingeeist und ist durch diese Konservierung sehr gut erhalten. Dieser Teppich aus dem 5. Jahrhundert ist der einzige erhaltene Knüpfteppich aus vorchristlicher Zeit, und die Kunstfertigkeit, mit der er hergestellt worden ist, läßt auf eine lange Entwicklung schließen. Der Pazyrik-Teppich – nach seinem Fundort benannt – ist 198 × 183 cm groß und zählt auf einen Quadratdezimeter 3 600 Knoten. Ähnliche Perfektion und künstlerische Vollendung kennt man erst von Teppichen, die tausend Jahre später entstanden sind. Funde alter Teppiche oder auch nur Fragmente sind selten, was nicht zuletzt an der Vergänglichkeit des verwendeten Materials liegen mag. So gibt es Teppichfragmente aus Alt-Kairo aus dem 9. Jahrhundert und Teppichfunde, die man bei Ausgrabungen in einer Moschee in Konya fand, aus dem 13. Jahrhundert. Zwischen diesen Funden und dem jüngst entdeckten Teppich aus dem Altai-Gebirge klafft zeitlich eine große Lücke.

Während der Kreuzzüge vom 11. bis 13. Jahrhundert müssen die Teppiche in den abendländischen Kulturkreis gelangt sein, jedenfalls lassen Fresken wie die Ghiottos in Padua (um 1304) und ein Fresco von Bartolos »Hochzeit der Findlinge« in Siena (um 1440) solche Rückschlüsse zu. Originale aus dieser Zeit sind nicht erhalten.

Erst aus dem 16. Jahrhundert gibt es wieder Zeugnisse orientalischer Knüpfkunst. Der wohl bekannteste ist der Heilige Teppich aus der Grabstätte des persischen Scheichs Safi in Ardebil. Allein seine Maße beeindrucken: er ist 11,50 × 5,30 Meter groß, ein Meisterwerk an handwerklicher und künstlerischer Vollendung. Das Alter des Teppichs ist durch eine Inschrift genau belegt. Sie besagt, daß der Teppich von Ardebil im Hedschra-Jahr 946, das entspricht dem Jahr 1539/40 christlicher Zeitrechnung, fertiggestellt wurde. Sogar der Name des Herstellers ist

Selbst auf der Rückseite ist die Zeichnung des Teppichmusters noch deutlich erkennbar. Teppiche mit einer solchen Knotendichte und Feinheit sind sehr kostbar
Foto: scope/François Gonet

Seite 153:
Kommunikation VII – Textilobjekt von Bé Helfferich aus selbstgesponnener ungefärbter Wolle. Größe: 360 × 250 cm. Technik: gewebt und geknüpft
Foto: Daan Helfferich

An der Wiege der Teppichkunst lebt die Tradition fort: Kunstschüler aus Isfahan beim farbigen Ausmalen der Knüpfvorlage
Foto: scope Lausanne/François Gonet

Seite 157:

Reihengebetsteppich aus Ost-Turkestan, 19. Jahrhundert, Größe: 436 × 99 cm
Foto: Staatl. Museum für Völkerkunde, München

Teppichfragmente aus Indien (oben), Persien und aus dem Kaukasus (darunter) um 1600
Foto: Staatl. Museum für Völkerkunde, München

bekannt: Maqsud aus Kaschan. Dieser Teppich, der als wertvollstes Stück der Teppichkunst angesehen werden muß, hat rund 32,5 Millionen Knoten. Er ist im Besitz des Victoria and Albert Museums in London.

Auch der Wiener Jagdteppich aus dem Besitz des österreichischen Kaiserhauses und der Jagdteppich des Museums Poldi Pezzoli in Mailand stammen aus dieser Zeit. Während der Mailänder Teppich aus reiner Wolle geknüpft wurde, ist der sogenannte Wiener Jagdteppich mit Gold- und Silberfäden durchwirkt und aus Seide geknüpft.

Die Geschichte der Knüpfkunst ist sehr wechselvoll. Noch im 16. Jahrhundert in hoher Blüte, kam sie im 18. Jahrhundert fast zum Erliegen, erholte sich jedoch allmählich. Aus dieser Zeit sind zahlreiche gute Stücke erhalten, die man heute nicht nur in Museen finden, sondern auch im freien Handel mit Sachkenntnis und Glück erwerben kann. Jedoch reichen alle diese Stücke handwerklich und künstlerisch nicht an jene Teppiche heran, wie sie vor der Zeit der großen Musterverschleppung geknüpft wurden. Der Kenner weiß sehr wohl zwischen ursprünglichen und nachgeahmten Motiven zu unterscheiden, sei es durch eine Reihe für den oberflächlichen Betrachter unwesentlicher Details, die fehlen, sei es durch falsch verstandene und daher unrichtig wiedergegebene Symbole.

Die Teppichkunde ist eine Wissenschaft, in die man sich vertiefen muß, wenn man die Symbolik der Ornamente, die Bedeutung der Motive und deren Anordnung verstehen will. Ohne dieses Verständnis kann man zwar Gefallen an den prächtigen Farben und dem schönen Flor eines Knüpfteppichs aus dem Orient finden, seinen wahren Wert jedoch erfährt nur der, der ihn zu lesen versteht.

Der Laie ist immerhin in der Lage, einige Grundtypen zu unterscheiden, und zwar Gebetsteppiche, Medaillonteppiche, Vasenteppiche, Tierteppiche, Gartenteppiche und Teppiche mit geometrischem Muster.

Gebetsteppiche, für die Verrichtung des Gebets außerhalb der Moschee bestimmt, sind klein. Sie zeigen als Hauptmotiv die Gebetsnische, ein meist spitz zulaufendes oder kuppelartig gestaltetes Giebelfeld, von dessen Mitte häufig eine Ampel, eine Kanne oder ein Blumengebinde herunterhängt.

Medaillonteppiche kommen vorwiegend aus Persien und Anatolien. Das Medaillon füllt manchmal das ganze Mittelfeld aus, hat häufig jedoch nach allen Seiten aus dem Mittelfeld ragende zusätzliche Ornamente. Die

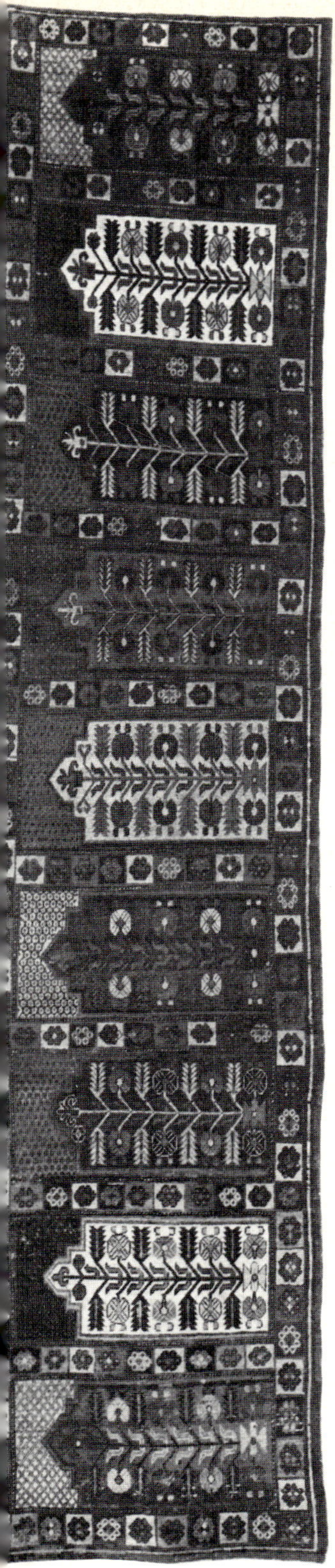

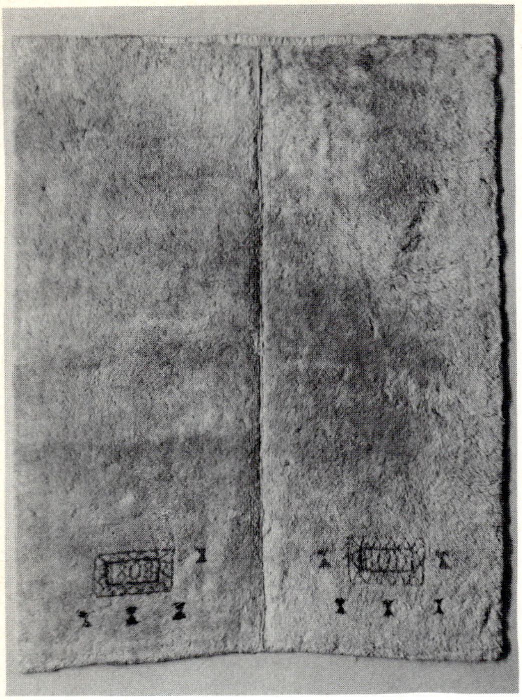

Schwedischer Flauschrya aus Öland. Grundgewebe Leinengarn, Flor in Wolle. In den Rahmen rechts und links die Initialen POD und die Jahreszahl 1808
Foto: Nordiska Museet

In zwei Bahnen geknüpfter Flauschrya aus Leinen, Haargarn und Wolle, aus dem 19. Jahrhundert. Småland. Man erkennt deutlich die Mittelnaht. Farben: Braun/Gelb/Beige. Privatbesitz
Foto: Nordiska Museet

Medaillonformen sind sehr unterschiedlich, sie können oval bis fast rund sein, treten oft auch in Form eines vielzackigen Sterns auf.
Vasenteppiche findet man besonders bei Erzeugnissen der Provenienzen Keschan, Kirman und Kum. Kleinere Vasen mit Blumen kommen ebenso häufig vor wie mehrere größere Vasen als Hauptmotiv, umgeben von Palmetten, stilisierten Pflanzen oder Vögeln.
Die Darstellungen auf Tierteppichen sind oft grotesk. Zu den berühmtesten Tierteppichen gehören die Jagdteppiche, auf denen ganze Jagdszenerien mit jagdbaren Tieren, Pferden und Jägern dargestellt sind. Den Fond schmücken reiche Arabesken. Täbris, Kirman und Schirwan zeigen bevorzugt Tiermotive.
Gartenteppiche zeigen nicht nur ein reiches Floraldesign, sie sind auch mit allen architektonischen Merkmalen persischer Gärten versehen.
Geometrische Muster findet man vorwiegend auf kaukasischen, chinesischen und turkmenischen Teppichen. Selbst Tiermotive werden soweit stilisiert, daß sie wie ein geometrisches Muster in eine streng gegliederte Komposition einzufügen sind.

Der Rya aus Schweden

Mit dem Begriff Knüpfteppich verbindet sich meistens die Vorstellung von Persien, und ein Perserteppich ist im allgemeinen Sprachgebrauch ein echter Teppich. Mit echt ist hier handgeknüpft gemeint, und echt in diesem Sinne sind auch die schwedischen Knüpfteppiche, Rya genannt. Besonders in den letzten Jahrzehnten hat der Rya mit Ausbreitung der schwedischen Wohnkultur mehr und mehr Freunde gewonnen, nicht zuletzt wegen seiner milden, beruhigend wirkenden Farbstellungen.

Im Gegensatz zu den Orientteppichen, die aus Seide oder Wolle geknüpft sind, kann ein Rya auch aus Ziegenhaaren oder Leinengarn, natürlich auch aus Wolle sein. Der alte schwedische Rya, wie die Orientteppiche eine Kombination aus Web- und Knüpftechnik, hat mit den Ryateppichen heutiger Zeit, was die Herstellungsmethode betrifft, kaum noch etwas gemeinsam. Lediglich Bauernwebereien und Fischerleute arbeiten noch im Sinne der alten Tradition.

Die Geschichte der Ryas ist nicht so alt wie die der Teppiche aus dem Morgenland. Zwar stieß man schon bei dänischen Bronzefunden ca. 1500 v. Chr. auf Fransen, jedoch waren diese in Näharbeit angebracht. Erst um 750 fand man im Gräberfeld von Valsgräde Flauschgewebe, deren Herkunft aber nicht feststeht.

Erst aus dem Mittelalter stammen sichere Beweise dafür, daß in Schweden Flauschwaren hergestellt wurden. Zum ersten Mal ist ein Ryateppich 1444 im Inventar des Erzbischofs von Arnö verzeichnet. Im schwedischen Vadstena waren Ryas im 16. Jahrhundert als Bettdecken gebräuchlich. Man benutzte sie mit dem Flor nach unten, die glatte Seite war die Schauseite, auf der die Knoten die Musterung bildeten. Im 16. Jahrhundert findet man auch zahlreiche Angaben über die Verwendung von Bettryas bei Hofe. Im Inventar des Schlosses von Kägleholm aus dem Jahre 1554 sind allein 44 Ryas verzeichnet, von denen die meisten weiß, schwarz oder grau sind. Sechs haben farbige Fransen, zwei sind weiß mit roten Rändern. Gustav Vasa ließ auf Öland Ryas für seinen Gebrauch herstellen und gab 1524 den Bauern von Öland die Erlaubnis, ihre Ryas nach Deutschland auszuführen.

Noch bis 1816 gehörte nach dem Reglement der königlichen Flotte ein Rya zum festen Bestandteil der Seemannsausrüstung.

Allmählich breitete sich die Verwendung von Flauschgeweben nicht nur als Kälteschutz, sondern auch als Dekorationsstücke für die Wohnungen, als Wandbekleidungen sowie als Kissen und Stuhlbezüge aus. Ein Schwedenhaus ohne Rya in irgendeiner Variante ist auch heute noch undenkbar. Die schwedischen Ryas haben inzwischen viele Nachahmer gefunden, ohne jedoch in ihrer eigenartigen spröden Schönheit erreicht worden zu sein. Es scheint, als habe das Nordlicht einen geheimnisvollen Einfluß auf die Farben.

Geknüpfte Botschaften

Waren Teppiche früher schön verzierte Wärmespender, so sind sie heute mehr und mehr Raumschmuck. Ihr Platz ist – wenn sie aus Künstlerhand kommen – nicht der Boden, sondern die Wand. Oft sind sie ein Teil der Architektur. So auch die kunstvollen Teppiche, die bei Edith Müller-Ortloff im Meersburger Schloß entstehen. Aber sie sind mehr als dies: sie sind ein Anliegen, eine Botschaft. Mit jeder Neuschöpfung möchte die Künstlerin etwas aussagen und, wenn möglich, etwas erreichen. Das internationale Echo beweist, daß ihr das gelingt.
Die Suche nach dem Guten, nach Ursachen und Zusammenhängen, nach Einflüssen und Eingebungen sind Edith Müller-Ortloff eigen. Für sie ist nicht die Vollendung eines Kunstwerks die höchste Stufe, nicht der Entwurf die wichtigste Arbeit, sondern der diesen beiden vorausgehende lange Denkprozeß. Das Gefüge geistig-seelischer Ordnung ist das Fundament ihres Schaffens. Edith Müller-Ortloff studierte zunächst Architektur an der Technischen Hochschule in München. Schon während ihrer Schulzeit unterhielt sie Kontakte zum Bauhaus in Dessau. Sie besuchte in der Akademie für Freie und Angewandte Kunst die Meisterklassen von Preetorius und Sigmund von Weech, hörte Kunstgeschichte bei Popp und Wilhelm Pinder.
Schon mit ihren ersten Bildteppichen, die Edith Müller-Ortloff in Magdeburg entwarf, webte und knüpfte, war sie erfolgreich. Doch es kommen nicht nur geknüpfte Teppiche aus der Meersburger Werkstatt, sondern auch gewebte Bildteppiche und wunderschöne Seidenbatiken. Gelegentlich wird auch ein Thema, zum Beispiel das des »Don Quichote«, einmal auf einem Knüpfteppich und einmal auf einer Batik behandelt – mit verblüffend unterschiedlichen Aussagen.
So gesehen ist Edith Müller-Ortloff keine Tapisseriekünstlerin im eigentlichen Sinne – sie ist eine Textilbildnerin.

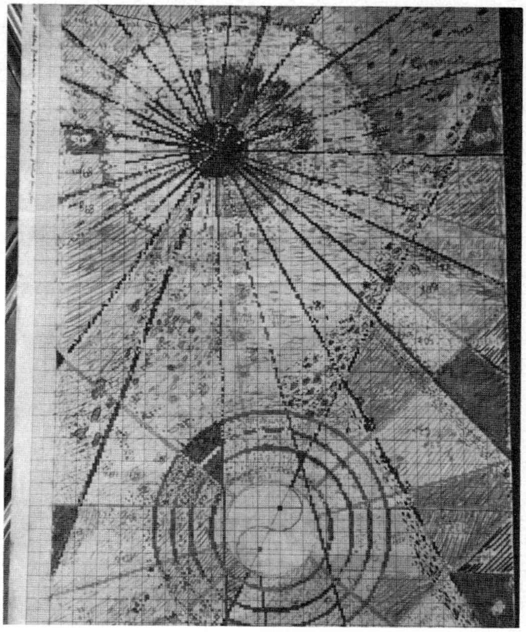

Ein Kunstwerk entsteht
Ihren Entwurf für einen Teppich hat Edith Müller-Ortloff auf eine Styroporplatte gezeichnet, sie ermöglicht ihr die dreidimensionale Gestaltung

Der fertige Entwurf wurde maßstabgetreu auf Spezialpapier vergrößert

Die Kette ist aufgebäumt

Die ersten Reihen sind geknüpft

Fotos: Barbara Pohle

Feuerfuge – eine Auftragsarbeit für die Schalterhalle der Volksbank in Friedrichshafen. Größe: 2 × 4 m. Der Flor der ineinander verfugten Farbfelder, bei denen Rot dominiert, ist unterschiedlich hoch
Foto: privat

Don Quichote – Knüpfteppich aus Wolle. Größe: 1,80 × 1,30 m. Übermächtig die Windmühlenflügel als Deutung für den aussichtslosen Kampf, versöhnlich die warmen Farben – alles ist offen
Foto: privat

Golgatha – Knüpfteppich von Edith Müller-Ortloff
Größe: 3 × 5 m
Foto: privat

Optimismus in Seide

Foto: W. Bogdanski

Ganz anders in Aufbau, Aussage und auch handwerklicher Technik sind die geknüpften Seidenteppiche von Hildegard von Portatius in Krefeld. Obwohl man davon ausgehen darf, daß Tapisserien zeitlos sind, so haben die Schöpfungen dieser Künstlerin eine optimistische, klare Ausstrahlung, die sich besonders den Erfordernissen moderner Architektur anpassen.
Hildegard von Portatius, deren Mutter aus einer alten Seidenweberfamilie stammt, hat eine eigene Knüpftechnik entwickelt, die weitgehend auf der Weberei basiert. Während man bei der traditionellen Knüpferei einzeln um die Kettfäden (gespannte Fäden) geknüpfte Fadenabschnitte mit je einem Schuß im Unter- und im Oberfach festhält, webt Hildegard von Portatius in Woll- oder Seidenripsbindung ein etwa 15 mm langes Stück, um dann büschelweise die dünnen Seidenfäden um eine 2 cm breite Metallrute zu knüpfen. Die entstandenen Schlingen werden nur zu einem Teil aufgeschnitten. Je nachdem, wie es der Entwurf der Künstlerin verlangt, bleiben auch Seidenschlaufen hängen, gelegentlich mit kleinen Schlingen aus echtem Webgold überknüpft. Stets kann man bei den Knüpfereien den sehr schönen Webgrund sehen, stets die Knüpfreihen einzeln erkennen. Der Webgrund, im allgemeinen nur durch das Zusammenhalten der Knotenreihen entstehend, ist hier Teil der Komposition.
Bei den Arbeiten von Hildegard von Porta-

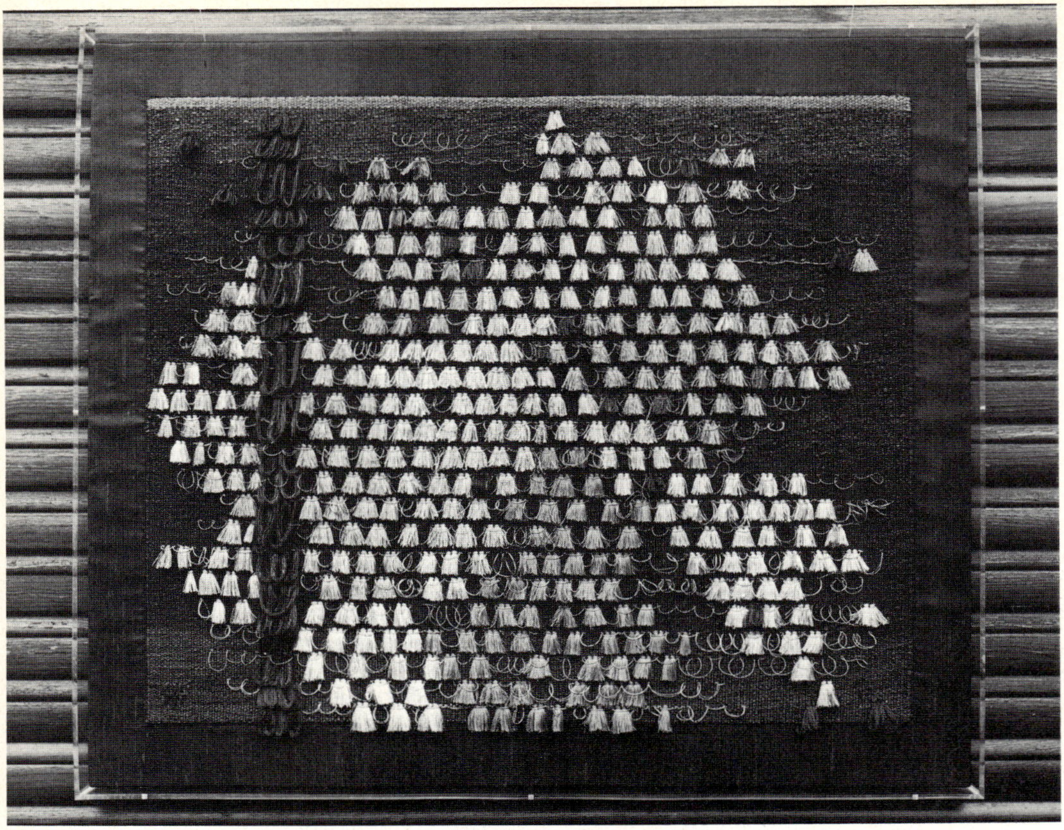

Seite 166:

Nächtliches Fest – Seidenknüpfteppich von Hildegard von Portatius, 50 × 62 cm groß. Der nachtblaue Seidengrund mit paarweise angeordneten Seidenknoten ist mit echtgoldenem Faden schlaufenartig durchwebt. 1974 entstanden
Foto: W. Bogdanski

Detail aus dem Teppich »Nächtliches Fest«, Knotenlänge: 12–13 mm

tius, die 1934 in der Werkstatt von Alen Müller-Hellwig in Lübeck (siehe Sticken) arbeitete und 1950 ihre Prüfung als Handweberin ablegte, ist aber nicht nur die Knüpftechnik ungewöhnlich. Bestechend sind vor allem die wunderschönen Farbharmonien, die zarten Abstufungen, die Kontraste, die – zurückhaltend gesetzt – eine große Anziehungskraft auf den Betrachter ausüben, ohne ihn zu beunruhigen.

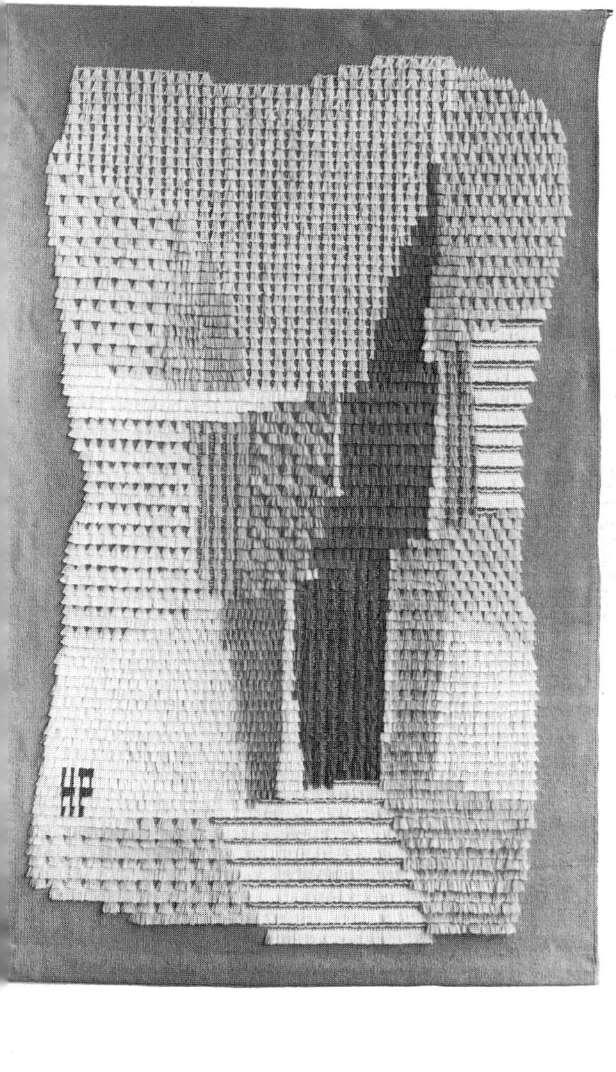

Die Erde bewegt sich – 1972 entstand dieser 153 × 95 cm große Seidenknüpfteppich. Hier wird deutlich, wie Struktur und Farbe einander ergänzend eingesetzt wurden. Bis zu 40 Fäden in einem Knoten ermöglichen eine äußerst feine Abstufung beider Gestaltungsmittel
Foto: W. Bogdanski

Regenschleier – eine Komposition, deren Zartheit und Nuancierung nur bei einer farbigen Wiedergabe voll zur Wirkung kommen. Auch bei diesem 167 × 100 cm großen Knüpfteppich auf Bouretteseidengrund wird die eigenwillige unendlich mühsame Knüpftechnik von Hildegard von Portatius deutlich

Der Seidenflor eines Teppichs wird in Fadenbündeln über einer Metallrute geknüpft

Im Anschluß an die Knüpfreihe wird der Schußfaden eingelegt

Entlang der Rute werden die Seidenschlaufen aufgeschnitten

Aus der gerade aufgeschnittenen Reihe wird die Rute herausgenommen

Die Arbeitsfotos in der Krefelder Werkstatt der Künstlerin machte Wolfgang Bogdanski

Die Knüpftechnik

Führt man sich vor Augen, daß im Orient auch heute noch häufig Kinder mit dem Teppichknüpfen beschäftigt werden, so kommt man zu dem Schluß, daß diese Technik nicht allzuschwer sein kann. Tatsächlich ist das Knüpfen selbst eine einfache Sache, Schwierigkeiten bereitet meistens nur die mangelnde Ausdauer. Schwierig für den Anfänger ist auch das Nachvollziehen eines eigenen Entwurfs, von dem man stets ausgehen sollte, bevor man so sicher ist, daß man frei knüpfen kann.

Der Entwurf ist der wichtigste Arbeitsgang bei der Knüpferei. Wer sich eine Knüpfvorlage und vielleicht sogar noch das dazu fertig abgepackte Material kauft, macht sich zum Handlanger der Industrie, wird zum menschlichen Automaten. Man sollte sogar so weit gehen, daß man das Knüpfmaterial weitestgehend selbst gewinnt, soweit es sich um das Naturprodukt Wolle handelt. Man kann Wolle beim Schafzüchter kaufen, selbst waschen, selbst spinnen, selbst färben und selbst schneiden. Greift man auf andere Fasern zurück, so sollte man das Material ungeschnitten in Strängen kaufen und es so schneiden, wie man es braucht. Es ist kein Vorzug, wenn ein selbstgeknüpfter Teppich so perfekt aussieht wie ein maschinell hergestellter. Zum Schneiden der Wolle gibt es sogenannte Wollmühlen, die nicht ganz so exakt arbeiten wie die Schnittmesser der Industrie; man sollte aber nicht vergessen, daß es die gute alte Schere auch tut. Fäden, die man um einen Pappstreifen wickelt und deren Windungen man an einer Seite aufschneidet, sind ein nicht minder geeignetes Knüpfmaterial.

Entwerfen

Bei dem Entwurf für einen Knüpfteppich kann man mehrere Wege gehen. Dies ist der Idealfall: man zeichnet einen Entwurf, unabhängig von Format, Material und Farben, den man mit Tusche oder Farbstiften anlegt. Diesen fertigen Entwurf überträgt man auf Millimeterpapier (1 Kästchen = 1 Knoten). Die Farben überträgt man ebenfalls oder setzt an ihre Stelle Symbole (z.B. Kreuze stehen für Schwarz, Punkte für Blau, Sterne für Rot, Dreiecke für Gelb usw.). Nach diesem Entwurf richtet man das Format ein, färbt und schneidet den Farben entsprechend das Garn. Der Verbrauch richtet sich allerdings sehr nach Florlänge und Dichte der Knoten. Im allgemeinen rechnet man bei einer Länge von 6 cm pro Faden (er wird beim Knoten doppelt genommen) mit 2500 bis 3000 g pro Quadratmeter bei normaler Smyrnatechnik. Arbeitet man in Ryatechnik, braucht man weniger, weil die Knotenreihen weiter auseinanderstehen.

Natürlich kann man bei einem Entwurf auch von dem vorhandenen Garnmaterial ausgehen, das ist aber schwieriger, weil man genauer rechnen muß.

Umsetzen des Entwurfs

Beim Nachknüpfen des Entwurfs (Umsetzen) arbeitet man reihenweise von links nach rechts, und zwar von unten nach oben. Das ist bei allen Knüpftechniken gleich. Ist das Muster symmetrisch, braucht man nur eine Hälfte als Knüpfvorlage zu zeichnen, die zweite Hälfte kann man von der Mitte aus seitenverkehrt (spiegelbildlich) arbeiten. Wichtig ist, daß man vor Beginn der Knüpfarbeit auf gewebtem Knüpfgrund unten und seitlich 10 Gewebekästchen für die Säume freiläßt. Knüpft man auf einer Kette auf dem Webstuhl, so muß man vor Beginn der ersten Knüpfreihe ein Stück für Saum- oder Fransenabschluß glatt weben. Ebenso nach der letzten Knüpfreihe.

Der Arbeitsvorgang beim Knüpfen

Die traditionelle Knüpftechnik wird auf einem Webstuhl oder -rahmen ausgeführt. Man umknüpft mit einem Garnabschnitt jeweils zwei Fäden der Kette, die sehr dicht gespannt sein muß. Je dichter eine Kette, um so feiner die Zeichnung, um so wertvoller der Teppich. Man kann zwischen drei Knotenarten wählen: dem Einstrangknoten, wie er bei frühen skandinavischen Teppichen vorkommt, dem türkischen Ghiordesknoten – auch Smyrnaknoten genannt – und dem persischen Senneh- oder Sennaknoten (s. Zeichnung). Der Smyrnaknoten ist am gebräuchlichsten. Ist eine Knotenreihe fertig, wird sie mit je einem Schuß durch das Ober- und Unterfach befestigt. Dann kommt die nächste Knotenreihe. Damit diese eingeschossenen Fäden die Geschlossenheit der Knüpffläche nicht stören, müssen sie aus dünnem festem Kettgarn sein.

Doch auch ohne Webstuhl kann man knüpfen. Dazu gibt es verschiedene Knüpfgewebe, die im Fachhandel angeboten werden: Smyrna-Stramine, in die man die Fäden mit einem Knüpfhaken (auch Knüpfnadel genannt) einknotet, Feinsmyrna-Stramine, die man mit laufendem Faden durchknüpft, und sogenannten Smyrnafix-Knüpfgrund, in dessen aufgewebte Schlingen die Fäden mit dem Haken eingeknüpft werden. Darüber hinaus gibt es – allerdings seltener – Ryastoffe, die mit fortlaufendem Faden – einzeln oder mehrfach genommen – beknüpft werden.

Die Zeichnungen zeigen deutlich die unterschiedlichen Smyrna- und Ryagewebe und die Knüpftechniken.

Experimente

Möglichkeiten, auch anderes Material – z. B. Stoffstreifen – zu verknüpfen, bietet die Tressier-Methode, die aus Amerika kommt. Sie ist vermutlich den Perückenmachern abgeschaut. Es handelt sich hierbei um Fäden, die – genau wie beim Knüpfen auf einer gespannten Webkette – paarweise umschlungen werden. Es sind aber nicht wechselnde Fadenpaare, sondern zwei parallel laufende

Seite 170:
Moderner schwedischer Gobelinwebstuhl, auf dem man auch knüpfen kann. Die Kette wird entweder bündelweise um die Pflöcke gespannt oder mit Hilfe von Leisten direkt an Kett- und Warenbaum befestigt
Foto: M. Bauer-Hamersen

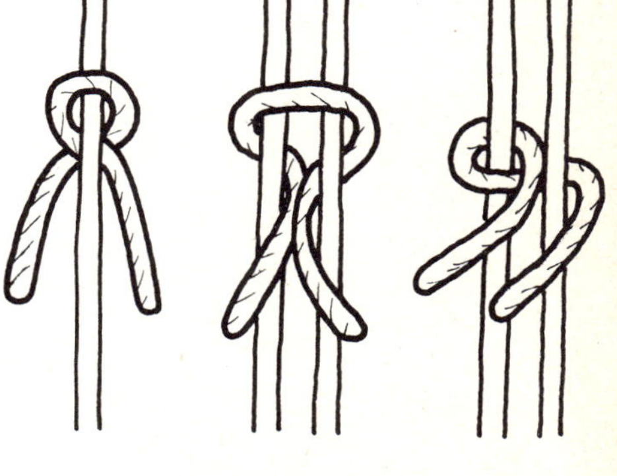

Von rechts nach links: skandinavischer Einstrangknoten, türkischer Ghiordes- oder Smyrnaknoten, persischer Senneh- oder Sennaknoten

Fäden, die von zwei Knäueln kommend fortlaufend umknüpft werden, so daß eine lange Fransentresse entsteht. Diese Tresse wird dann wie ein normaler Schußfaden in eine Kette eingewebt (s. Kapitel Weben), und zwar so, daß der Flor immer nach vorn durch die Kettfäden ragt. Dieser Flor läuft waagerecht, parallel zu den Schußreihen. Dementsprechend muß man seinen Entwurf ausrichten. Bei der Tressiermethode beginnt das Knüpfen nach dem Entwurf schon beim Herstellen der Fransenstränge, die man mit einiger Übung sehr genau der Farbvorlage entsprechend aufreihen kann. Die Zeichnung S. 173 unten zeigt ein Hilfsgerät zum Tressieren, das man leicht selbst anfertigen kann. Damit das Garn nicht zu schnell von den Spulen abläuft, windet man es um die kleinen Nägel (rechts und links).

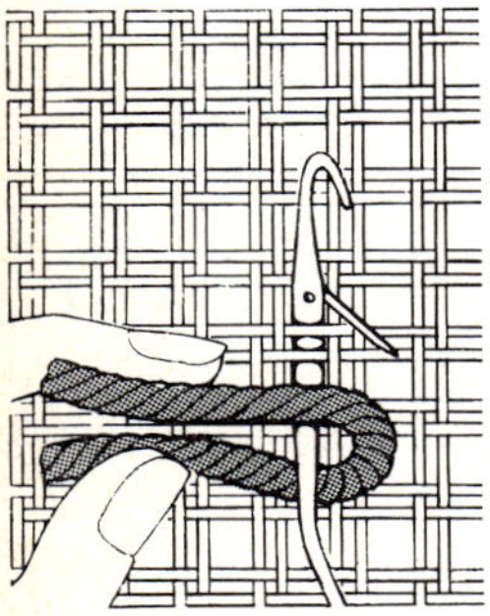

Einfacher Smyrnaknoten

Man nimmt die beiden Enden eines Garnabschnitts zwischen Daumen und Zeigefinger einer Hand, führt den Knüpfhaken durch die entstandene Schlinge und sticht in Aufwärtsrichtung unter zwei Querfäden des Stramins durch

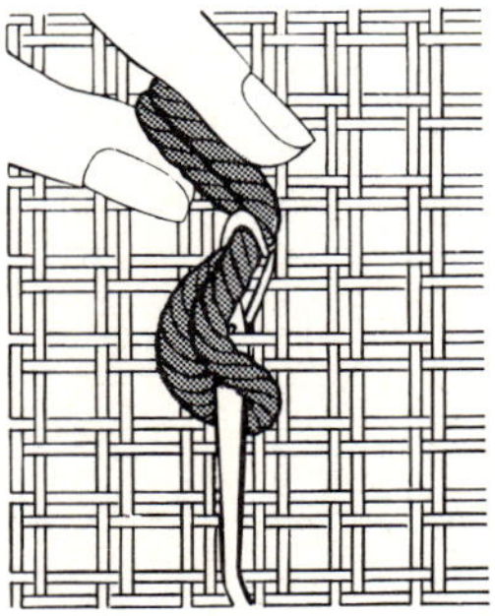

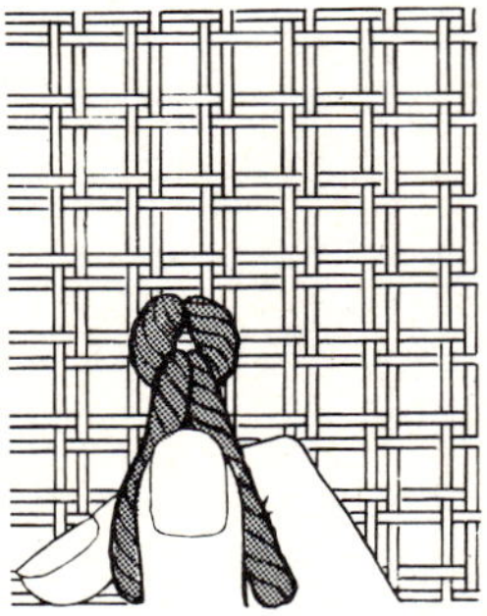

Die beiden Fadenenden werden in den geöffneten Haken eingelegt und hinter den Querfäden verlaufend in Abwärtsrichtung durch die Schlinge gezogen

Abschließend zieht man die Knotenschlinge mit den Fingern fest

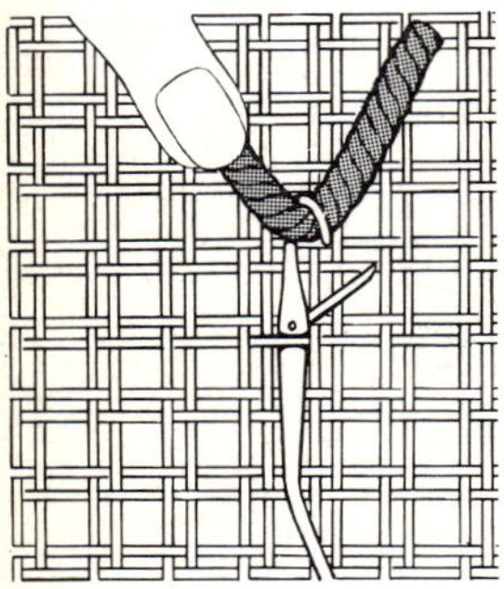

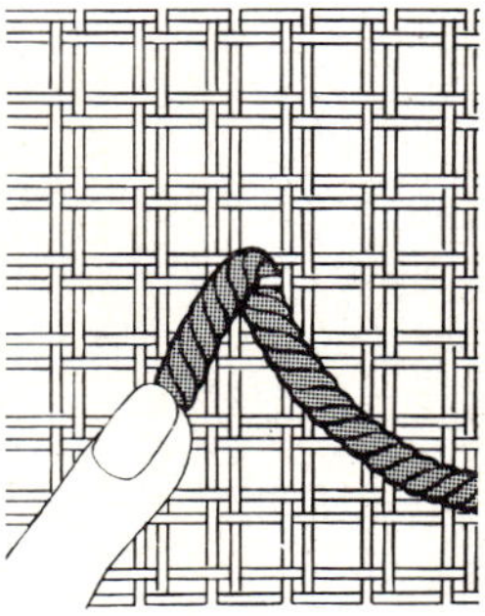

Persischer Sennehknoten

Zuerst wird mit dem Haken der untere zweier Querfäden des Stramins aufgefaßt. Der Knüpffaden wird in den Haken eingelegt und mit diesem so nach rechts unten durchgezogen, daß er hier etwa um ²/₃ seiner Länge heraushängt

Für den nächsten Einstich wird der kürzere Faden nach unten gehalten

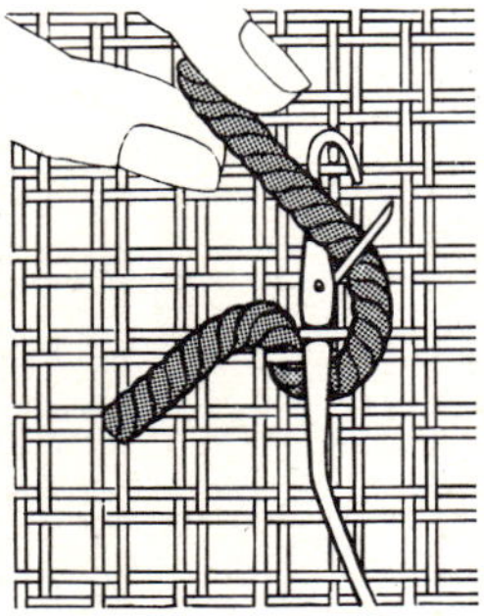

Nun faßt man mit dem Haken in Aufwärtsrichtung den oberen der beiden Querfäden, der neben dem ersten Einstich liegt, auf, so daß die Zunge am Haken sich öffnet. Das längere Ende des Fadens wird von rechts in den Haken eingelegt und in Abwärtsrichtung durch den Stramin gezogen

Abschließend zieht man die Enden mit der freien Hand straff, ohne den Haken aus der Arbeitshand zu legen. Der Knoten ist fertig

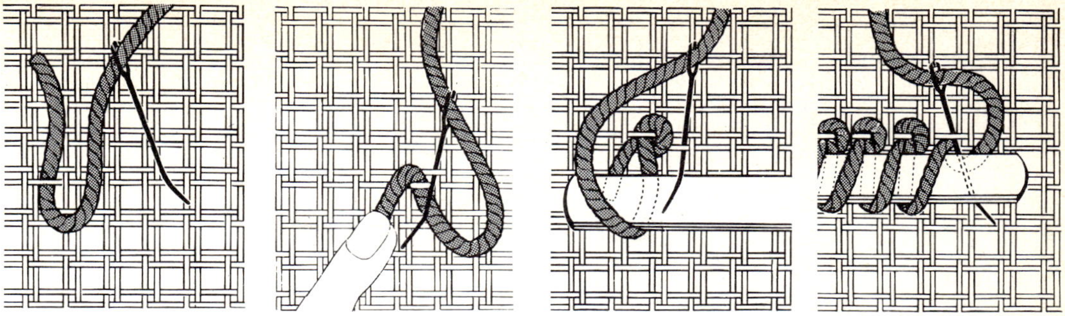

Sennehknoten über einer Knüpfrute

Für diese Arbeit braucht man einen fortlaufenden Faden und eine stumpfe Teppichnadel. Außerdem ein Stäbchen, dessen Breite die Florhöhe bestimmt. Man sticht zuerst in Abwärtsrichtung hinter dem unteren zweier parallel verlaufender Querfäden hindurch und zieht den Faden so weit nach, daß das letzte Ende Stäbchenbreite hat...

Dieses Ende wird mit dem Finger nach unten gedrückt. Dann zieht man Nadel und Faden hinter dem oberen der beiden Querfäden durch und zieht den Arbeitsfaden fest

Für den nächsten und alle weiteren Knoten der Reihe legt man das Stäbchen auf die beiden nach unten gerichteten Fäden des ersten Knotens und führt den Arbeitsfaden in Aufwärtsrichtung um das Stäbchen herum. Dann faßt man wieder den unteren zweier Querfäden in Abwärtsrichtung auf

Anschließend wird die Nadel wieder hinter dem oberen Querfaden nach unten und unter dem Stäbchen hindurchgeführt. Am Ende der Reihe werden die Schlingen an der Stäbchenkante aufgeschnitten

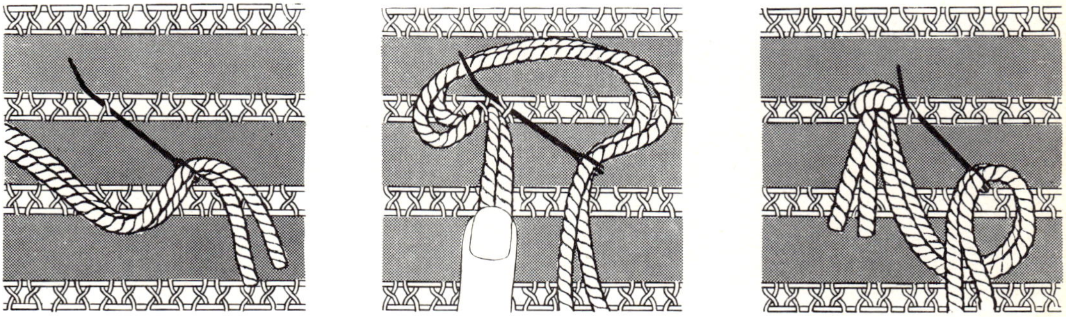

Rya-Technik

Zu jedem Knoten gehören zwei Gewebekreuze. Man sticht zuerst von rechts nach links unter einem Kreuz hindurch und läßt den doppelt eingefädelten Faden (man arbeitet immer mit mehrfachen Fäden) etwa 4 cm lang hängen

Dieses Ende wird mit dem Daumen nach unten gedrückt, während man nun wieder mit der Nadel von rechts nach links durch das nächste Gewebekreuz fährt. Die Arbeitsfäden liegen im Bogen über den beiden Einstichstellen

Nun zieht man die Fäden durch und bildet ohne Stäbchen, nur mit dem Daumen, eine etwa 4 cm lange Schlinge, die man festhält, bevor man den folgenden Stich von rechts nach links ausführt

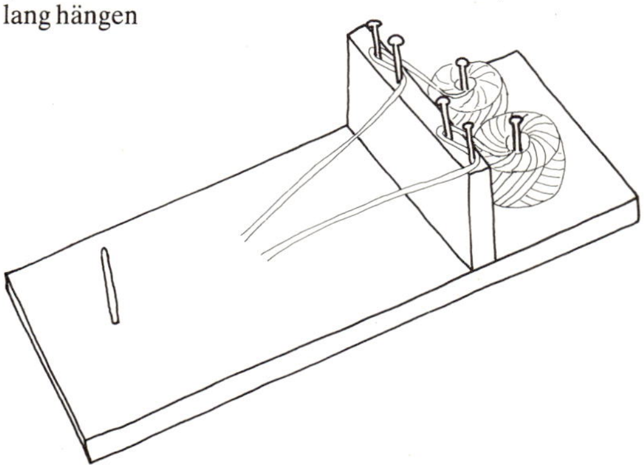

Mit so einem Hilfsgerät, das die Amerikanerin Bea Slater erfand, kann man geschnittene Knüpfgarne und anderes Material in ein fortlaufendes Fadenpaar einknüpfen. Zeichnung: Ariane Heyduck

Herbstsonne – Knüpfteppich in zehn Brauntönen und fünf verschiedenen Florlängen. Mittelmotiv tressiert.
Größe: 1,30 × 2,00 m
Entwurf und Ausführung: Jutta Lammèr
Foto: M. Bauer-Hamersen

Ausschnitt aus dem Teppich »Herbstsonne«, tressierter Teil. Der Flor ist in Halbkugelform geschoren

Seite 175:
Textilobjekt in kombinierter Web- und Knüpftechnik. Die ruhenden Schußfäden laufen unterhalb der geknüpften Mittelpartie mit und wurden mit eingeknüpft.
Größe: 90 × 90 cm ohne Rahmen. Farben: Orange, Purpur und Weiß. Material: Sudanwolle und Knopflochseide von MEZ
Entwurf: Jutta Lammèr, Ausführung: Rita-Daisy Stender
Foto: M. Bauer-Hamersen

Knüpfteppich von Hanna Pollitz
Entwurf: Jutta Lammèr
Foto: Barbara Schulten

Makramee

Makramee – alte Knotenkunst

Seit Beginn der Menschheit spielt das Verknoten von Schnüren eine wichtige Rolle, das zunächst beim Fischen und Jagen rein praktische Bedeutung hatte. Prähistorische Funde in der Schweiz weisen zum Beispiel den einfachen sogenannten Pfahlbauknoten auf, der beim Netzknüpfen angewendet wurde. Dieser Knoten entspricht unserem heutigen Überhandknoten.

Schon früh entdeckte man die dekorativen Möglichkeiten des Knotens, aber auch dessen Symbolkraft. Die Inkas entwickelten eine Knotenschrift. Die Griechen erfanden Rätselspiele aus Knoten, deren berühmtestes Beispiel der legendäre Gordische Knoten ist. Alexander der Große löste das Rätsel auf seiner Eroberungsfahrt durch Kleinasien auf eigene Weise: Er schlug ihn mit seinem Schwert durch. Von mehr magisch-medizinischer Bedeutung war bei den Ägyptern und Griechen der Herkulesknoten, der dem Kreuzknoten entspricht, einem der Grundknoten beim Makramee.

Makrameespitze aus Leinenfäden geknüpft, Augen der Figuren aus venezianischen Glasperlen. Italien, 16. Jahrhundert
Museum für Kunst und Gewerbe Hamburg
Foto: M. Bauer-Hamersen

Seite 177:
Teilansicht der amerikanischen Franse, die mit weißer Baumwollschnur geknüpft ist
Foto: Claus-Peter Schmid

Aus der Verknotung von Fäden, vor allem zur Sicherung der Kanten bei Webarbeiten, nahm das Makramee als dekorative Knüpfkunst seinen Anfang. Die sich an beiden Enden ergebenden lose hängenden Kettfäden einer Arbeit mußten verflochten oder verknotet werden, um das Auflösen der eingewebten waagerechten Fäden zu verhindern.

Die Makrameetechnik entwickelte sich im 13. Jahrhundert zuerst im Mittleren Orient aus einfachen Knotenreihen. Der Begriff läßt sich aus dem arabischen Wort ›miqramah‹ (= Schleier) oder dem türkischen ›maqrama‹ (= Tuch) ableiten. In beiden Fällen handelt es sich um Gewebe mit geknüpften Kanten.

Im 14. Jahrhundert brachten die Mauren die Knüpfkunst nach Spanien. Dort taucht sie unter der Bezeichnung ›fleco morisco‹ auf. Auch die italienischen Begriffe ›arabaschi‹ und ›moreschi‹ verweisen auf den Nahen Osten als Herkunftsland.

Vom ausgehenden 14. Jahrhundert bis zum 16. Jahrhundert entwickelte sich die anfangs einfache Knüpftechnik zu vollendeter Kunst – vor allem in Italien, Frankreich und Spanien. Man knüpfte mit feinen Leinen-, Gold- oder Silberfäden unabhängig vom Gewebe. Das italienische ›punto gropo‹ fand zunächst nur im sakralen Bereich Anwendung. Vor allem Altarparamente wurden mit dieser Spitzenart, die in ihrer Bedeutung mit der Näh- und Klöppelspitze gleichzusetzen war,

verziert. In der ausgehenden Renaissance und dem Beginn des Barocks entstanden mehr und mehr Bordüren und Guipures, Einsätze und Zierbänder für Gewänder und Hauben. Bei der Herstellung fortlaufender Spitzen benutzte man – ähnlich wie bei der Klöppelarbeit – sogenannte Knüpfschiffchen, auch (vermutlich wegen ihrer Form) Anker genannt. Auf diese Schiffchen wurden die Knüpffäden einzeln aufgewickelt,

Teilansicht der Knüpfarbeit in Seide vom Bettvorhang rechts
Foto: Smithsonian Institution

Bettvorhang mit breiter Falle aus Seide in Makrameetechnik geknüpft
Foto: Smithsonian Institution, Washington

Seidenquaste aus dem 18. Jahrhundert, Deutschland. Das geknüpfte Mittelstück wurde aus gestaffelten Kreuzknoten gearbeitet
Foto: Claus-Peter Schmid

Makrameetasche aus weißer Baumwollschnur. Vermutlich Österreich, Anfang des 20. Jahrhunderts
Foto: Claus-Peter Schmid

Seite 183:
Dreidimensionales Makrameestück von Joan Michaels Paque aus handgefärbten Jutefasern in Dunkelblau und Gelb. Das Stück, dessen Kreisdurchmesser 1 m beträgt, wurde nur aus Doppelschlägen geknüpft
Foto: Claus-Peter Schmid

um so häufiges Anknoten zu vermeiden. Mit wachsenden Ansprüchen nach immer prunkvolleren Kleidern verlor das Makramee an Bedeutung. Die Klöppelspitze, die man inzwischen auch in breiteren Bahnen und sogar mit Hilfe von Maschinen herstellen konnte, lief der geknüpften Makrameespitze den Rang ab.

Maler haben sich der Darstellung von Makrameespitzen mit bemerkenswerter Genauigkeit angenommen. So findet man auf einer Darstellung in der spanischen Kathedrale von Valladolid Makrameespitzen des 16. Jahrhunderts, und auch auf einem Gemälde des Italieners Paul Veronese, das Mahl des Heiligen Simon darstellend, ist ein Tischtuch mit einer Makrameekante zu sehen.

Vom Mittelmeerraum aus verbreitete sich das Makramee vor allem durch Seeleute, die schon im 15. Jahrhundert auf langen Schiffs-

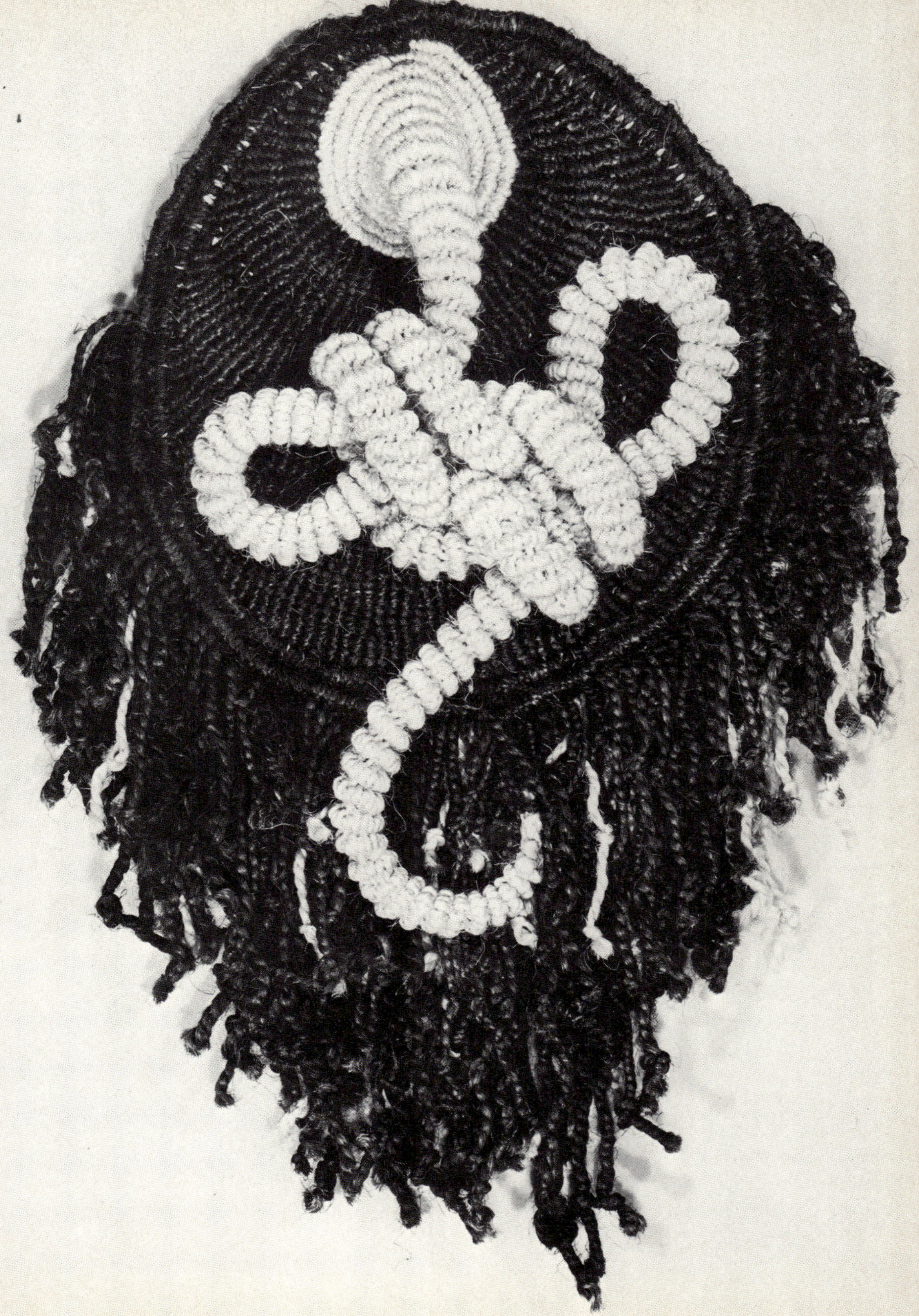

reisen solche heute noch als ›seemännische Handarbeiten‹ bekannten Knüpfereien aus dünnem Tauwerk anfertigten. Sie brachten ihre Arbeiten bis Indien und China, wo sie sie als Tauschware benutzten.
Den Norden Europas erreichte das Makramee im Laufe des 17. Jahrhunderts. Maria, die Gemahlin Wilhelms III. von Oranien, König von England, führte die Knüpfkunst am englischen Hof ein. In einem ihr gewidmeten Gedicht schrieb der englische Dichter Sir Charles Sedly, daß sie überall auf ihren Reisen Schnüre knüpfe: »... But here's a Queen, when she rides abroad, is always knotting threads«. Durch Charlotte, Gemahlin Georgs III. von England, wurde das Makrameeknüpfen bis um 1800 weitergepflegt. In England und Italien blieb diese Kunst auch weiterhin lebendig, während sie im übrigen Europa mehr und mehr in Vergessenheit geriet. Erst gegen Ende des 19. Jahrhunderts erfuhr die Makrameearbeit – begünstigt durch Mode und Geschmack der viktorianischen Epoche in England und der Gründerzeit in Deutschland – eine Renaissance, die bis zum ersten Weltkrieg andauerte. Zahlreiche Beispiele aus dieser Zeit zeigen neben den breiten dekorativen Bordüren und Vorhangabschlüssen selbständige Makrameearbeiten als Taschen, Halsschmuck, Vorhänge, Bettüberwürfe und dergleichen mehr. Damit begann für das Makramee eine neue bedeutsame Entwicklungsphase als selbständige Handarbeitstechnik.
Gleichzeitig bildete sich unter amerikanischen und britischen Seeleuten eine Richtung heraus, die rein praktische Funktion hatte: Gegenstände des täglichen Gebrauchs sollten durch Umflechten mit Fäden griffiger gemacht werden, damit sie den Benutzern bei stürmischer See nicht aus der Hand rutschten. Doch bald weitete sich dieses zweckgebundene Vorhaben auf dekorative Effekte aus. Vielerlei Gegenstände an Bord wurden zur Verzierung mit dem vorhandenen Schnurmaterial umknüpft, wobei man sich vorwiegend auf den einfachen Kreuzknoten mit seinen Variationsmöglichkeiten beschränkte.
Nach dem ersten Weltkrieg geriet das Makramee abermals in Vergessenheit. Die reformierte Mode, die durch zwei Kriege hervorgerufene Versachlichung und die wachsende Massenkonfektion ließen einer so diffizilen Handarbeit wenig Spielraum.
Erst mit wachsendem Überdruß am Gleichmaß und an der Mittelmäßigkeit der Massenproduktion wurde die Makrameekunst neben anderen Handwerks- und Handarbeitstechniken wieder aktiviert. Diese geradezu stürmische Wiederbelebung nahm in den siebziger Jahren unseres Jahrhunderts von den USA ihren Ausgang und breitete sich rasch in Europa – zunächst in England und den Niederlanden, danach in Deutschland – aus. Einen Teil dieser raschen Ausbreitung ist jenen wander- und experimentierfreudigen jungen Leuten zu danken, die sich zu Massentreffen zusammenfinden, wie zum Beispiel 1969 auf dem legendären Woodstock-Festival. Sie sind es vor allem, die neue kreative Impulse in die Konsumwelt zu bringen versuchen.
Mit dieser dritten großen Welle der Makrameetechnik hat sich jedoch das Schwergewicht deutlich von der klassischen Makrameeornamentik hin zur freien Gestaltung entwickelt. Phantasievolle, oft dreidimensionale Knüpfformen, die kaum noch an die althergebrachte Manier erinnern, führen das Makramee mehr und mehr zu einer international anerkannten Kunstform, die es ermöglicht, verschiedenartige Materialien wie Natur- und Kunstfasern und verschiedene Textiltechniken wie Weben, Flechten, Häkeln oder Stricken miteinander zu verbinden und im Experiment mit organischen Formen neue Wege zu gehen.

Kunst aus der Natur

Von Kansas City/Missouri nach Steingaden im Allgäu ist ein weiter Weg, doch die Textilkünstlerin Bonny Schmid-Burleson fühlt sich überall dort heimisch, wo sie der Natur nahe sein kann, denn aus der Natur schöpft sie ihre Kraft, empfängt sie Inspiration. Blätter, Getreide, Gestein, das Federkleid eines Vogels, die Flügel eines Schmetterlings – alle diese Dinge nimmt sie auf und verarbeitet sie in ihren phantastischen Makrameeknüpfereien. Bonny Schmid-Burleson gibt sich aber nicht mit der eigenen Anschauung zufrieden. Sie läßt sich gerne von Büchern mit Aufnahmen von Schmetterlingen, Vögeln, Pilzen, Farnen anregen, die ihr das ganze Geheimnis der Formen-, Farben- und Ornamentfülle der Natur vor Augen führen.

Zum Makramee ist Bonny Schmid-Burleson, die 1942 geboren ist und zwei Kinder hat, erst 1969 gekommen. Zunächst studierte sie an der Universität Michigan Anglistik und Kunstgeschichte und schloß mit dem ›Bachelor of Arts Degree‹ ab. Danach studierte sie 1963/64 in Exeter und 1964/65 an der Sorbonne in Paris. 1966 heiratete sie den Fotografen Claus-Peter Schmid. 1971 machte sie ihr Magisterexamen in Pädagogik.

1969, anläßlich eines USA-Besuches, zeigte ihr die Makrameekünstlerin Jean Battles zum ersten Mal diese Knüpftechnik, und Bonny Schmid-Burleson verschrieb sich ihr ganz. Während sie zuerst im traditionellen Stil arbeitete, löste sie sich bald vom Herkömmlichen und ging eigene unkonventionelle Wege. 1971 erschien ihr Hobbybuch ›Makramee-Knüpfereien‹ (Otto Maier Verlag Ravensburg), dem 1974 das Buch ›Kreatives Makramee‹ (OMV Ravensburg) folgte. Für dieses Buch reiste sie zu den besten und bekanntesten Makrameekünstlern der USA und suchte die interessantesten Arbeiten aus, die ihr Mann fotografierte. Eine Arbeit

»Euphorbia II«, Makrameestudie von Bonny Schmid-Burleson. Handgesponnene Schafwolle und handgesponnene Seide mit dichten Doppelschlägen über Leinenschnüre geknüpft ergaben diese stark strukturierte Oberfläche
Foto: Claus-Peter Schmid

von Jean Battles, die ihr damals, 1969, die Makrameetechnik zeigte, wählte Bonny Schmid-Burleson als Titelbild aus.

Während Bonny Schmid-Burleson früher Armbänder, Halsschmuck und andere Gebrauchsgegenstände knüpfte, für die sie auch Holz- und Tonperlen mit verarbeitete, knüpft sie heute nur noch Textilobjekte, die man an die Wand oder frei in den Raum hängt. Nur hier, sagt sie, kann sie ihre Gedanken und Empfindungen ausdrücken.

Auch das Material, das sie zusätzlich zu den Schnüren aus Seide, Leinen, Wolle und Baumwolle verarbeitet, findet sie auf Spaziergängen in der Natur: Haare von Pferden, Ziegen und Hunden, Federn und kleine Tierknochen. Gelegentlich opfert die Künstlerin auch eigenes Haar, um eine ganz bestimmte Vorstellung umzusetzen.

Auf die Frage, warum sie gerade die Makrameetechnik anderen Textiltechniken, die sie ebenfalls beherrscht, vorzieht, hat Bonny

Mustersammlung von Bonny Schmid-Burleson, die eine Vielzahl von Mustern zeigt, gebildet aus den Grundknoten des Makramee: Halbknoten, Kreuzknoten und Doppelschlag. Die weißglänzende Nylonschnur zeigt den Verlauf der Knoten besonders gut
Foto: Claus-Peter Schmid

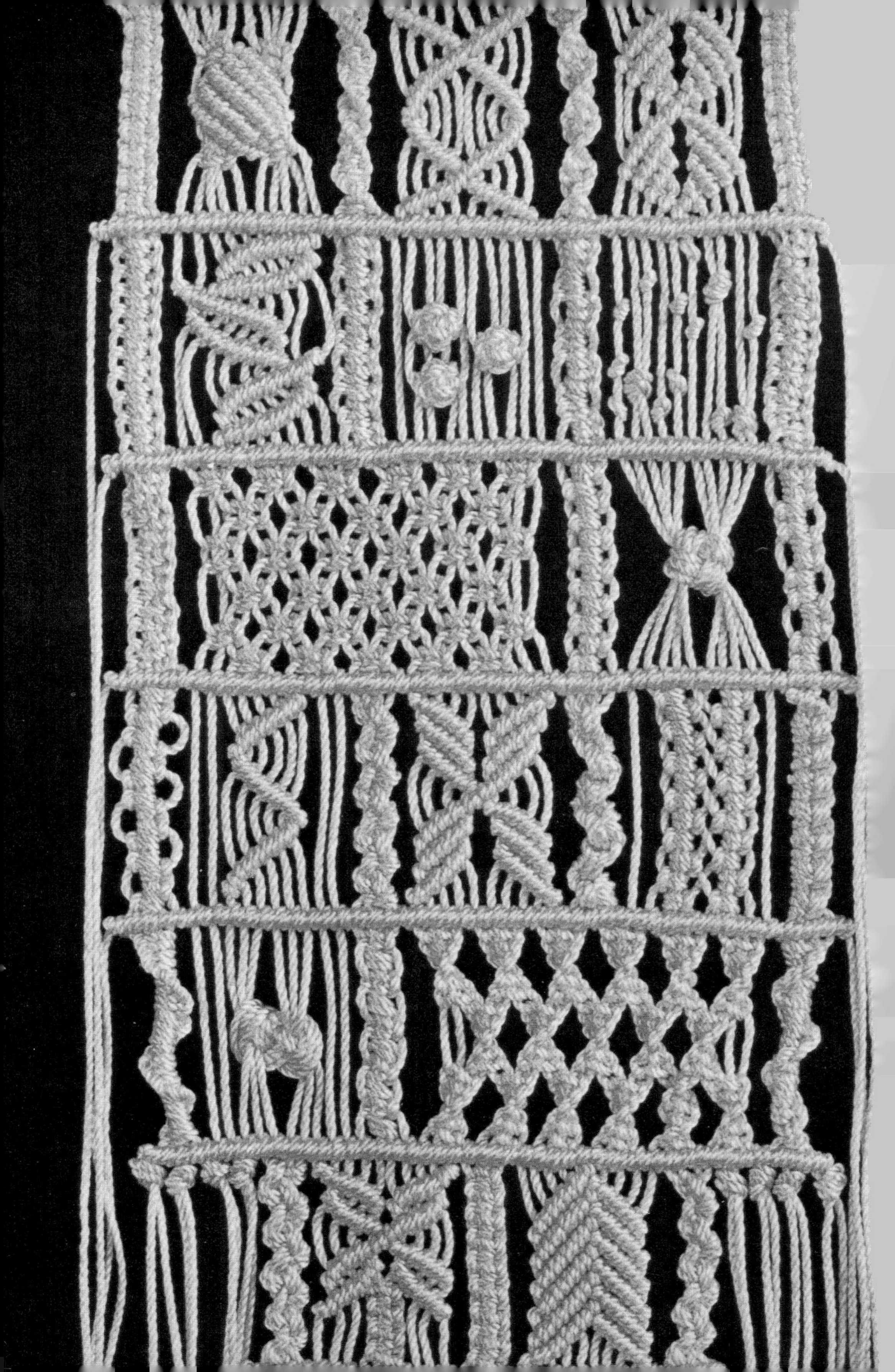

Schmid-Burleson gleich eine ganze Reihe von Antworten:
»Kaum eine andere Werktechnik vermittelt so intensive taktile Erlebnisse. Der Materialkontakt läuft hier nicht über ein Werkzeug oder Gerät, man arbeitet nur mit den Händen. Selbstverständlich gehört es dazu, daß man auch das Material selbst vorbereitet. Ich wasche die Schafwolle, die ich beim Schäfer kaufe, selbst und spinne sie auf dem Handspinnrad. Dabei mische ich bereits die Naturfarben nach meinem Vorhaben. Auch die Seide der Kokons, die ich aus Australien beziehe, spinne ich selbst. Bei der Verwendung von Naturmaterialien braucht man keine Farbenlehre. Die Farben ergänzen sich alle und ergeben eine harmonische Farbskala. Die Natur macht keine Fehler . . .«
Kaum eine andere Technik, so meint Bonny Schmid-Burleson weiter, läßt der Kreativität einen so breiten Spielraum wie das Makramee: kein Webrahmen legt von vornherein das Format fest, keine vorbestimmte Fadenlänge setzt dem Gestaltungsdrang Grenzen. Man kann kleine Makrameearbeiten überallhin mitnehmen und braucht keine Häkel- oder Stricknadeln. Das Makramee fördert zudem die manuelle Sensibilität, die bei vielen heute durch Benutzung von Maschinen und technischen Hilfsmitteln verkümmert ist. Vor allem Männer, sagt Bonny Schmid-Burleson, sollten sich der Makrameeknüpferei widmen, denn sie sind es, die das positive Materialerlebnis als Gegengewicht zur Automation nötig brauchen. Wie stark die kreativen Anlagen des Menschen sind, kann man an Kindern studieren, mit denen Bonny Schmid-Burleson arbeitet. Sie können nicht nur mit einfachen Hilfsmitteln – z.B. einer Kartoffel an einem Stöckchen – Wolle spinnen, sondern sie erfinden auch eigene Makrameeknoten und Strukturen, sie spielen mit dem Material und lernen so dessen Eigenart nutzen.
Bonny Schmid-Burleson präsentiert ihre Arbeiten für jedermann greifbar. Sie lehnt verglaste Textilarbeiten – und seien sie noch so empfindlich – ab. »Vielleicht weckt die Berührung der Dinge, das bloße Fühlen bei jemandem den Wunsch, selbst etwas zu gestalten«, sagt sie.
Die Versuchung liegt wirklich nahe . . .

Einführung in die Makrameetechnik

Beim Makramee werden Schnüre, Kordeln oder Fäden aus vielerlei Material durch Verschlingungen zu Knotenmustern verknüpft. Die Gestaltungsmöglichkeiten zeigen sich nicht nur im Bereich modischen Beiwerks oder an Dingen des täglichen Gebrauchs, sondern ganz besonders auch in der freien, vom Objekt losgelösten Verarbeitung des Materials zu Wand- und Raumschmuck. Die Hinzunahme von Perlen, Federn, Steinen und anderen Materialien erlaubt eine fast unbegrenzte Variationsbreite dieser Knüpftechnik.

Zum Erlernen sind nur wenige Schnüre und keine besonderen Hilfsmittel erforderlich. Ein Schaumstoffkissen, einige Stecknadeln und eine Schere sind alles, was man zur Vorbereitung braucht. Obwohl man fast jedes Material verknüpfen kann, sollte der Anfänger mit fest gedrehten oder geflochtenen Schnüren aus Baumwolle beginnen.

Die Makrameemuster bauen sich aus der Kombination von zwei Grundknoten auf: Doppelschlag und Kreuzknoten. Man unterscheidet Trägerschnüre und Arbeitsschnüre, letztere werden über die Trägerschnüre geknüpft, wobei diese den Verlauf der Knotenfolge bzw. deren Richtung bestimmen. Nur zu Beginn der Arbeit liegt eine Trägerschnur, an die die Arbeitsschnüre angeknüpft werden, fest. Später werden auch Arbeitsschnüre als Trägerschnüre verwendet und umgekehrt. Zu Beginn der Arbeit spannt man eine Trägerschnur waagerecht mit Nadeln auf ein Schaumstoffkissen, Brett oder an einen Rundstab. Man kann die Trägerschnur auch an die senkrechten Holme einer Stuhllehne knoten. Die Arbeitsschnüre, die doppelt genommen an die Trägerschnur geknüpft werden (Abb. a), müssen achtmal so lang sein wie die vorgesehene Knüpfarbeit. Die zum Schluß übrigbleibenden Schnurenden werden entweder mit Per-

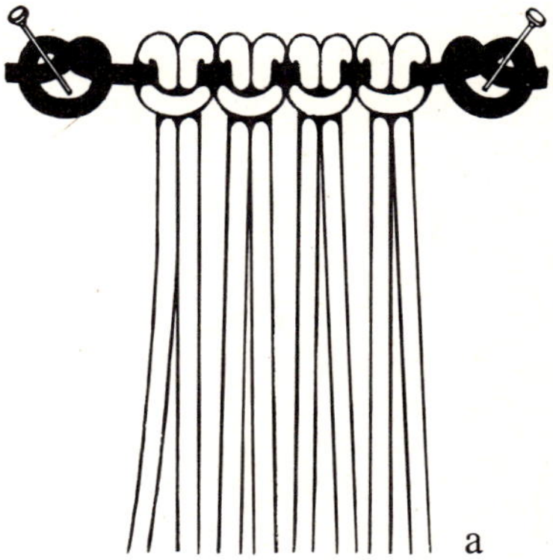

a

Die doppelt genommenen Arbeitsschnüre werden zu Beginn an eine waagerecht gespannte Trägerschnur geknüpft (a)

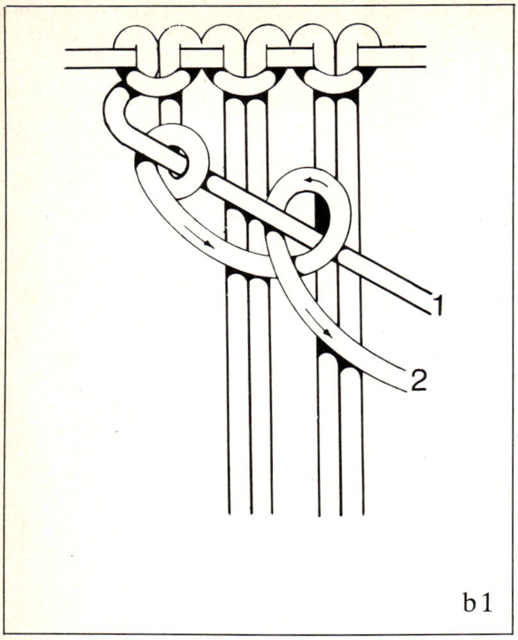

Diagonale Doppelschläge von links nach rechts: Die Trägerschnur 1 wird mit der rechten Hand diagonal zur Arbeit straff gespannt, während die linke Hand mit der Arbeitsschnur 2 die Knoten schlägt (b 1)

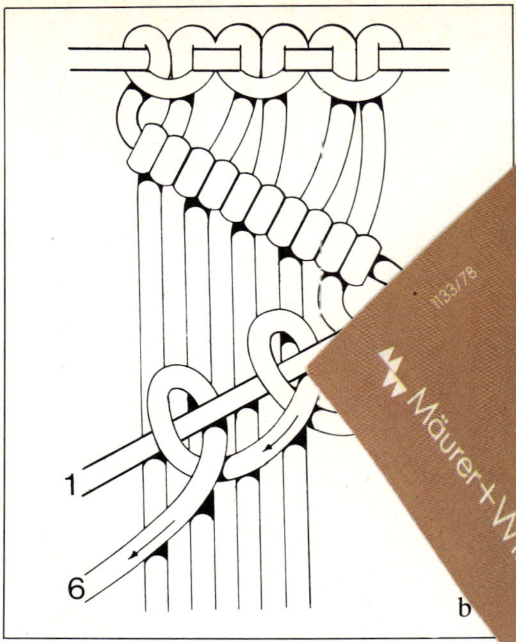

Diagonale Doppelschläge von rechts nach links: Die Trägerschnur 1 wird hier mit der linken Hand gespannt, während die rechte mit der Arbeitsschnur 2 die Knoten schlägt (b 2)

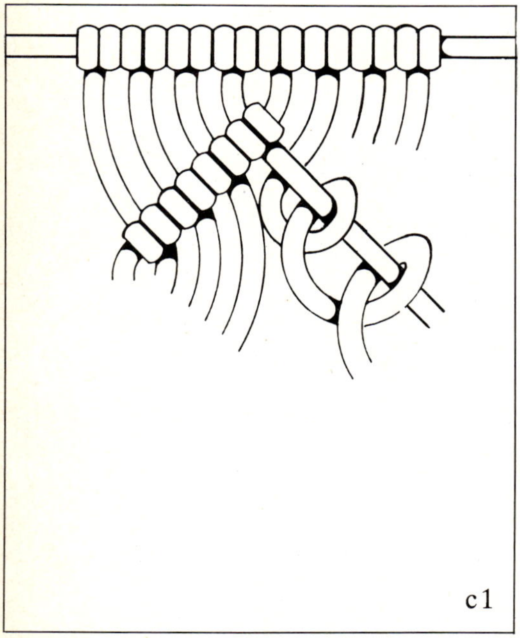

Raute aus Doppelschlägen: Der erste Doppelschlag wird aus den beiden mittleren Schnüren geknüpft. Dann arbeitet man diagonal nach außen und wieder nach innen (c 1)

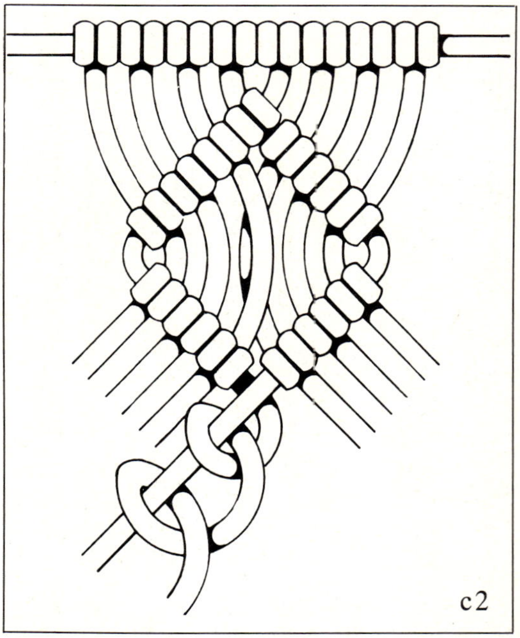

Abschluß einer Raute: Die beiden Trägerschnüre, auf denen die Doppelschläge sitzen, werden in der Mitte wieder zusammengeführt und zu einem Doppelschlag verknüpft (c 2)

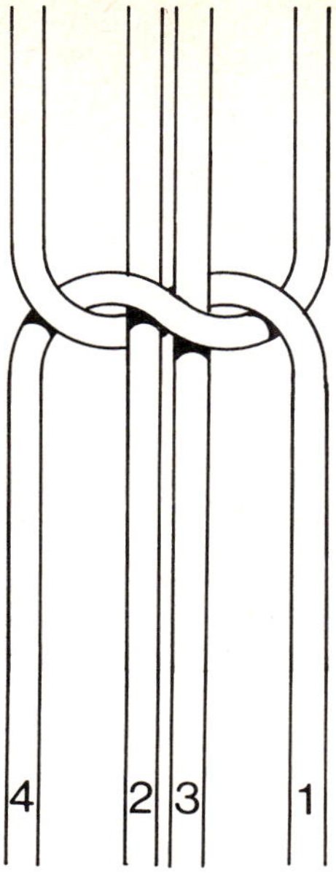

d 1

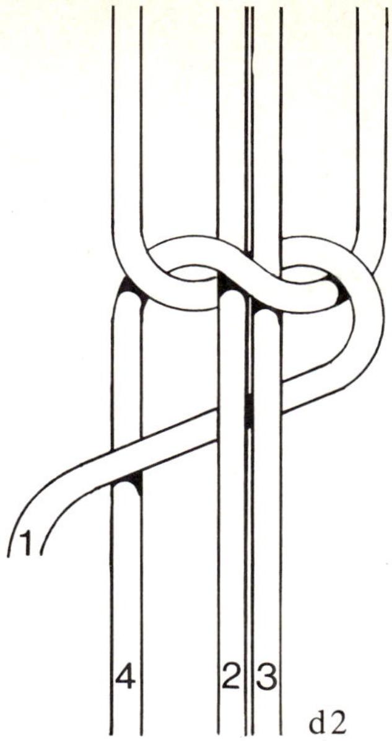

d 2

d 3

Halbknoten: Die Schnüre 2 und 3 sind Trägerschnüre, 1 und 4 Arbeitsschnüre. Zuerst Schnur 4 über 2 und 3, dann unter 1; anschließend 1 unter 2 und 3 und über 4 (d 1)

Kreuzknoten: im Anschluß an den Halbknoten Schnur 1 unter 2 und 3 und über 4 (d 2)

Danach Schnur 4 über 2 und 3 und durch die von Schnur 1 gebildete Schlaufe führen und festziehen (d 3)

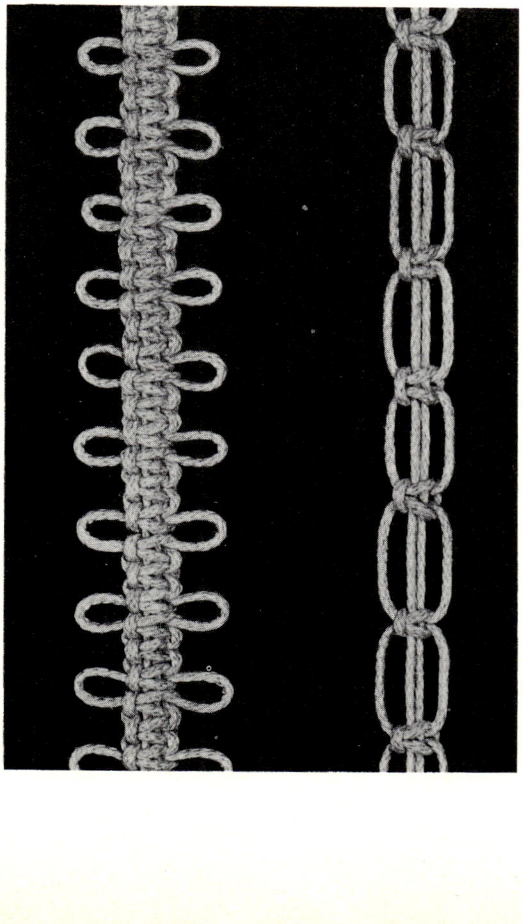

e

Zwei Bänder aus Kreuzknoten: links in dichter Folge geknüpft, rechts Knotenfolge mit weiten Abständen
Foto: Claus-Peter Schmid

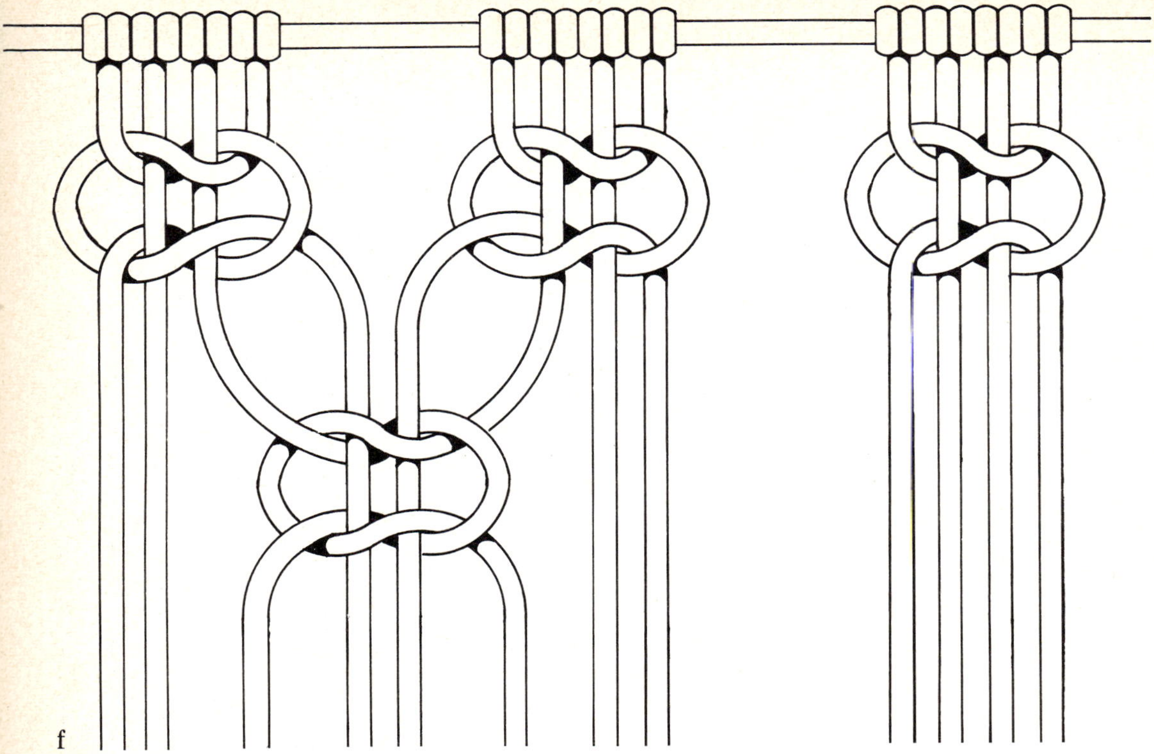

f

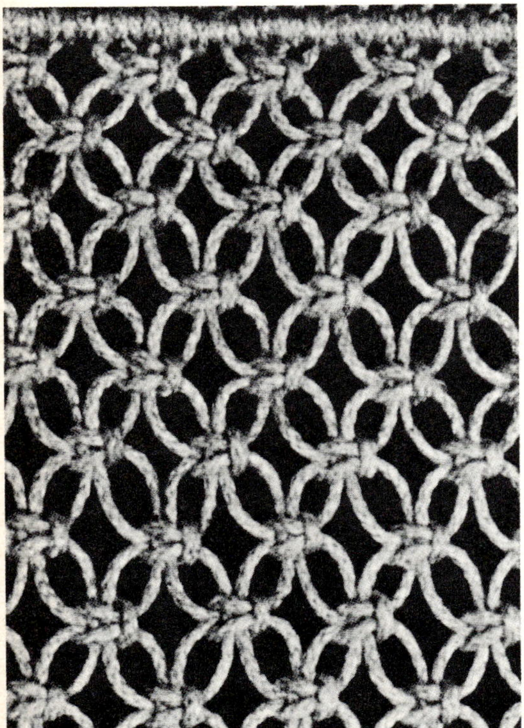

Versetztes Kreuzknotenmuster: Die erste Reihe ganz durchknüpfen. Bei der folgenden Reihe die ersten beiden Schnüre links freilassen. Bei der dritten Reihe wieder ganz vorn beginnen usw. (f)

g

So sieht eine geknüpfte Fläche in versetztem Kreuzknotenmuster aus (rechts)
Foto: Claus-Peter Schmid

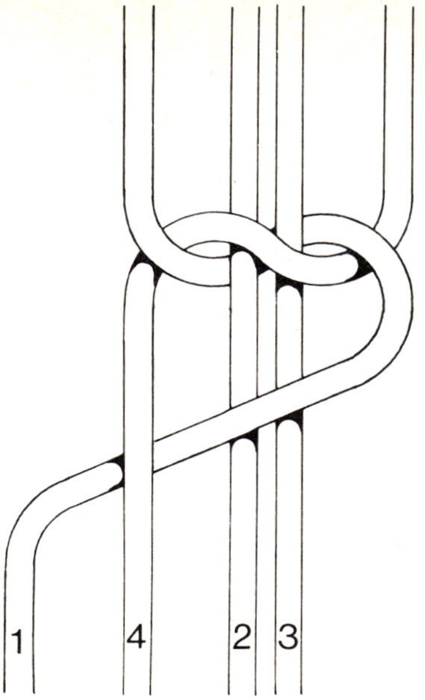

h 1

h 2

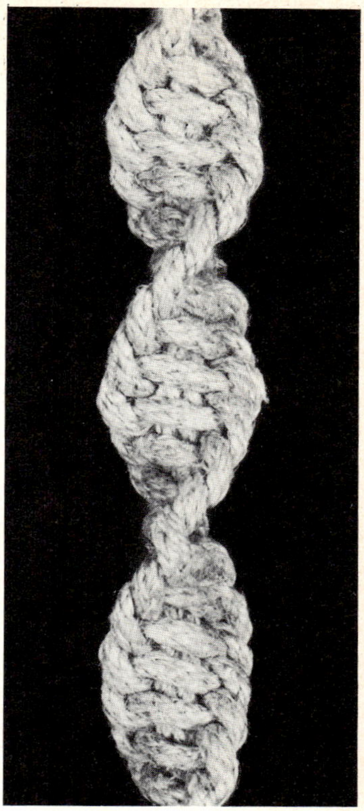

i

Zeichnungen: Claus-Peter Schmid

Mit einer Folge von Halbknoten (nicht zu verwechseln mit dem aus Halbknoten in gegenläufiger Richtung gebildeten Kreuzknoten) kann man spiralenförmig knüpfen. Nach dem ersten Halbknoten (s. d 1) wird die rechte Schnur über die beiden mittleren und unter die linke geführt (h 1)

So arbeitet man fortlaufend weiter, wobei der Faden fest angezogen und jeder Knoten an den vorherigen angeschoben wird. Nach dem vierten Knoten beginnt sich die Arbeit zu drehen, nach dem siebten etwa wendet man sie und knüpft auf der Rückseite weiter (h 2)

So sieht eine korrekt geknüpfte Spirale aus Halbknoten aus
Foto: Claus-Peter Schmid

len verziert, kunstvoll abgeknotet, miteinander verflochten oder verzwirnt (verdreht). Man kann die einzelnen Schnüre auch in ihre Fasern auflösen und sie ausbürsten.
Erster Grundknoten: Doppelschlag. Hierbei wird die Arbeitsschnur zweimal so über die Trägerschnur geschlungen, wie es die Abbildungen b 1 und b 2 zeigen. Man wendet diesen Knoten zum Beispiel bei dem sehr dekorativen Rautenmuster an (c), das eine Art Grundnetz für viele Makrameearbeiten bildet.
Zweiter Grundknoten: Kreuzknoten (Abb. d 1 – d 3). Solche Kreuzknoten ergeben, hintereinander geknüpft, verschiedene dekorative Bänder (Abbildung e). Eines der am häufigsten geknüpften Muster entsteht durch die Staffelung von Kreuzknoten, durch die sich ein offenes netzähnliches Fadenbild ergibt. Es eignet sich besonders zur Gestaltung größerer Flächen (Abb. f und g).
Mit dem Kreuzknoten kann man zierliche wendeltreppenähnliche Fadengebilde knüpfen (Abb. h und i).
Die weitere Arbeit besteht in der Variation von Knoten und Veränderung von Richtung und Lage der Trägerschnüre und schließlich in der Kombination unterschiedlicher Materialien.

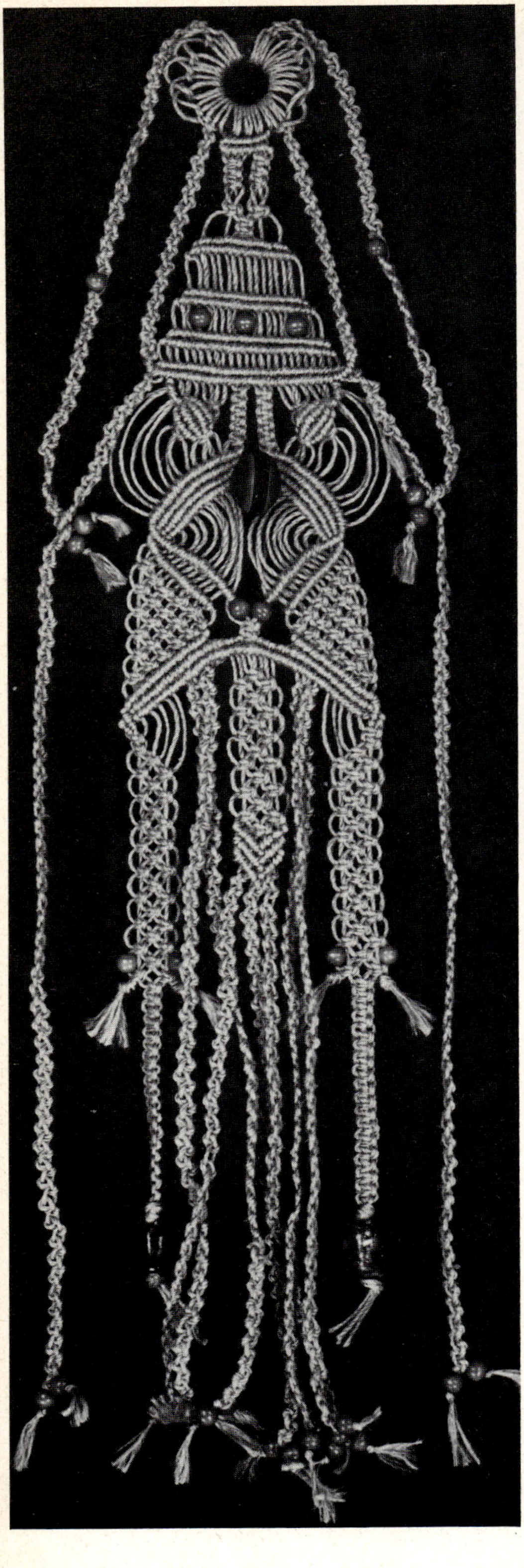

Kühne Seilskulptur von Françoise Grossen, Schweiz (lebt in den USA), aus weißen Baumwollkordeln unterschiedlicher Stärke. Größe des Objekts: 1,20 × 90 cm
Foto: Tom Crane

Wandbehang von Cathy Frank, Deutschland. Bei dieser Arbeit aus gedrehter Hanfschnur, die von einem Holzring ausgeht, wurden sparsame Akzente mit Perlen gesetzt
Foto: Claus-Peter Schmid

Seite 195:
Halsschmuck von Jean Battles, USA. Das dekorative Muster entstand aus Reihen von Doppelschlägen und gestaffelten Kreuzknoten. Auch hier wieder in die Arbeit einbezogene Federn, außerdem Perlen
Foto: Claus-Peter Schmid

Eigenwillige Knüpfarbeit aus Jute von Hiromi Odi, Japan. Größe: 190 × 130 cm. Die aufgelösten Schnurenden und die verarbeiteten Federn geben dem Werk seine organische Ausstrahlung
Foto: Tenjun Kamoshita

Dreidimensionales Makrameeobjekt von Jon Whaling, USA. Naturfarbene Leinenschnüre in verschiedenen Stärken und Zwirnungen wurden zu einer geschlossenen hochsensiblen Oberflächenstruktur verarbeitet
Foto: Claus-Peter Schmid

Seite 197:
Großer Wandbehang von James Moran und Joel Pelcyger, USA. Handgefärbte Sisal- und Jutefasern wurden bei diesem 150 × 210 cm großen Stück vorwiegend zu phantasievoll gestalteten Doppelschlagmustern verarbeitet
Foto: Morton Witz

»Macrame 1967« von Ed Rossbach, USA. Material: Chemiefaser in Gelb und Grün. Größe: 116 × 76 cm. Die lebhafte Oberflächenstruktur und die plastische Wirkung dieser ungewöhnlichen Arbeit wurden mit nur einem Knotentyp und einer Materialart erzielt
Foto aus »beyond craft: the art fabric«, Van Nostrand Reinhold Company

Kopf- und Schultertuch aus feiner Wolle mit Makrameefransen aus schwarzer Kunstseide. Nordseeinsel Föhr um 1880 (Privatbesitz)
Foto: M. Bauer-Hamersen

Malerei auf Holz

17.
78

Eigenwillige Knüpfarbeit aus Jute von Hiromi Odi, Japan. Größe: 190 × 130 cm. Die aufgelösten Schnurenden und die verarbeiteten Federn geben dem Werk seine organische Ausstrahlung
Foto: Tenjun Kamoshita

Dreidimensionales Makrameeobjekt von Jon Whaling, USA. Naturfarbene Leinenschnüre in verschiedenen Stärken und Zwirnungen wurden zu einer geschlossenen hochsensiblen Oberflächenstruktur verarbeitet
Foto: Claus-Peter Schmid

Seite 197:
Großer Wandbehang von James Moran und Joel Pelcyger, USA. Handgefärbte Sisal- und Jutefasern wurden bei diesem 150 × 210 cm großen Stück vorwiegend zu phantasievoll gestalteten Doppelschlagmustern verarbeitet
Foto: Morton Witz

»Macrame 1967« von Ed Rossbach, USA. Material: Chemiefaser in Gelb und Grün. Größe: 116 × 76 cm. Die lebhafte Oberflächenstruktur und die plastische Wirkung dieser ungewöhnlichen Arbeit wurden mit nur einem Knotentyp und einer Materialart erzielt
Foto aus »beyond craft: the art fabric«, Van Nostrand Reinhold Company

Kopf- und Schultertuch aus feiner Wolle mit Makrameefransen aus schwarzer Kunstseide. Nordseeinsel Föhr um 1880 (Privatbesitz)
Foto: M. Bauer-Hamersen

Malerei auf Holz

Malerei auf Holz – lebendige Volkskunst

Bei dem Begriff Malerei auf Holz denkt man – abgesehen von der Kirchenkunst – zuerst an bäuerliches Haus- und Gebrauchsgut, an Truhen, Schachteln, Bienenstockbretter, Wiegen, Wandkästen, Schränke – ja ganze Wohnungseinrichtungen. Das Bayerische Nationalmuseum in München besitzt neben Einzelmöbeln eine Reihe komplett ausgestatteter Bauernstuben, in denen nicht nur die Möbel, sondern auch zum Teil Decken und Wände mit Malereien versehen sind. Auch im Schweizer Heimatmuseum sind wunderschön bemalte bäuerliche Möbel zu finden. Die alpenländische Volkskunst wird manchem mehr im Gedächtnis haften geblieben sein, als durchaus ebenbürtige Werke holländischer, elsässischer, schwedischer, dänischer oder friesischer Bauernmaler. Das mag zum großen Teil daran liegen, daß in der Schweiz, in Tirol, in Österreich und vor allem in Bayern diese Kunst bis auf den heutigen Tag lebendig geblieben ist.

Seite 200:
Himmelbett von Johann Nepomuk Bichler, Schliersee, 1778. Die Grundfarbe ist ein mattes Blau. Das in Streifen angeordnete Streublumenmuster erinnert an alte Blaudruckmotive
Bayerisches Nationalmuseum München
Foto: Praun Photo

Seite 199:
Fünf Blüten beherrschen die Vorderfront dieser kleinen Schatulle. Dazwischen reiches Rankenwerk mit Knospen
Foto: Walter Diem

Bäuerlicher Schrank aus Tölz, 1830. Inschrift der Herzen der linken Tür: JESUS MARIA, der rechten Tür: JOAHIM ANNA
Bayerisches Nationalmuseum München

Der Brauch der Möbelmalerei hat nicht überall zur gleichen Zeit begonnen. So weiß man über die farbige Verzierung von Möbeln und Hausrat im frühen und hohen Mittelalter wenig, obwohl die Holzmalerei als Hochkunst durchaus bekannt war.

Seite 202:
Die Vorderfront dieses Kleiderschranks ist kassettenartig aufgeteilt. In den Feldern Blütenknospen, Bäumchen und Vögel, teils mit Menschengesichtern. Unten in der Mitte eine Tanzszene mit Musikanten. Den Schrank schuf der Volkskünstler Franz Baier (1795–1861) aus Unterscheidenthal in Baden
Badisches Landesmuseum Karlsruhe
Foto: Walter Diem

Seite 203:
Dieses Detail von einem Bauernschrank zeigt deutlich, daß die Malerei aus freier Hand gemacht wurde. Gefäß, Blüten und Ranken wirken wie flüchtig hingetupft. Der Korpus des Schrankes ist grün grundiert, mit roten Blüten und schwarzem Rankenwerk ausgeziert
Foto: Walter Diem

Seite 205:
Linke Hälfte einer Truhenvorderwand von 1839. Die hellen rechteckigen Bildfelder neben dem Schloßbeschlag stehen auf kräftig blauem Grund, die flankierenden Rhombenfelder stehen in einem erdfarbenen Rechteck
Museen der Stadt Regensburg
Foto: Walter Diem

Schrank aus der Eubachmühle bei Tölz, vermutlich 1813 in Schliersee hergestellt
Bayerisches Nationalmuseum München
Foto: Praun Photo

Teilansicht des Tölzer Schrankes von 1813, rechte Tür, untere Hälfte. Die Grundierung ist grün, die Rosen sind hell- und leuchtendrot, die Glockenblumen weiß

Kerbschnitzerei und Malerei auf Holz treten häufig zur gleichen Zeit auf, so daß man daraus schließen könnte, die Malerei sei zunächst auch von Zimmerleuten ausgeführt worden. Die erste Form der Möbelmalerei ist die Blankholzmalerei. Hierbei wurde auf das ungrundierte Holz gemalt, und zwar aus freier Hand. Später ging man dazu über, Möbel mit Hilfe von Schablonen zu bemalen und andere handwerkliche Ziertechniken, zum Beispiel Intarsien, nachzuahmen. Das Zierwerk wurde meistens schwärzlich auf das Blankholz schabloniert, gelegentlich auch in der Verbindung von Schwarzlot und Rot. Zum Ornament, das man bald auch farbig machte, kamen mehr und mehr figürliche Darstellungen hinzu. Der nächste Schritt in der Entwicklung der Möbelmalerei war die vollständige Abdeckung des Holzes mit Farbe, auf die dann die Dekore gemalt wurden, also die Grundierung. Mit Einführung dieser Technik, etwa um die Mitte des 17. Jahrhunderts, war es dann auch möglich, minderwertigeres Holz, sogenanntes bös' Holz, zu kaschieren. 1660 bestanden in München und Tölz Verbote, Holz mit Farben zu grundieren, »weil dadurch das wurmstichige, rotte und leze Holz bearbeitet und der Käufer damit bedenklich betrogen würde«. Allmählich wurden für die Auszierung mit Farben ganze Dekorationsstrukturen übernommen, wie zum Beispiel das Rahmen- und Bandelwerk des Spätbarock und die Rocaille des Rokoko. Anlehnungen an die alten Sinnzeichen der Möbelschnitzerei findet man kaum. Auch die Vorliebe für bestimmte Farben wird erkennbar. Ist es im 17. Jahrhundert vorrangig das Grün, das als Leitfarbe gilt, so bevorzugt man im 18. Jahrhundert zunächst das dunkle Braun der Furniermalerei (Furnierimitation), im ausgehenden 18. und beginnenden 19. Jahrhundert dagegen ein klares Blau. Mit den sich ausbreitenden naturalistischen Darstellun-

Schranktür aus Ruppmannsburg in Mittelfranken. Die Wellenlinien lassen deutlich die Handschrift eines Laien erkennen, während der Blumendekor im Mittelfeld eher sichere Pinselführung verrät. Das Mittelfeld ist mit F signiert
Bayerisches Nationalmuseum München

gen entwickelt sich auch eine breitere Farbpalette bis hin zur Üppigkeit des Barock. Dennoch sind die genannten Farbvorlieben in den einzelnen Landstrichen verschieden. So hat sich zum Beispiel im Fränkischen die Vorliebe für Blankholzmalerei – also ungrundiertes Holz – länger gehalten als sonstwo. Man kann hier nur grob verallgemeinern. Ausführliche Hinweise finden sich in den Büchern »Alte bemalte Bauernmöbel« von Josef und Gislind Ritz und »Alte bemalte Bauernmöbel Europa« von Gislind Ritz (s. auch Literaturhinweise). Ihre Blütezeit erreichte die Möbelmalerei im süddeutschen und alpinen Raum in der zweiten Hälfte des 18. und dem Beginn des 19. Jahrhunderts, um etwa in der Mitte des 19. Jahrhunderts immer mehr zurückzugehen. Im Osten Europas dagegen liegt der Höhepunkt dieser Volkskunst erst um die Mitte des 19. Jahrhunderts.

Bauernmalerei ist Blumenmalerei, so sagt man oft, und nicht selten wird hinzugefügt, daß die Rose und die Tulpe neben dem Granatapfel typisch für Arbeiten aus dem alpenländischen Raum seien. Tatsache ist dagegen, daß der Rosendekor in Norwegen, die Tulpe in Ungarn bevorzugt wurde. Daß Bauernmalerei gleich Blumenmalerei ist, widerlegen allein schon die vielen Kästen und Spanschachteln, Kassetten und andere Behältnisse, auf denen ganze Szenen – wichtige Anlässe darstellend – zu sehen sind. Dennoch findet man häufig stilisierte Blumen aus dem Bauerngarten, vor allem die von Bäuerinnen so bevorzugte Nelke. Auch in der heute vor allem bei den landsehnsüchtigen Städtern wiederentdeckten bäuerlichen Holzmalerei wird die Blüte dem Ornament vorgezogen, was zu einem Teil damit zusammenhängt, daß Blüten einfacher zu malen sind, zum anderen aber auf eine verstärkte Hinwendung zur sterbenden Natur deutlich macht.

Noch ein Wort zu den Maltechniken. Die

Diese Spanschachtel aus dem Fichtelgebirge, die um Kulmbach herum gebräuchlich war, stammt aus dem 19. Jahrhundert. Die Bemalung und die Inschrift sind besonders gut erhalten
Bayerisches Nationalmuseum München

Runde Spanschachtel aus Berchtesgaden. Die Rosette im Mittelpunkt des achtstrahligen Sternornaments ist mit einem Blätterkranz umgeben, der mit besonders feinen Strichen gemalt ist
Bayerisches Nationalmuseum München

elementar bäuerliche Technik ist die Kaseinmalerei. Man arbeitet heute immer noch mit Farben auf Kaseinbasis wie vor mehreren hundert Jahren. Kasein ist ein Milchprodukt, genauer gesagt Quark aus Magermilch, der verrieben, mit einem Zusatz aus gelöschtem Kalk und Leinölfirnis versehen und schließlich mit Wasser verdünnt wird. Die Kaseinfarbe ist eine sogenannte lange Farbe. Sie ermöglicht – im Gegensatz zur pastosen Ölfarbe – ein flüssiges Arbeiten. Vor dem Bemalen mit dieser Farbe muß das Holz grundiert werden. Das machte man früher ebenfalls mit einem Kaseinbindemittel.
Eine weitere Technik ist die Malerei mit Ei-Tempera (temperare = mischen). Man mischt dazu die gleiche Menge wie ein ausgeschlagenes Ei an Öl und die doppelte Menge Wasser hinzu und schüttelt die Mischung kräftig. Nach einiger Zeit wird sie malfähig und wasserunlöslich.
Die Leimtechnik ist nicht genau bekannt. Es könnte sich dabei um Leimgemisch handeln, das aus Farbsubstanz und dem in der Schreinerei verwendeten Warmleim hergestellt wurde. Über die Kreidegrundtechnik weiß man mehr. Ein zuvor mit warmem Leim präparierter Holzgrund wurde anschließend mit in Leimlösung eingerührter Kreide unter Zusatz von wenig Ölfirnis überzogen und glattgeschliffen. Man findet solche Kreidegründe manchmal an den Zifferblättern alter Schwarzwälder Uhren.
Ungefähr im letzten Drittel des 18. Jahrhunderts, in einigen Gebieten auch früher, beginnt man mit der Ölmalerei. Die Farben werden nun mit Pflanzenölen gebunden, die nach vielerlei Geheimrezepten gekocht werden.
Ein sehr kompliziertes Verfahren war die Lacktechnik, die vor allem für Uhrenschilder aus dem Schwarzwald angewandt wurde: Die mehrere Jahre abgelagerten Schildbretter wurden viermal mit einem Leim-Gipsgemisch gestrichen, mit Bimsstein geschliffen und mit dem Handballen nachpoliert. Dar-

auf kam eine dreimalige Lackierung mit Weißlack – einem Gemisch aus Harz und Weingeist –, die nach dem Durchtrocknen mit Kreidestaub geschliffen und einem leinölgetränkten Lappen nachgerieben wurde. Erst dann wurden Zifferblatt und Blumen oder Ornamente aufgemalt.
Die Wismutmalerei war bis zum 18. Jahrhundert vor allem in Sachsen, Süddeutschland und in der Schweiz bekannt. Hierbei wurde Kreidegrund mit einer dünnen Schicht Wismut (sprödes silberweißes bis rötliches Metall) belegt. Diese Schicht bemalte man dann mit Lackfarben. Das durchscheinende Metall gab der Malerei einen eigenartigen Reiz.
Eine Sonderstellung unter den bäuerlichen Malereien nehmen die Spanschachteln ein, jene liebenswerten Behältnisse, die es in vielerlei Größen für vielerlei Zwecke, von der Hauben- bis zur Spielzeugschachtel, vom Pillen- bis zum Butterbehälter gab. Sie spiegeln vor allem den Stand der Laienkunst wieder. Während die Erzeugnisse von Schreinern meistens auch von diesen bemalt wurden, kamen Spanschachteln und Gadeln (große Behälter) oft unbemalt in die Hände der Benutzer und wurden erst von diesen liebevoll verziert. Doch nicht selten bemalten die Frauen und Töchter der Schachtelmacher die Schachteln kunstvoll, wobei sie sich mehrerer Spezialpinsel bedienten. Da waren der Anstreich-, der Anleg-, der Schattier-, der Ausmal- und schließlich der Dippelpinsel, mit dem man Punkte aufdippte. Heute werden diese mühsamen Punktdekore sehr oft mit Stempeln aufgedruckt. Dadurch geht viel von dem Charme einer solchen Schachtel verloren. In reiner Handmalerei werden Spanschachteln immer noch in der Schweiz hergestellt. Das Schweizer Heimatwerk exportiert sie in viele Länder. Aber auch in Österreich und Süddeutschland gibt es noch Nebenerwerbsbetriebe in der Schachtelmalerei.

Aussicht auf eine bessere Welt

Unter vielen Künstlern, die sich auch heute wieder der Möbelmalerei zuwenden, macht Riccarda Gregor-Grieshaber durch die Art der Bemalung besonders auf sich aufmerksam. Nicht nur, daß sie Teile des Möbels selbst in ihre Malerei einbezieht, indem sie beispielsweise den Rahmen einer Schranktür als Fensterrahmen nutzt, der den Ausblick auf eine heiter-beschauliche Landschaft begrenzt, sondern vor allem, weil sich in ihren Darstellungen Wunschtraum und Wirklichkeit, Phantasie und Realität zu einer harmonischen Einheit mischen.

Die Künstlerin wurde am 3. Dezember 1907 in Breslau geboren. Die Eltern waren beide Kunstmaler. Der Vater, Richard Pfeiffer, wurde später Professor an der Kunstakademie in Königsberg. Riccarda Gregor-Grieshaber studierte selbst dort und an den Vereinigten Staatsschulen in Berlin. Sie arbeitete als Malerin und als Schriftstellerin. Ihre Bücher »Meine englischen Bulldoggen«, »Mit Kugelschreiber und Kochlöffel«, »Als ich Abschied nahm«, »Geschichten von kleinen Tieren« und »Nora und Arno« illustrierte sie selbst.

Seit einigen Jahren hat sie sich der Möbelmalerei verschrieben. Ihre Werkstatt befindet sich am Weibermarkt in Reutlingen. Zu ihren Dekoren sagt Riccarda Grieshaber: »Auf den ersten Blick scheinen meine Möbel Wellenreiter auf dem Ozean der Nostalgie zu sein. Nostalgie aber ist wohl doch mehr als

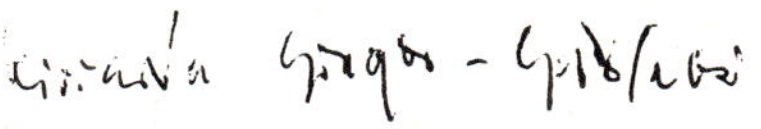

eine Mode, die man lächerlich machen kann: ein nur zu gut begreifbares Syndrom angesichts einer besiegten Natur, die sich zu rächen beginnt, verworrener Entwicklungstrends für oder gegen die kein Mensch auf der Welt ein universal anwendbares Konzept weiß.

Selbst für den, der nicht direkt bedroht ist, ist die Gegenwart oft grausig genug, ihn das Fürchten zu lehren. Beklemmung, Leere,

Kein Möbel ist zu gering, um angestrichen und künstlerisch gestaltet zu werden. Das ist die Auffassung der Malerin, die hier gerade die Tür eines alten Nachtkastens bemalt. Im Vordergrund liegt der Entwurf

Seite 211:
Wie der Blick von einem Balkon in eine satte Sommerlandschaft mutet die Bemalung des einfachen Schrankes von Riccarda Gregor-Grieshaber an

Depression, ein vages Verlorenheitsgefühl – was liegt da näher, als sich in ein Traumland zu flüchten, in eine Vergangenheit, die nicht mehr beißt.

Ich fand es bedauerlich, daß man im Rückgriff – etwa im Nachbau alter Stilmöbel, eben auch der Bauernmöbel und ihrer Bemalung – so strikt bei der Kopie einer Vergangenheit verharrt, deren Voraussetzungen denen unserer Gegenwart so diametral entgegengesetzt sind: Damals war der Kampf mit der Natur hart, sie war keineswegs unterjocht; was die Erde hergab, konnte von den Pferden der Soldaten zerstampft werden. Lilie und Rose, noch ohne züchterische Selektion, waren dem Dreck der Erde entsprossene Naturwunder, wert, Maria und den Schutzpatronen in der Malerei beigegeben zu werden. Gewiß war so ein bemalter Schrank – bis nach der Fastenzeit endlich Ostern kam – den langen Winter über im dunklen Wohnraum das einzige bißchen Farbe und damit Hoffnung. Heute im Zeitalter der Technik sind wir am anderen Ende angelangt: das ganze Jahr über stehen uns alle natürlichen und künstlichen Farben offen, und wir können – wenn wir nicht gerade in einer Krise stecken – unsere Wohnung den ganzen Winter über taghell beleuchten. Man sollte meinen, der Überfluß sättigt, doch immer wieder stößt man auf Armut, Ungenügen, auf eine Sehnsucht nach irgend etwas Lebendigem, Tröstlichem, aber auch Unverwechselbarem: nach einem individuellen Besitz, der die Irrelevanz aufhebt. Unverwechselbares zu suchen, zu genießen, auch ohne es zu besitzen, erlaubt unsere Schnellebigkeit nicht mehr.

Mein Gedanke war simpel: ein wenig von den unbeachteten Kostbarkeiten in die Wohnung zu bringen, dorthin, wo der Müde keinen Schritt mehr tun muß, um sie zu sehen. Ich stelle mir vor, daß es für eine Hausfrau tröstlich sein kann, wenn sie ein Ei aus dem

1973 hat Riccarda Gregor-Grieshaber diesen Schrank mit Sonnenblumen, Vögeln und Schmetterlingen bemalt. Das Möbel mit der heiter-beschaulichen Szenerie paßt sich jeder Umgebung und jedem Mobiliar an

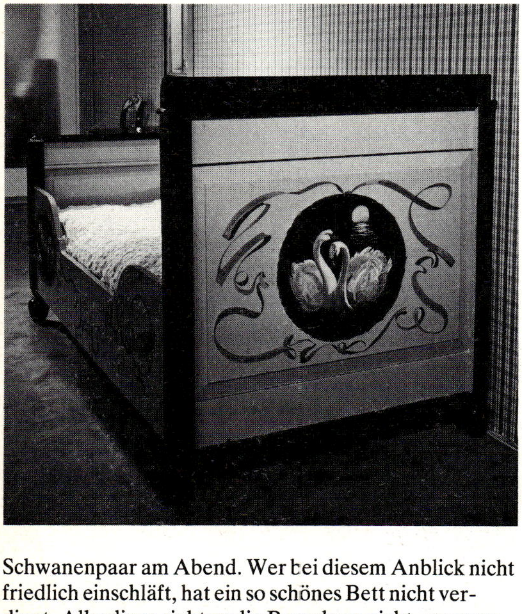

Schwanenpaar am Abend. Wer bei diesem Anblick nicht friedlich einschläft, hat ein so schönes Bett nicht verdient. Allerdings sieht er die Bemalung nicht, wenn er drin liegt. Das Fußende zeigt ein Schwanenpaar am Morgen

Ständer nimmt und ihr dahinter ein Stiefmütterchen zulächelt. Am Muster unseres Lebens kann ich nichts ändern, aber ich möchte etwas anbieten, das einen Moment lang wärmt, tröstet – und wenn es nur ein paar changierende Federn, ein energisch aufschießendes Grasbüschel oder die Spuren von Vogelfüßen im Sand sind . . .
Ich weiß, es ist nur die allerkleinste Münze, ein bescheidenes Medikament gegen den Kummer.
Ohne Ornament und Reihung auszuschließen, gehe ich in meinen Darstellungen vom durchaus unregelmäßigen Naturrhythmus aus: ein ornamentaler Dekor bleibt zwangsläufig einer rein ästhetischen Kategorie zugehörig. Er stimmt zwar einen Raum ein, doch hundertmal im Takt wiederholt, wird er bald nicht mehr als Eigenform gesehen, während keine Rose der anderen gleicht und die Unerschöpflichkeit der Erscheinungen eine unendliche Variationsbreite ergibt. Damit hoffe ich den Blick länger zu fesseln.«

Fotos: Manfred Bauer-Hamersen (4), Ricca Achalm (1)

Das Bemalen neuer Holzgegenstände

Beim Bemalen neuer Holzgegenstände gelten andere Vorbereitungskriterien als beim Malen auf bereits gestrichenem älterem Holz.

Neues Holz muß vor dem Grundieren geschliffen werden, damit die Oberfläche ganz glatt und faserfrei ist. Dazu feuchtet man das Holz abschnittweise an, damit sich die Holzfasern aufrichten und so besser erfaßt werden können. Zum Schleifen nimmt man Schleifpapiere in verschiedenen Körnungen, etwa 100 zum Vorschleifen und 120 für den Nachschliff. Das Papier sollte öfter gewechselt werden, damit die Körnung, die sich durch Schleifstaub zusetzt, auch wirklich schleift und nicht nur glattdrückt. Das Schleifpapier wird um einen handlichen Schleifklotz aus Kork geschlagen, und zwar so, daß es genau den Klotz bedeckt und nirgendwo übersteht (es verursacht sonst Kratzer, zudem reißt es leicht ein).

Unbehandeltes rohes Holz nimmt auch leicht Öl und Fett an. So können Fingerabdrücke von nicht ganz sauberen Händen die Haltbarkeit einer Bemalung durchaus beeinträchtigen, es ist deshalb keine überflüssige Maßnahme, wenn man das Holz vor dem Bemalen mit einem spiritusgetränkten Lappen abreibt.

Nachdem man den Schleifstaub vom Holz gründlich entfernt hat, kann man das Holz grundieren. Das Grundieren mit deckenden oder lasierenden Mitteln ist einmal notwendig, um das Holz vor Feuchtigkeit und Fäulnis zu schützen, zum anderen soll es einen deckenden oder lasierenden Hintergrund für die Malerei bilden, der ruhiger wirkt als die Zeichnung des Holzes.

Mit einem Flachpinsel (Breite je nach Größe des zu behandelnden Gegenstandes) streicht man das Holz zunächst einmal mit Nitro-Holzgrund. Man muß zügig vorgehen, da das Mittel rasch trocknet. Vor allem sollte man bei offenem Fenster arbeiten. Nach dem Trocknen schleift man die Grundierung mit feinem Schleifpapier (Körnung 120) und entstaubt die Flächen gründlich.

Nach dem ersten Anstrich, dem Einlaßgrund, wird das Holz mit der Grundierung versehen, die den Malgrund darstellt. Im allgemeinen grundiert man mit Dispersionsfarben, das sind jene Farben, mit denen man auch die Malerei der Zierornamente und Blüten ausführt. Diese Farben sind deckend, sie lassen sich jedoch durch Verdünnung mit Wasser unter gleichzeitigem Zusatz von Kunstharzbinder etwas dünner, durchsichtiger machen. Will man jedoch nur die Ziermalerei farbig ausführen, während das Holz naturbelassen bleibt – also nach Art der alten Blankholzmalerei –, behandelt man das Holz mit einem speziellen farblosen Lackgrund, den es im Farbenhandel zu kaufen gibt.

Während die zweite Grundierung trocknet – mindestens 24 Stunden –, hat man genügend Zeit, seinen Entwurf noch einmal zu prüfen, zu überdenken und notfalls zu korrigieren, denn nun beginnt die eigentliche Malerei: die Bemalung. Es gibt im Fachhandel ausreichend Farben für sogenannte Bauernmalerei, die speziell auf die Erfordernisse dieser Technik abgestimmt sind.

Bei der Anschaffung der Pinsel – man nimmt zum Ausmalen feine Haarpinsel – sollte man nicht zu kleinlich sein. Ein Sortiment in den Stärken 2, 5, 7, 9 und 11 sollte man schon besitzen. Besser ist es, wenn man von den am häufigsten benutzten Stärken 5 und 7 mehrere Pinsel hat, um zugleich mit verschiedenen Farben zu arbeiten. Allerdings gibt es auch eine Malweise, die das Aufmalen zweier Farben zugleich mit nur einem Pinsel ohne Reinigung zwischendurch erlaubt. Die so entstehende Malerei sieht von vornherein etwas schmutzig, gebraucht aus und ist nicht jedermanns Sache. Sie wird vor allem dann angewendet, wenn das bemalte Stück nachher durch einen Patina-Anstrich zusätzlich künstlich gealtert werden soll.

Vor dem Bemalen wird der Entwurf, den man in natürlicher Größe auf Papier gezeichnet hat, auf die grundierten Flächen übertragen. Dazu verwendet man – je nach Farbe der Grundierung dunkles oder helles – Schneider-Kopierpapier. Kohlepapier sollte man nicht nehmen. Abgesehen davon, daß es durch die Malerei durchdringt, verschmiert es die Konturen leicht. Je detaillierter der Entwurf übertragen wird, um so leichter ist später das Ausmalen. Dennoch liegt der Reiz einer Bemalung gerade in den nicht vorgesehenen Ergänzungen, die sich erst aus der nach und nach entstehenden Farbkomposition ergeben können, deshalb sollte man sich mit fortschreitender Sicherheit in der Pinselführung mehr und mehr von der Vorlage lösen und diese nur in großen Zügen festlegen.

Die Zeichnungen auf Seite 215 zeigen einige Grundformen und die sich daraus entwikkelnden Motive. Sie wurden dem Buch »Holzbemalen und andere Ziertechniken« von Christian Rubi (Otto Maier Verlag) entnommen. Sie sollen nicht Vorlagen, sondern Hinweise dafür sein, wie man selbst Ornamente und Motive entwickeln kann.

Zur Maltechnik selbst ist nicht viel zu sagen, nur dies: man sollte die Farbe satt auftragen, also nicht zu sparsam sein, damit die Malerei kraftvoll aussieht. Allerdings gilt dies nur für bäuerliche Dekore. Wer sich mit so anspruchsvollen Malereien wie die Künstlerin Riccarda Gregor-Grieshaber befaßt, wer zarte Szenerien oder Bilder nach Art der Naiven aufs Holz malen möchte, richtet seine Maltechnik natürlich entsprechend aus. Hier könnte das »Große Ravensburger Buch für Hobbymaler« von Ursula Kaiser eine wertvolle Hilfe sein.

Ist das Holz fertig bemalt, läßt man es gut durchtrocknen, bevor man die Oberfläche mit Mattlack oder farblosem Wachs nachbehandelt. Allerdings sind Dispersionsfarben auch ohne einen zusätzlichen schützenden Überzug stoß- und wasserfest, wenn sie sachgemäß – auf fettfreien Untergrund – aufgebracht wurden.

Über das Patinieren kann man geteilter Meinung sein. Für den, der es mag, hier ein paar Tips: Patina wird durch Auftragen eines Gemischs aus Leinöl, Terpentinöl und Siccativ zu gleichen Teilen unter Zusatz von Farbe (z. B. Umbra, Siena, Grüne Erde) erreicht. Man ballt ein Leinentuch, gibt die Patina-Mischung darauf und reibt die bemalte, noch unlackierte oder ungewachste Fläche damit ein. Nach kurzem Einziehen – etwa nach zehn Minuten – werden Stellen, die leuchtend bleiben sollen, zum Beispiel die Blüten eines Dekors, wieder sauber abgetupft. Um störende Übergänge zur Patinierung zu vermeiden, tupft man auch die weitere Umgebung der wieder gesäuberten Bemalung ab, jedoch wesentlich schwächer. Es gehört Fingerspitzengefühl in des Wortes wahrstem Sinne dazu, die Patina richtig zu dosieren und

Fünf verschiedene Rosetten, von einem sechsgeteilten Kreis ausgehend

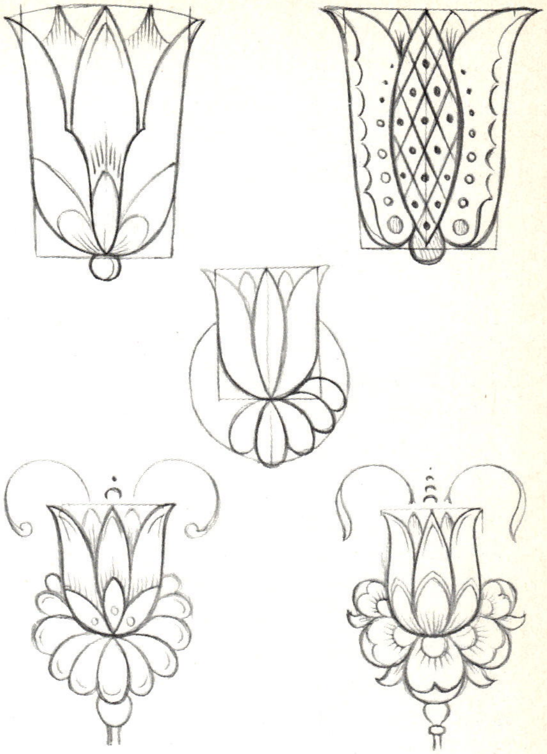

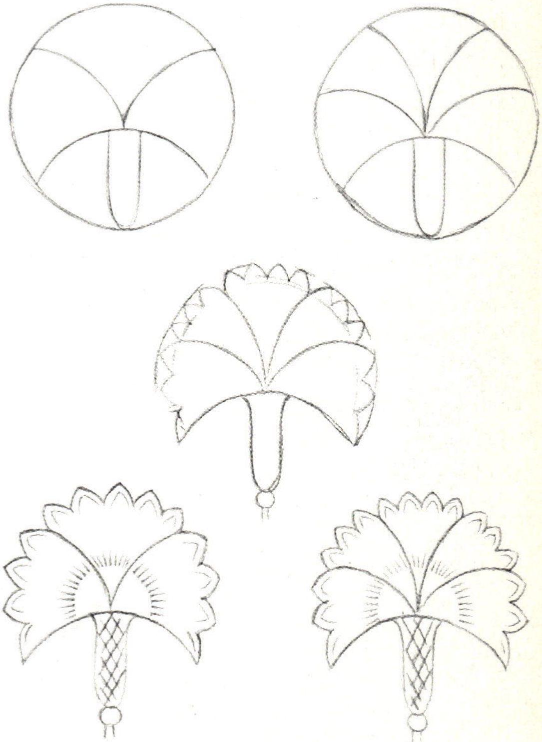

Rechts oben:

Die Entwicklung von Tulpen aus einer einfachen Grundform, wie sie im 18. Jahrhundert üblich waren

unten:

Nelkenform, aus einem Kreis entwickelt

Eine rohe Holztruhe, wie man sie im Fachhandel für Hobbybedarf bekommt

So sieht die Truhe aus, wenn sie bemalt und patiniert ist

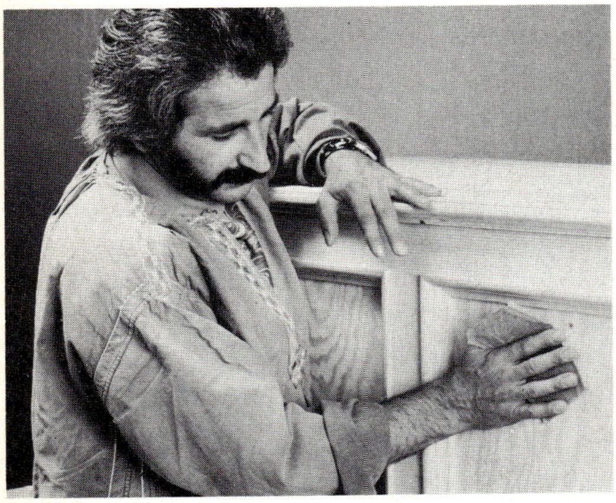

Das rohe Holz wird mit Schleifpapier von Fasern und Unregelmäßigkeiten befreit

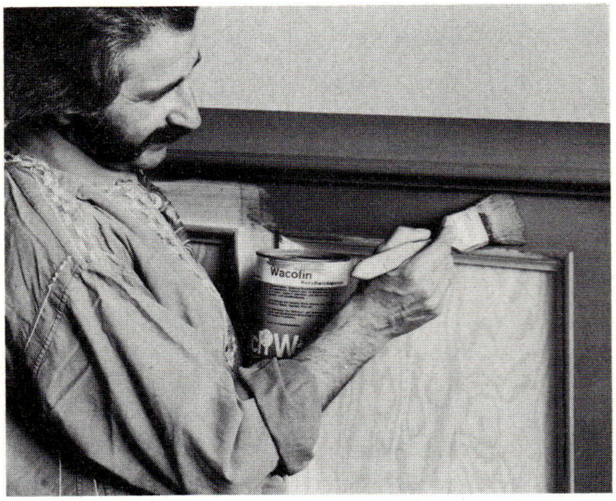

Vor dem Bemalen mit Blumen oder anderen Motiven wird das zuvor abgestaubte Holz grundiert

Der originalgroße Entwurf wird mit Schneiderkopierpapier auf die grundierte Fläche übertragen

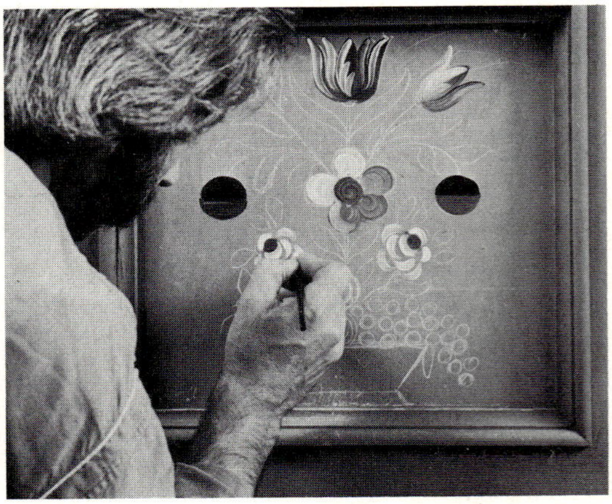

Die Farben sollten beim Ausmalen der Dekore ruhig satt aufgetragen werden

Nach dem Trocknen der Malerei kann die Arbeit mit einem käuflichen Mittel patiniert werden

An Stellen, die leuchtend hervortreten sollen, wird die Patina wieder abgewischt. Anschließend wird auch das Umfeld abgetupft

Fotos: K. A. Vollborn

zu verteilen. Man halte sich immer das Aussehen tatsächlich gealterter Malereien und Möbel vor Augen, bei denen sich der Staub der Jahre oder Jahrhunderte vor allem an Innenkanten von Rahmen und in Ecken abgelagert hat.
Patinierte Malereien dürfen erst nach mehreren Wochen überlackiert werden, weil der Lack sonst die Patina auflöst.

Vorbereitung alter Holzgegenstände

Will man einen alten nichtssagenden Schrank, der mit Ölfarbe gestrichen oder farblos lackiert war, neu bemalen, muß die alte Farbe herunter. Dazu verwendet man eines der chemischen Abbeizmittel, wie es sie in Drogerien und Farbenhandlungen zu kaufen gibt. Das Abbeizen ist keine angenehme Arbeit. Man sollte sie im Freien oder in einem gut zu lüftenden Raum durchführen. Die Abbeize wird mit einem flachen Pinsel einfachster Art aufgetragen. Man trägt am besten Plastik- oder Gummihandschuhe bei dieser Arbeit, denn die Abbeize ätzt. Nach einiger Zeit (genaue Dauer auf der Gebrauchsanweisung der Packung) löst sich der Lack vom Untergrund und läßt sich mit einem Spachtel abschieben. An schwer zugänglichen Stellen entfernt man die Farbe mit einer Drahtbürste oder mit einem anderen Hilfsinstrument, ohne jedoch das Holz zu strapazieren. Alle unnötig aufgerauhten und zerkratzten Stellen muß man später wieder glattschleifen. Da das Abbeizmittel rasch verdunstet, empfiehlt es sich, abschnittweise vorzugehen, so daß man an einer Stelle die Farbe ablöst, während an einer anderen Stelle die Abbeize einwirken kann.
Nachdem die alte Farbe restlos beseitigt ist – notfalls zweimal abbeizen –, muß das Holz gründlich abgewaschen werden. Dazu benutzt man das auf der Packung der Abbeize angegebene Mittel (Wasser, Testbenzin o. a.). Diese Reinigung muß sorgfältig ausgeführt werden, denn Rückstände des Mittels können später den Anstrich zerstören!
Hat das Möbel Beschläge, die auf die zu bemalenden Flächen übergreifen, so ist es ratsam, sie vorher abzuschrauben. Das ist weniger mühsam als das Entfernen der Farbe an übermalten Stellen. Außerdem sieht es häßlich aus, wenn man später vielleicht sieht, wo man um die Beschläge herumgemalt hat. Außerdem sammelt sich unter den Beschlä-

Mexikaner beim Bemalen von Holzspielzeug, das sich in besonders leuchtenden hellen Farben präsentiert
Foto: la maison de marie claire

Einfache rohe Holzklötze in unterschiedlichen Größen und Formen wurden durch die Bemalung zu einer geschlossen wirkenden Stadtansicht
Foto aus dem Buch »Werkstoff Holz«, Otto Maier Verlag Ravensburg

gen leicht Abbeizflüssigkeit, die von hier aus allmählich weiter ins Holz kriecht und die Bemalung beschädigt.

Variante der Grundierung: Kleistertechnik
Zu den Grundierungen muß man auch die Kleistertechnik rechnen, mit deren Hilfe früher mindestens genausoviel Häßliches wie Schönes zustande gebracht wurde. Ende des 17. und Anfang des 18. Jahrhunderts war diese Kleistermalerei sehr beliebt.

Der Kleister, dem man die für die Bauernmalerei angebotenen käuflichen Farben zusetzen kann, wird aus 3 Eßlöffeln Weizenpuder, die man in kaltem Wasser anrührt, und 1/2 Liter Wasser gekocht. Die Farbe wird dem Kleister erst nach dem Abkühlen zugesetzt. Zunächst streicht man die Holzfläche wie eine normale Farbgrundierung mit dem Kleister. Ist er getrocknet, trägt man Kleister auf, den man mit einer anderen Farbe – heller oder dunkler – gemischt hat, und bearbeitet

diesen noch nassen Auftrag mit einem Kamm, einem groben Borstenpinsel, einer gezinkten Pappe oder einer Bürste. Man kann mit diesen Hilfsinstrumenten Wellenlinien, gerade Streifen, durch jähe Stupfer unterbrochene Wellen oder windrosenartig gedrehte Pinselrosetten ausführen. Man kann auch den ersten Kleisteranstrich farblos machen und den folgenden Anstrich mit gefärbtem Kleister gleich in Wellen oder Schlangenlinien oder sonstwie aufbringen. Bei langen Streifen muß man darauf achten, daß man genügend Farbe aufgetragen hat, damit man nicht zwischendurch neu ansetzen muß. Die Technik bietet viele Möglichkeiten – allerdings auch zum Falschmachen. Solange der Kleisterauftrag noch naß ist, läßt er sich abwischen, so daß man die Arbeit wiederholen kann. Die fertige Kleistermalerei wird nach dem Durchtrocknen mit Seidenglanzlack angestrichen.

Die Schabloniertechnik

Die Schablonenmalerei wird oft als Unkunst abgetan. Das mag berechtigt sein, wenn es sich darum handelt, die Schablone zur Massenanfertigung zu mißbrauchen. Basiert die Schablone hingegen auf einem eigenen Entwurf für ein ganz bestimmtes Stück, so dient sie nur als technisches Hilfsmittel bei der Ausführung der Malerei und wird somit gleichrangig mit dem Entwurf, den man auf Papier gezeichnet hat und mit Hilfe von Kopierpapier auf das Holz überträgt.

Man unterscheidet zwei Schablonentypen: Einmal schneidet man aus festem Karton mit einem scharfen Papiermesser ein Motiv heraus, das ist die Positiv-Schablone, zum anderen schneidet man einen begrenzten Raum um das Motiv herum aus, während das Motiv selbst stehen bleibt, das ist die Negativ-Schablone. Das Übertragen von Motiven mit Hilfe solcher Schablonen ist einfach, lediglich die Konsistenz der Farbe ist für das Gelingen entscheidend: ist die Farbe zu dünn, läuft sie unter die Schablonenränder, ist sie zu dick, läßt sie sich nicht gleichmäßig genug verteilen. Man geht beim Schablonieren wie folgt vor:

Die Schablone wird mit Stecknadeln oder dünnen Tapetenleistenstiften auf dem Holz befestigt. Dann streicht man zwei, drei Pinsel voll Farbe auf einem Stück Brett oder Karton ab und tupft den Schablonierpinsel mehrmals ein, bis seine Spitzen mit Farbe getränkt sind. Mit dem stets senkrecht gehaltenen Pinsel tupft man in rascher Folge die Farbe in die freien Räume der Schablone, und zwar von den Kanten nach außen. So verfährt man weiter, bis alle Teile der Schablone ausgefüllt bzw. ummalt sind. Man sollte die Farbe niemals aufstreichen, sie gelangt zu leicht unter die Schablonenränder.

Haubenschachtel aus dem Fichtelgebirge. Solche Schachteln wurden den Bräuten oft zur Hochzeit als Zeichen ihres neuen Standes überreicht. Im Gegensatz zu jungen Mädchen verbargen Ehefrauen ihr Haar unter einer Haube. Inschrift: Lieb mich, wie ich dich, nichts mehr begehre ich
Bayerisches Nationalmuseum München

Wie ein naives Bild mutet die Winterlandschaft auf dem Deckel der ovalen Spanschachtel an. Der Schachtelrand ist in den gleichen Farben, Blau und Weiß, gehalten
Entwurf und Ausführung: Jutta Lammèr
Foto: M. Bauer-Hamersen

Nähschachtel mit einem Dekor von der Künstlerin Hanni Sandmeier aus der Schweiz, die auch als Glasbemalerin bekannt ist. Interessant: der ruhende Paradiesvogel inmitten bewegten Rankenwerks. Umfang der Schachtel: 106 cm
Foto: Schweizer Heimatwerk/Peter Grünert

Metallarbeiten

Die Metalltechnik im Altertum

Die Reihenfolge der Erfindung der Metall-Legierungen und der Weg bis zu den heutigen Metallen, die sich für die Verarbeitung durch Laien eignen, ist sicher nicht so interessant wie ein Rückblick auf die Metalltechniken früherer Zeit. Bei der technischen Behandlung von Metallen geht man von drei Grundarten aus. Die eine beruht auf der Dehnbarkeit der Metalle, die zweite auf der Schmelzbarkeit und Verflüssigung, die dritte behandelt das Metall als harten Körper, der sich schneiden, gravieren und beschichten läßt.

Die Behandlung des Metalls als dehnbarer Körper ist eine der ältesten Arten der Metalltechnik überhaupt. Zwar ist die Erfindung, Metall zu erhitzen und zu gießen, ebenfalls uralt, wie noch erhaltene Denkmäler beweisen, der Hohlguß ist aber jünger. Das Verfahren, im Feuer weichgeglühtes Metall durch Hämmern dünner zu machen, läßt sich bis zu den Anfängen der Metallar-

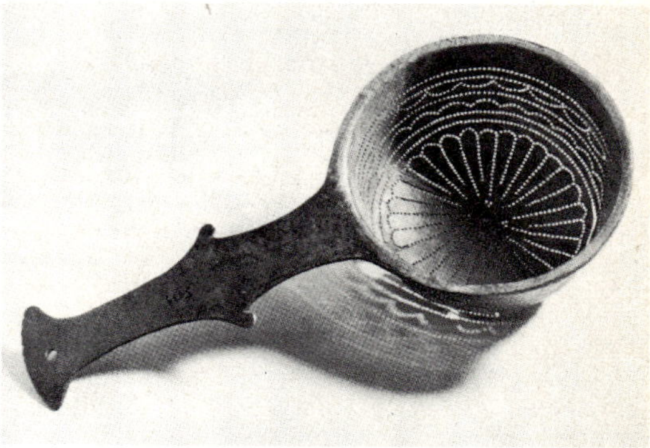

Weinsieb, römischer Bronzeguß aus der Zeit um Christi Geburt
Foto: Müller-Grah

Mykenischer Goldbecher mit ziselierten Ornamenten aus der Zeit um 1500 v. Chr.
Foto: WMF

Seite 223:
Metallschale mit Allianzwappen von Joh. Vöhlin-Euphemia. Mößlin von Graueck, Memmingen
Foto: Bayerisches Nationalmuseum München

Seite 224:
Landsknechte – Zinnguß nach alten Formen aus dem Kloster Andechs
Foto: Barbara Schulten

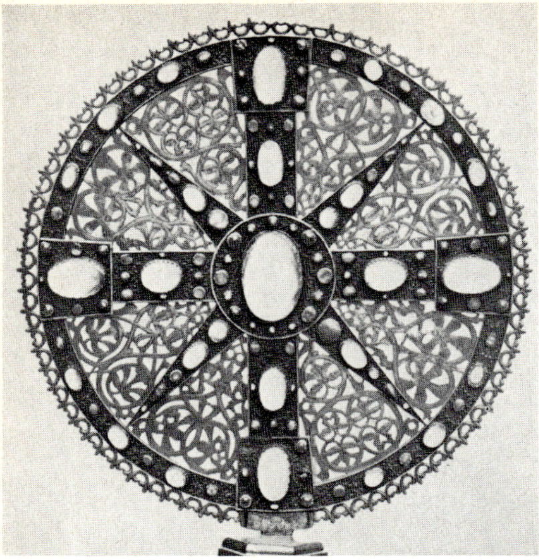

Prozessionskreuz aus Hildesheim, 12. Jahrhundert. Die Ranken und Palmetten sind aus Kupfer. Die Kreuzarme, mit Steinen und Bergkristallen besetzt, sind in Filigranarbeit ausgeführt
Foto: A. Lax

beit zurückverfolgen. Aus dem Metallblech wurden Figuren herausgeschnitten und als Zierat in Holz, Metall oder Leder eingesetzt. Die Befestigung geschah durch Nägel oder Nieten, die ornamental angeordnet wurden und einen zusätzlichen Schmuck darstellten. Man nannte solche Inkrustrierungen von Metallblechornamenten Empästik.

Die am häufigsten ausgeführte Bearbeitungsmethode für Metallbleche war das Treiben, wobei man entweder aus freier Hand mit Hammer und Punzen Reliefs heraustrieb, oder das Metallblech in eine ausgehöhlte Form (Baumstamm o. ä.) hämmerte. An dieser Grundtechnik hat sich bis heute vor allem im kunsthandwerklichen Bereich kaum etwas geändert. Auch das Stanzen war in einer einfachen Form schon bekannt. Man legte dazu das dünne Metallblech auf ein Stück Blei, darüber die aus härterem Material gefertigte Stanze, die das herzustellende Muster negativ zeigte, und schlug auf die Stanze. Später erfand man Negativ- und Positivstanzen mit gleichem Motiv, zwischen denen das Blech geformt wurde. Die Blätter alter noch erhaltener Kränze und Diademe aus Goldplättchen sind auf diese Weise geformt worden.

Ebenfalls auf der Dehnbarkeit der Metalle beruhten die aus Metalldrähten hergestellten Arbeiten, vornehmlich in Gold. Nach Art der uns bekannten Filigranschmuckstücke wurden dünne Drähte kunstvoll gebogen und mit einem festen Untergrund aus Metall verbunden. Oftmals bestanden die aufgelegten Ornamente aus einer Aneinanderreihung von Metallkügelchen, sogenannten Granulaten. Dabei müssen die Metallschmiede der Antike außerordentlich geschickte Handwerker gewesen sein, denn wie leicht konnte in der Glut des Kohlenfeuers nicht nur das Lötmaterial, sondern auch die zum Löten vorbereitete Arbeit zerfließen.

Die Verzierung von Gold durch aufgelötete Drähte ist sehr alt, wie Funde belegen. Die frühen Goldarbeiten von Troja zeigen Arbeiten von beachtlicher Vollendung, die von den mykenischen Goldsachen noch übertroffen werden. Während die ersten Drähte noch gehämmert waren, tauchten schon bald gezogene Drähte aus Gold und Silber auf.

Die Metalltechnik, die auf der Verflüssigung beruht, wurde vorwiegend bei Bronzegüssen, gelegentlich bei Silber, jedoch fast nie bei Gold angewendet. Die ersten Gießformen waren einfache Sandmulden. Sie erlaubten nur einfache Formen, die aus mehreren Teilen zusammengesetzt wurden. Man goß auch häufig nur Zusatzteile, die an getriebene Metallgefäße angebracht wurden, so z. B. die Henkel an Gefäßen, oder Teile, die besonders viel strapaziert wurden. In der Hauptsache wurden Bronzegüsse ausgeführt. Der reine Zinnguß kam erst später hinzu.

Die Bibel ist vermutlich das älteste Dokument, das im Alten Testament unter den 1200 v. Chr. bekannten Metallen auch Zinn erwähnt. Die Schriften von Homer und Hesiod über den trojanischen Krieg berichten von Zinneinlagen als Schmuckornamente auf den Streitwagen von Herkules und Agamemnon. Der römische Dichter Plautus (gest. 184 v. Chr.) schildert ein Festmahl, bei dem Geschirr aus Zinn benutzt wurde. Bei Plinius d. Ä. (79 n. Chr.) findet man ebenfalls Zinngeschirr erwähnt. In seiner Naturgeschichte berichtet er von einem Zinnspiegel. Dolch- und Pfeilspitzen aus Zinn, Tonfiguren mit Zinneinlagen und Schmuckstücke aus zinnverziertem Bernstein wurden bei der Freilegung versunkener Pfahlbauten in den Schweizer Seen von Neuchâtel und Bienne sowie bei Ausgrabungen in Schottland und Irland gefunden. Diese Funde werden alle der Steinzeit bzw. der Bronzezeit zugeordnet, während Funde von Zinngegenständen (Amulette u. ä.) aus Gräbern in Oberägypten den christlichen Kopten des 4.–7. Jahrhun-

Kampfhahn – Metallplastik aus der Werkstatt von Antonio Zapata, Tonje, Kolumbien
Museum für Völkerkunde, Wien
Foto: Fritz Mandl

Romanisches Reliquiar aus Limoges, Gold mit blauem Grubenemail, 12. Jahrhundert
Foto: Müller-Grah

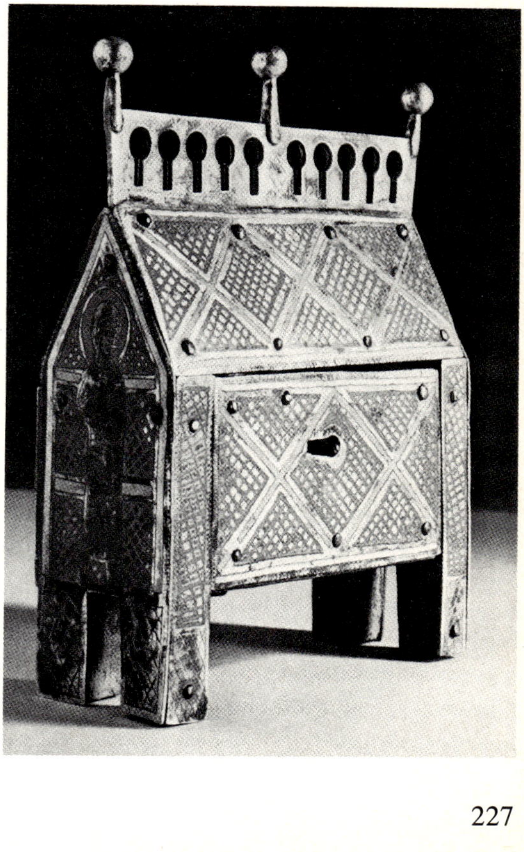

Emailschale aus Venedig, 16. Jahrhundert
Foto: Bayerisches Nationalmuseum München

derts zugeschrieben werden. Aus der Zeit der Kreuzzüge sind kleine Bilder aus einer Zinnlegierung bekannt, sogenannte Pilgerzeichen. Um das 11.–13. Jahrhundert waren in den Klostergemeinschaften Schüsseln und Löffel aus Zinn gebräuchlich, und allmählich begann auch die einfachere Bevölkerung Eß- und Gebrauchsgeschirr aus Holz oder Ton durch solches aus dem stabileren Zinn zu ersetzen.
Die eingangs erwähnte dritte Gruppe der Metalltechniken im Altertum ist die Toreutik oder Cälatur; Begriffe, die heute nur Kunsthistorikern und einem kleinen Kreis von Spezialisten bekannt sind. Es handelt sich bei dieser Technik um eine Form des Ziselierens, wobei das Metall mit harten Instrumenten beschnitzt wurde. Auch die Verzierung mit Metallpunzen, die härter als Zinn waren, gehört dazu. Feine Gravuren von Ornamenten, Randverzierungen und Schriftzeichen wurden mit dem Grabstichel ausgeführt. Kunsthistoriker sind sich nicht darüber einig, ob für den Antrieb der sich drehenden Stifte ein Tretrad verwendet wurde. Viele Verzierungen, die für Gravuren mit einem Grabstichel gehalten werden, sind durch Ätzung entstanden. Man kannte schon früh die Technik, eine Fläche mit einer Substanz (z.B. harzigem Firnis) zu bedecken und in die aufgetragene Schicht Linien mit einem spitzen Griffel zu ziehen. Die anschließend aufgetragene Flüssigkeit (möglicherweise verdünnte Salpetersäure) ätzte das Metall an, und nach dem Entfernen der Abdeckschicht erschienen die Ätzungen als matte Zeichnung.

Das Emaillieren

Die Technik der Emailschmelze ist seit der Herstellung von Glas bekannt und vermutlich durch zufälliges Aufschmelzen auf Metall – durch Überlaufen der Glasmasse beim Hantieren – entstanden. Die Kelten waren bereits große Meister im Furchenschmelz. Sie ritzten tiefe Linien in Bronze und gossen diese mit einer roten Schmelzmasse aus. Gruben- und Zellenschmelz wurden von römischen Metallhandwerkern erfunden. Beim Grubenschmelz trieb man Vertiefungen in das Metall und goß sie mit farbigen Schmelzmassen aus. Beim Zellenschmelz wurden aus Metallstreifen geformte Stege aufgelötet und die Zwischenräume ausgegossen.

Im klassischen Griechenland führte man solche Arbeiten in Gold aus, in Rom arbeitete man in Bronze. Die Schmelzarbeiten des mittelalterlichen Abendlandes wurden entscheidend durch die byzantinische Emailkunst geprägt. Zwischen dem 7. und 12. Jahrhundert war die byzantinische Emailkunst, vor allem die Kleinodienkunst, auf einem hohen Niveau. Aber auch prunkvolle Privathäuser, luxuriöse Kleidungsstücke, edles Tafelgerät und kostbarer Schmuck wurden mit Email verziert. Das byzantinische Email fand überall Nachahmer, von Spanien bis Ägypten. Wegen ihrer Schönheit und Vielfarbigkeit erreichten Emailarbeiten die gleiche Wertschätzung wie Schmuckstücke aus edlen Metallen mit edlen Steinen, obwohl sie oft nur auf Kupfer ausgeführt waren, das teilweise vergoldet wurde. Venedig und Limoges hatten in der Folgezeit eine führende Stellung in der Emailkunst. Unter den zahlreichen Schätzen von San Marco in Venedig befindet sich ein Meßbuchdeckel aus dem 11. Jahrhundert, auf dem der Gekreuzigte zwischen Maria und Johannes dargestellt ist. Die in Grubenschmelz ausgeführte Arbeit läßt deutliche Einflüsse der Malerei sowohl in den ikonographischen Anordnungen, als auch in der freien Farbengestaltung erkennen.

Auch von den im 12. Jahrhundert aufkommenden Glasfenstern mit ihrer mystischen Ausstrahlung und der strengen Bleirutenunterteilung wurde die Emailkunst geprägt und entsprach in ihrem formalen Aufbau häufig den Gesetzen der Glasmalerei.

Mit dem ausgehenden 13. Jahrhundert bahnte sich ein neuer Abschnitt in der Geschichte der Emailkunst an. Hatte man bisher bereits reliefartig erhabene Metalle mit Glasschmelz überzogen, so wurden nun vollplastische Figuren ganz oder teilweise emailliert. Die Schatzverzeichnisse der Päpste in Avignon (von 1314 bis 1376) weisen eine Reihe solcher Emailfiguren auf, so zum Beispiel zwei Krüge, einer in Form eines Hahnes, der andere in Hundegestalt, vollständig mit Email überzogen.

Von den ersten Anfängen an war die Emailtechnik so vollkommen, daß sie sich – abgesehen von neuen Materialien und neuzeitlichen Hilfsgeräten – kaum verändert hat.

Liebe auf den zweiten Blick

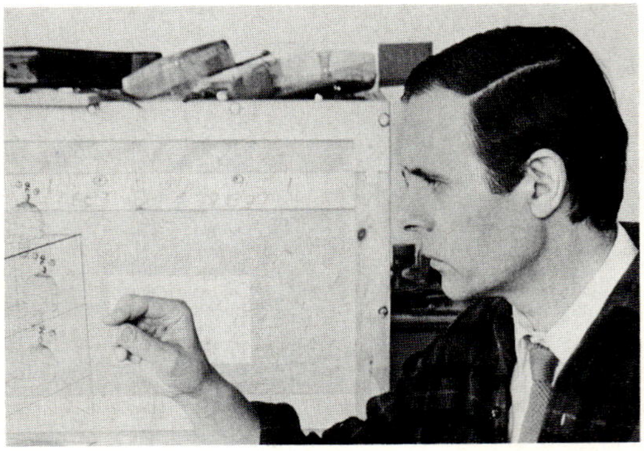
Foto: privat

Er hat kein Eisen im Feuer und kein Edelmetall im Schmelztiegel, er schmiedet nicht, treibt nicht, gießt, ziseliert und emailliert nicht und ist doch ein Metallbildner von international anerkanntem Rang.
Bei Günter Haese ist alles anders. Verbindet sich im allgemeinen mit dem Begriff Metallkunst die Vorstellung von Schwere, Festigkeit und Unbeweglichkeit, so sprechen die phantastischen Arbeiten Günter Haeses eine ganz andere Sprache. Es ist eine sanfte, verhaltene Sprache, die zum nochmaligen Hinsehen zwingt. Da stehen zittrige Gitterstrukturen, Drahtkugelgebilde mit integrierten Uhrenteilen und eigenartig ausgefranste Plastiken aus Fliegendraht. Antennen nicken einander zu, Metallgerüste vibrieren und geben dem Beschauer Rätsel auf: Was ist das? Was soll das? Darf man vielleicht sogar darüber lachen? Man darf, wenngleich die Metallkunst von Günter Haese beileibe kein Jux ist. Aber die Namen, die er seinen Werken gibt, ermuntern auch zu weniger ernsthaften Gedanken, wie bei der Drahtplastik »Seltene Kaktusart«, die aussieht, als hätten sich darin alle Züchtungsversuche der Kakteenliebhaber vereinigt, wobei das Zuchtergebnis bereits durch einen Schmarotzer bedroht scheint. Vielleicht hat Günter Haese sich etwas ganz anderes dabei gedacht, als er der Plastik diesen Namen gab.
Während viele bildende Künstler schon einen Namen für ihr Werk wissen, noch bevor sie es überhaupt zu erarbeiten begonnen haben, sieht sich Günter Haese erst einmal die fertige Arbeit, die sich oft unter seinen Händen selbständig macht, an. Mit dem dafür gefundenen Namen bringt er den Betrachter dann unmerklich auf jenen Weg, den er selbst bei der Verwirklichung seiner Vorstellungen gegangen ist.
Die Umsetzung seiner Ideen in Metall, in Uhrenfedern, Räderwerk und Drahtgeflecht vollzieht er nach genauen statischen Erwägungen mit dem Geschick eines Uhrmachers, der Kunstfertigkeit eines Goldschmiedes und der Präzision eines Edelsteinschleifers. Lötkolben, Zangen und Metallschneidewerkzeug sind die Instrumente, die er hauptsächlich dazu braucht. In seinem Düsseldorfer Atelier sieht es aus wie in einem Entwicklungsstudio für überplanetarische Gedanken-

Seltene Kaktusart – das Metallobjekt von Günter Haese entstand 1963

übertragung. Dabei kommt Günter Haese nicht etwa von der Feinmechanik, sondern er studierte Malerei und Bildhauerei. Eine Uhr war es, deren technischer Mikrokosmos ihn so faszinierte, daß er mit Metall zu arbeiten begann. Doch von Anfang an waren seine Plastiken lebendig wie das Räderwerk einer Uhr, das als symbolische Antriebskraft in vielen seiner Werke wiederkehrt. Selbst wenn keine sichtbaren Uhrenteile einbezo-

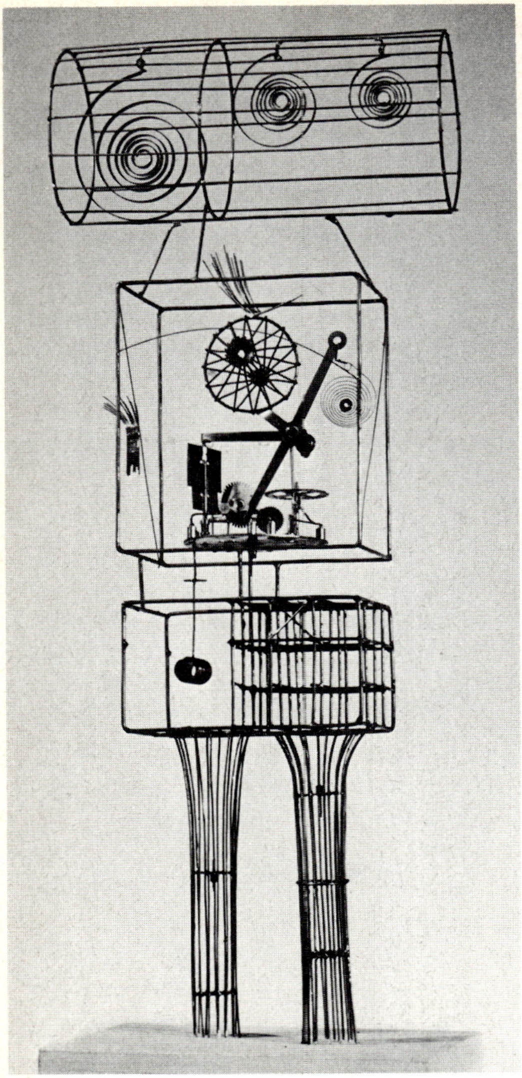

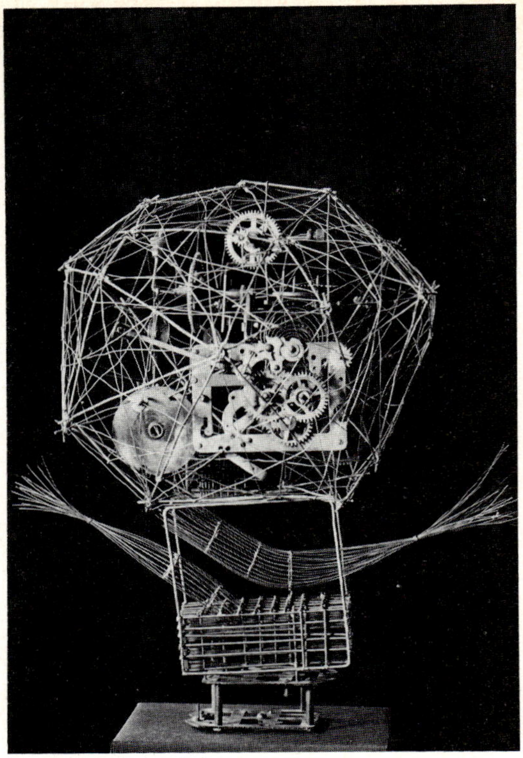

Ein anderer Mond – Größe: 31 × 29 × 18,5 cm. Der fremde Mond enthält – wie viele Werke Haeses – Uhrenteile

Seraph – die Zartheit des Lichtengels wird auf erstaunliche Weise deutlich. Trotz der strengen Bündelung, Anordnung und Gliederung der Metallstäbe hat die Plastik etwas Leichtes, fast Schwebendes. Eine der ersten Arbeiten Günter Haeses aus Metall

gen sind, ist die Uhr in der Unruhe, die von den Kunstwerken ausgeht, gegenwärtig. Um so erstaunlicher ist es, daß diese Unruhe sich nicht auf den Betrachter überträgt, im Gegenteil, die wippenden Metallkugeln, auf dünnen Stäben sitzend, laden zur unverkrampften spielerischen Auseinandersetzung mit sich ein.

So sieht es im Atelier des Metallbildners Günter Haese
in Düsseldorf aus

Alle Fotos: Günter Haese

Das Arbeiten mit Draht

Wohl jeder hat schon einmal mit Draht geformt, sei es auch unbewußt. Die Büroklammer, die man spielerisch verbiegt, ist schon eine Drahtarbeit. Mit der gleichen Unbefangenheit sollte man mit dem Werkstoff Draht umgehen und dessen Eigenschaften zunächst mit den Händen erforschen. Als Material eignen sich die für den Hobbybedarf angebotenen Drahtsorten in vermessingter, verkupferter oder versilberter Ausführung, die es in verschiedenen Stärken gibt. Reiner Messing-, Kupfer- oder Silberdraht ist weicher und teurer. Es gibt ihn als Flach- und Runddraht. Für den Ungeübten ist das Arbeiten mit Runddraht problemloser, weil sich Verwindungen nicht so leicht bemerkbar machen. Als Hilfswerkzeuge braucht man eine Flachzange, eine kleine Rundzange (auch als Kombizange zu haben) und einen Seitenschneider. Viele Zangen sind mit einer Schneidvorrichtung ausgestattet. Für Draht-

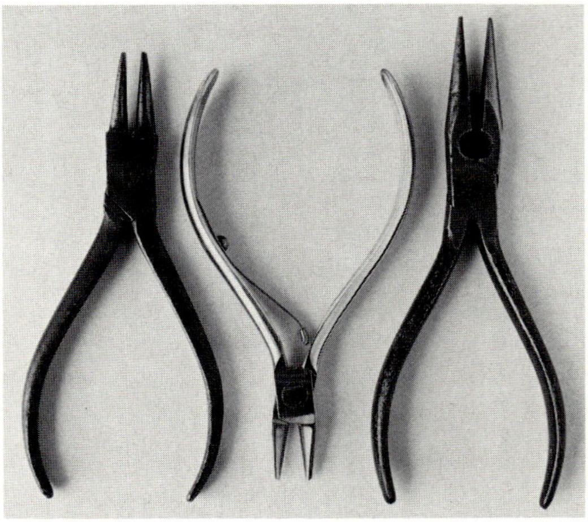

Zangen zum Drahtbiegen und -schneiden

Anordnung von Nägeln, die man als Biegehilfe für Draht benutzen kann

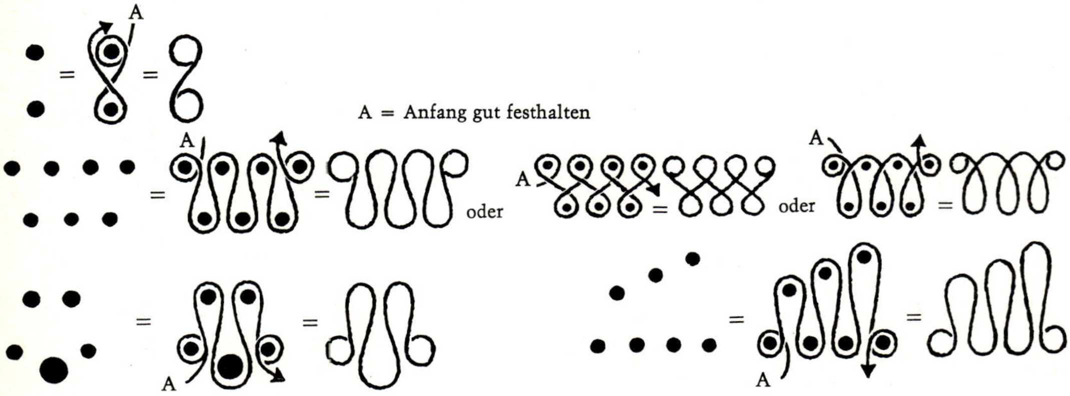

plastiken braucht man außerdem einen Schlosserhammer (das ist der in Haushalten gebräuchliche Hammer), eine Eisenfeile und einen Lötkolben. Zum Schneiden von Drahtgeflecht eine Blechschere. Will man eine sich häufig wiederholende Form biegen, zum Beispiel Glieder für eine Kette, so kann man sich folgender Hilfsmittel bedienen:
Für Kettenglieder, die aus Ringen bestehen sollen, wickelt man den Draht um einen Rundstab entsprechender Größe, und zwar in dichten Windungen. Die entstandene Spirale zieht man vom Rundstab herunter und zwickt sie mit dem Seitenschneider zu Ringen auseinander. Man kann dazu auch eine feine Metallsäge nehmen. Die Ringe werden an den Schnittstellen mit der Feile bearbeitet, damit sich glatt schließende Fugen ergeben, die nach der Montage zugelötet oder nur zugebogen werden.
Für Kettenglieder mit anderen Formen kann man eine Biegelehre herstellen. Dazu schlägt man Nägel ohne Köpfe in ein Hartholzbrett, von deren Anordnung die gebogene Form abhängt (s. Zeichnungen links). Um diese Nägel herum wird der Draht gewunden und nach oben von der Lehre, die man auch Faulenzer nennt, abgehoben. Dabei muß man den Drahtanfang zweimal um den ersten Nagel winden, um ihn zu befestigen. Dieses überflüssige Drahtende wird später abgezwickt.
Der Faulenzer ist für den Anfang eine gute Hilfe, dennoch ist die freie Gestaltung mit der Hand immer vorzuziehen. Es ist nicht das Ziel der Werkkunst, Dinge zu schaffen, die wie mit der Maschine gemacht aussehen, sondern gerade die Werkspuren, die die Handschrift des Machers tragen, geben einem Stück seine Seele.

Vom Umgang mit Blech

Feinbleche in dünnen Ausführungen lassen sich von Laien problemlos verarbeiten. Man schneidet sie mit der Blechschere, bearbeitet sie mit der Metallfeile und kann sie auch mit einer Metallsäge teilen. Schon aus einfachen Konservendosen kann man durch Aufschneiden der Wandungen in Streifen, die man noch verformen kann, Rosetten und Sterne herstellen. Mit Zangen läßt sich bei Blech viel ausrichten. Größere Verformungen macht man mit der Hand. Verzierungen kann man mit verschiedenen Punzen oder Stanzen anbringen, etwa mit Nägeln, Eisenstäben, Metallrädern usw., die man auf das Blech legt und draufschlägt. Abgesehen davon kann man das Metall auch mit Sticheln ziselieren und mit Säure ätzen.

Metallverbindungen

Metallteile kann man zusammenkleben (z.B. mit stabilit ultra, stabilit dur). Weiter kann man sie durch Falze miteinander verbinden, indem man zwei in entgegengesetzter Richtung umgebogene Blechkanten ineinanderhängt und die Naht mit einem Holzhammer auf einer festen Unterlage (Amboß, Eisenplatte, Stein) zuschlägt. Diese Methode eignet sich, um aus einer Blechplatte eine zylin-

So wird aus einer Konservendose eine Sternrosette

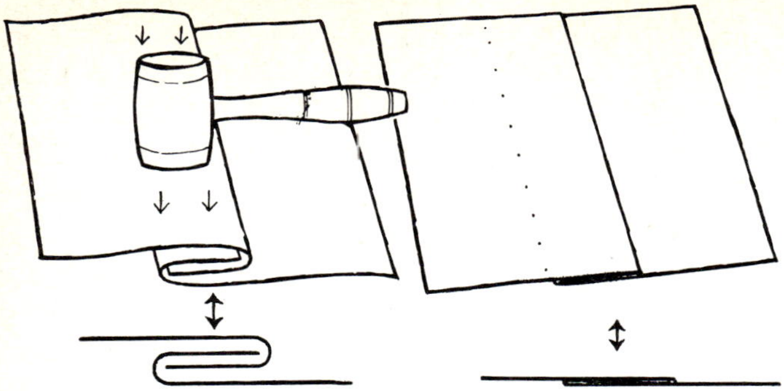

Metallverbindung durch einen Falz
Zeichnung: E.-I. Baumanns

drische Form herzustellen oder Blechstreifen zu Ringen zu schließen.
Bleche kann man auch vernieten. Man braucht dazu eine Lochzange für Blech (ersatzweise einen dicken Nagel). Am leichtesten zu verarbeiten sind Aluminiumnieten. Man steckt sie durch zwei sich deckende Löcher in den zusammenzufügenden Blechteilen und schlägt das stumpfe Ende der Nieten auf einer harten Unterlage (Metall, Stein) mit dem Eisenhammer flach. Die Verbindung durch Nieten eignet sich zum Anbringen von festen oder beweglichen Blechteilen.
Das Weichlöten ist ebenfalls eine von Laien ausführbare Metallverbindung. Am besten arbeitet man mit einem elektrisch aufheizbaren Lötkolben. Außerdem braucht man je nach Art des zu verlötenden Metalls kolophoniumgefüllten Lötdraht, Silberlot oder Lötzinn und einen Salmiakstein. Die zu verbindenden Metallteile werden mit Brennspiritus (Vorsicht, Feuergefahr!) gereinigt und mit Klebstreifen, Wäscheklammern, Draht oder kleinen Schraubzwingen zusammengehalten. Das Löten aus freier Hand ist für einen Laien zu schwierig. Der aufgeheizte Lötkolben wird auf dem Salmiakstein gerieben und mit einem Tropfen Lötzinn verzinnt. Kolben und Lötdraht hält man an die zu verlötende Stelle, erhitzt das Metall und läßt das Zinn in die Fuge fließen. Löten empfiehlt sich überall dort, wo es um haltbare wasserdichte Nahtstellen oder besonders beanspruchte Verbindungen geht. Außer Aluminium lassen sich alle Bleche und Drahtmaterialien verlöten.

Metalltreiben

Das Metalltreiben ist eine sehr geräuschvolle Angelegenheit, die man am besten im Freien ausführt. Um eine Schale zu treiben, schneidet man zunächst aus Messing- oder Kupferblech mit der Blechschere eine kreisrunde Scheibe. Zum Treiben braucht man außer einem Treibhammer ein Treibholz. Das kann ein Holzscheit sein oder ein Baumstumpf, in den man eine leichte Mulde schnitzt. Die Platte wird über diese Mulde gelegt und von der Mitte ausgehend schneckenförmig mit leichten rhythmischen Hammerschlägen bearbeitet. Langsam wölbt sich das Blech nach oben. Ist es durch das Schlagen mit dem Hammer zu hart geworden, weil sich Spannungen im Metall bilden, glüht man es über einem Feuer wieder weich und kann dann weiterarbeiten. Zum Treiben der Wandungen wird das Werkstück schräg gehalten und drehend über die Mulde geführt. Die fertige Treibarbeit wird mit Flintpapier geschliffen und mit einem Poliermittel nachgearbeitet. Die Kante kann so belassen werden wie sie ist. Man kann sie auch mit einer Metallfeile glätten.

Metallguß

Für Laien ist Zinn das am besten geeignete Metall zum Gießen. Die Gußform wird in traditioneller Weise, jedoch mit neuen Materialien hergestellt. Der Vorgang soll hier am Beispiel einer Vogelfigur erläutert werden. Auf einen kleinen Styroporblock zeichnet man die Umrisse des Vogels und schmilzt die Form mit Hilfe eines heißen Lötkolbens heraus. Dabei muß man rasch arbeiten, denn das Styropor schmilzt sofort. Aus Draht werden vorsichtig zwei Stücke als Vogelbeine in den Styroporkörper gesteckt, die erst später auf ihre richtige Länge gekürzt werden. Nun umkleidet man den Vogelrumpf ganz und gar mit Ton oder Knetmasse, die fest angedrückt und überall dicht abschließen muß. Sie bildet die eigentliche Gießform, die nur an einer Stelle eine Öffnung zum Einfüllen des flüssigen Zinns erhält. Diese Öffnung wird durch

Eine auf Styropor gezeichnete Umrißform wird mit dem heißen Lötkolben herausmodelliert

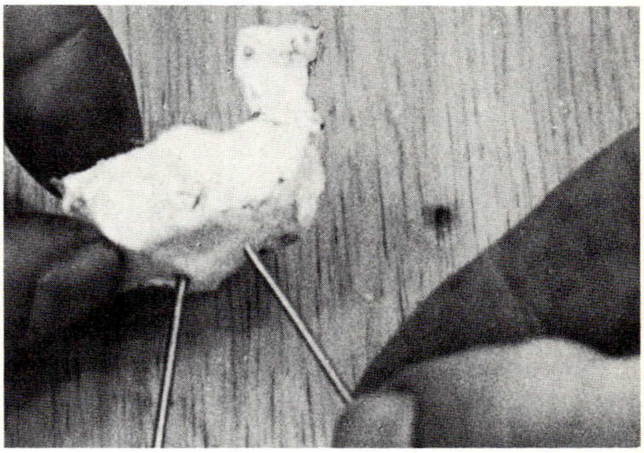

Die Figur aus Styropor bildet den Kern der Gießform. Die Drahtbeine werden mit eingegossen

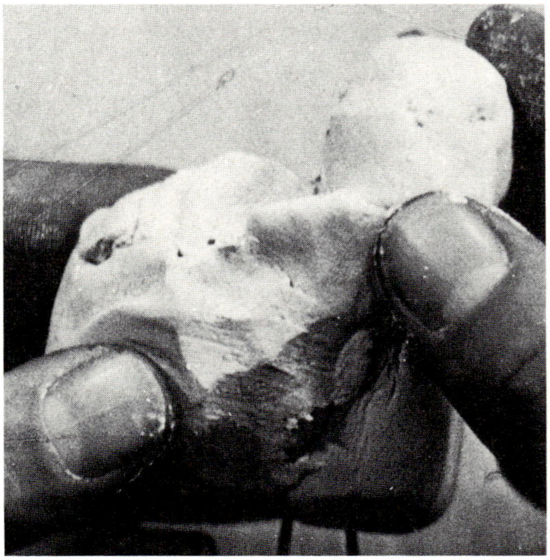

Mit Knetmasse oder Ton wird der Styroporkern bis auf eine Öffnung so umkleidet, daß er ganz bedeckt ist

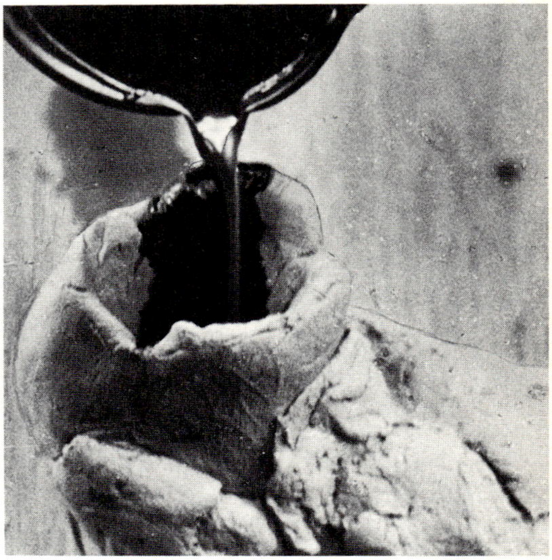

Durch die Öffnung schmilzt man über einer Kerzenflamme den Styroporkern heraus und gießt an seiner Stelle Zinn ein

Fotos: Müller-Pentz

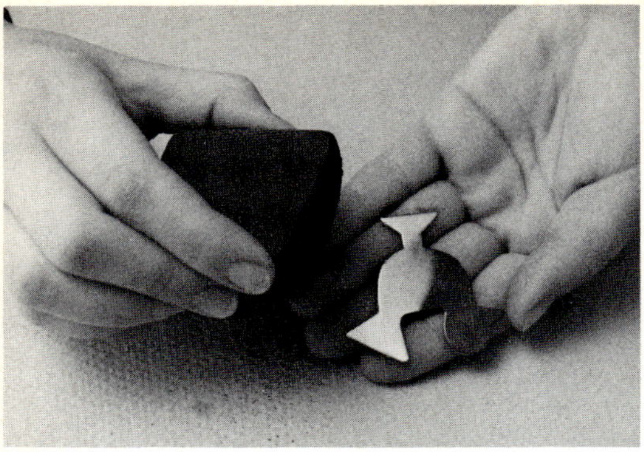

Der Emailträger aus Kupfer wird mit dem Schmirgelstein auf der zu emaillierenden Seite und an den Kanten gereinigt und abgespült

Durch ein Sieb wird das Emailpulver in einer gleichmäßigen Schicht aufgestreut, die so dick sein soll wie das Kupfer

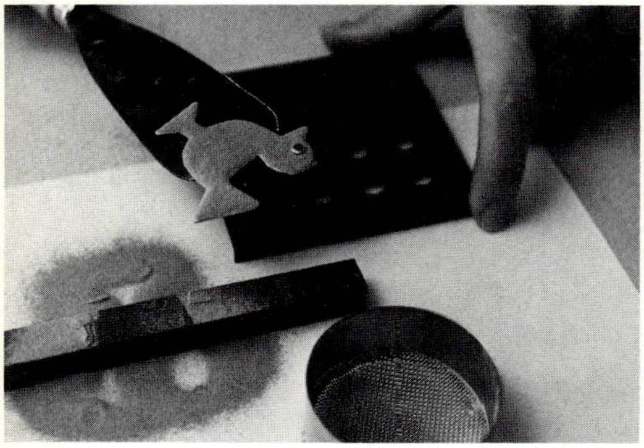

Das fertig bestreute Werkstück wird vorsichtig mit einem Metallschieber auf die Brennunterlage gesetzt . . .

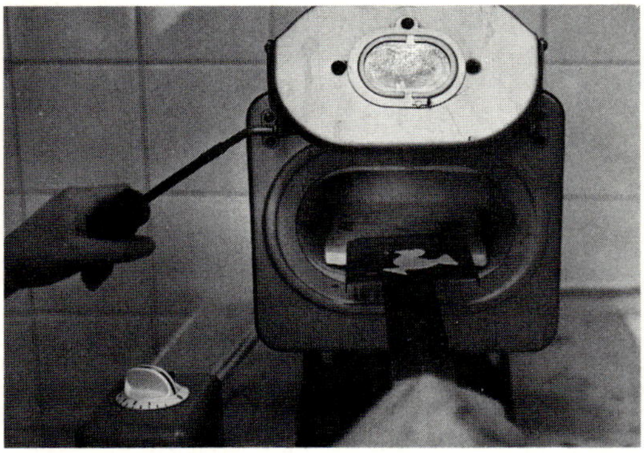

. . . und in den vorgeheizten Emailofen gebracht. Vor den Ofen legt man eine Asbestplatte zur Ablage des gebrannten noch heißen Werkstücks

Fotos: M. Bauer-Hamersen

einen ringförmig aufgesetzten Wulst erhöht, so daß ein richtiger Einfüllstutzen entsteht. Die so vorbereitete Gießform wird auf einen Ring oder einen aus Ton geformten Sockel so hingestellt, daß der Stutzen oben ist und die Form waagerecht steht. Vorher wird noch der Styroporkern in dem Tonmantel über einer Kerzenflamme geschmolzen und entfernt. Reste löst man mit etwas Azeton auf. In einer Blechdose, deren oberen Rand man mit der Zange zu einem Gießer geformt hat, wird das Zinn auf dem Küchenherd oder einer Heizplatte geschmolzen und in die Form gegossen. Dabei faßt man die heiße Dose mit einer Zange an. Der Zinnguß muß zügig erfolgen, denn das Metall erstarrt rasch. Den fertigen Guß löst man nach dem Erkalten aus der Tonform heraus und ergänzt die Figur durch Anlöten von Füßen und Schwanzfedern aus Draht usw.

Emailarbeiten

Der Vorgang des Emaillierens ist einfach: Emailpulver wird auf gereinigtes Metall aufgestreut und in einem Spezialofen bei mindestens 900 Grad Celsius aufgeschmolzen. Dieses Metall, dessen Schmelzpunkt höher liegen muß als der des Emails, kann Kupfer,

Tombak (Legierung aus Kupfer und Zink), Edelstahl, Silber oder Gold sein. Am häufigsten wird Kupfer verwendet. Zwar gibt es im Handel eine Vielzahl von vorgeformten Kupferteilen, sogenannte Rohlinge, die man emaillieren kann, aber wirkliche Freude bringen eigentlich nur Stücke, die man ganz durchgestaltet hat, deren Form man mit der Metallsäge oder Blechschere aus Kupferblech ausgeschnitten hat.

Das Aufstreuen und Aufschmelzen von Emailpulver an sich ist eine ziemlich uninteressante Arbeit. Schöpferisch tätig werden kann man erst durch die Vielzahl von Variationen, die diese Technik erlaubt: Man kann den sogenannten Grubenschmelz ausführen, indem man das Kupfer mit Punzen vertieft oder stellenweise mit Säure anätzt und nur hier Emailpulver aufstreut. Man kann aus Draht Formen biegen, mit farblosem Email auf die Kupferplatte aufschmelzen und die einzelnen Felder (Zellen) innerhalb und außerhalb der Form mit unterschiedlichen Farben überschmelzen. Diese Technik nennt man Stegemail. Ätzt man nach dem Brennen den Emailträger (das Kupfer) zwischen den Stegen heraus, entsteht Zellenschmelz, ähnlich bleigefaßten Fenstern aus farbigem Glas. Es gibt außer dem Emailpulver auch Emails in Stäbchen, Brocken und Kugeln, mit denen man viele Variationsmöglichkeiten hat. Das Aufbringen von schönen bunten Tausendblümchen und das Einschmelzen von vorgefertigten Emailmalbildchen ist keine kreative Leistung.

Es braucht aber nicht immer Emailmaterial zu sein, das man mit dem Emailpulver kombiniert. Auch Glasperlen, Uhrenrädchen und Silbergranulate lassen sich verwenden. Wichtig ist, daß die einzuschmelzenden Metallteile genau wie der Emailträger (Kupferplatte) in einem Spezialbad aus Essig und Salz oder mit einem Schmirgelstein gereinigt werden.

Schmuckanhänger aus Gold- und Messingdraht, gehämmert
Entwurf und Ausführung: Jutta Lammèr
Foto: M. Bauer-Hamersen

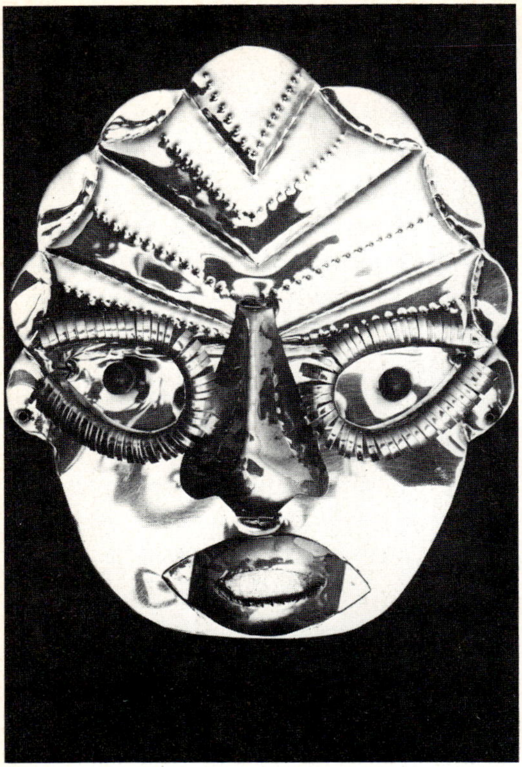

Maske aus Messingblech. Die plastischen Teile sind mit umgebogenen Laschen befestigt, die durch Schlitze gesteckt wurden. Aus Mexiko, 1974
Foto: M. Bauer-Hamersen

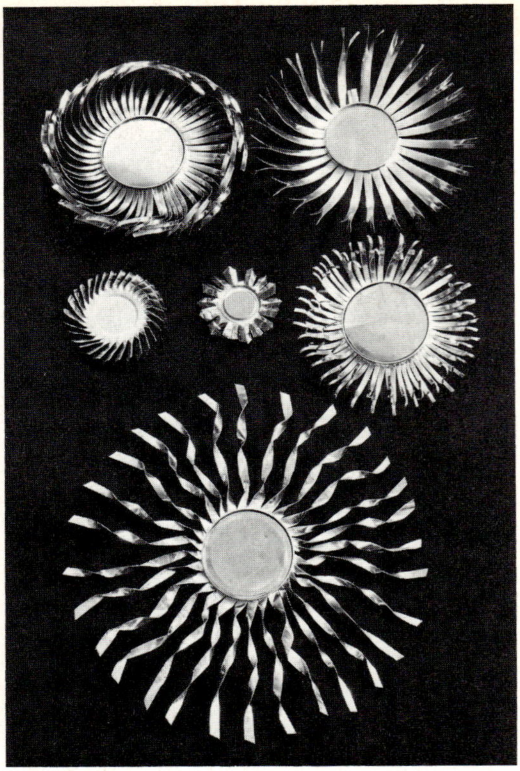

Rosetten, aus Konservendosen geschnitten und geformt
Foto: M. Bauer-Hamersen

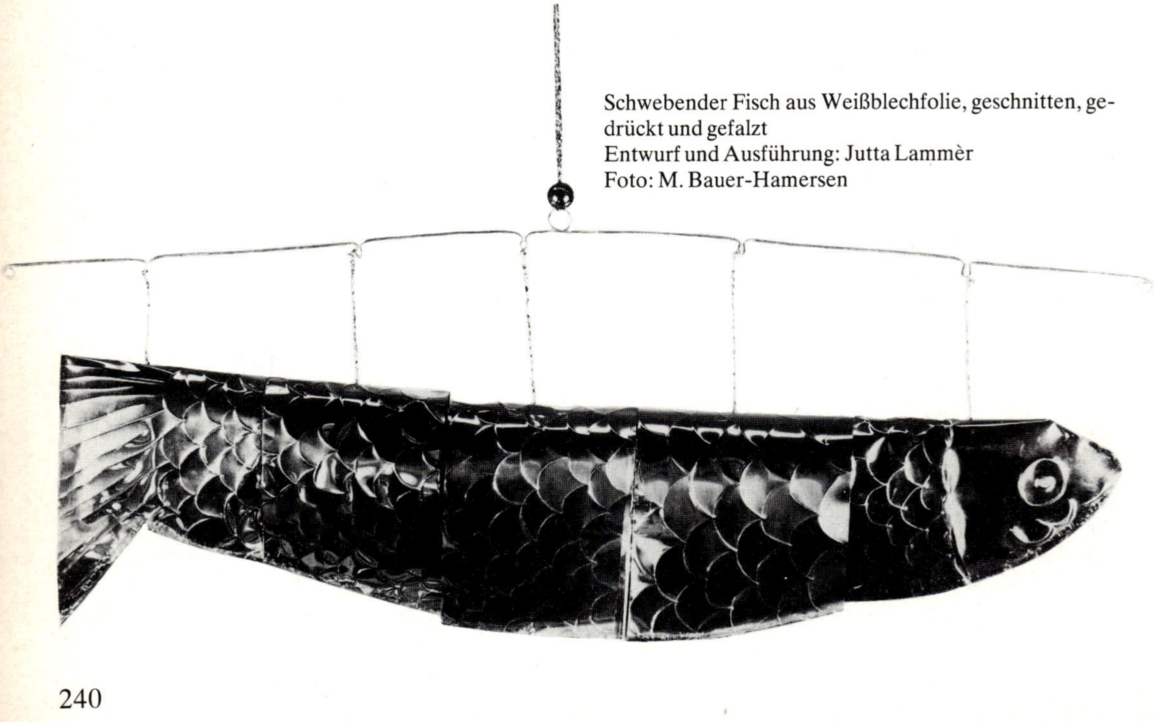

Schwebender Fisch aus Weißblechfolie, geschnitten, gedrückt und gefalzt
Entwurf und Ausführung: Jutta Lammèr
Foto: M. Bauer-Hamersen

Windlichtzylinder aus Messingblech, mit Nägeln perforiert
Entwurf und Ausführung: Manfred Burggraf
Foto: Burggraf

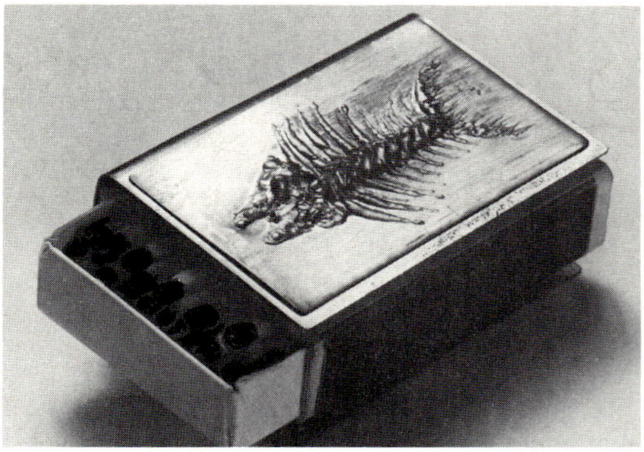

Zinnmalerei von Wulf Müller-Pentz. Bei dieser Arbeit wurde Zinnpaste auf eine polierte Messingplatte gebracht und mit dem heißen Lötkolben nachgearbeitet
Foto: Barbara Schulten

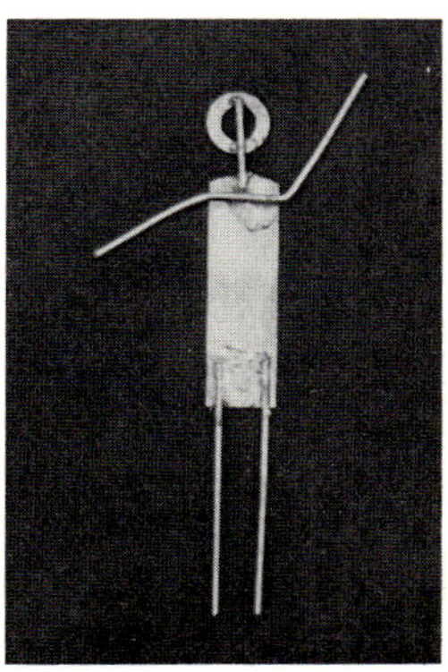

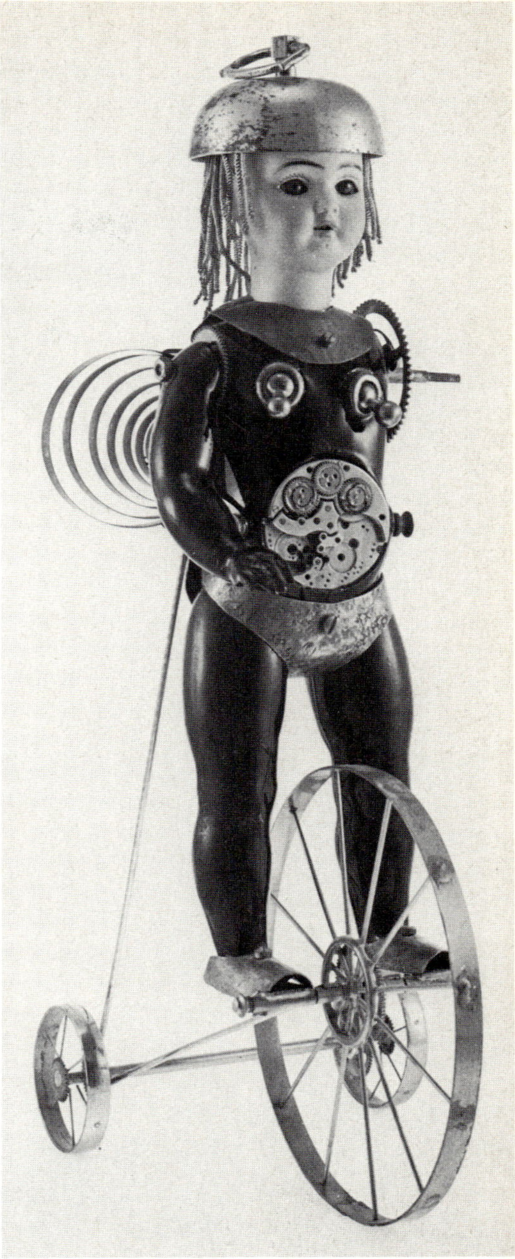

Montage-Objekt aus Porzellan, Zelluloid und Metall von Serge Komaigorodsky, 35 cm hoch
Foto: Claus-Peter Schmid

Aus einfachen Metallteilen zusammengelötete Figur von Wulf Müller-Pentz

Dieselbe Figur nach dem Überziehen mit Zinn

Vogelhochzeit – Emailmontage mit Kupferblech auf einer Holzplatte
Entwurf und Ausführung: Jutta Lammèr
Foto: M. Bauer-Hamersen

Zwei Pfauen – Zinnguß von Wulf Müller-Pentz, dessen Entstehung auf Seite 238 näher erläutert ist
Foto: Barbara Schulten

Kugeldose in Gold und Email von der Künstlerin Käthe Ruckenbrod
Foto: Herbert Bachmann, aus dem Heft Werkkunst des Landesgewerbeamts Baden-Württemberg

Abschied am Fluß – Platte in Stegemail auf weißem Untergrund in Gelb, Blau, Grün und Braun. Rechts neben dem Baum im Gras ein Blümchen mit einem Herzen in der Mitte
Entwurf und Ausführung: Jutta Lammèr
Foto: M. Bauer-Hamersen

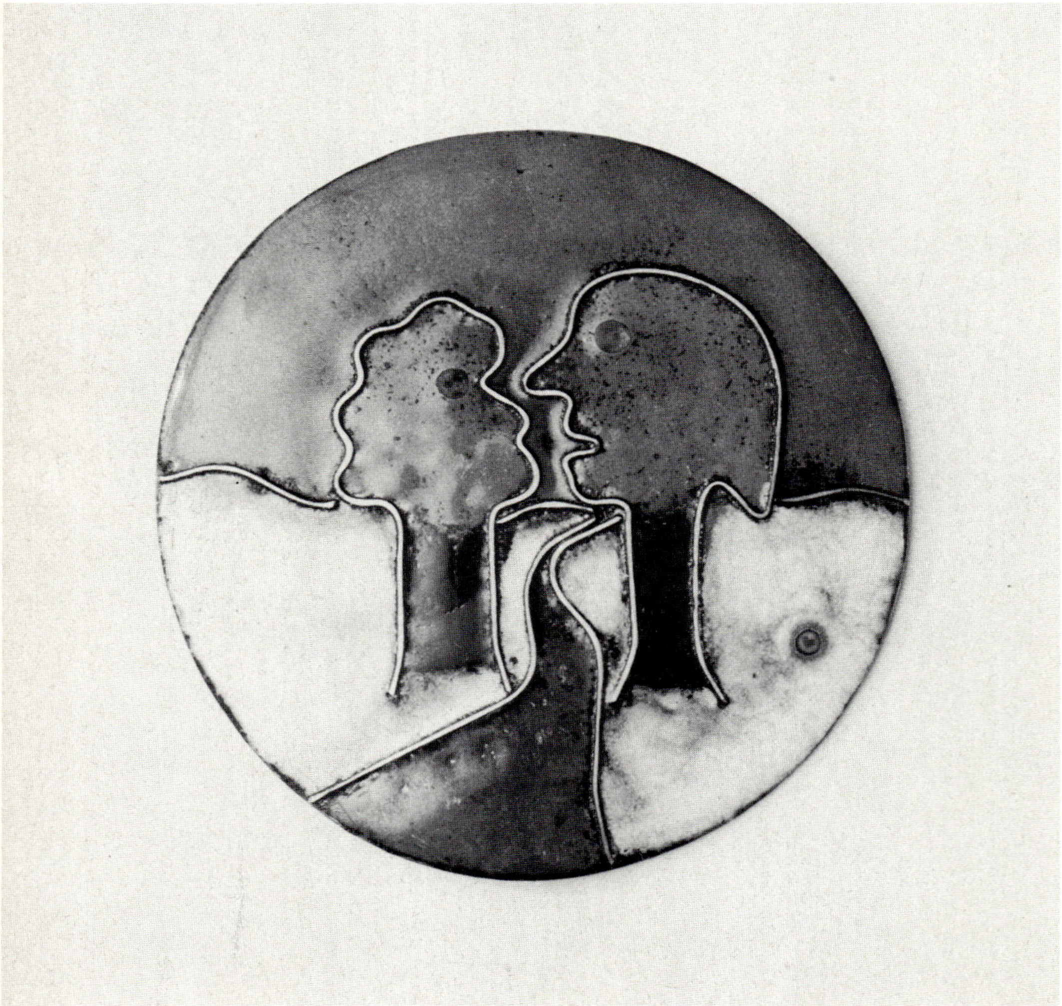

Mosaik

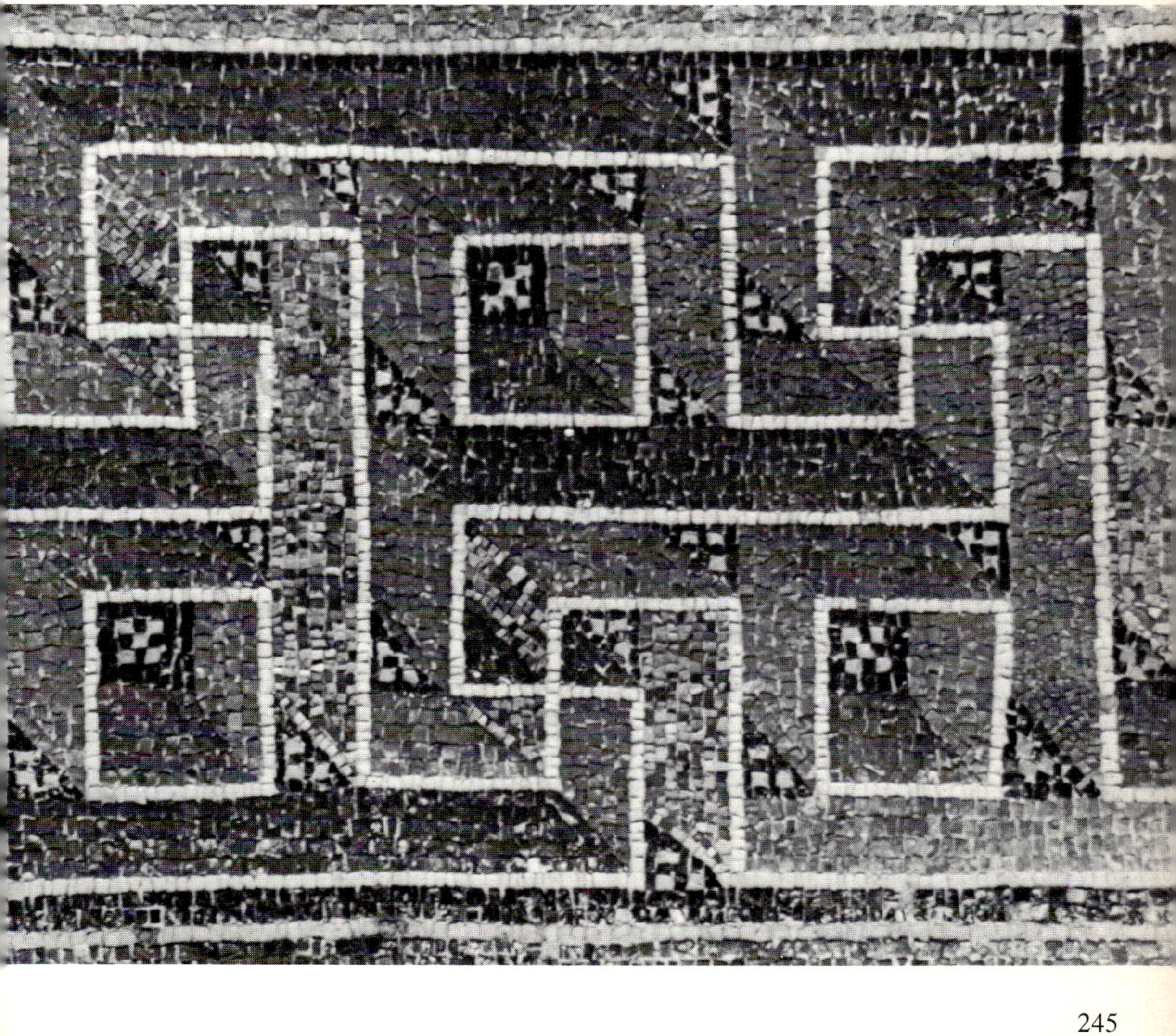

Mosaik – Malerei für die Ewigkeit

Wie bei so vielen kunsthandwerklichen Techniken, so ist auch die Geburtsstunde der Mosaikkunst nicht bekannt. Sicher ist dagegen, daß sie aus dem Orient kommt. Bereits um 2500 v. Chr. sollen die Chaldäer Mosaiken angefertigt haben. So wurden bei Ausgrabungen chaldäischer Bauwerke häufig Wandteile aus Lehmziegeln gefunden, die mit einem farbigem Mosaik aus schwarz, rot und gelb bemalten Tonstiften verziert waren. Eines der ältesten Mosaiken, eine Siegesfeier darstellend, wurde in einem vordynastischen Grab von Ur in Mesopotamien gefunden, bekanntgeworden als die Standarte von Ur. Seinen Namen hat dieses Mosaik durch seine Lage neben der Schulter eines Toten, durch die man darauf schloß, daß es sich auf einer Art Tragschild befunden haben muß. Der Untergrund ist aus Holz, die Mosaikelemente sind aus Perlmutterplättchen, Muscheln und Lapislazulistücken.

Seite 245:
Griechisches Mäanderornament im Mausoleum der Galla Placidia, Ravenna, 424–450. Eindrucksvoll: die dreidimensionale Wirkung
Foto: Lammèr-Produktion

Seite 246:
Drei Mosaiken von Walter Läuppi, Basel. Links: Zwei Tukane – 45 × 88 cm groß, Rheinkiesel. Rechts: Papageien auf Blattgrund – 50 × 80 cm groß, Colorzementsteine, Kiesel und selbst hergestelltes Material. Unten: Löwe – 51 × 118 cm groß, Rheinkiesel und blauer Marmor
Fotos aus dem Buch »Stein an Stein«, Otto Maier Verlag Ravensburg

Später, als seit den ersten Dynastien die Ägypter ihre Paläste und Tempel mit Mosaiken schmückten, verwendete man Steine aus Glasfluß, sogenannte Smalten. Durch Schiffe, die mit solcherlei Mosaiken geschmückt waren, gelangte das Mosaik von Ägypten nach Italien.

Von Alexandrien aus, wo die Mosaikkunst sehr gepflegt und vervollkommnet wurde, drang sie in zwei Richtungen vor: einmal nach Syrien, wo sie aber keine große Rolle spielte, zum anderen nach Byzanz, das sich zu einer Metropole musivischer Kunst – wie man die Mosaikkunst auch nennt – entwikkelte. Von hier aus gelangte das Mosaik dann nach Großgriechenland. In den orientalischen Mosaiken des Mittelalters wurden würfelartige Steine aus Marmor und ähnlichem Material besonders für Fußböden verarbeitet. Glasierte Keramikwürfel kann man bis zum 12. Jahrhundert zurückverfolgen. In der Blauen Moschee von Täbris gibt es Mosaikbilder in Sternform, die bis 1437 zurückgehen. Die Kunst des Keramikmosaiks war in Persien im 16. Jahrhundert auf ihrem Höhepunkt.

Durch den zunehmenden Handel mit dem Fernen Osten wirkten sich auch chinesische Einflüsse auf die Mosaikkunst aus. Nach dem zehnten Jahrhundert war sie dann in Indien heimisch, jedoch fand sie nur in Gegenden mit trockenem Klima Verbreitung, die eine längere Haltbarkeit erwarten ließen.

Um die Mitte des zweiten vorchristlichen

Halbsäulen aus Uruk (Mesopotamien) mit Mosaiken aus kegelförmigen Terrakottastiften
Foto: Staatl. Museen zu Berlin, Vorderasiatisches Museum

Seite 249:
Mosaiken aus Tabgha/Israel, Church of Multiplication
Fotos: privat

Pfauenmotiv aus dem Mosaik der Basilika San Vitale in Ravenna
Foto: Scala Antella

Jahrhunderts etwa hat sich die Mosaikkunst in Rom durchgesetzt und nahm in der Kaiserzeit einen beachtlichen Aufschwung, doch mischten sich hellenistische und orientalische Stilelemente – genau wie in der Malerei. Die Mosaiken waren vorwiegend aus verschiedenfarbigem Marmor sowie aus Smalten in vielen Farben. Man fand aus dieser Zeit sowohl Boden- als auch Wand- und sogar Deckenmosaiken, jedoch sind Bodenmosaiken in größerer Zahl erhalten geblieben.

Mit zunehmender Ausdehnung des Römischen Reiches bis nach Afrika entstanden auch in den Provinzen, z. B. im heutigen Tripolitanien, herrliche Mosaiken. Die Werke in den Thermen von Karthago sowie in Ostia zeigen, daß nicht nur Böden und Wände, sondern auch Gewölbe geschmückt wurden, was auf hohes handwerkliches Können schließen läßt. Abgesehen von den Anfängen war die Mosaikkunst – mit wenigen Ausnahmen – in erster Linie Kirchenkunst. Venedigs berühmtestes und reichhaltigstes Mosaikwerk findet sich in der »Goldenen Basilika« von San Marco. Die geheimnisvolle Leuchtkraft der Mosaiken, die durch den goldenen Hintergrund noch verstärkt wird, zieht seit Jahrhunderten die Betrachter in ihren Bann. Kunsthistoriker vermuten hier einen entscheidenden Einfluß byzantinischer Mosaiken, die zwischen dem 11. und dem 14. Jahrhundert entstanden sind.

Von den toskanischen Mosaiken sei nur einer der berühmtesten und zugleich umfangreichsten Mosaikzyklen genannt, der sich in San Giovanni in Florenz befindet. Kunsthistoriker vieler Nationen haben sich vergeblich bemüht, die daran beteiligten Meister und Schulen genau ausfindig zu machen. Die bisherigen widersprüchlichen Angaben stützen sich nur auf Vermutungen, zu denen Vergleiche mit ähnlichen Werken geführt haben.

Untrennbar mit der kirchlichen Mosaikkunst ist der Name Ravenna verbunden. Der französische Byzantinist De Jerphanion stellt fest, daß weder Rom noch Saloniki noch Konstantinopel sich mit Ravenna vergleichen können. Im 5. und 6. Jahrhundert n. Chr. stand die Mosaikkunst hier in höchster Blüte. Die Stadt erlangte auch sonst historische Bedeutung: Kaiser Honorius verlegte 402 die Hauptstadt des Weströmischen Reiches von Mailand nach Ravenna, und 493 wurde die Stadt Regierungssitz des Ostgoten Theoderich. 540 wurde Ravenna von den Byzantinern eingenommen. So erhob es sich innerhalb kurzer Zeit von einer bescheidenen Provinzstadt zur Metropole, und es entstanden zahlreiche Kirchen und Paläste. Mit dem Ende der Herrschaft der Exarchen, etwa um die Mitte des 8. Jahrhunderts, wurde es wieder still um die an Kunstschätzen so reiche Stadt.

Die Bauten der großen Epoche Ravennas aus dem 5. und 6. Jahrhundert machen einen eher bescheidenen Eindruck. Die streng geometrischen Formen, die bis ins Detail gehen und konsequent durchgehalten wurden, lassen nicht im geringsten die Kostbarkeit ihrer Innenausstattung ahnen – nichts von dem strahlenden Gold, dem jubelnden Purpur, dem sanften Blau, dem milden Grün, nichts von der Anmut der Kompositionen aller dieser Farben. Mit Recht bezeichnete der Italiener Domenico Ghirlandaio, ein Künstler der Renaissance, das Mosaik als »Malerei für die Ewigkeit«, denn nichts ist von der über ein Jahrtausend alten Schönheit verblaßt, und ein Heer tüchtiger Mosaizisten sorgt dafür, daß das prächtige Steingefüge auch weiterhin zusammenhält.

Es würde zu weit führen, wollte man die einzelnen Kunstwerke hier näher betrachten, denn ihre Zahl ist groß, und die Bevorzugung des einen brächte unweigerlich die Benachteiligung des anderen Kunstwerkes gleichen Ranges mit sich. Es gibt zahlreiche Sachbücher, die sich mit Mosaiken aller Epochen und Stilrichtungen befassen, für alle, die mehr wissen möchten.

Mit dem Ausgang des 13. Jahrhunderts war die große Zeit der Mosaikkunst vorbei. Nur vereinzelt brachten es Meister zu einer ähnlichen Vollkommenheit wie sie aus vorhergehenden Jahrhunderten bekannt war, so zum Beispiel der florentinische Maler Alessio Baldovinetti (1425–1499), der die alten Techniken studierte, sich mit Restaurationen befaßte und ein Buch über das Verlegen von Mosaiken schrieb.

Im 15. Jahrhundert lebte die Goldschmiedekunst auf, die mit ihrer verfeinerten Zierkunst auch das Mosaik – allerdings mehr zum Nachteil – beeinflußte.

Im 16. Jahrhundert entstanden in den venezianischen Schulen zwar technisch perfekte Mosaiken, die jedoch wenig Ausstrahlung hatten und in keinen Bezug zur Umgebung, zu Licht und Schatten gesetzt waren. Die Mosaizisten des Vatikans beschränkten sich darauf, Gemälde in Mosaik zu kopieren.

Im 17. Jahrhundert wurde der an Mosaiken interessierte italienische Maler Giovan Francesco Romanelli (1610–1662) von Kardinal Mazarin an den französischen Königshof berufen und mit Arbeiten im Louvre betraut.

Mehr und mehr ging man dazu über, die Mosaiksteine in winzigste Teilchen zu zerkleinern, was fast bis zur Pulverisierung ging, um sie in ihrer Wirkung Ölbildern möglichst nahezubringen. Diese kleinliche Mosaiktech-

Mosaik aus dem Atrium der erzbischöflichen Kapelle S. Andrea, Ravenna, um 500
Foto: Scala Antella

nik war der endgültige Tod einer großen Kunst. Zwar entstanden im 19. Jahrhundert auch wieder großflächigere Arbeiten mit größeren Steinen, so zum Beispiel die neugotische Fassade des Florentiner Doms, jedoch sind die Darstellungen in ihrem pedantischen Naturalismus eher abweisend, die Farben fade und kraftlos.

Spanien hat ebenso wie andere Länder – etwa Rußland – zahlreiche Mosaikkunstwerke aufzuweisen. Wenn hier fast ausschließlich von italienischen Werken die Rede ist, so hat das mehrere Gründe. Einmal bietet das nahegelegene Italien eine große Zahl hervorragend erhaltener Mosaiken der unterschiedlichsten Epochen und Stilrichtungen, die man sonst kaum in so konzentrierter Zusammenfassung findet. Zum anderen hat es selbst nicht nur eine Reihe großer Mosaikkünstler hervorgebracht, es sind auch viele Künstler anderer Länder aus der italienischen Schule hervorgegangen.

Noch im Jahre 1876, als Paris eine eigene Mosaikschule gründete, erbat ein Abgesandter vom Papst Pius IX. die Erlaubnis, den Mosaizisten Poggesi aus der päpstlichen Werkstatt nach Frankreich holen zu dürfen, damit dieser die Schule leite.

Je mehr die Malerei an Wertschätzung gewann, um so mehr nahm die Bedeutung der Mosaikkunst ab. Erst in jüngster Zeit beginnt sie wieder aufzuleben, wenn auch unter ganz anderen Gesichtspunkten und aus

Mosaikschmuck an den Seiten eines Marmorkamins, Paris, Anfang 19. Jahrhundert. Das Mosaik war ein Geschenk Napoleon I. an die Bayernkönigin Karoline
Foto: Bayerisches Nationalmuseum München

einem völlig veränderten Formgefühl heraus. Gemessen an den Arbeiten vergangener Jahrhunderte mutet sie allerdings fast barbarisch an.

Material und Techniken klassischer Mosaiken

Mosaik entsteht durch das Zusammenfügen farbiger Teilstücke aus widerstandsfähigem Material, die dicht nebeneinander angeordnet werden. Dieses Material kann Stein, Marmor, Keramik, Glasfluß oder harter Schmuckstein, sogenannter Halbedelstein sein. Auch Muscheln und Perlmutterplättchen wurden zu Mosaiken verarbeitet. Dieses Material, kurz in dem Begriff Steine zusammengefaßt, wurde in direkter Methode auf die Putzschicht gesetzt. Das geschah entweder mit einem Mastixkitt, oder die Steine wurden direkt dicht an dicht in den noch feuchten Mörtel gedrückt, auf den man zuvor eine Umrißskizze in groben Zügen gezeichnet hatte. Die Putzschicht unter dem Mörtel war oft unterschiedlich. In römischer Zeit stellte man sie aus einer Mischung von Tonerde, Ziegel- oder Marmorstaub und gelöschtem Kalk und Wasser her. Aus dieser Mischung wurde die Unterschicht, das sogenannte Mosaikbett aufgebracht. Auf diese Schicht kam ein Gipsauftrag von der Dicke der Mosaiksteine, in den die Steine nach einer Skizze eingedrückt wurden. Den erhärteten Gips entfernte man dann so weit aus den Zwischenräumen, daß die Steine gerade noch Halt hatten, und füllte die Zwischenräume mit einem dünnflüßigen Zementbrei aus, der die Steine endgültig zusammenhielt.
Später entwickelte sich die indirekte Methode, nach der auch heute noch gearbeitet wird: die Mosaiksteine werden dazu auf einen sogenannten Träger aus Gaze oder festem Papier einer vorgezeichneten Skizze entsprechend aufgeklebt, und zwar mit der Schaufläche nach unten. Dann wird der Träger mit dem Mosaik in kleine Stücke geteilt und in richtiger Anordnung so in das vorbereitete Mörtelbett gesetzt, daß die Papier- oder Gazeseite oben liegt. Hat der Mörtel abgebunden, wird die Abdeckung gelöst.
Nicht die Methoden der Verlegung haben den verschiedenen Mosaiken eigene Namen gegeben, sondern die Form der Steine war bestimmend für die lateinischen Bezeichnungen.
Das *opus alexandrium* ist eine Komposition aus unregelmäßig geschlagenen Rechtecken aus schwarzem und weißem Stein.
Das *opus tesellatum* besteht aus gleichmäßigen Würfeln von gleichmäßiger Stärke mit gradlinigen Umrissen.
Beim *opus sectile* sind die Mosaiksteine den Konturen des Entwurfs folgend in bestimmte Formen geschnitten.
Das *pavimentum barbaricum* ist ein Natursteinmosaik, das aus Kieselsteinen zusammengesetzt und mit Kalk oder Ton fixiert wird – ähnlich dem heutigen industriell hergestellten Waschbeton. Es ist ein reines Bodenmosaik.
Auch das *opus signinum* ist ein Bodenmosaik, das in Italien sehr verbreitet ist. Der Untergrund für die Steine aus Lava oder Marmor besteht aus einer Mischung von Kalk und gemahlenen Ziegeln, durch die er seine rötliche Farbe bekommt.
Beim *opus verniculatum* haben die Mosaiksteine unterschiedliche Formen, die sich besonders gut zu Linien oder gewundenen Reihen zusammensetzen lassen. Diese Technik wurde oft dort für Fußbodenmosaiken angewendet, wo der Entwurf ein Emblem als Mittelmotiv vorsah, das von geometrischen Ornamenten umrahmt war. Eines der berühmtesten Bodenmosaiken dieser Art, zugleich wohl auch das amüsanteste, ist das Mosaik des »Ungefegten Speisesaals« aus dem ausgehenden 3. Jahrhundert v. Chr. In verblüffender Weise ist mit diesem Bodenmosaik der Eindruck eines ungefegten Speisesaals nach einem Gelage wiedergegeben.

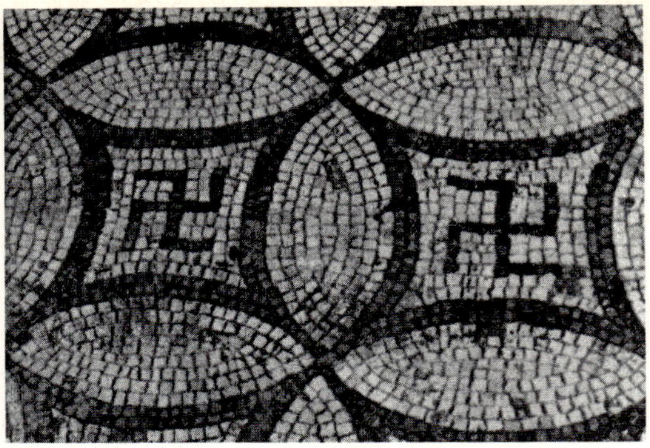

Bodenmosaik einer römischen Villa aus der Zeit um 50–450 n. Chr., das 1969 in Köln beim Ausschachten für einen Tiefgaragenbau freigelegt wurde
Foto: F. W. Holubowski

Bodenmosaik in der Basilika San Vitale in Ravenna, Südwestseite (um 548 geweiht)
Foto: Lammèr-Produktion

Von den frühen Mosaiken sind die Bodenmosaiken am besten erhalten, was zu einem großen Teil daran liegen mag, daß die Verankerung der Steine an Wänden und Decken zu Beginn der Mosaikkunst noch nicht so dauerhaft war. Vor allem hat die Feuchtigkeit manches Werk vorzeitig zerstört.

Der jüngste Fund von Bodenmosaiken ist aus Köln zu verzeichnen, wo 1969 Bagger beim Ausschachten für eine Tiefgarage in unmittelbarer Nähe des Kölner Doms Fußböden aus Mosaiksteinen (einer davon mit Hakenkreuzornamenten) freilegten, die zu römischen Villen aus der Zeit um 50–450 n. Chr. gehörten. Diese Funde beweisen, daß es schon früh neben der musivischen Kirchenkunst auch Mosaikschmuck für Privathäuser gegeben haben muß.

Das Alte pflegen . . .

An den klassischen Stätten musivischer Kunst lebt und arbeitet Professor Renato Signorini. Sein Studio il Mosaico liegt direkt in Ravenna, in der Via Argentario. Hier hat schon sein Vater, der sich vorwiegend mit großen Restaurationen befaßte, gearbeitet. Professor Signorini hatte von Kind an genügend Gelegenheit, die alten Mosaiken seiner großen Vorfahren zu studieren und durch die Restaurationsarbeiten seines Vaters Carlo die Möglichkeit, hinter die Dinge zu sehen. Nach Beendigung seines Studiums und zahlreichen Reisen zu anderen berühmten Mosaikkunstwerken arbeitete er zunächst unter der Leitung seines Vaters, machte sich aber schon bald künstlerisch selbständig.
Im Mosaikstudio Signorini werden heute überwiegend Reproduktionen von Details großer Kunstwerke angefertigt, und zwar in der klassischen direkten Methode. Viel lieber würde der Professore nur nach eigenen Entwürfen arbeiten, aber er muß auch kommerziell denken. Seine Kunden sind nicht die Einheimischen, die die Originale tagtäglich vor Augen haben können, sondern jene, die von weither gereist kommen, um sie zu bewundern. Sie sind es, die einen schwachen Abglanz der überwältigenden Eindrücke in Form einer maßstab- und farbentreuen Kopie eines Teilstücks in ihren Alltag mitnehmen möchten. Ist es auch nicht das Original-Kunstwerk, so ist es doch immerhin ein echtes Mosaik, auf die gleiche technische Weise

und aus dem gleichen Material hergestellt wie vor über tausend Jahren.
Favoriten bei Käufern und Bestellern sind die zahlreichen Tierdarstellungen, vor allem die Tauben auf dem Rand einer Tränke, die »Colombe abbeveranti« aus dem Kuppelmosaik im Mausoleum der Galla Placidia. Das Steinmaterial, mit dem Professor Signo-

Professor Signorini vor einer Reproduktion eines Teilstücks aus dem Mosaik im Mausoleum der Galla Placidia, den rechten der beiden Hirsche an der Tränke darstellend

Das Original-Mosaik, aus dem das Teilstück mit dem Hirsch reproduziert wurde. Es stammt aus der Zeit um 424–450 n. Chr.

In großen Kästen ist das Steinmaterial für die Mosaiken geordnet

Zunächst zerteilt Professor Signorini die Steine grob mit dem Hammer

Mit der Zange werden die Steine in ihre endgültige Größe gespalten

Das Mörtelbett für das Mosaik wird mit einer Drahteinlage verstärkt

Die Steine werden in direkter Methode in das noch weiche Mörtelbett gesetzt

Fotos in der Mosaikwerkstatt in Ravenna: Lammèr-Produktion

Reproduktion eines Teilstücks aus dem Mosaik in einem der Kreuzarme des Mausoleums der Galla Placidia in Ravenna, die Professor Signorini angefertigt hat

Das Original-Mosaik, nach dem die Reproduktion angefertigt wurde. Das Motiv mit den beiden Tauben auf der Tränke ist eines der am häufigsten verlangten – als Fotografie und als Nachbildung

rini arbeitet, ist nach Farben in großen Kästen, ähnlich wie Setzkästen, einsortiert. Die etwa streichholzschachtelgroßen Stücke werden auf einem Holzblock mit dem Steinmetzhammer grob zerhauen und mit der Zange in die gerade benötigte Größe zerteilt – Farbe für Farbe, Stein für Stein. Mit unendlicher Ausdauer prüft der Maestro immer wieder die Farbwirkung der Steine im Zusammenklang mit dem Licht, die Brechung der Lichtstrahlen, hervorgerufen durch die beim Zerkleinern der Steine veränderte Oberfläche.

Der Mosaikgrund – nach einem gehüteten Geheimrezept zusammengesetzt – wird durch einen über die Grundplatte (Mosaikträger) gespannten Maschendraht armiert. Die Steine werden direkt in den noch weichen Untergrund eingesetzt, und zwar so dicht, daß sie nicht mehr verfugt zu werden brauchen. Mit dem Abbinden des Mosaikgrundes ist die Arbeit bis auf die abschließende Politur mit einem kreideähnlichen Material fertig.

. . . Neues suchen

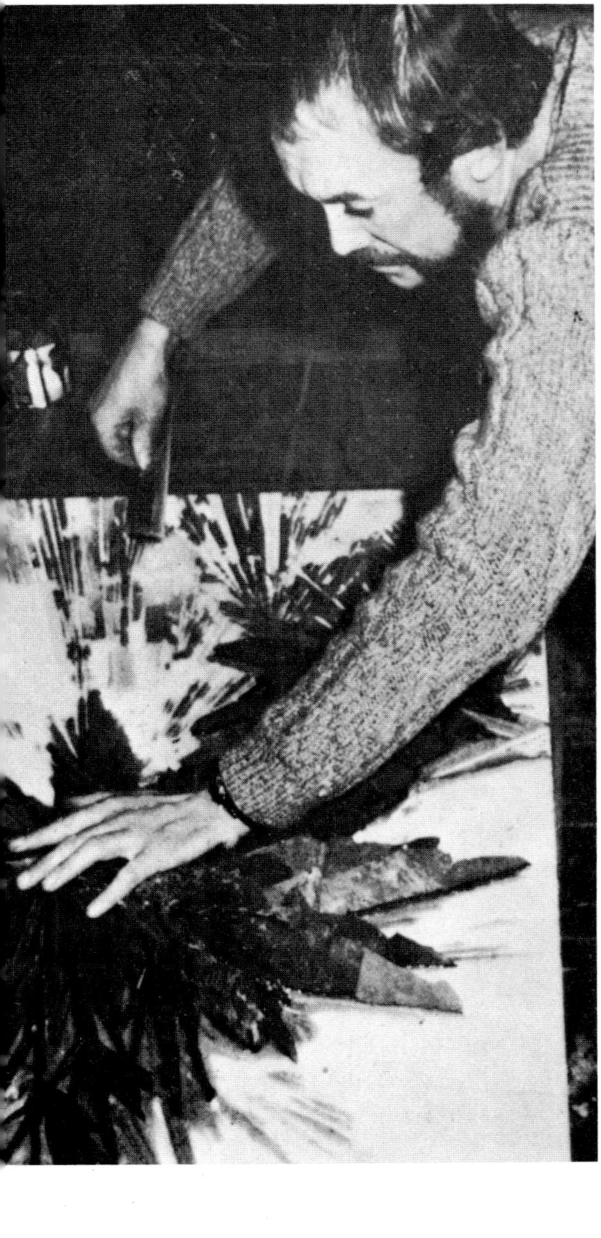

In kürzester Zeit ist der belgische Mosaizist Claude Rahir bekannt geworden. Seine Arbeiten haben keine glatten Oberflächen, sind nicht aus prächtigem Material, brauchen keine besonderen Lichteffekte, um zu wirken. Sie sind ein Stück Architektur, ohne bildnerisch im üblichen Sinne zu wirken. Claude Rahir versteht es, durch seine Mosaikwerke Gebäude und Natur einander näherzubringen, Objekt und Umgebung miteinander zu verschmelzen. Seine Materialien, die er trotz ihrer unterschiedlichen Eigenschaften auch technisch perfekt miteinander kombiniert, sind Stein, Schiefer, Kiesel, Marmor, Kristall und einfaches Glas. Die Wirkung, die er damit erzielt, hat nichts mit den barocken Mosaiken gemein, die zwar prächtig sind, der eigenen Phantasie aber wenig Spielraum lassen. Rahirs Arbeiten sind von sprödem Charme, wie das Material selbst. Sie bieten Auge und Geist Beschäftigung, zwingen zur Auseinandersetzung mit

Claude Rahir bei der Arbeit an einem seiner Mosaiken

dem Kunstwerk, das es einem Unwilligen schwer macht, Sympathien zu wecken. Es wird kaum jemanden geben, der beim Anblick dieser ungewohnten Präsentation Stein gewordener Ideen spontan in Entzücken ausbricht, aber das ist auch nicht die Absicht des eigenwilligen Künstlers aus Verviers, der nach Abschluß seines Studiums in Lüttich den Darchim-Preis bekam und in Ravenna weiterstudierte.

Rahir sieht sich als Pionier auf dem Weg, die Gesellschaft durch persönlichen Einsatz zu beeinflussen. Es ist nicht damit getan, die Städte zu verzieren – so meint er –, sondern der durch Konkurrenzkampf und Materialismus verkümmerten Phantasie neue Impulse, neue Haltepunkte zu geben. Und dazu muß man nach neuen Ausdrucksformen mit neuen Materialien und neuen Verarbeitungsmethoden suchen.

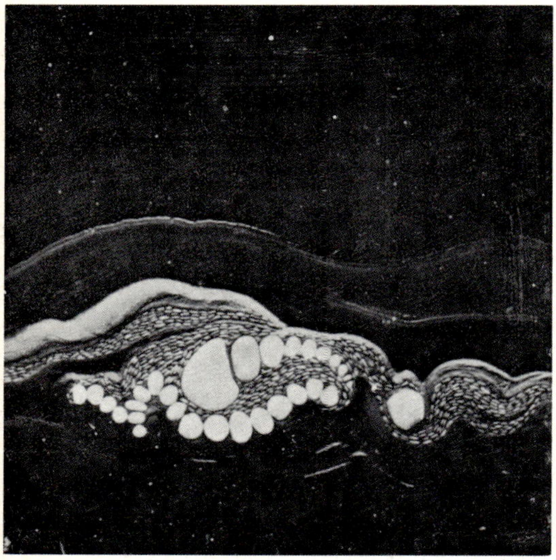

Naturstein, Schiefer, Marmor und Glas ergeben solche eigenwilligen Mosaiken von sprödem Charme, wie sie Claude Rahir der oft ratlosen Öffentlichkeit vorstellt

Haltepunkte für die Phantasie will Rahir mit seinen Mosaiken in und an Gebäuden schaffen, sie sollen mehr sein als nur dekorativ

Detail aus einem Mosaik von Claude Rahir. Gestein ist hier in Plättchen hochkant rosettenartig verarbeitet. Diese für Rahir typischen Stilelemente geben den Mosaiken ihre Dynamik

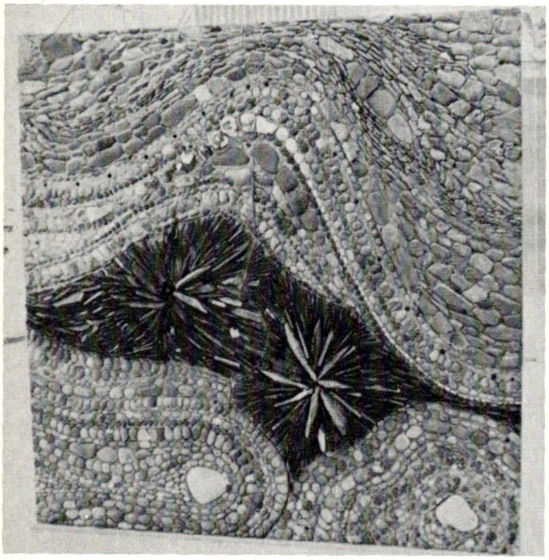

Mosaikarbeiten für Laien

Mosaikarbeiten sind für Einzelgänger im stillen Kämmerlein nicht besonders geeignet. Vorbereitung (das Sammeln oder Herstellen des Steinmaterials, der Entwurf, das Ansetzen von Zementmörtel) und Ausführung (das Zerteilen der Steine nach dem Entwurf, das Aufbringen des Mosaikbetts, das Setzen der Steine, das Ausfugen und all die vielen Nebenarbeiten) sind das ideale Vorhaben für eine Gruppe. Immer finden sich in einem Team einige, die besonders handwerklich, andere, die mehr schöpferisch begabt sind, Aktive und Passive ergänzen sich bei Mosaikarbeiten auf ideale Weise. Das soll aber nicht heißen, daß jemand allein keinen Spaß am Mosaik haben kann, vor allem, wenn er sich nicht gleich zu Beginn eine zu große Aufgabe zutraut.

Mosaik – Wandlung des Begriffs

Früher verstand man unter Mosaik nur ein Gefüge aus kleinen Steinen, dekorativ zusammengesetzt. Heute kann ein Mosaik aus Papier sein – das ist oft die erste Stufe, die als Entwurf für eine größere Arbeit angesehen wird –, es kann aus Holzplättchen, Bambusstückchen, bemaltem Fensterglas, selbstgemachten Gipssteinchen oder beliebigem anderem Material sein. Alles, was man auf einem Untergrund zu einer dekorativen Fläche so zusammenfügt, daß der Untergrund bedeckt ist, darf sich heute Mosaik nennen, ganz gleich, ob es aus Federn oder Perlen, aus Knöpfen oder Flußkieseln besteht, und ganz gleich, aus welchem Material der Untergrund ist. Die verschiedenen Möglichkeiten und Methoden sind in dem Ravensburger Hobbybuch »Mosaik aus Stein, Glas, und Holz« von Isolde Schmitt-Menzel zusammengefaßt. Hier soll im folgenden nur das Herstellen von Mosaik aus Steinmaterial behandelt werden.

Es gibt unzählige Stein- und steinähnliche Materialien, die speziell für Mosaiken hergestellt werden. Darunter sind jedoch viele, die für Kleinverbraucher nicht geeignet sind, weil man sie nur über den Baustoffhandel in großen Mengen bekommt. Da man aber aus jedem festen Material Mosaiken komponieren kann, bleiben einem Laien noch ausreichende Gestaltungsmöglichkeiten. Dabei kann man von drei Hauptgruppen ausgehen:

Natürliches Material: Steine die man im Flußbett oder am Wege findet. Je farbkräftiger die Steine sind, um so lebhafter wird das Mosaik. Man sollte aber immer versuchen, mehrere Steine von einer Farbe zu finden, damit man daraus wenigstens ein Ornament oder Motiv zusammenstellen kann.

Industriell hergestelltes Material: Steine, die man kiloweise oder auf Gaze aufgeklebt in Tafeln kaufen kann. Das können Steine – meistens rechteckig oder quadratisch – aus dickem Glas (sogenanntes Italienisches Mosaik) oder Keramikmaterial sein. Das Glasmosaik ist vorzuziehen, weil es sich besser zerteilen läßt, bzw. weil es nach dem Zerteilen – im Gegensatz zur Keramik, die nur eine Schauseite hat – nichts von seiner Schönheit verliert. Auch Glaskuchen, etwa 8 mm starke Glasstücke, die man selbst zerkleinern muß, zählen zu den Industriematerialien. Der Vollständigkeit halber sei noch ein Kunststoffmaterial genannt, das in Riemen oder 2 × 2 cm großen Quadraten zu haben ist, und zwar sowohl transparent als auch opak. Es sieht jedoch nicht sehr gut aus.

Selbst hergestelltes Material: Stücke von zerschlagenen Tontöpfen oder Flaschen, Reste aus der Kunstglaserei, die man selbst schneidet, Klinker-Splitter vom Bau, einseitig bemaltes Fensterglas, das man bricht oder schneidet, und Steine, die man aus Gips oder ähnlichem Material anfertigt, gehören in diese Gruppe.

Schließlich seien noch die kleinen polierten Kiesel angeführt, die man in Beuteln abgepackt kaufen kann. Kiesel in größeren Mengen – falls man keine Möglichkeit zum Sammeln hat – gibt es in 10-kg-Beuteln im Baustoffhandel und in Gartenbauzentren. Sie sind nicht teuer.

Werkzeug und Zubehör

Zum Zerteilen der Steine braucht man eine Fliesenzange, notfalls geht es auch mit einer Beißzange (Kneifzange). Was man weiter braucht, hängt von der Art des Mosaiks ab, das man herstellen will. Sollen die Steine nach klassischem Vorbild in Zementmörtel eingebettet werden, so mischt man dazu 1 Teil Zement mit 3 Teilen Sand gut durch und feuchtet die Masse mit Wasser an, so daß sie erdig ist. Man kann die Steine aber auch in ein Bett aus dicker angesetztem Fugenmörtel oder mit dufix-Blitzzement setzen. Bei großen Flächen muß man eine Armierung aus Stalldraht (Hühnerdraht) in das Mörtelbett mit eingießen.

Sollen die Steine direkt auf den Untergrund (Mosaikträger) gesetzt werden, klebt man sie mit Pattex oder Saxit auf. Untergrund kann Preßspan, Eternit, Metall, Keramik oder kunststoffbeschichtetes Holz sein.

Außer der Fliesenzange ist eine Mauerkelle oder ein ähnliches Instrument zum Verstreichen des Mörtels bei größeren Arbeiten von Nutzen. Bei kleineren tut es auch ein Stück Blech oder eine Kinderschaufel. Zum Ebnen der Oberfläche (wenn die Steine in Mörtel eingebettet sind) braucht man ein Holzbrett.

An Hilfsgeräten sollte man einen Teigschaber zum Ausfugen haben, außerdem Wassereimer und Schwamm zum Reinigen des Mosaiks sowie ein Gefäß und ein Rührholz zum Ansetzen des Mörtels.

Für Mosaiken, die keinen Träger haben, sondern später als Platten verlegt werden sollen, braucht man eine stabile Gießform aus Eternit oder Holz, in die man als Trennschicht Plastikfolie legt.

Will man die indirekte Methode beim Verlegen der Mosaiksteine anwenden (sie wird später erläutert), braucht man Rupfen (Sackleinen) in der Größe der zu verlegenden Fläche, dick angerührten Tapetenkleister und einen Flachpinsel.

Der Entwurf

An dieser Stelle sollen formale Einzelheiten unerwähnt bleiben, es geht hier nur um die technischen Voraussetzungen. Jeder Mosaikarbeit sollte eine Motivskizze, besser noch ein ausgearbeiteter Entwurf in der Größe der zu verlegenden Arbeit zugrunde liegen, denn nur so kann man sich einen Eindruck von der späteren Wirkung des Mosaiks verschaffen. Das Motiv muß klar abgegrenzte Farbfelder haben, sonst ist es später nicht zu erkennen. Perspektivische Darstellungen sollte man vermeiden und sich lieber auf das Ornamentale beschränken. Erst wenn man die Wirkungsweise der Steine im Zusammenklang genau kennt, kann man seinen Entwurf malerisch gestalten. Die Unbefangenheit, die einem Mut zu Experimenten

gibt, stirbt schnell ab, wenn man vor dem eigenen mißlungenen Pseudo-Kunstwerk steht. Es ist gut, wenn man sich von Anfang an mit dem Material auseinandersetzt, es sich erobert, denn nur so lernt man seine ganze Variationsbreite kennen. Man sieht einer Arbeit später durchaus an, ob ein Mosaikmacher sich über die Eigenheiten des Materials hinweggesetzt und es seinem Entwurf einfach untergeordnet hat, oder ob er sich dem Material ergeben hat, der Sprache des Materials gefolgt ist.
So wichtig wie der Entwurf ist das Zerteilen der Steine – sofern es sich nicht um Natursteine handelt. Durch die neu gewonnenen Steinformen erhält das Mosaik erst seinen eigentlichen Reiz. Nie sollte man versuchen, ein Mosaik ausschließlich aus Steinen von einheitlicher Größe herzustellen. Das Zerteilen ist einfach: man setzt die Zangenbakken an der Kante eines Steines an und hält sie in Richtung auf die gewünschte Bruchstelle. Nicht mit der Zange ganz über den Stein greifen, das ergibt ungenaue Scherben und viel Abfall.
Zum Entwerfen und Vorbereiten gehört auch das Sortieren nach Farben und Formen. Bei großflächigen Arbeiten kann das Wiegen der Steine wichtig sein, damit man einen ausreichend stabilen Mosaikträger vorbereitet. Zum Steingewicht kommt noch einmal das selbe Gewicht für das Mörtelbett hinzu. Für die Fugenfüllmasse rechnet man ein Zehntel des Steingewichts, das man auch noch draufschlagen muß.

Verlegen von Natursteinen

Zum Verlegen von Natursteinen muß man zunächst auf den Mosaikträger (bei Gartenplatten in den Rahmen oder Kasten) eine Schicht aus Zementmörtel aufschütten, die halb so dick ist wie der dickste Stein aus dem Mosaiksortiment. In dieses Mörtelbett werden die Steine, am Außenrand beginnend, einzeln dicht nebeneinander eingesetzt, und zwar möglichst so, daß sie eine ebene Fläche ergeben. Wird man an einem Tag nicht mit dem Verlegen fertig, bedeckt man die angefangene Arbeit samt dem freien Mörtelbett mit einem feuchten Sack oder mehreren Lappen und deckt ein Stück Plastik darüber. Sind alle Steine eingesetzt, gleicht man den entstandenen Höhenunterschied mit einem Brett, das man leicht daraufdrückt, aus. Sollte ein Stein zu weit hervorstehen, tauscht man ihn aus. Steine, die zu tief eingesunken sind, nimmt man heraus und unterbaut sie mit mehr Mörtel. Wenn der Mörtel vollständig abgebunden hat (nicht nur an der Oberfläche), ist das Mosaik fertig. Es wird nicht verfugt.

Verlegen von vorgefertigten Steinen

Steine, die alle die gleiche Höhe bzw. Stärke haben, kann man direkt oder indirekt verlegen.
Die direkte Methode wurde beim Verlegen von Natursteinen beschrieben. Es gibt aber noch eine Methode, die auch als direkt bezeichnet wird. Dazu klebt man die Steine vorlagegemäß mit Pattex direkt auf den Mosaikträger und füllt die Zwischenräume anschließend mit Fugenmasse aus. Fugenmasse kann man fertig kaufen (z. B. dufix, Saxit). Sobald die Fugenmasse abzubinden beginnt, muß man die gröbste Verschmutzung schon vorsichtig von den Mosaiksteinen mit einem feuchten Schwamm (nicht zu naß!) abwischen. Dabei muß der Schwamm häufig ausgespült werden, damit man den weißen Mörtelschleier nicht nur verteilt, sondern tatsächlich entfernt. Sobald die Fugenmasse trocken ist – sie sieht dann weiß aus –, wäscht man das ganze Mosaik mit viel kaltem Wasser so lange ab, bis die Steine in ihrer ursprünglichen Farbe hervorkommen. Man kann die Fugenmasse beim Anrühren auch mit Farbpulver (Kienruß, Klinkerstaub oder Keramikfarben) einfärben.
Die indirekte Methode erfordert mehrere

Innen und außen ganz und gar mit Muschelmosaik verziert ist das Haus einer italienischen Familie in Mannheim-Gartenstadt, von dem hier nur ein Detail zu sehen ist. Der Schmuck zeigt vorwiegend maritime Motive. Die Muscheln hat die große Familie selbst gesammelt
Foto: privat

Arbeitsgänge vor dem Verlegen. Man zeichnet zuerst den Entwurf in Originalgröße auf Papier und legt anschließend die Steine diesem Entwurf entsprechend so darauf, daß sie mit den Schauflächen nach oben zeigen. Ein Stück Rupfen in gleicher Größe wird dick mit Tapetenkleister bestrichen und auf die Steine gelegt, ohne sie zu verschieben. Das macht man am besten zu zweit. Ist der Kleister trocken, schneidet man den Rupfen in handliche Stücke, die man numerieren muß. Sie werden umgedreht, also mit der Steinseite nach oben, in richtiger Reihenfolge auf den Tisch oder Boden gelegt und mit Pattex abschnittweise eingestrichen. Den Untergrund (Mosaikträger) streicht man ebenfalls mit Pattex ein und legt die einzelnen Steinfelder der Numerierung entsprechend mit dem Rupfen nach oben zeigend darauf, sobald der Kleber fingertrocken ist. Nachdem man alles kräftig angedrückt und der Kleber gefaßt hat, löst man die Rupfenstücke mit Wasser ab und fugt wie bei der vorher beschriebenen Methode die Zwischenräume aus.

Diese indirekte Methode kann man auch anwenden, wenn man die Steine in Zementmörtel einbetten möchte. Hierbei wird die Rückseite der Steine nicht mit Kleber bestrichen, sondern die Rupfenabschnitte werden in das feuchte Mörtelbett mit den Steinen nach unten zeigend eingedrückt. Der Rupfen wird abgelöst, wenn der Mörtel abgebunden hat. Anschließend wird das Mosaik verfugt.

Experimente

Die hier erläuterten klassischen Methoden schließen nicht aus, daß man selbst experimentiert und eigene Wege geht. Kreatives Schaffen bezieht sich nicht nur auf dekorative Elemente, im Gegenteil: es schließt die technische Lösung mit ein, die oft der Auslöser für eine ganz neue Richtung sein kann. So kann man beispielsweise ein Mosaik, das rein dekorative Funktion hat, auch auf mehreren Ebenen verlegen, man kann ganze Steinlandschaften gestalten oder es blockweise staffeln. Der Mosaikträger braucht durchaus nicht immer eine geschlossene Fläche zu sein. Ein Brett mit Durchbrüchen, eine Metallplatte mit Löchern oder Aussparungen bieten sich genauso an. Der spielerische Umgang mit den Materialien führt oft zu erstaunlichen Ergebnissen; das gezielte Streben, ein Kunstwerk zu vollbringen, ist meistens Krampf.

Solche schönen Wegplatten lassen sich auf einfache Weise aus Zementmörtel und Kieselsteinen herstellen: Das Mörtelbett wird in einen mit Plastikfolie ausgelegten festen Kasten oder Rahmen geschüttet. Die Steine werden direkt in die erdige Masse gesetzt. Nach dem Abbinden des Mörtels löst man die fertige Platte heraus
Fotos: la maison de marie claire/Jacques Dirand

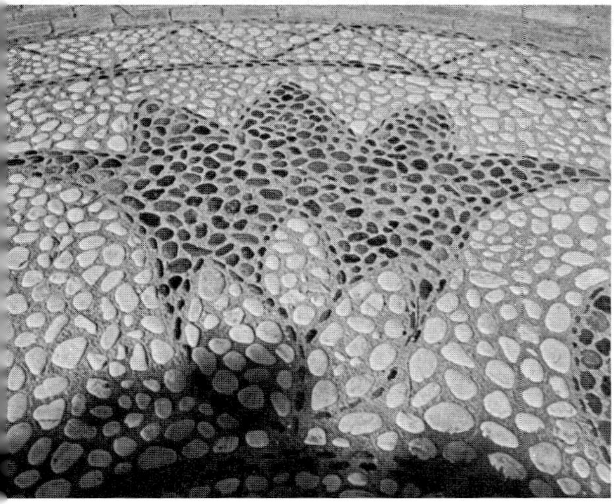

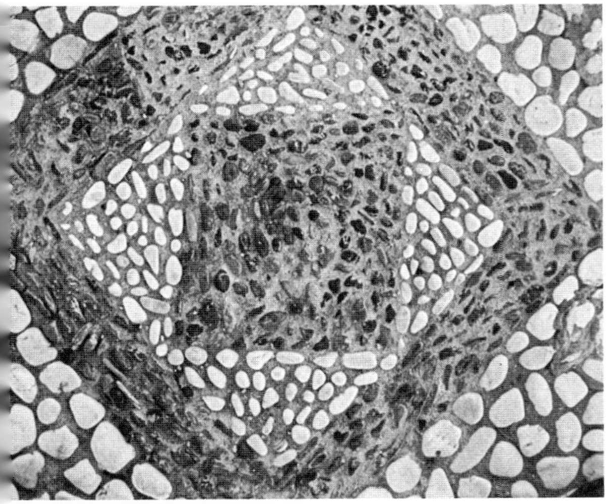
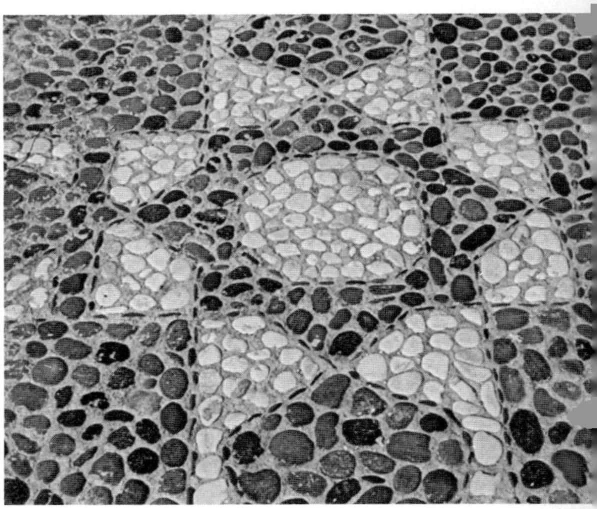

Gemeinschaftsarbeit einer Kindergruppe Sechs- bis Zehnjähriger. Einzeln gestaltete Keramikplättchen zum Thema Weihnachtsmarkt wurden schwarz engobiert und glasiert, danach auf ein Holzbrett geleimt
Foto: Sigwart Korn

Mosaikarbeit der zehnjährigen Odile Touchard aus Paris. Das farbenfrohe und ausgewogen komponierte Bild wurde aus verschiedenen Perlensorten und einigen Kieselsteinen (für die Straße) zusammengestellt
Foto: Philippe Leroy/milleidee

Patchwork und Quilting

Flickenstepperei

Patchwork ist ein Begriff, der heute fast allen wieder geläufig ist. Stoffe aus zusammengesetzten Flicken sind in den letzten Jahren überall in Mode gekommen. Doch hat die Herstellungsweise mit den ursprünglichen Flickenstoffen kaum noch etwas gemein. Nur selten werden sie heute nach phantasievollen Entwürfen zusammengestellt und liebevoll mit der Hand aneinandergenäht. Die Textilindustrie liefert Patchworks vom Meter – oft aus Indien importiert –, und Textilveredelungsbetriebe liefern durchgehende Stoffbahnen mit Patchworkdesigns bedruckt.
Quilting war ursprünglich eine Handarbeitstechnik, die losgelöst vom Patchwork, vor allem schon vor diesem, auftrat. Die Decken, die man wegen der Kälte in mehreren Lagen über die Schlafstätten legte, die Kleider, die man mehrfach übereinander anzog, wurden mit wenigen Stichen zusammengeheftet, um ein Verrutschen zu vermeiden. Bald wurden diese Stiche gezielter angebracht, so daß sie zugleich eine Verzierung darstellten, und schließlich wurden aus Stichreihen ganze Muster.

Seite 267:
Solche Patchworkdecken in einfacher Sechseckteilung wurden bereits im 12. Jahrhundert in England angefertigt. Die sichere Farbkomposition und die gezielte Anordnung von bedruckten und einfarbigen Stoffen erkennt man bei diesem Stück am besten mit halb zugekniffenen Augen
Foto, Entwurf und Ausführung: Timmins, London

Detail einer schwedischen Quiltdecke aus dem 18. Jahrhundert, zusätzlich mit Stickereien und Applikationen versehen
Foto: Nordiska Museet Stockholm

Da Patchworkarbeiten wegen ihrer vielen zusammengesetzten Stoffstücke, vor allem wegen der vielen Nähte, eine rückseitige Verstärkung brauchten, hat man sie unterfüttert. Zunächst wurde das Futter direkt an den Nähten durchgesteppt, jedoch ging man bald dazu über, sich die Quilttechnik zunutze zu machen. So entstanden die Patchwork-Quilts.
Der Ursprung der Quilttechnik liegt im Mittleren Osten, von wo aus Seeleute einzelne in dieser Art hergestellte Stücke im 11. Jahrhundert nach England brachten. Im 11. und 12. Jahrhundert breitete sich diese Technik dann in ganz Europa aus. Die schönsten Arbeiten entstanden damals in Frankreich, wo Frauen in die Quilts Applikationen aus Stoffen verschiedener Strukturen einbezogen.
Die für Quilts verwendeten Materialien waren in Europa sehr unterschiedlich. Frankreich bevorzugte Seide und Damast, ebenso Italien, wo einfachere Quilts außerdem aus feiner Baumwolle gemacht wurden. In Spanien herrschten schwere Stoffe wie Brokat und Samt vor. Die frühen Quilts aus England waren aus handgewebten Stoffen.
Das Quilten war immer eine reine Volkskunst. Die kleinen Landbauern in England stellten prächtige Arbeiten her, die jedoch

Für die Mexikanerin auf dem Esel ist die hübsche Decke in Patchwork-Quilting ein alltäglicher Gebrauchsgegenstand. Puerto de la Cruz, 1967
Foto: M. Bauer-Hamersen

Die aus Patchwork-Rhomben zusammengesetzte Decke mit achteckigem Mittelmotiv ähnelt dem berühmten »Stern von Bethlehem«. Dieses Motiv heißt »Sonnenglanz« und stammt aus der Zeit um 1840. Maße: 199 × 177 cm
Foto: Graphis 172

weniger für den Eigenbedarf bestimmt waren; vielmehr wurden sie an Schloßherren und Besitzer großer, schwer heizbarer Häuser verkauft. Bald waren die Quilts aber nicht mehr reine zweckgebundene Handarbeiten. Es entwickelte sich allmählich daraus ein Raumschmuck, der in keinem besseren Hause fehlen durfte. Ann Hathaway, Shakespeares Frau, wurde 1616 in Shakespeares Testament als Erbin seines zweitbesten Bettes, zu dem eine schöne Quiltdekoration gehörte, eingesetzt. (Das beste Bett war zu dieser Zeit für Gäste bestimmt, jedoch weniger komfortabel ausgestattet.)

Mit den Auswanderern kamen die Quilts von Europa nach Amerika. Die Siedlerfrauen in den Südstaaten stellten sich auf Stickereien für Kirchen um, weil in dem warmen Klima kein Bedarf an Quilts bestand, andererseits die Quilts als Dekoration hier unbekannt waren. Anders die Siedler entlang der Atlantikküste. Hier entstanden zunächst Quilts in traditioneller Art, wie sie in Europa gemacht wurden. Die Armut zwang die Frauen jedoch dazu, nach anderen Möglichkeiten zur Herstellung warmer Decken zu suchen, da die für Quilts benötigten großen Stoffbahnen viel zu teuer waren. Sie sammelten unbrauchbare Kleidungsstücke und Haustextilien, schnitten sie in kleine Stücke und setzten diese in phantasievoller Anordnung zu Decken zusammen. Die Unterfütterung war oft ebenfalls aus Stoffresten, jedoch weniger kunstvoll zusammengesetzt. Um die Stofflagen miteinander zu verbinden, wurden sie nach Quiltmanier zusammengesteppt. Von diesen Siedlerfrauen Kolonialamerikas breiteten sich die Patchwork-Quilts allmählich im ganzen Westen aus und erreichten später auch die Südstaaten und Nordamerika.

Im Laufe der Jahre entwickelten sich Muster, die für bestimmte Gegenden, auch für bestimmte Anlässe, typisch waren. Es entstanden Hochzeits-, Weihnachts- und Jubiläumsdecken. Eines der berühmtesten Muster ist der »Stern von Bethlehem«, das Ende des 19. Jahrhunderts aufkam. Es wurde auch »Aufgehende Sonne« oder »Einsamer Stern von Texas« genannt. Ein achtstrahliger Stern, aus Hunderten von bedruckten Rhomben zusammengestellt, bildet das Mittelmotiv, dessen Zwischenräume mit vier Quadraten und vier Dreiecken zu einer quadratischen Fläche geschlossen sind. Diese

Teile sind weißgrundig, mit Blumenarrangements bedruckt. Das quadratische Feld ist von einer breiten Bordüre umgeben, die aus 68 großen Rhomben – jede aus 9 kleineren zusammengesetzt – besteht. Die Abgrenzung zur Mittelfäche und zum Außenrand bilden drei schmale Bordürenstreifen mit gelber Zeichnung auf rotem Grund. Die Decke ist 270 × 280 cm groß. Die Stepplinien haben einen Abstand von ca. 1,5 cm über die ganze Fläche.

Bei Hochzeitsdecken herrschte das Herzmotiv vor, oft ergänzt durch Ranken und Federn, wie bei der Decke auf dem Foto rechts oben. Das oft wie Eichenlaub aussehende Federmotiv war in der Mitte des 19. Jahrhunderts beliebt. Das bekannteste ist die »Prinzeß-Feder«, bei dem jeweils sechs Federn wie eine Windrose um ein rosettenartiges Mittelmotiv gruppiert sind. Diese Federn wurden nicht im Patchworkverfahren eingearbeitet, sondern appliziert. Auch das Quilten selbst, also die Stepparbeit, wurde häufig im Federdesign ausgeführt.

Das Windmühlenmotiv, das aus Dreiecken in zwei verschiedenen Farben zusammengestellt wurde (ähnlich wie bei der Applikation des Teppichs auf Seite 20), war ebenfalls ein sehr beliebtes Patchwork-Ornament, das flächig übersteppt wurde.

Bei den alten Quilttechniken unterscheidet man drei verschiedene Methoden. Einmal wurden die Decken flächig mit einfachen Linien durchsteppt, die senkrecht und waagerecht, diagonal oder als Wellen verliefen. Zum anderen teilte man die ganze Fläche in gleiche, größere Quadrate auf und führte darin verschiedene ornamentale Steppereien aus. Zum dritten steppte man zwischen den Applikations- oder Patchworkelementen freie, von der übrigen Musterung unabhängige Einzelmotive wie Vögel, Rosetten, Blätter, Federn und Vasen mit Blumenarrangements.

Selbstverständlich wurden alle diese Arbeiten zunächst mit der Hand ausgeführt. Die Maschinensteppereien und mit ihnen viele häßliche Imitationen kamen erst später auf. Die Textilindustrie trug ihren Teil zum Sterben dieser schönen Handarbeit bei, indem sie die Quilttechnik Ende des 19. Jahrhunderts durch eine Art Reliefwebverfahren nachahmte. Viele solche Bettdecken, bei denen das Muster auf einer Seite negativ und auf der anderen positiv erscheint, sind aus dieser Zeit erhalten. Sie sind fast alle aus weißer Baumwolle und haben sonst keine Verzierungen.

Ein typischer Hochzeitsteppich mit Blättern und Federn um Herzen angeordnet. Das Feder-Motiv kehrt bei vielen Patchwork- und Applikations-Quilts wieder. England, 19. Jahrhundert
Foto: Timmins

Detail einer Bettdecke mit Quiltimitation. Solche Dekken, meistens aus weißer Baumwolle, wurden um die Jahrhundertwende im Reliefwebverfahren auf Jacquardmaschinen hergestellt
Foto: M. Bauer-Hamersen

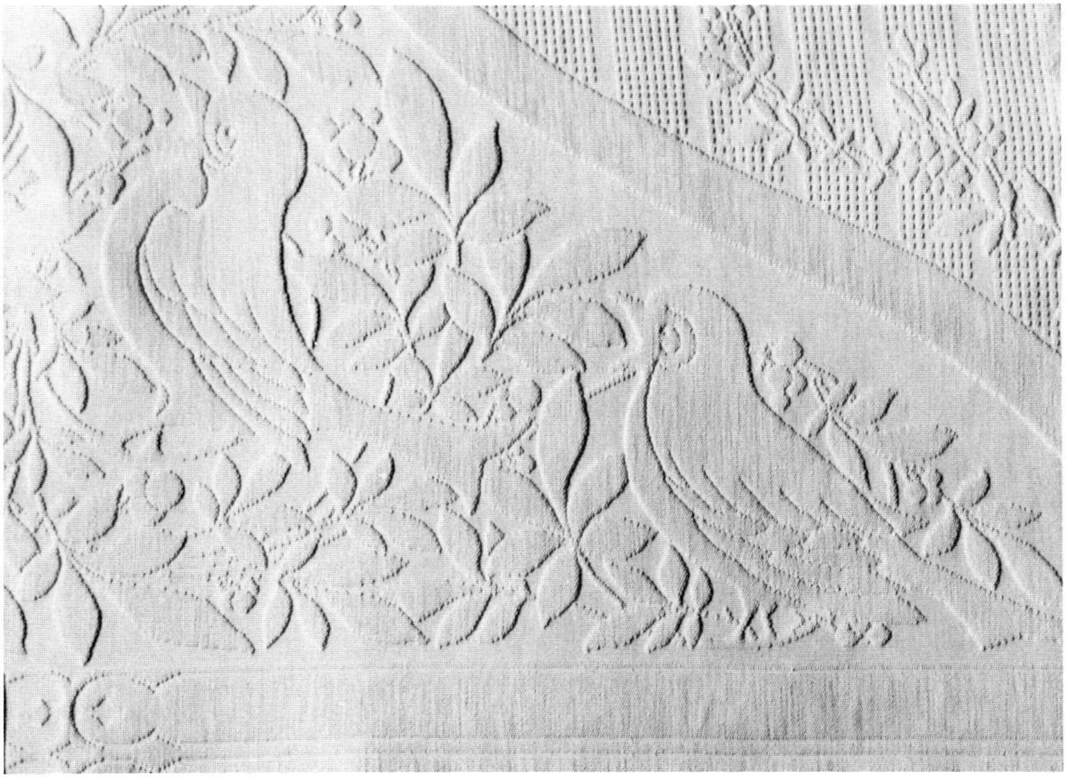

Alte Kunst – neu interpretiert

Wie viele Künstlerinnen und Künstler, die sich mit Textilgestaltung befassen, so kommt auch die in Sofia/Bulgarien geborene Textilbildnerin Radka Donnell, die heute in Bern/Schweiz wohnt, von der Malerei. Sie studierte nach ihrer Schulzeit in Deutschland an den Universitäten in Colorado, Kalifornien und in der Schweiz.

An die alte Tradition anknüpfend, jedoch unter neuen Aspekten gestaltet Radka Donnell ihre streng aufgebauten Textilbilder. »Die Verkäuferinnen sehen mich immer ungläubig an, wenn ich von einem besonderen Stoff nur ein kleineres Stück kaufe, das weder für ein Kleid noch für eine Bluse reicht«, sagt sie. Nach Kartonschablonen schneidet sie die Stoffteile zu und näht sie mit der Maschine zusammen. Das Quilten besorgt ihr die in Cansas City wohnende Claire Mielke, die sich darauf spezialisiert hat. Es geht bei dieser Stepparbeit nicht um ein weiteres künstlerisches Element, sondern die Stoffe sollen nur einen einfachen Reliefcharakter bekommen, der die Komposition nicht stört oder von ihr ablenkt. Bei großen Decken, wie sie die Künstlerin gestaltet, geht es auch um die Gebrauchsfähigkeit; Futter und Schauseite sollten haltbar miteinander verbunden werden. Und damit kommt sie auf den Ursprung des Quiltens zurück: das Zusammenhalten mehrerer Stofflagen durch Steppereien, damit diese nicht verrutschen. Bei einem Interview, das Radka Donnell –

Foto: Silvia Schäfer

Sechs Patchwork-Quilts von Radka Donnell, 1974 entstanden. Die Textilbilder bzw. Decken sind in der Mehrzahl 240 × 270 cm groß. Alle verraten eine Verwandtschaft mit der Malerei
Foto: privat

mit einem amerikanischen Dozenten verheiratet und Mutter zweier Töchter – der Kunstzeitschrift »design international« gab, sagte sie über ihre Arbeiten:
»Für die Patchwork-Quilts habe ich meine Tätigkeit als Malerin aufgegeben. In der Tradition der amerikanischen Patchwork-Quilts begegnete ich einer Fülle guter Designs, die inspiriert waren von zeitlosen konstruktiven Gestaltungselementen, wie Straßenpflaster, Täfelung, Mosaik, Ziegeln, Fachwerk usw. Die Zusammensetzungsverfahren mit bedruckten Stoffen als grafische Systeme erschienen mir als ein unendlicher Reichtum expressiver Möglichkeiten. Auf dieser Basis begann ich, nachdem ich mich eingehend mit alten Patchwork-Quilts befaßt hatte, neue Muster zu entwerfen. Zunächst bemühte ich mich, die Tradition der geometrischen Formen fortzusetzen. Doch dann versuchte ich das Gesamtbild der Quilts durch freier gestaltete Strukturen zu verändern.
Die Beschäftigung mit der Produktion von Gebrauchsgegenständen mit besonders expressiver Gestaltung bringt mich näher zu meinem Kunstideal als meine Malerei.« (Gekürzte Wiedergabe)
Dennoch kann Radka Donnell ihre Ausgangsbasis, die Malerei, nicht leugnen. Ihre Patchwork-Quilts sind eigentlich mit Textilien gemalte Bilder, hier wohlgeordnet, ruhig und geschlossen, dort dynamisch und voller Widerspruch. Alle Arbeiten haben Namen; den Themen liegen menschliche Beziehungen, die Stellung von Menschen innerhalb eines bestimmten Lebenskreises zugrunde. In allen ihren Arbeiten setzt Radka Donnell sich mit Problemen und Erscheinungen auseinander, niemals macht sie einfach nur ein Muster um der Dekoration willen. Der Inhalt rangiert vor dem Effekt – für flüchtige Betrachter nicht leicht erkennbar.

Patchwork – Materialwahl und Musterbildung

Zur Herstellung von Patchwork eignen sich am besten Gewebe in einfacher Leinenbindung (die meisten Baumwollgewebe), weil sie in Quer- und Längsrichtung in gleichem Maße dehnbar sind, während sich Phantasiebindungen (Stoffe, bei denen Quer- und Längsfäden in unterschiedlicher Stärke auf unterschiedliche Weise miteinander verwebt sind) oft ungleichmäßig verziehen. Die Verarbeitung gleichartiger Gewebe ist vor allem bei großflächigen Arbeiten notwendig. Die Möglichkeiten der Resteverwertung sind deshalb begrenzt. Zwar ist die Patchworktechnik durch die Verwertung von Textilresten einst entstanden, jedoch gab es damals noch nicht so viele verschiedene Gewebearten und Fasern bei Gebrauchstextilien.

Anders verhält es sich mit den Mustern und Farben. Hier kann man fast jedes Design verwenden, jedoch nicht alles wahllos miteinander kombinieren. Patchworks, aus bunten Resten und Stoffteilen unterschiedlicher Form wahllos aneinandergesetzt, nannte man schon bei den Farmern im Mittelwesten »Crazy Patchwork« (verrücktes Flickwerk), obwohl solche Arbeiten auch ihren Reiz haben können. Besser ist es aber, man bringt System in das Stoffmaterial, sortiert Blümchen von Streifen, Punkte von Karos, große geometrische Designs von Streumustern. Das soll nicht heißen, daß man diese Muster nicht miteinander kombinieren könnte, aber sie sollten nach Farbwerten (hell/dunkel, schwer/leicht) zusammengestellt werden unter Berücksichtigung von Aspekten wie Ton-in-Ton- oder Kontrastwirkungen. So ist es zum Beispiel ungünstig, für eine großflächige Arbeit nur kleingemusterte Stoffe zu verwenden. Sie wirken in der Zusammensetzung meistens sehr unruhig, was durch die Nähte, die ein eigenes Muster ergeben, noch betont wird. Eine in sich geschlossene, dennoch lebhafte Flächenmusterung ergibt die Kombination von einfarbigen und gemusterten Stoffen. Dabei sollte ein Design oder eine Farbe dominieren. Man muß aber stets berücksichtigen, daß einfarbige Stoffe leicht in den Vordergrund rücken, da sie flächiger wirken als gemusterte.

Abgesehen von Gewebe kann man auch Filz, Gestrick, Häkelteile, Leder oder Kunststoffe patchworkartig zusammensetzen. Dem Material sind keine Grenzen gesetzt, sofern es sich nähen läßt, nur sollte man möglichst bei einer Materialgattung bleiben.

Die Form der Patchworkteile

Es gibt zahlreiche Möglichkeiten für die Wahl der Formen, aus denen man das Patchwork zusammensetzt. Die wenigsten handarbeitstechnischen Probleme bringen einfache geometrische Formen, allen voran das Quadrat. Aber auch Rhomben und Dreiecke sind leicht zusammenzustellen und lassen eine Fülle von Variationen zu. Die Fotoabbildungen geben einige Anregungen, die sich weiterentwickeln und vielfach abwandeln lassen. Die klassischen Patchformen, die am meisten verwendet wurden, sind außer dem Quadrat: Wabe (Sechseck), Rhombe, Würfel (aus drei Rhomben), Winkel (meistens stufenartig kleiner werdend ineinandergesetzt), Kreuz (aus fünf gleich großen Quadraten) und Kaleidoskop (Achteck, aus acht Achteln zusammengesetzt).

Zuschneiden und Nähen

Zunächst fertigt man aus Karton eine Schablone in der Form an, die die Stoffteile haben sollen, und zwar wie folgt: die Grundform wird auf den Karton gezeichnet und um diese herum eine weitere Kontur in etwa 1–2 cm Abstand (je nach Größe der Form). Innerhalb und außerhalb dieser beiden Konturenstriche wird der Karton ausgeschnitten, so daß ein Rahmen entsteht. Mit diesem Rahmen kann man nun die am besten geeigneten Ausschnitte aus den zur Verfügung stehenden Stoffen aussuchen. Die ausgesuchten Stücke werden markiert, indem man die äußeren Rahmenkonturen mit einem weichen Bleistift auf dem Stoff umfährt. An diesen Linien werden die Stoffteile ausgeschnitten. Für jedes Stoffteil muß ein entsprechendes Papierteil zugeschnitten werden, das die Innenmaße des Rahmens hat. Diese Papierteile werden jeweils auf der Unterseite der Stoffteile mit Nadeln festgesteckt. Dann schlägt man die Stoffüberstände um das Papier und heftet sie fest. Hat man genügend

Kissenhüllen aus einfachen Patchworkteilen: Quadrate (hinten), Kreuze, aus Quadraten zusammengesetzt (vorn links) und Dreiecke
Ausführung: Jutta Lammèr
Foto: M. Bauer-Hamersen

Stern von Bethlehem – eine gesteppte Applikationsarbeit in Rot-Weiß. Man kann das aus Rhomben gestaltete Sternmotiv als klassischen Quilt bezeichnen, den es auch in zahlreichen Variationen als Patchworkarbeit gibt.
Maße: 221 × 216 cm. Privatbesitz
Foto: Graphis 172

So wird das Patchwork ausgeführt: Papiereinlage feststecken, umgeschlagene Stoffränder festheften, Kanten gegeneinandernähen

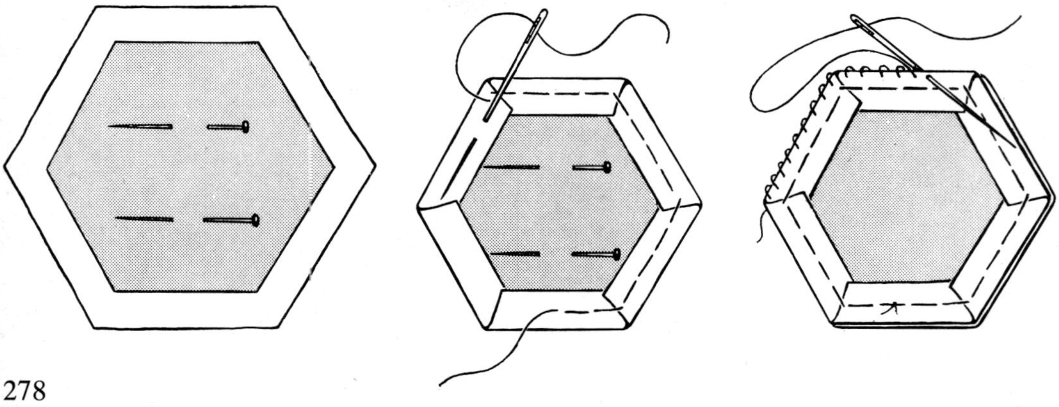

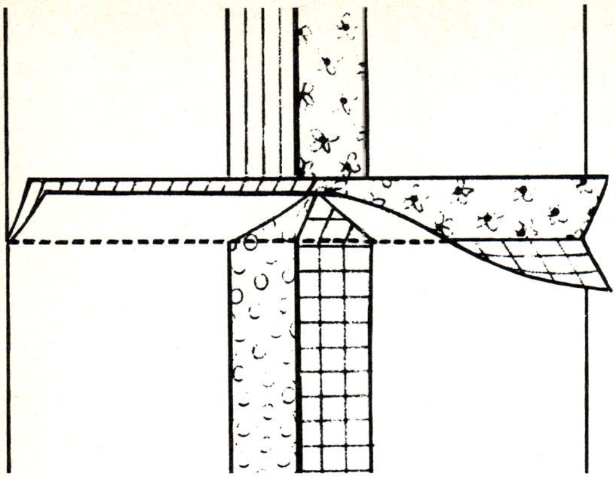

An den sich kreuzenden Nahtstellen werden die Ecken der Überstände schräg abgeschnitten
Zeichnung: E.-I. Baumanns

Der achtstrahlige Stern ist eines der beliebtesten Patchworkmotive der Kolonialzeit. Er bildet bei den Arbeiten »Stern von Bethlehem«, »Einsamer Stern von Texas« und »Aufgehende Sonne«, die zu den klassischen Patchwork-Quilts zählen, das Mittelmotiv. Die hier gezeigte Patchwork-Quiltdecke wurde 1974 in Italien hergestellt
Foto: Agentur Hecht

Teile auf diese Weise vorbereitet, legt man sie mit den Schauseiten nach oben gegeneinander und näht sie mit kleinen Stichen an den Kanten zusammen. Dabei setzt man zuerst die Einzelteile zu Streifen, dann die Streifen zu einer Fläche zusammen. Anschließend werden die Heftfäden herausgezogen, die Papierteile entfernt und die Nähte von links ohne Druck gebügelt. Das Patchwork muß auf jeden Fall gefüttert werden, damit es seine Form behält.

Einfache Grundformen kann man auch mit der Maschine zusammennähen. Hier erübrigt sich die Papiereinlage. Die Stoffteile werden streifenweise zusammengeheftet und mit der Maschine aneinandergenäht, die Streifen werden ebenfalls zusammengeheftet und dann mit der Maschine nachgenäht. Die Nähte werden auseinandergestrichen und von links gebügelt. Die Ecken der Überstände an den sich kreuzenden Nahtstellen schneidet man schräg ab.

Das Quilten

Quilts sind Reliefsteppereien, ausgeführt auf mindestens zwei Stofflagen, besser auf Oberstoff, Zwischenlage und Futter. Als Zwischenlage eignet sich sehr gut das leichte weiche Kunstfasermaterial Diolen Fill, das man meterweise kaufen kann.
Vorbereitend werden alle drei Stofflagen über die ganze Fläche, von der Mitte ausgehend, zusammengeheftet. Will man die Stepperei mit der Hand ausführen, so braucht man zwei Dachlatten in der Länge und zwei in der Breite der Arbeit (bei kleineren Formaten genügt ein einfacher Leistenrahmen), dazu vier Schraubzwingen, um die Latten zu einem Rahmen zusammenzuschrauben. In diesen Rahmen spannt man den mit den Unterlagen zusammengehefteten Stoff, indem man ihn mit großen Stichen rundherum am Rand um die Rahmenlatten heftet. Der Rahmen wird auf Stuhllehnen, Böcke oder eine ähnliche Halterung gelegt, so daß man sitzend daran arbeiten und unter den Stoff grei-

Drei klassische Randornamente für Quilts, auch als Einzelornamente ausführbar, als Anregung für eigene Entwürfe

Ausführung eines der gezeigten Randornamente, in eine Flächenstepperei einbezogen
Foto: M. Bauer-Hamersen

fen kann. Es geht auch, wenn man den Rahmen senkrecht stellt und ihn irgendwo anlehnt.
Diese ganzen Vorbereitungen fallen fort, wenn man – was sicher häufiger der Fall sein wird – die Stepperei mit der Maschine ausführt. Um die Stoffmenge besser halten und führen zu können, rollt man jenen Teil Stoff, der rechts von der Nadel durch den Maschinenarm geführt wird, zusammen.
Doch zuvor muß man sich über die Art der Stepperei im klaren sein. Hat man noch keinerlei Erfahrung in dieser Technik, versucht man seine Kunst erst einmal an einem Probestück, etwa einem Kissen oder einer kleinen Decke, das man über die ganze Fläche waagerecht und senkrecht durchsteppt. Dabei fängt man mit der Mittelnaht an, steppt Naht für Naht nach rechts weiter, dreht dann die Arbeit so um, daß man die noch freie Hälfte wieder von der Mitte nach rechts gehend steppen kann. Den Abstand der Steppnähte kann man beliebig bestimmen. Die Stichlänge der Maschine sollte nicht zu dicht eingestellt sein. Wichtig ist, daß man die Stofflagen beim Steppen nicht verschiebt, damit sich keine Beulen bilden.
Beim Quilten mit der Hand besteht die Gefahr des Verschiebens nicht. Man steppt die drei Stofflagen mit kleinen Vorstichen zusammen, wobei man die rechte Hand auf, die linke unter dem Stoff hält (deshalb muß der Rahmen frei stehen). Hat man einen Tisch mit abnehmbarer Platte, so kann man das Gestell gut als Spannrahmen zum Quilten verwenden. Die Stofflagen werden in diesem Fall mit Reißzwecken an der Auflagekante der Platte, die man herausgenommen hat, befestigt.
Sollen anspruchsvolle Muster oder figürliche Darstellungen gesteppt werden, fertigt man auf Seidenpapier eine Zeichnung in Originalgröße (bei umfangreichen Mustern in Teilstücken) an, nachdem man die Fläche genau aufgeteilt hat.
Die Seidenpapierzeichnung wird an entsprechender Stelle auf den Stoff geheftet. Man steppt sie mit durch und reißt sie später ab. Bei einfarbigem Stoff kann man die Zeichnung auch mit hellem oder dunklem Schneiderkopierpapier direkt übertragen.
Motivsteppereien kann man bei großflächigen Arbeiten nur mit der Hand ausführen. Die bei solchen Arbeiten notwendigen häufigen Richtungsänderungen der Stichfolge sind beim Hantieren mit großen Stoffmengen auf der Nähmaschine nicht möglich.
Bei der Motivwahl sollte man sich vor allem nach dem Stoff richten. Handelt es sich um ein Patchwork, führt man am besten eine neutrale Flächenstepperei aus, die den Formen der Stoffteile angepaßt ist, zumindest ihnen nicht entgegensteht. So sollte man eine aus Quadraten oder Rechtecken zusammengesetzte Fläche nicht mit auffällig großen Wellenlinien durchsteppen, wie man andererseits eine aus Sechsecken gestaltete Fläche nicht mit Zickzack-Stepperei stören sollte.
Es gibt aber für Quiltings – ganz gleich ob neutral oder in Verbindung mit Patchwork – keine Richtlinien. Und das ist auch gut so. Wie man aus der Geschichte dieser Arbeiten weiß, sind sie alle von einfachen Leuten entworfen und hergestellt worden; Leuten, die ihren Eingebungen, ihrem Farben- und Formensinn gefolgt sind aus einfacher Freude an der Gestaltung. So sollte jeder, der sich heute mit dieser alten Handarbeitstechnik befaßt, nicht engherzig sein und trotz aller Empfehlungen und Ratschläge in erster Linie seine Vorstellungen verwirklichen, denn nur darauf kommt es an!

Blockhaus – Quiltdecke aus Stoffstreifen, die stufenartig zusammengeknüpft (nicht genäht) wurden, so daß sich auf der Vorderseite ein Flor bildet. Dieses um 1890 entstandene seltene Stück ist 199 × 170 cm groß und im Besitz der amerikanischen Quilt Gallery In.
Foto: Graphis 172

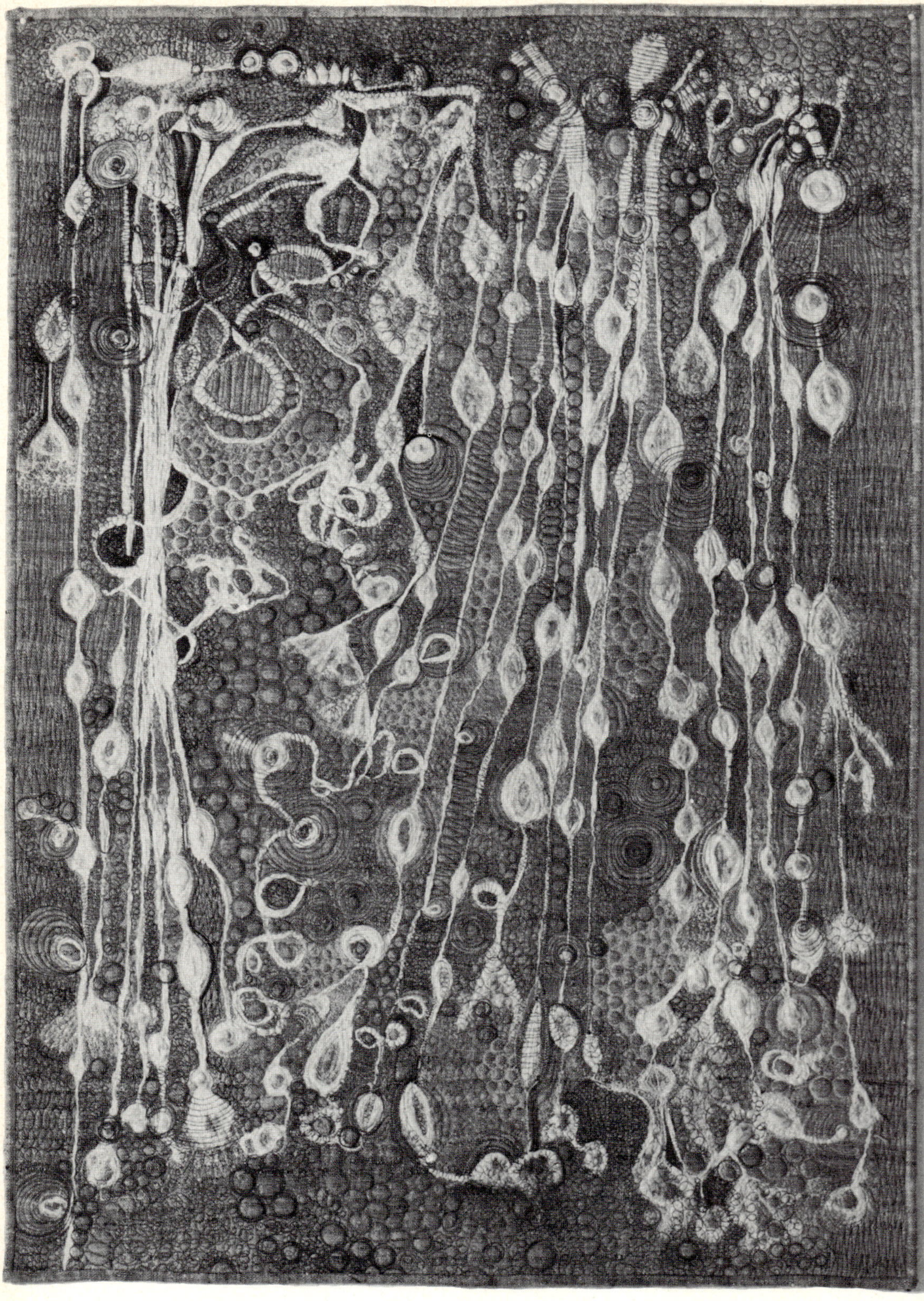

Ausschnitt aus dem Ohio-Quilt auf Seite 286. Man erkennt hier deutlich die Anwendung der Stepperei als zusätzliches Stilmittel. Der Quilt befindet sich in Privatbesitz

Oben rechts:
Detail einer Patchwork-Bettdecke von Maria Hahm. Die aus doppelten Lagen bestehenden Quadrate wurden an den Kanten gegeneinandergeschlagen, mit Langettenstichen umnäht und aneinandergehäkelt. Sie sind diagonal angeordnet. Größe: 160 × 220 cm
Foto: M. Bauer-Hamersen

Unten rechts:
Patchwork-Quilt nach klassischem kolonialamerikanischem Vorbild, von italienischen Textilkünstlern nachgestaltet
Foto: Agentur Hecht

Seite 284:
Studie mit handgesponnener Seide und indischer Naturseide. Maschinenstepperei und Applikation kombiniert mit Stickerei aus der Werkstatt der Textilkünstlerin Lotte Hoffman, Oberrot-Hausen
Foto: privat

Diese seltene Arbeit aus Ohio (um 1958) läßt sich schwer in eine Handarbeitskategorie einordnen: es handelt sich um eine Applikation, in der sowohl gestickte als auch patchworkartig zusammengesetzte Teile zu finden sind, die pikiert (durchsteppt) wurden. Die Szene zeigt einen Vertragsabschluß mit den Indianern um 1788.
Maße: 231 × 201 cm
Foto: Graphis 172

Decke aus patchworkartig zusammengesetzten Quadraten in Diagonalanordnung. Die Zierstepperei ist außerordentlich dicht. Größe: 226 × 208 cm. Privatbesitz. Um 1870 entstanden
Foto: Graphis 172

Seite 288:
Strickpatchworkdecke von Hanna Pollitz. Es müssen nicht immer Stoffteile sein, die man zusammensetzt. Gestrick hat den Vorteil, daß außer Form, Farbe und Musterung noch die Strickart als weiteres Gestaltungselement dazukommen kann
Foto: Barbara Schulten

Perlenarbeiten

Perlen – Zahlungsmittel der Vorfahren

Während man andernorts zwischen echten Perlen und Tand aus Glas, Holz, Keramik unterscheidet, heißt bei uns alles Perle, was sich auf einen Faden aufreihen läßt. In den angelsächsischen Ländern trennte man von jeher »Pearls« (echte Perlen) von »Beads« (unechte Perlen, Gebetsperlen). In den Niederlanden, wo man früher vorwiegend Korallenmaterial bearbeitete, heißt alles, was sich auffädeln läßt, »Kralen«.

Vorläufer der Perlen waren Schneckenhäuser, Muscheln, Samenkörner, Knochenstükke, Eierschalen, Zähne, Krallen, bemalte und geritzte Schalen von Früchten sowie Bambusabschnitte. Weiches Material wurde mit einem Dorn oder einer Fischgräte durchlöchert, für hartes Material erfand man schon früh einen Bogen-Bohrer; das war ein mit einer Steinspitze bestückter Stab, um den eine Sehne gewickelt war, deren Enden man an einer Art Fiedelbogen befestigt hatte. Bewegte man den Bogen, drehte sich der Bohrstab.

Seite 289:
Schildkröte – Glasperlenstickerei nach dem Firmenschild eines französischen Spezialitätenrestaurants
Freie Stickerei auf Seide
Ausführung: Jutta Lammèr
Foto: M. Bauer-Hamersen

Seite 290:
Sparstrümpfe in Perlenhäkelei, 1. Hälfte des 19. Jh.
Münchener Stadtmuseum
Foto: Claus Hansmann

Kopfschmuck eines Fürsten aus Dahomey, Westafrika. Die Perlen sind auf Schnüre gezogen, die Schnüre auf einen festen Untergrund appliziert, teilweise plastisch unterlegt
Foto: Museum für Land- und Volkskunde, Rotterdam

Als Fadenmaterial verwendete man Sehnen, Agavenfasern, Haare von Bisons und Rentieren und Lederstreifen. Nicht immer war das Perlenmaterial durchlöchert, oft waren die Schmuckteile nur festgebunden. Gräberfunde in Ägypten weisen auf solchen Hals-, Arm- und Fußknöchelschmuck hin.
Als die Glasperlen aufkamen – die älteste Perle, die das Zeichen Amenhoteps trägt, stammt aus der Zeit um 1551–1527 v. Chr. –, waren sie wegen ihrer Seltenheit sehr begehrt und entsprechend wertvoll. Sie wurden zu einer Maßeinheit, einer Art Geld, das für Vieh und viele andere lebenswichtige Güter in Tausch gegeben wurde. Ein großer Teil des Welthandels basierte jahrhundertelang auf Perlen als Zahlungsmittel.
Bergkristalle und Halbedelsteine wurden schon zur frühen Bronzezeit durchbohrt und als Schmuckperlen verwendet. In der späten Bronzezeit waren Perlen aus Glaspaste und von einer Glasstange abgezwickte und gelochte Perlen an allen Küsten des östlichen Mittelmeeres, bald auch in West- und Mitteleuropa verbreitet. Die ersten Perlen dieser Art waren meistens dunkelblau, opak oder durchscheinend, aber nicht transparent. Bald kamen Glasperlen auf, die aus weißen und blauen Fäden zusammengedreht waren, sowie Perlen mit gelben Punkten, in die oftmals schon ein blauer Punkt eingepreßt war.
Etwa 1000 v. Chr. kamen die Augenperlen auf, die man heute wieder in fernöstlich orientierten Boutiquen kaufen kann. Um 700 v. Chr. machte man Perlen mit aufgelegten Zickzack- und Wellenlinien. Auch Perlen wie Menschenköpfe modelliert, grotesk dargestellt, gab es zu dieser Zeit, wobei Augen, Mund, Nase und Haare durch aufgelegte Fäden und Punkte markiert waren.
Im 4. Jahrhundert v. Chr. waren Kugelperlen (vorher waren sie meistens zylindrisch) mit vielen farbigen Punkten und dunkelblaue Perlen mit weißen oder hellblauen Augen sehr gefragt.
Um Christi Geburt kam die Ringperle auf, meistens dunkelblau mit milchig-weißem Ring. Die gewickelten Perlen, bei denen verschiedenfarbige Glasfäden auf einen Draht gewickelt wurden (wie Garn), kennt man erst aus späterer Zeit. Durch nachträgliches Erhitzen und Glätten erhielten diese Perlen ein Aussehen, das nicht mehr die ursprüngliche Herstellungsweise erkennen ließ.
Die Zählbarkeit der Perlen spielte nicht nur im Handel, sondern auch in der Religion eine Rolle. Aus der Möglichkeit, selbst im Dunkel der Moscheen etwas zählend kontrollieren zu können, entwickelten sich die Gebetsketten der Mohammedaner mit 102 Perlen für die Beinamen und Attribute Allahs. Später entwickelte sich der Rosenkranz der katholischen Kirche aus dieser Urform, die allerdings im mohammedanischen Glauben erhalten blieb.
Eskimos, Indianer in Nord- und Südamerika, Eingeborene in Ozeanien und Afrika – sie alle maßen den Perlen heilende, schützende, magische Kräfte bei. Sie verwendeten sie bei Pubertätsriten und Paarungszeremonien. Immer waren die Perlen, deren Farben eine besondere Rolle spielten, mehr als nur Schmuck.
Bei den Römern und Griechen hatten die Perlenarten ebenfalls spezifische Wirkungen: rote Korallen galten als Schutz gegen Schiffbruch, dem germanischen Bernstein schrieb man heilende Kräfte zu.

Geldbeutel aus dem 18. und 19. Jahrhundert in Perlenstickerei, Perlenhäkelei und Perlengestrick
Münchener Stadtmuseum
Foto: Claus Hansmann

Jacob

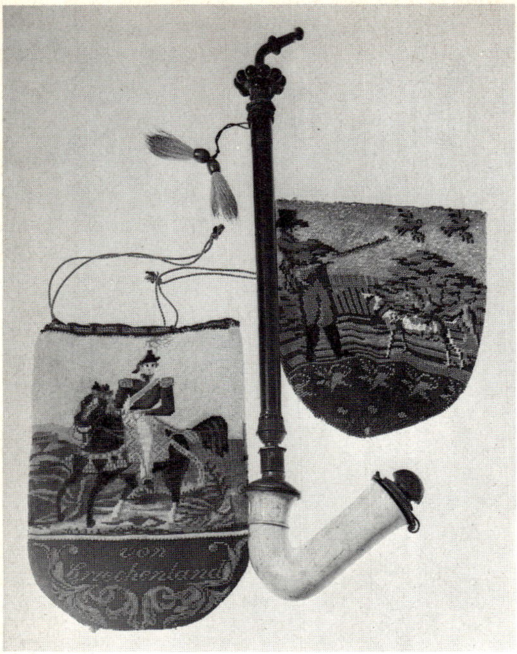

Zwei Tabaksbeutel aus der Zeit um 1830 in Perlenhäkelei (links) und Perlengestrick (rechts)
Münchener Stadtmuseum
Foto: Claus Hansmann

Kanadischer Indianerhäuptling mit Sohn, Schwiegertochter und Enkelkind im Festschmuck. Die Kleidung besteht – bis auf das Kleid der Frau – aus perlenbesticktem Elchleder
Fotos: M. Bauer-Hamersen

Waren viele Jahrhunderte nur Tuche als Handelsware von wirtschaftlicher Bedeutung, so traten in den Beziehungen zu Westindien und Afrika Perlen an die erste Stelle. Man konnte für Perlen alles eintauschen, vorausgesetzt, daß sie die richtige Farbe hatten. Die Eingeborenenstämme waren an ganz bestimmten Farben interessiert, und zwar hatte jeder Stamm seine bevorzugte Farbe. Manche Expedition ist an der falschen Wahl der mitgeführten Perlen gescheitert.

Noch bevor die europäischen Perlen nach Ostafrika über Portugal gelangten, hatte man dort schon Perlen aus Indien eingetauscht. Bei den Zulus galten die Perlen außer ihrer schmückenden Funktion auch als Kommunikationsmittel: man konnte mit Perlenbändern Nachrichten überbringen. Dabei waren nicht die Muster der Perlen wichtig, sondern die Farben in ihrem Mengenverhältnis zueinander. Weiß bedeutete Liebe, Gelb Reichtum und Hellrot Armut. Schickte ein Mädchen einem jungen Zulu einen Halsschmuck, in dem weiße Perlen dominierten, dann war das eine Liebeserklärung. Die jungen Männer sammelten solche »ubala abuyise« (Mitteilungen, auf die eine Antwort erwartet wurde) wie Trophäen.

Während im Fernen und Mittleren Osten, in Europa und Afrika vielfarbige Perlen beliebt waren, zogen die Indianerstämme stets kleine einfarbige Perlen vor. Noch heute nennt man die kleinen Rocailles »Indianerperlen«. Die Indianerstämme »Woods Indians« und »Plains Indians« haben Perlenarbeiten eigenen Stils geschaffen und die Volkskunst des Perlenwebens und -stickens immer weiter entwickelt. Reisende Kaufleute aus Europa brachten die ersten Perlen mit und tauschten sie gegen Felle sowie kunstvoll geschnitzte und gravierte Gebrauchsgegenstände ein. Die Indianer gestalteten seit jeher Dinge, die zum täglichen Leben, aber auch zum Vollzug ihrer Riten gehörten, mit sehr viel grafischem Empfinden und großem Geschick. Männer wie Frauen waren gleichermaßen mit Handarbeiten befaßt, die sich großer Wertschätzung erfreuten.

Die Stämme der Plains Regions, den ausgedehnten Gebieten im Südwesten Amerikas,

bevorzugten meistens symbolische, abstrakte Motive, während die Woodland Indians im nördlichen und östlichen Kanada die Darstellung von Blumen, Blättern, Bäumen und Tieren vorzogen. Zarte Farben wie Blau, Rot oder Gelb waren besonders beliebt. Gebrauchsgegenstände wie Messerscheiden, Beutel, Taschen, Westen und Hausschuhe wurden reich mit Perlen bestickt. An besonders wertvollen Mocassins waren nicht nur Oberleder und Umschlagstulpen, sondern auch zuweilen die Sohlen verziert. Solche Schuhe wurden von reichen Häuptlingsfrauen bei rituellen Feierlichkeiten getragen. Der Indianerhäuptling trug von jeher einen Kopfschmuck aus Adlerfedern mit reichbesticktem Stirnband, Stulpen und langen bestickten Fellstiefeln. Es wurden ganze Geschirre für Pferde – Halfter und Sattelteile – mit Perlenarbeiten verziert, womit der Reichtum eines Stammes demonstriert werden sollte.

Indianerinnen weben auch heute noch wie vor hundert Jahren Stirnbänder, Gürtel,

Indianer-Mocassins aus Elchleder mit Perlenstickereien auf Blatt und Stulpe. Sie stammen aus Kanada
Foto: Hans Moritz Studio, Ontario

Pompadour in Perlenhäkelei von Amalie Szeps, Wien, aus dem Jahre 1910
Foto: Lammèr-Produktion

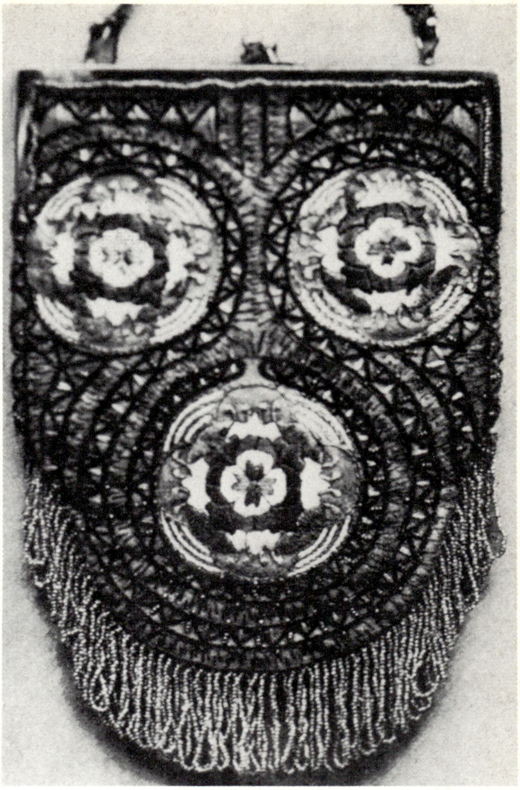

Gestricktes Taufkleid mit Glasperlen, die ebenfalls eingestrickt sind. Ende des 19. Jahrhunderts, k. u. k. Österreichisches Museum Wien
Fotoreproduktion: Lammèr-Produktion

Handtasche in Seidenstickerei mit Perlen von Frida Schwertfeger, Staatl. Kunstgewerbeschule Hamburg
Fotoreproduktion: Lammèr-Produktion

Gebetbuchdeckel mit Perlenstickerei auf Stramin. Jahrhundertwende
Foto: Christel Claudius

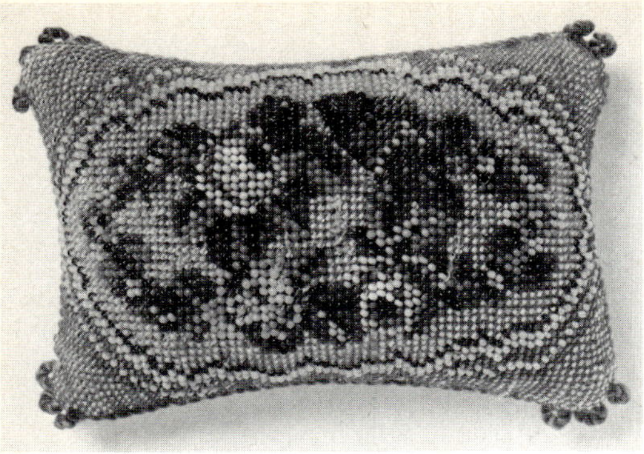

Nadelkissen in Glasperlenstickerei auf Stramin, 8,5 × 5,5 cm groß, 2. Drittel des 19. Jahrhunderts
Foto: Schweizerisches Landesmuseum Zürich

Strumpfbänder in Perlenstickerei aus dem 18. Jahrhundert, mit Sprüchen verziert
Foto: privat

Sparstrumpf in Perlenhäkelei aus der Zeit der Jahrhundertwende
Privatbesitz
Foto: M. Bauer-Hamersen

Armbänder und Halsketten mit Anhängern. Auch die Oberbekleidung, oft aus feinem Elchleder, wird mit Perlen bestickt.

Eine besondere Technik ist eine Art Perlenapplikation. Dazu werden Perlen auf einen Faden gereiht, der Faden wird auf den Stoff oder das Leder gelegt und mit überfangenden Stichen festgenäht.

Auch in Europa hatte man viele Möglichkeiten der Perlenverarbeitung entdeckt. So wurden Perlen aufgefädelt, verwebt, verstrickt, verhäkelt und aufgestickt. England war führend in der Perlenstickerei, gefolgt von Italien, Spanien und Frankreich. Es entstanden schön bestickte Geld- und Tabaksbeutel, Handtaschen und Pompadours, Bucheinbände und Tüllschals, Strumpfbänder und Vorhänge. Gehäkelte Sparstrümpfe mit Perleneinsätzen waren besonders beliebt, ebenso schmale perlengewebte Gürtel. In der Volkstracht des 18. und 19. Jahrhunderts findet man perlenbesetzte Festkronen und Perlenmieder, die für feierliche Anlässe angefertigt wurden.

Zu einem der größten Handelsplätze für Perlen jeglicher Art entwickelte sich Europa. Die Firmen Fried Frères in Paris und Grube & Co. in Berlin, vor über hundert Jahren gegründet, zählen noch heute zu den größten Perlenverteilern der Welt. Manches, was heute als fernöstliches oder afrikanisches Perlenmaterial auf dem europäischen Markt auftaucht, wurde von diesen Firmen erst aus Europa dort eingeführt. Dieser Umweg hat viele Perlen verteuert, aber auch interessanter gemacht. Wenn man heute eine der großen sogenannten »Afrikanischen Perlen« kauft, so kauft man trotz des europäischen Ursprungs dieser Perlen ein Stückchen afrikanischer Kultur: den afrikanischen Geschmack.

Eine Bildmacherin

Den Permanente – Kopenhagens Repräsentativausstellung dänischen Kunsthandwerks – hat auf drei Etagen Erlesenes zu bieten. Erstaunlich, daß man trotz der Vielfalt des Gebotenen die Fensterbilder aus kleinen Glasperlen von Ingrid Lütken nicht übersieht. Von diesen malerisch gestalteten Perlengebilden geht ein eigenartiger Reiz aus, dem man sich nicht entziehen kann. Da sieht man Feuerräder und Eiszapfen, blaues Wasser und grünes Land, Symbole des Lebens, in der Erde verwurzelt, sichtbar gemacht.
Ingrid Lütken, die mit ihrem Mann und drei Kindern in einem hübschen, typisch dänischen Landhäuschen in der Nähe Kopenhagens wohnt, fädelt ihre ganzen Empfindungen, Hoffnungen, Zweifel und Enttäuschungen mit winzigen Glasperlen auf Fäden auf. Sie ist äußerlich das Gegenteil von dem, was man sich unter einer Dänin vorstellt: Sie hat langes dunkles Haar und braune, suchende Augen. Die Wurzeln des Lebens, der Ursprung der Menschheit und der Weg, der sie in die Verwirrung unserer heutigen Welt geführt hat, beschäftigen sie immer wieder, und die Auseinandersetzung mit solchen Fragen wird in allen ihren Arbeiten offenbar. Das Land ihrer Sehnsucht, das ihrer Meinung nach am dritten Schöpfungstag erschaffen worden sein muß, ist Grönland. Nirgends, so sagt sie, ist die Natur so unangetastet wie dort, nirgends sind sich Menschen und Erde so nahe.

Ingrid Lütken

Von grönländischen Perlenarbeiten wurde Ingrid Lütken zu eigenen Perlenversuchen angeregt. Sie ist eigentlich Weberin und auch auf diesem ihr ureigenen Gebiet erfolgreich. Eines Tages schickte ihr eine Freundin aus Afrika einen Perlenschmuck. Eine andere Freundin schickte eine Perlenarbeit aus Grönland. Obwohl beide Arbeiten gefädelt waren und den gleichen Perlenrhythmus hatten, waren sie auf unterschiedliche Weise

Seite 300:
Schmerzbaum – Perlenarbeit in Schwarz, Rot, Gold und Weiß von Ingrid Lütken. Das schneckenförmige feuerradähnliche Motiv kehrt bei ihren Arbeiten häufig wieder

Geduldig fädelt Ingrid Lütken die kleinen Rocailles, die sie in durchsichtigen Schachteln aufbewahrt, auf die Nadel. Ihre Glasperlenbilder sind oft aus vielen einzelnen Bildelementen zusammengesetzt

hergestellt: Der afrikanische Schmuck war mit vielen Fäden gearbeitet, während der Schmuck aus Grönland nur auf einen einzigen fortlaufenden Faden gefädelt war. Diese unterschiedlichen Techniken interessierten Ingrid Lütken als Weberin, und sie begann in ethnographischen Sammlungen zu forschen und Grönländer Arbeiten zu restaurieren, bis sie dahinterkam.

Zuerst machte Ingrid Lütken Schmuck, der 1968 bei der dänischen Kunsthandwerker-Ausstellung den ersten Preis bekam. Aber schon dieser Schmuck war sehr eigenwillig, und viele Leute waren beim Anblick der ungewohnten Perlenverarbeitung ratlos. Nicht so die Rolling Stones, die gleich einen Halsschmuck kauften. Perlenbilder größerer Formate – etwa 70 × 70 cm – macht Ingrid Lütken erst seit 1972. Wer sie mit unendlicher Geduld Perle für Perle auf einen dünnen Faden aufreihen, sie überlegen, probieren und wieder verwerfen sieht, hat Zweifel daran, daß jemals eines solcher Perlenbilder überhaupt fertig wird. Aber wie viele Beispiele beweisen, hat es die Künstlerin, die sich als Bildmacherin bezeichnet, immer wieder geschafft.

Ingrid Lütken hat sich mit vielerlei Material auseinandergesetzt und tut es zwischendurch immer wieder. Die Weberei und Knüpferei ruht einstweilen, aber mit Glaskuchenmosaik und Federn (s. Seite 24) hat sie sich unter anderem intensiv beschäftigt. Sie hat einen Karton, in dem sie ganze Federkleider von Vögeln aufbewahrt, wie andere Leute Tierfelle. Im Augenblick aber sind es die Perlen, die Ingrid Lütken in ihren Bann gezogen haben. Sie verarbeitet fast ausschließlich kleine runde Glasperlen. Und solange sie noch gute Augen hat, wird sie sicher bei der Glasperlenbildnerei bleiben, obwohl der Verkaufspreis ihrer Arbeiten in keinem Verhältnis zu der Mühe und dem Zeitaufwand für diese schöne Kunst steht.

Verwurzelt – ein sehr malerisch gestaltetes Glasperlenbild, bei dem man die Strahlen des Himmels, dargestellt durch die oberen Perlenschnüre, die Baumkronen, die Erde und ganz unten die Wurzeln erkennt. Ingrid Lütken drückt damit aus, daß alles zusammenhängt, voneinander abhängig ist

Seite 303:
Eis – nennt Ingrid Lütken ihre Glasperlenarbeit in Blau- und Grüntönen, kombiniert mit weißen und glasklaren farblosen Perlen, deren Schönheit erst durch das Spiel mit dem Licht ganz zur Wirkung kommt

Die Fotos im Hause der Künsterlin in Espergaerde machte Jutta Lammèr

Verarbeitungsmöglichkeiten von Perlen

Perlen kann man auffädeln, aufsticken, einstricken, einhäkeln und einweben. Schließlich kann man sie noch verweben, also ohne zusätzliches Textilmaterial (mit Ausnahme der Haltefäden) im Webverfahren zusammenfügen. Man kann aus Perlen auch Mosaikarbeiten machen, die jedoch in eine andere Kategorie gehören.

Das Perlenfädeln

Durch die Art, in der man Perlen auffädelt, kann man den Charakter des Perlengebildes bestimmen. So ergeben Perlen, die abwechselnd in waagerechter und senkrechter Lage aufgezogen werden, einen weichen Flächencharakter, während Perlen, die alle in eine Richtung gehen, eine festere Fläche ergeben. Reiht man hingegen die Perlen alle in der gleichen Richtung, jedoch mit Zwischenräumen (wie Luftmaschen beim Häkeln) auf, so wird das Gebilde ebenfalls geschmeidig. Auch Perlen, die man abwechselnd mit senkrechter und diagonaler Lochführung aufzieht, ergeben eine geschmeidige Arbeit.

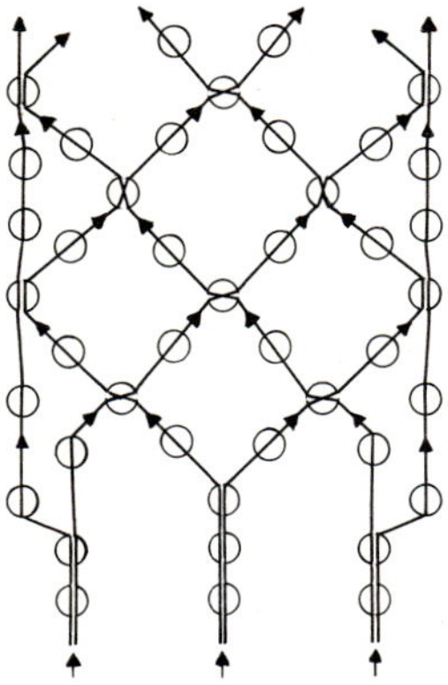

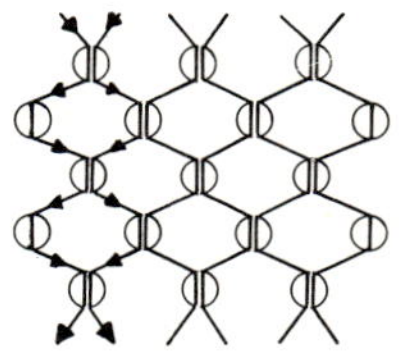

Linke Zeichnung:
Perlen mit senkrecht und waagerecht verlaufenden Bohrungen, in denen sich die Fäden kreuzen.
(Technik aus Ozeanien)

Rechte Zeichnung:
Aufreihung von Perlen in einer Richtung mit nur einem Arbeitsfaden
(Technik aus Europa)

Zeichnungen: Ariane Heyduck

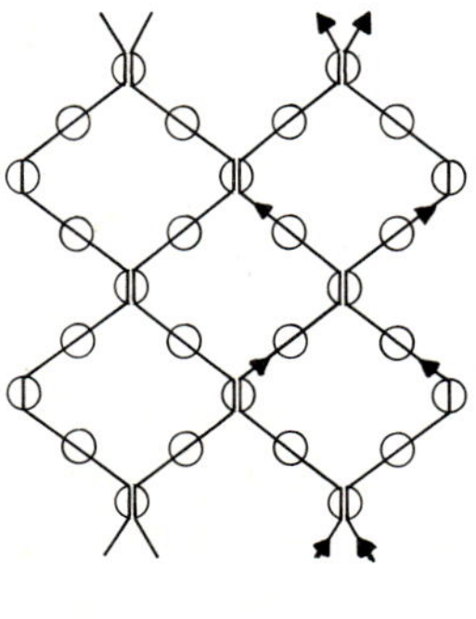

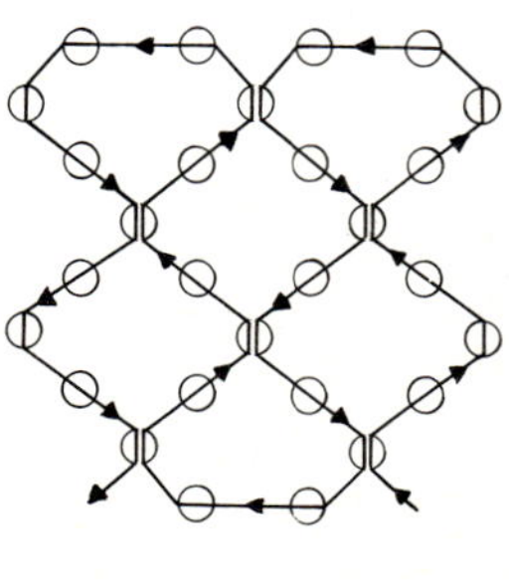

Linke Zeichnung:
Aufreihung von Perlen in einer Richtung, jedoch mit blinden Perlen dazwischen und mehreren Fäden zugleich
(Technik in Afrika gebräuchlich)

Rechte Zeichnung:
Aufreihung von Perlen in einer Richtung (die Diagonallage ergibt sich von selbst), unterbrochen durch blinde Perlen, mit nur einem Faden
(Technik grönländischer Perlenarbeiten)

Arbeitsprobe, Detail aus einem Glasperlenbild von Ingrid Lütken in Grönländer-Technik

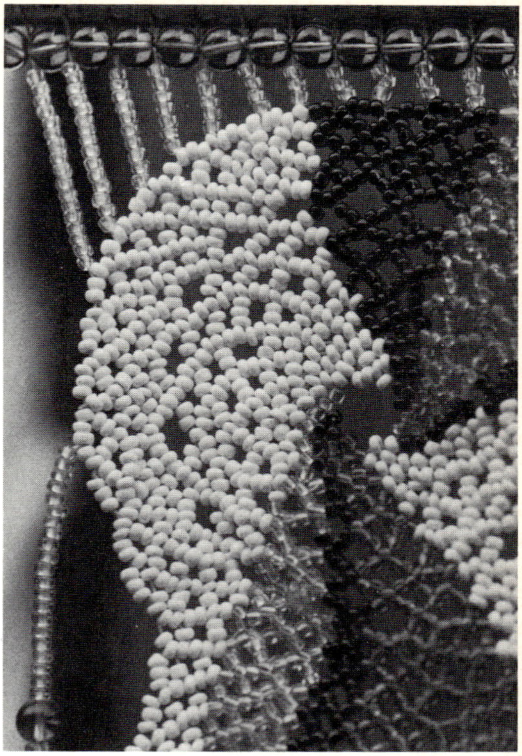

Man kann mit nur einem Faden oder mit mehreren teils parallellaufenden, teils gegenläufigen Fäden arbeiten. Die Zeichnungen zeigen die verschiedenen Techniken. Bei der Wahl der Technik ist die Form der Perlenarbeit wichtig. Fädelt man von der Mitte ausgehend schneckenförmig, so arbeitet man mit nur einem Faden und wechselnder Perlenlage (gerade und diagonal). Man braucht sich bei der freien Perlengestaltung, für die man keinerlei Zählmuster oder Vorlage hat, nicht streng an eine Technik zu halten, sondern kann mit dem Material spielen.

Perlenstickerei

Beim Aufsticken von Perlen kann man drei verschiedene Wege gehen. Welchen man bevorzugt, hängt ganz von dem erwarteten Ergebnis ab. Für streng geometrische Muster oder solche, die nach Zählvorlagen gestickt werden, muß man auf Stoffen mit zählbaren Gewebefäden arbeiten, oder ein Gewebe mit zählbaren Fäden (Stramin, Müllergaze) auf den Grundstoff aufheften. Die Auflage wird mit überstickt, später angefeuchtet und fadenweise herausgezogen. Man stickt die Perlen in diagonaler Lochführung auf und führt die Nadel wie bei halben Kreuzstichen senkrecht unter jeweils zwei Gewebefäden hindurch (s. Zeichnung S. 305). Entwürfe für solche Stickereien müssen auf Papier mit Karoeinteilung gezeichnet werden, wobei man schränglaufende Motivteile nur stufenweise übersetzen kann. Es gelten hier dieselben Gesetze wie bei der Kreuzstichstickerei. Will man ein freies Motiv ohne Gewebebindung sticken, kann man jeden beliebigen Stoff nehmen, wobei dünne Stoffe immer mit einer feinen Gazeauflage, die man später fadenweise herauszieht, überheftet sein sollten. Den Entwurf für die freie Stickerei kann man entweder auf Papier oder mit einem weichen Bleistift direkt auf den Stoff zeichnen. Man sollte aber versuchen, seine Phan-

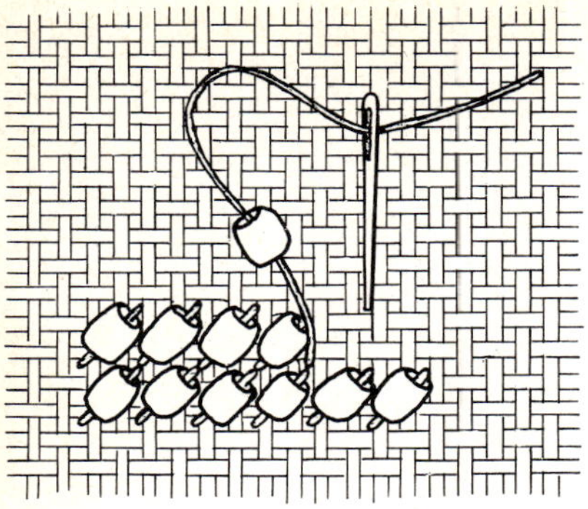

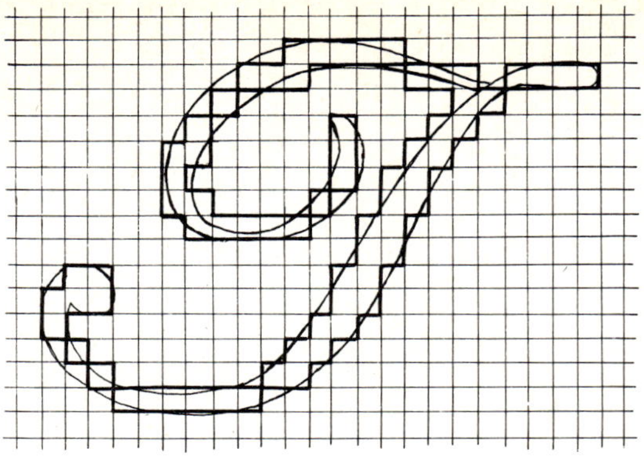

Linke Zeichnung:
Faden- und Nadelführung bei fadengebundener Perlenstickerei

Rechte Zeichnung:
So muß eine Zeichnung für fadengebundene Perlenstickerei auf Karopapier übersetzt werden

Zeichnungen: E.-I. Baumanns

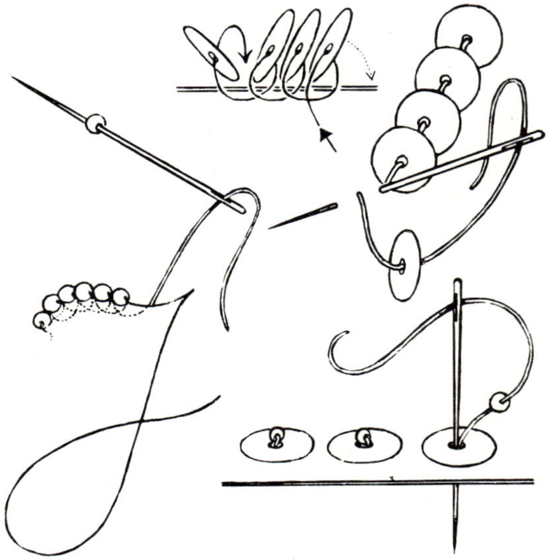

So werden Perlen und Pailletten in freier, vom Gewebe unabhängiger Manier aufgestickt

tasie während des Perlenstickens weiter zu entfalten und sich weitgehend von der Vorlage lösen.

Die dritte Möglichkeit der Perlenstickerei ist die Einbeziehung eines bereits vorhandenen Musters, sei es nun eingewebt, aufgedruckt oder appliziert. Perlen sind gerade bei Applikationen oft ein wichtiges zusätzliches Stilelement.

Bei allen Perlenstickereien ist das Einspannen der Arbeit in einen Stickrahmen unerläßlich. Bei fadengebundenen Stickereien spielt außerdem die Perlengröße eine erhebliche Rolle. Ist das Gewebe zu dicht, verdrängen sich die Perlen gegenseitig und ergeben ein Muster mit ungenauen Konturen. Ist das Gewebe zu weitfädig, ergibt sich keine geschlossene Perlenfläche, und das durchscheinende Gewebe stört das Motiv der Stickerei. Da es viel mehr Gewebesorten als Stickperlengrößen gibt, sollte man zuerst die Perlen und dann den Stoff besorgen.

Beim Besticken von dünnem Leder (Handschuhleder, Fensterledermaterial, Wildleder) wird das ganze Leder so weit mit Stoff bedeckt, wie es von dem Stickrahmen erfaßt wird. Durch das Spannen könnte sich das Leder ohne Stoffauflage ausbeulen, und die Spuren des Stickrahmens könnten sich abdrücken. Dickeres Leder bestickt man ohne Rahmen. Man benutzt hierzu spezielle Ledernadeln, die an der Spitze dreikantig zugeschliffen sind. Dünnes Leder kann man mit einer normalen Nähnadel bearbeiten.

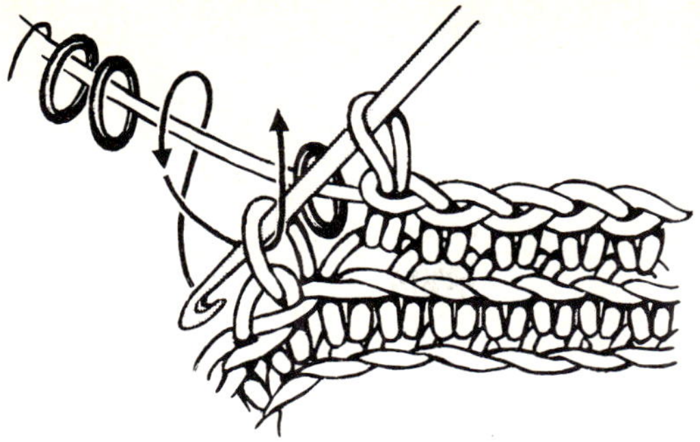

Beim Perlenhäkeln (und -stricken) sitzen die auf einen Faden gefädelten Perlen jeweils zwischen zwei Maschen auf dem Verbindungsfaden

Arbeitsprobe einer Perlenhäkelei aus Goldfäden und Stickperlen. Ist der Arbeitsfaden für die Bohrungen zu dick, zieht man die Perlen auf einen separaten Beilauffaden, der zusammen mit dem Arbeitsfaden verhäkelt wird
Arbeitsprobe: Jutta Lammèr

Häkeln und Stricken mit Perlen

Das Verstricken und Verhäkeln von Perlen ist sehr einfach. Vor Arbeitsbeginn werden die Perlen auf den Arbeitsfaden, bei dickerem Material als die Perlenbohrungen auf einen Hilfsfaden aufgereiht. Man verarbeitet die Perlen während des Strickens oder Häkelns so, daß sie jeweils auf dem Verbindungsfaden zwischen zwei Maschen sitzen, und zwar immer auf derselben Seite der Arbeit (entweder bei allen Hinreihen oder bei allen Rückreihen). Sind die Perlen nicht direkt auf den Arbeitsfaden, sondern auf einen Hilfsfaden aufgezogen, so muß dieser auch bei den perlenfreien Reihen mitlaufen (Perlen nach unten schieben), damit sich die Perlenarbeit nicht vom Gestrick oder von der Häkelei löst.

Einweben von Perlen

Sollen Perlen in eine Weberei eingearbeitet werden, kann man sie entweder auf den Kettfaden ziehen und sie beim Spannen der

Beim Weben mit Perlen (nicht zu verwechseln mit Perlenweberei) kann man die Perlen vor dem Spannen der Kette auf den Kettfaden ziehen

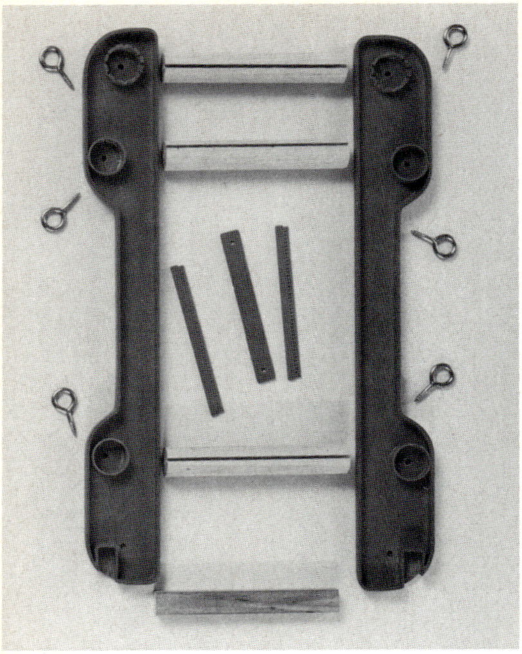

So sieht ein käuflicher Perlenwebrahmen aus. Dieser hier ist aus dem Ravensburger Hobbykasten »Indianische Perlarbeiten«

Gewebtes Gürtelteil von Bärbel Magin, daneben zum Vergleich: gefädeltes Gürtelteil von Ariane Heyduck

Kette verteilen (s. S. 307 unten), oder man fädelt sie auf separate Schußfäden und arbeitet sie in waagerechter Richtung mit ein. Auch beim Knüpfen von Makramee werden die Perlen auf die Arbeitsfäden geschoben und gleich mit eingeknüpft.

Perlenweberei

Die Perlenweberei ist eine eigenständige Technik, von den Indianern kultiviert und vollendet beherrscht. Zum Perlenweben spannt man Fäden in Längsrichtung (wie eine Kette bei der normalen Weberei), deren Abstände der Perlengröße entsprechen müssen. Es gibt spezielle Perlenwebrahmen, jedoch kann man sich auch selbst einen Notbehelf aus zwei Kämmen, die man auf die einander gegenüberliegenden Außenseiten eines Kastens klebt, herstellen. Am besten eignen sich Aluminiumkämme aus der Zoohandlung. In die Kettfäden arbeitet man die Perlen wie folgt ein: Man nimmt eine Anzahl Perlen, die der Anzahl der Kettfadenzwischenräume entspricht, auf den in eine Nadel eingefädelten Faden, hält diesen unter die Kettfäden und verteilt die Perlen auf die Zwischenräume. Mit dem Mittelfinger drückt man sie nach oben und fährt nun noch einmal über den Kettfäden mit der Nadel durch die Perlenbohrungen. Auf diese Weise kann man nach einfachen auf Karopapier gezeichneten Mustern hin und her weben. Jedes Karo der Zeichnung steht für eine Perle.

Die Kettfäden, die man entweder auf die Walzen des Spezialwebrahmens aufgerollt oder hinter den Kämmen des Hilfsgerätes bündelweise verknotet hat, werden zum Abschluß der Arbeit gelöst, einzeln in den Perlendurchgängen gut vernäht oder mit weiteren Perlen zu Fransen oder Bögen phantasievoll verarbeitet.

Die Perlenweberei kann stellenweise durch in Längsrichtung verlaufende Partien unterbrochen werden. Das erreicht man, wenn man auch auf die Kettfäden Perlen in bestimmter Anzahl aufreiht und sie zwischen gewebte Teile gruppiert.

Perlen und Metall

Zu allen Zeiten hat man Perlen mit Metallen, vorwiegend mit Draht zusammen verarbeitet. Die Modeschmuck-Welle hat viel Häßliches und wenig Schönes gebracht, deshalb soll hier nicht näher darauf eingegangen werden. Im übrigen zählt diese Art der Perlenverarbeitung zu den Metalltechniken (s. dort).

Die Kettfäden müssen straff gespannt sein

Das Ende des Webfadens, auf den die Perlen aufgereiht werden sollen, wird am äußeren rechten Kettfaden festgeknotet

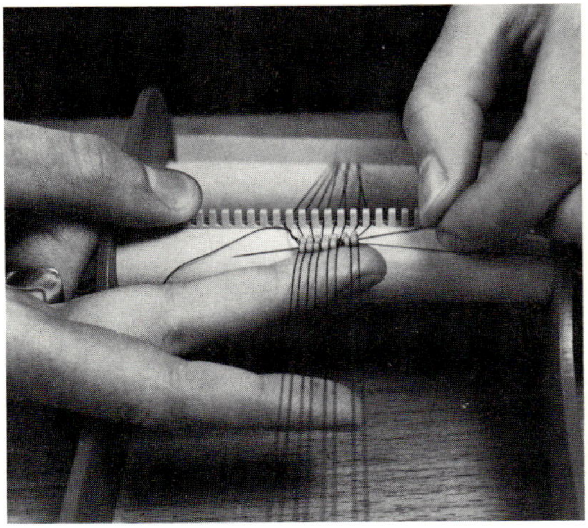

Perlen auf die Nadel nehmen und unter den Kettfäden auf die Zwischenräume verteilen

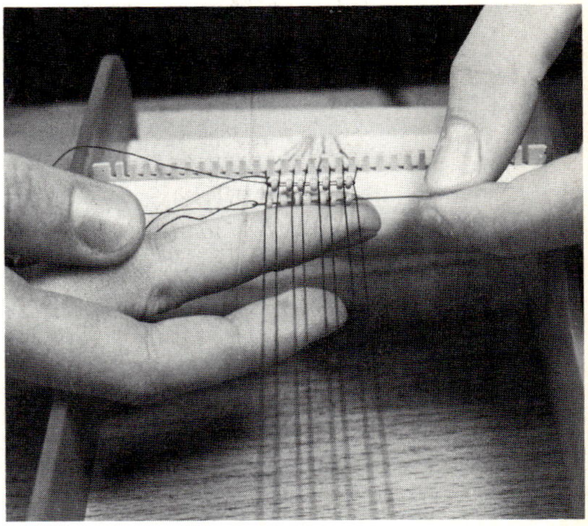

Mit dem Mittelfinger die Perlen nach oben drücken und oberhalb der Kettfäden die Nadel noch einmal durch alle Perlen ziehen

Den Perlenwebkursus fotografierte Barbara Schulten

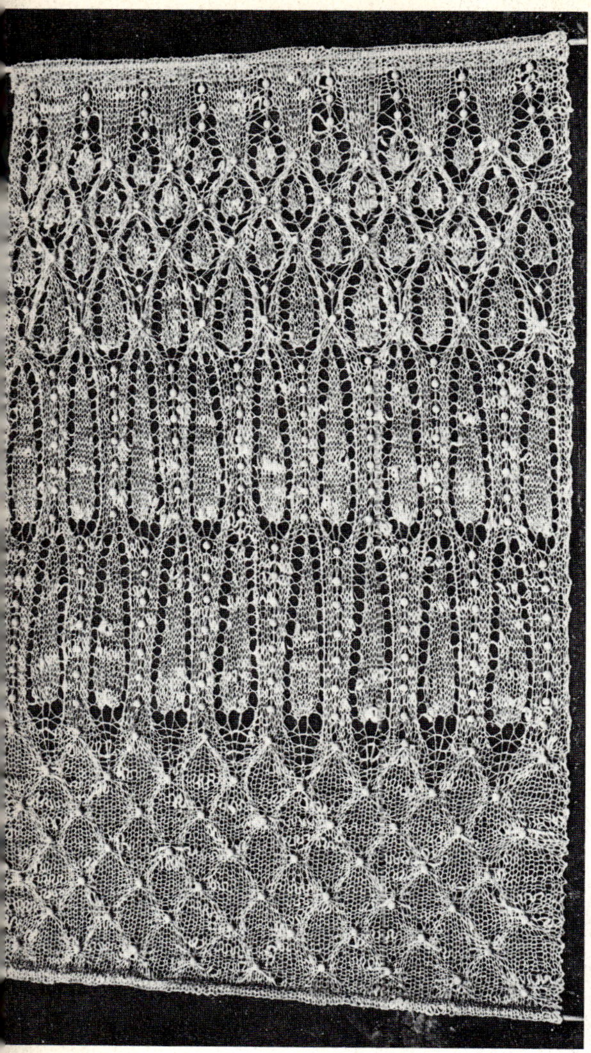

Gestrickter Wandteppich aus Leinengarn mit Perlen von Mary Walker-Phillips, New York. Größe: 92 × 56 cm
Foto: Fred Albert

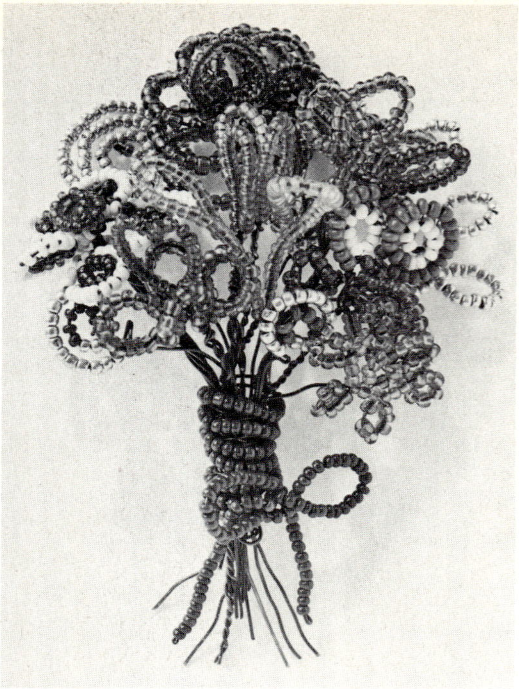

Sträußchen aus Stickperlen, auf Draht aufgezogen und geformt. Entwurf und Ausführung: Jutta Lammèr
Foto: M. Bauer-Hamersen

Perlenstickerei auf zählbarem Gewebe in der Art alter Namenstücher
Entwurf und Ausführung: Jutta Lammèr
Foto: M. Bauer-Hamersen

Seite 311:
Glasperlenvorhang für ein Fenster aus blauen Stabperlen sowie Kugelperlen in Blau und Glasklar. Die Perlen sind auf Perlondraht aufgefädelt. Die Fäden kreuzen sich in den Perlendurchgängen
Foto: la maison de marie claire

Beutel aus feingegerbtem Elchleder mit Perlenmotiv von Freda Wesaquate, Kanada

Seite 313:
Indianische Perlenwebgürtel mit geometrischen Mustern von Alice Williams, Curve Lake, Kanada

Federfächer mit perlenbesticktem Ledergriff. Indianische Arbeit von Dorothy Francis, Kanada

Schmuck aus Goldadlerfedern mit streng geometrischer Perlenstickerei von Michael Littlechief, Kanada
Fotos: Hans Moritz Studio, Ontario

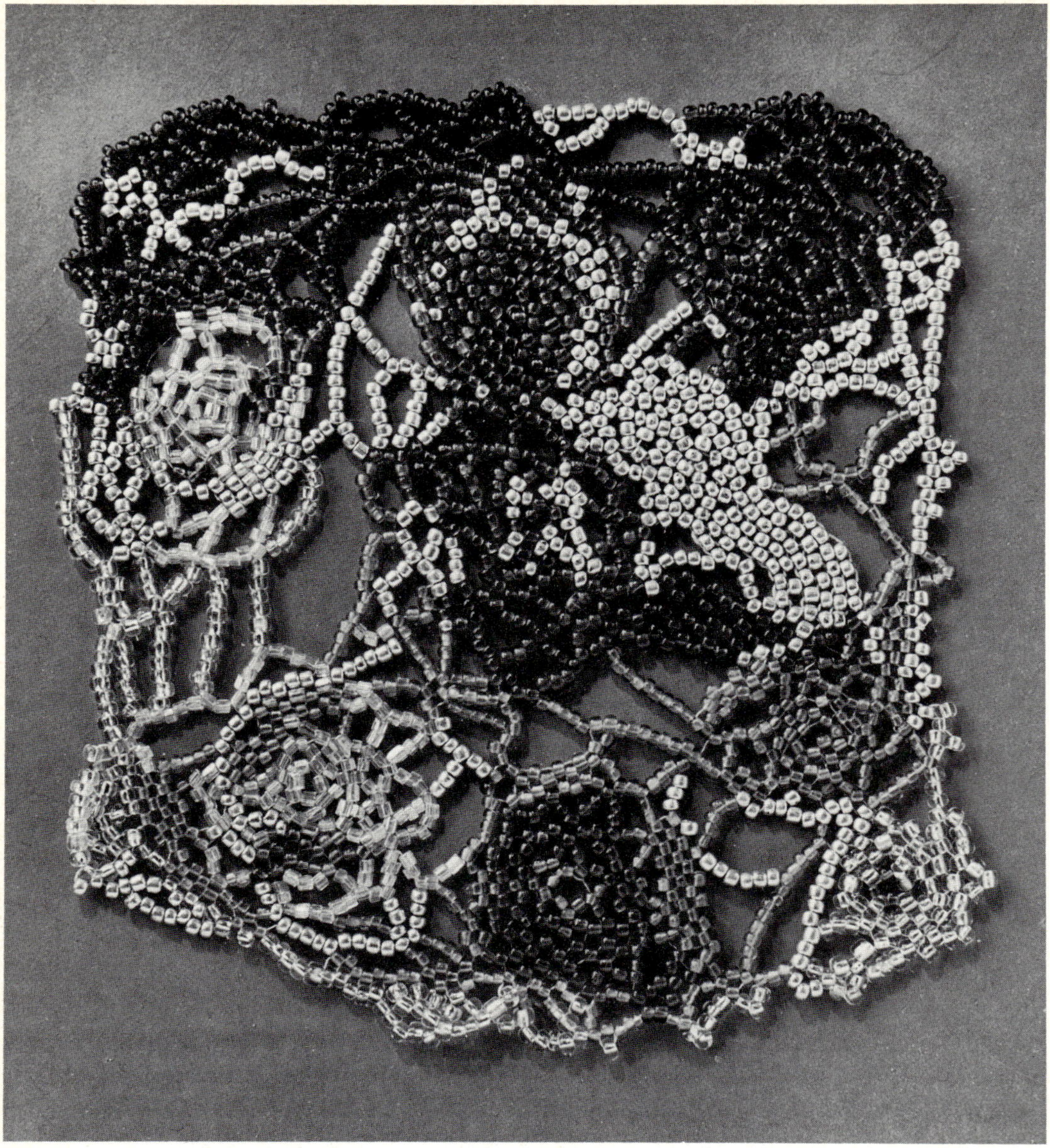

Glasperlenarbeit aus dunkelblauen, hellblauen, hell- und dunkelgrünen, glasklaren, goldenen und silbernen Stickperlen (s. Buchumschlag). Größe: 20 × 25 cm
Technik: frei gefädelt von der Mitte aus mit nur einem Arbeitsfaden
Entwurf und Ausführung: Jutta Lammèr
Foto: M. Bauer-Hamersen

Sticken

kuckuck

Stickerei einst und jetzt

Schon die Urvölker haben Tierhäute mit kunstvollen Verschlingungen von Haaren, Agavenfasern und Bastfäden zusammengefügt und geschmückt, so daß man die Stickerei – wenn man diese Urform anerkennt – wohl als älteste Handarbeit ansehen kann.
Im textilen Bereich sind jedoch Weberei und Stickerei parallel gewachsen. Quellen aus dem 9. Jahrhundert zufolge haben sich in Sizilien während der Herrschaft der Araber eigenständige Zweige der Weberei und Stikkerei entwickelt. Großer Einfluß ging von griechischen Handwerkern dieser Zünfte aus, die 1146 auf einem Feldzug gegen Byzanz in Athen und Korinth gefangengenommen und nach Sizilien umgesiedelt worden waren. So kommt es, daß man an den zu dieser Zeit entstandenen Arbeiten Einflüsse sowohl aus dem östlichen als auch westlichen Kulturkreis findet.
Aber nicht nur Handwerksmeister, die sich später in Zünften der »Bilder- und Wappensticker« zusammenschlossen, beherrschten die Nadelkunst. Auch bei Hofe brachten es edle Damen oft zu höchster Vollendung. So bestickte die Bayernprinzessin Gisela um 1000 eigenhändig den Krönungsmantel ihres Gemahls Stefan I.
Neben der höfischen Stickkunst entwickelte sich eine mehr volkstümliche Variante, die – auf ihre Art nicht weniger gekonnt – etwa vom 13. Jahrhundert an vorwiegend in Nonnenklöstern gepflegt wurde. Im Gegensatz

Heiliger Sebaldus und Heilige Ursula. Reliefstickerei aus Nürnberg, 1519
Foto: Bayerisches Nationalmuseum München

Seite 315:
Osterteppich aus dem Kloster Lüne, 1504–1505, Wollestickerei auf Leinen, im Klosterstich gearbeitet
Museum für Kunst und Gewerbe Hamburg
Foto: M. Bauer-Hamersen

Seite 316:
Ausschnitt aus einem Bildteppich des Klosters Lüne, um 1500. Hier zeigt sich deutlich die ganze Variationsbreite des mit Wolle auf Leinen gestickten Klosterstichs (vgl. Tabelle auf Seite 331)
Museum für Kunst und Gewerbe Hamburg
Foto: M. Bauer-Hamersen

Salzschiff – Reliefstickerei von Wolfgang Popp, einem berühmten Sticker des 16. Jahrhunderts. 1574/75
Foto: Bayerisches Nationalmuseum München

Seite 319:
Mustertuch mit verschiedenen Motivstickereien, Nähspitzen und Hohlnähten. Ganz rechts figürliche Darstellungen in der Point-de-Venise-Technik. Italien, 16. Jahrhundert
Museum für Kunst und Gewerbe Hamburg
Foto: M. Bauer-Hamersen

zu den kostbaren Gold- und Silberstickereien auf höfischen Gewändern wurde als Grundgewebe für diese Leinen- und Seidenstickereien feines ungebleichtes Linnen verwendet, das die Nonnen zum Teil selber webten. Die meisten dieser Arbeiten, auf denen Szenen aus dem Leben Christi und Mariae dargestellt waren, dienten als Altarparamente. Auch jemenitische Jüdinnen stickten schon ähnliche Tempelvorhänge, wie Funde von Musterzeichnungen in ägyptischen Gräbern beweisen.

Stickereien mit religiösen und kultischen Darstellungen aus Spanien, Frankreich, England und Italien geben Zeugnis vom hohen Stand dieses Zweiges mittelalterlichen Kunstschaffens in diesen Ländern, während Broderien der nordischen Länder erst zu späterer Zeit nennenswert in Erscheinung treten.

Unschätzbare Kostbarkeiten aus dem 13. und 14. Jahrhundert sind aus den niedersächsischen Klöstern Wienhausen, Ebstorf und Lüne (neben Seiden- und Leinenstickereien vor allem flächige Wollestickereien im sogenannten Klosterstich – s. Zeichnungen auf Seite 331), aus Zwiefalten und Alspach/ Elsaß (seidengestickte Bucheinbände aus dem 12. Jh.) und der Zisterzienserinnen-Abtei Lichtenthal erhalten geblieben.

Allmählich entwickelte sich die Stickerei von der Hochkunst mehr und mehr zur echten Volkskunst. Die etwas schwerfällige Lebensform des Mittelalters kam anfänglich bei diesen Arbeiten deutlich zum Ausdruck, zumal sie auf eigenen Entwürfen der Ausführenden beruhten und nicht, wie bei Hofe und in den Klöstern, von Künstlern vorgezeichnet wurden. Hinzu kommt noch, daß es sich bei den meisten Arbeiten um Wollestickereien handelte, die die zum Kälteschutz angebrachten Decken, Teppiche und Bettbehänge schmückten. Besonders hervorzuheben sind Arbeiten aus dem böhmischen Raum.

Anfang des 15. Jahrhunderts brachten Seefahrer und Kaufleute aus China, wo bereits im dritten Jahrtausend vor Christus Seide verwebt und bestickt worden sein soll – später auch aus Japan und Indien –, bestickte Stoffe mit, deren fremdartige Motive und Stichformen in Europa studiert und kopiert wurden. (s. Zeichnungen Seite 330, 331). Mit dem Austausch von Handelswaren bahnte sich zugleich ein reger Austausch von Stickereien an. Motive und Sticharten mischten sich und machten eine klare Lokalisierung immer schwieriger. So tauchte zum Beispiel der heute vor allem in der Schweiz und in Skandinavien noch bevorzugte Kreuzstich in der 2. Hälfte des 16. Jahrhunderts zugleich in England, den Niederlanden, der Schweiz und Deutschland auf. In Schweden stickte man ihn ebenfalls schon zu dieser Zeit. Vorbild für die neu aufgekommene Kreuzstichtechnik waren orientalische Teppiche mit flächenfüllenden geometrischen Webmustern, die man mit diesen Stichen nachahmte. Parallel zu den kunstvollen Fadendekorationen auf Stoffen entwickelte sich zur gleichen Zeit in den italienischen Hochburgen der Stickkunst, Florenz und Venedig, eine neuartige, vollkommen andere Sticktechnik: die Durchbrucharbeit, auch Nähspitze genannt. Hierbei wurden Gewebefäden herausgezogen oder auch herausgeschnitten und durch neue in motivbildender Anordnung eingezogene Fäden ersetzt, die dann mit feinen Stichen umstopft wurden. Dadurch ergab sich eine teils durchbrochene, teils geschlossene Fläche. Man arbeitete auf ungebleichtem Leinengrund mit ebensolchem oder leicht bräunlichem Faden. Ähnlich dieser Arbeit, auch als Point de Venise bekannt (s. Foto Seite 321), ist die sogenannte Reticella-Spitze, die ebenfalls durch Herausschneiden und Ersetzen von Gewebefäden entstand (s. Foto Seite 321). Artverwandt ist auch die Vene-

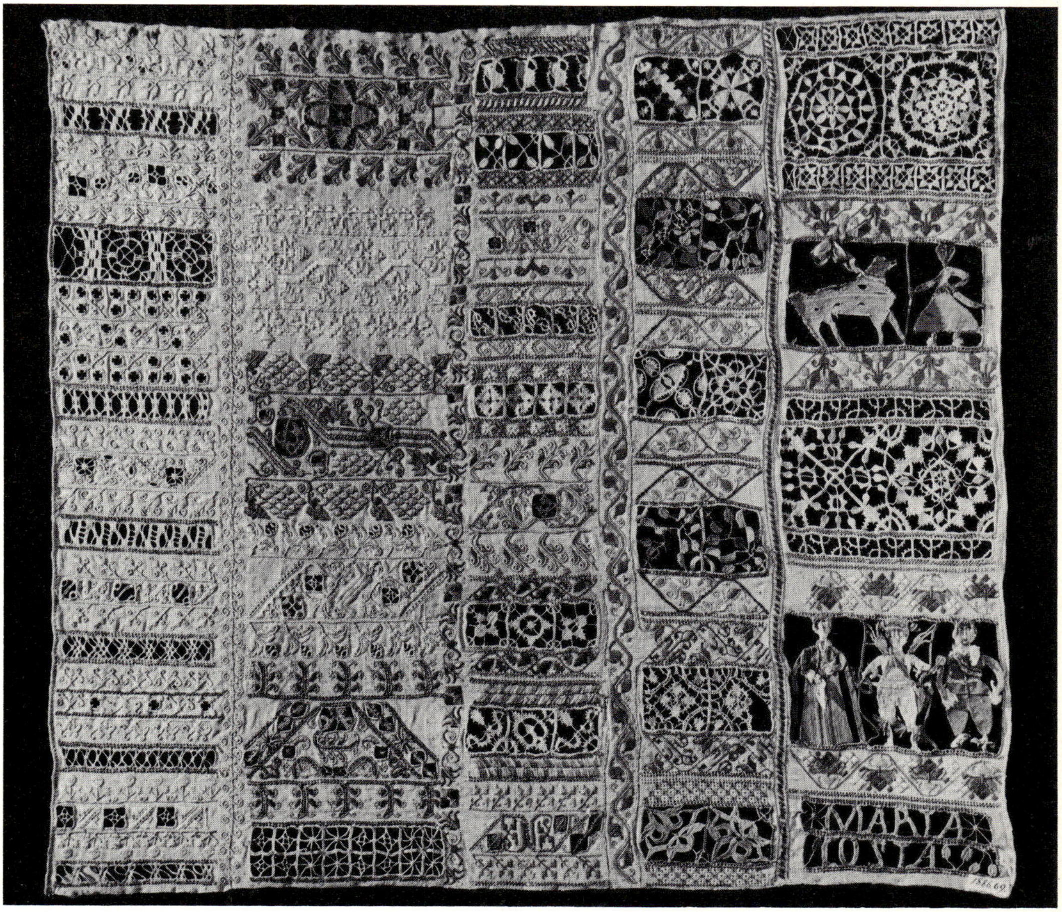

tianer Spitze (nicht zu verwechseln mit Point de Venise), deren Herstellungsweise sehr kompliziert war: Dünne, auf einen Grundstoff geheftete weiche Einlagefäden wurden mit winzigen Stichen – oft in verschiedenen Sticharten – übernäht, bis der Untergrund bedeckt war. Die Konturen wurden oft durch dickere Einlagefäden besonders hervorgehoben (s. Fotos Seite 321 oben links).
Ebenfalls eine Art Durchbruch, die Lochstickerei, entwickelte sich in England. Sie hieß zunächst Englische Weißstickerei, ging jedoch später unter der Bezeichnung Madeira-Stickerei in die Handarbeitsgeschichte ein. Bei dieser Sticktechnik wurden kordonierte Bindlöcher unterschiedlicher Größe perlenartig nebeneinandergereiht (s. Foto Seite 321 oben). Überhaupt werden Sticktechniken, deren Ursprung häufig ganz woanders zu suchen ist, mit Gegenden in Verbindung gebracht, in denen sie besonders bevorzugt und bis zu höchster Perfektion kultiviert wurden. So wurde die aus Frankreich stammende Petit-Point-Arbeit zum Beispiel vor allem in Österreich gepflegt, und noch heute sind diese Stickereien als Wiener Petit Point (s. Foto Seite 321) ein begehrter Exportartikel.
Die Einführung der Buntstickerei mit Seidenfäden, die im Orient schon länger bekannt war, bevor sie westliche Stickzirkel (eine Art Handarbeitsgemeinschaft, in der sich Damen aus Bürgerhäusern zusammenfanden, um Muster und Motive auszutauschen) eroberte, eröffnete ganz neue Wege. Zu Sticharten, Mustern und einfachen Kontrasten kam nun die ganze Palette farbiger Seiden, die zu phantastischen Stickereien anregten. In England machte sich in diesem Zusammenhang stark der Einfluß von Eliza-

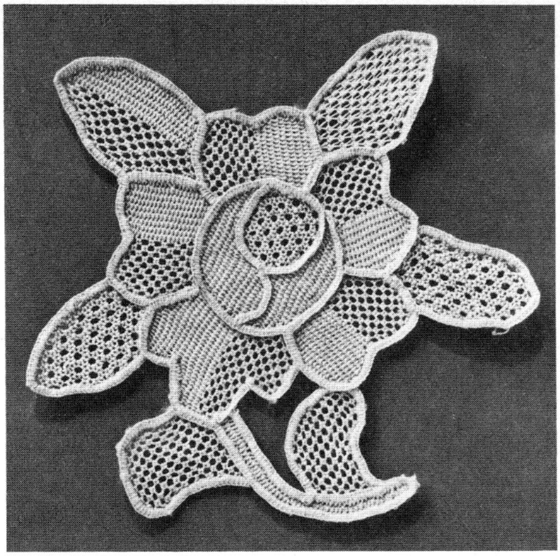

Venetianer Spitze, Rosenmotiv. Anfang des 20. Jahrhunderts. Italien
Foto: M. Bauer-Hamersen

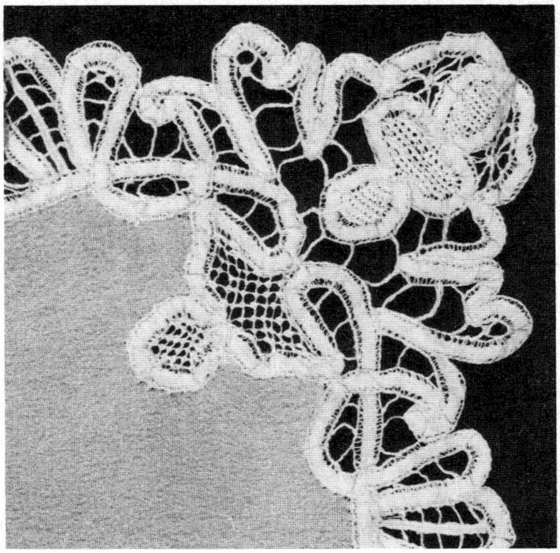

Tuch aus Crepe de Chine mit Irländer Spitzenrand, auch Renaissance-Spitze genannt. Sie stellt eine Nachbildung der ersten Klöppelspitzen dar und wurde aus Litzen, die mit verschiedenen Verbindungsstichen zusammengehalten sind, hergestellt. Norddeutschland um 1880 (Privatbesitz)
Foto: M. Bauer-Hamersen

Seite 320:
Ausschnitt aus einem italienischen Stickmustertuch. Die Durchbrüche sind durch Herausziehen der Gewebefäden entstanden, die durch Stickfäden in anderer Anordnung ersetzt und umstochen wurden
Foto: M. Bauer-Hamersen

Vorderseite einer Seidentasche mit Wiener Petit-Point-Stickerei, wie sie noch heute in Österreich ausgeführt wird. Der Stickfaden ist aus Seide, der Stickgrund aus feinstem Gewebe, sogenannter Müllergaze. Auf 1 cm kommen 21 Stiche
Foto: M. Bauer-Hamersen

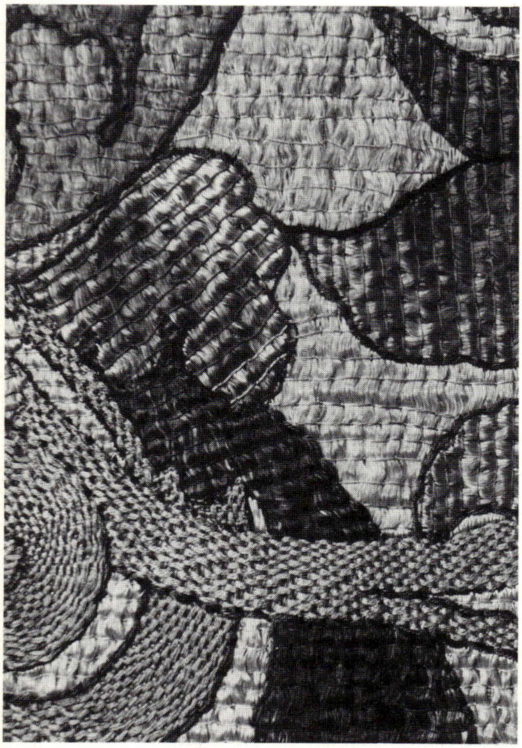

Wandteppich in feinsten Farbabstufungen. Italienische Seidenstickerei um 1700. Der Stickgrund ist vollkommen mit aufgelegter Tramaseide bedeckt, die durch Spannstiche gehalten wird. Die Konturen der Motive sind mit Kordonettseide nachgestickt
Museum für Kunst und Gewerbe Hamburg
Foto: M. Bauer-Hamersen

Ausschnitt aus dem Wandteppich oben. Diese Technik des Fadenauflegens und Festnähens könnte man auch mit Applikationen vergleichen. Artverwandt ist die Stickerei auch mit dem Klosterstich (s. Zeichnung Seite 331)
Foto: M. Bauer-Hamersen

Seidenstickerei im Floraldesign auf einem kostbaren Paradekissen. Die Stickerei besteht fast ausschließlich aus zahlreichen phantasievollen Kettenstich-Kombinationen
Foto: Victoria and Albert Museum London

beth I. bemerkbar, die eine große Garten- und Blumenliebhaberin war. Auf Kleidungsstücken, Decken, Bettüberwürfen, Draperien und Kissen blühten wunderschöne phantasievoll gestaltete Tulpen, Nelken, Lilien und anderes Rankenwerk. Ein besonders schönes Beispiel ist die auf Seite 323 gezeigte Stickerei von einem Paradekissen aus der Abingdon-Sammlung des Victoria and Albert Museums in London.

Stickvorlagen und Musterbücher

Die ersten Vorlagen – lose Blätter – waren Holzschnitte. Später machte man Kupferradierungen, die sowohl in Einzelblättern als auch in Buchform erschienen. Es gab sie in Italien, England, Frankreich und den Niederlanden – die berühmtesten kamen jedoch aus Deutschland. Als erster druckte und verlegte der Augsburger Hans Schönsperger ein undatiertes Musterbuch, dem 1523 ein weiteres folgte. Diese Vorlagen waren jedoch

Ausschnitt aus dem Stickmustertuch von Seite 324. Die Jagdszene ist in schattierter Flachstickerei und Stielstich gearbeitet, das linke Quadrat mit Wellenschattierung in Florentiner Stickerei, das Kreuzmotiv in Petit Point und Gros Point
Foto: M. Bauer-Hamersen

Stickmustertuch mit ornamentaler Flächenstickerei, Einzelmotiven und Jagdszene aus dem Jahre 1736
Museum für Kunst und Gewerbe Hamburg
Foto: M. Bauer-Hamersen

1736

Zwei Originalmuster aus dem 1877 erschienenen Stickmusterbuch von Sibmacher »Schön neues Modelbuch«. Diese Vorlagen waren auch zum Übertragen in die Webtechnik gedacht

nicht ausschließlich zum Nachsticken bestimmt, sondern auch zum Umsetzen in die Webtechnik gedacht. Das geht aus dem einigen Zeichnungen zugrundeliegenden Liniennetz hervor, dessen eine Seite zum Patronieren (Patrone = Webschrift) freigelassen war. 1597 erschien das wohl berühmteste aller Musterbücher von Sibmacher, das bis 1877 als »Schön neues Modelbuch« mehrmals neu gedruckt wurde (s. Ausschnitt zweier Mustersätze oben).

Solche Vorlagen wurden auf Jahrmärkten und in Geschäften mit Galanteriewaren verkauft. Sie trugen dazu bei, die Stickkunst jedermann zugänglich zu machen. Obwohl so namhafte Künstler wie Lukas Cranach und Hans Holbein (nach dem der von ihm häufig gezeichnete Strichstich benannt wurde) als Vorlagenzeichner tätig waren, zogen die höhergestellten Damen es vor, sich von Künstlern exklusive Entwürfe machen zu lassen. Mit der Fortentwicklung der freien Stickerei, die sich von der Gewebebindung löste, kam eine andere Übertragungsart von Mustern auf: die Verwendung von Pappschablonen, aus denen das Muster ausgespart war – vermutlich eine schwedische Erfindung.

Benennung der Stickereien

Der Reichtum an Sticharten und Stickformen, an Materialien und Mustern hat zu einer verwirrenden Fülle von Bezeichnungen dieser Handarbeitskategorie geführt. Sie lassen sich ungefähr in folgende Gruppen einordnen:

nach der Art des Stickfadens: Goldstickerei, Seidenstickerei, Wollestickerei;

nach der Farbe des Stickfadens: Rotstickerei, Weißstickerei, Schwarzstickerei, Buntstickerei;

nach dem Untergrund: Tüllstickerei, Filetstickerei, Brokatstickerei;

nach der vermutlichen oder tatsächlichen

geographischen Herkunft: Florentiner, Venezianische, Hardanger Stickerei;
nach Personen: Richelieu-, Holbein-Stikkerei;
nach einer Epoche: Renaissance-, Jugendstil-Stickerei;
nach dem Aussehen der einzelnen Stiche: Kreuzstich-, Kettenstich-, Plattstich-Arbeit.
Hinzu kommen noch die landläufig unterschiedlichen Bezeichnungen für dieselbe Stichart: Plattstich/Flachstich/Glattstich, Splitterstich/Spaltstich, Strichstich/Holbeinstich, Klosterstich/Spannstich mit Überfang. Oft handelt es sich auch bei abweichenden Bezeichnungen eines bekannten Stiches nur um Variationen in der Ausführung, so daß es immer schwieriger wird, einheitliche Benennungen zu finden.
Die Tabelle auf Seite 330 bis 332 zeigt alte Stich- und Stickformen, wie sie zum Teil auch heute noch gebräuchlich sind.

Mustertücher und Sampler

Mustertücher tauchen zum ersten Mal im 16. Jahrhundert auf. Ihre Bedeutung ist nach wie vor umstritten. Ihre sorgfältige Ausführung, ihre Vielzahl von Musterkombinationen, Motiven und Sticktechniken deuten darauf hin, daß sie mehr waren als nur Merktücher, die von Generation zu Generation weitervererbt wurden. Vielmehr liegt der Schluß nahe, daß sie auch bei der Brautwerbung eine Rolle gespielt haben mögen, wo sie dem Werber Auskunft über die Nadelfertigkeit des auserwählten Fräuleins gaben. Andererseits kommen sie auch als Übungstücher junger Stickerinnen in Betracht, möglicherweise aber auch als eine Art Konkurrenzobjekt, mit dem Frauen untereinander um das schönste und reichhaltigste Stück wetteiferten. Auffallend ist die große Zahl der noch erhaltenen Sticktücher, von denen allein das Hamburger Museum für Kunst und Gewerbe 700 Exemplare besitzt, was darauf schließen läßt, daß sie von ihren Eigentümerinnen sorgfältig gehütet wurden (s. Fotos Seite 325).
Glanzstücke bürgerlicher Kunstfertigkeit sind auch jene Sticktücher, die in England und Amerika Sampler, in Dänemark Navneklude und in Schweden Märkduk oder Minnestavlor heißen (s. Foto Seite 328). Sie wurden und werden heute noch zu bestimmten Anlässen angefertigt, wie Hochzeit, Geburt, Taufe, Geburtstag, Erntefest, Weihnachten oder Richtfest. Diese gestickten Erinnerungen (Minne = Erinnerung) wurden früher mit feinster Seide zierlich auf Leinengrund ausgeführt.
Sampler haben in Amerika eine lange Tradition, die sich bis heute fortgesetzt hat. Während Sticktücher aus dem skandinavischen Raum vorwiegend Kreuzsticharbeiten sind, wie sie noch heute gemacht werden, findet man bei den Samplers eine Fülle von Stichen in vielen Variationen. Die Sampler neuerer Zeit wurden oft auf gröberen Stoffen, zum Beispiel Canvas (Gobelinstramin), mit dikkeren Fäden gestickt – häufig in flächenfüllender Manier.
Viele Sticktücher tragen außer dem Namen oder den Initialen der Stickerin (Navneklude = Namenstuch) auch die Jahreszahl der Entstehung, so daß man anhand der Motive den jeweiligen Zeitgeschmack studieren kann. Sicher wird man einigen heute entstehenden Mustertüchern den Rückfall in das 19. Jahrhundert ansehen.

Die Weiterentwicklung der Stickkunst

Mit dem Ende des 18. Jahrhunderts lockerten sich allmählich die bis dahin noch sehr strengen Lebensformen, und die Stickerei löste sich mehr und mehr von herkömmlichen Mustern und Sticharten. Neue Techniken der Gewebeherstellung (z. B. geknüpfter Filetgrund) eröffneten der Nadelkunst weitere Möglichkeiten. Tüllstickerei, Schweizer Zugstickerei, Filetstickerei, Florentiner Stikkerei (oder Bargello, wie sie in Amerika

Sticktuch (Minnestavlor) Erntefest von Greta Mörk aus Schweden. Mit Leinengarn auf Dalaleinen gestickt
Größe: 39 × 81 cm
Foto: Kamera-Bild

Traditionelle fadengebundene und freie Stichformen

Verdeckender Spannstich
Gleiches Stichbild auf Vorder- und Rückseite. Stiche in gleichen Abständen, reihenweise versetzt

Gerichteter Spannstich
Eine Art Durchzugarbeit, bei der die sichtbaren Fäden des Untergrundes

a) senkrechte

b) diagonal verlaufende

c) senkrecht versetzte Linien bilden

Verdoppelter Vorstich
In versetzten Reihen angeordnet als Füllstich angewendet (häufig im Stickbild mit Stielstich verwechselt)

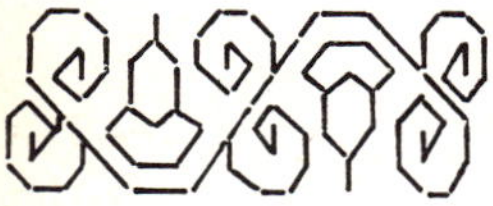

Holbeinstich
Als verdoppelter Vorstich gearbeitet. Häufig als Einrahmung von Kreuzstichornamenten verwendet

Zickzackstich
Als verdoppelter Vorstich in wechselnder Diagonalrichtung gestickt

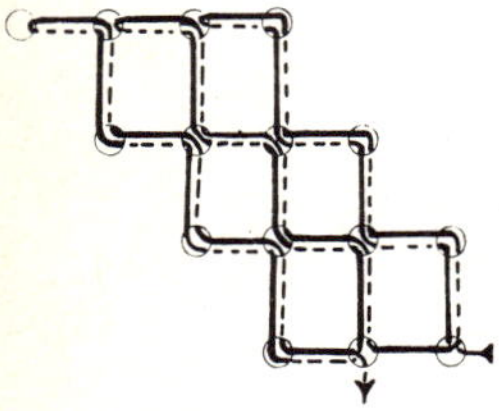

Beidseitiger Kästchenstich
Verdoppelter Vorstich, mit doppeltem Faden gearbeitet. Bei den Rückstichen wird zwischen dem Fadenpaar hindurchgestochen

Stielstiche
a) in S-Richtung

b) in Z-Richtung

Beide Formen, reihenweise gegenläufig gearbeitet, ergeben paarweise den Eindruck einer aufgenähten Schnur, als flächenfüllende Arbeit nennt man diese Technik Sumakstickerei

Stielstich-Variationen
a) überlang

b) gleichseitig

c) versetzt

Plattstiche
a) in gerader waagerechter Führung als freie Stickerei

b) in waagerechter Führung nach gezählten Fäden

c) in senkrechter Führung nach gezählten Fäden

d) in diagonaler Führung nach gezählten Fäden, flächenweise wechselnd

e) in senkrechter Richtung nach ungezählten Fäden mit ineinandergreifenden Stichreihen, sogenannte Nadelmalerei oder schattierte Plattstickerei

f) in wechselnden, dem Motiv folgenden Richtungen nach ungezählten Fäden

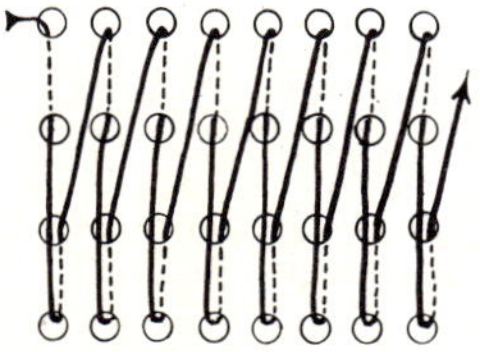

g) versetzte Stiche, senkrecht und schräg wechselnd über eine festgelegte oder beliebige Fadenzahl, auch als freie Stickart auszuführen

Tapisserie- oder Gobelinstiche

Diese Stichart – Schrägstiche über eine abgezählte Fadenzahl – wird flächenfüllend auf Stramin oder Canevas ausgeführt

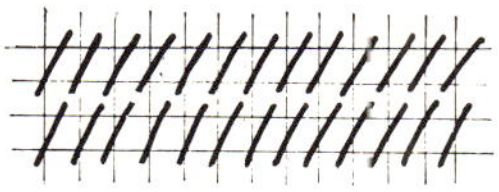

a) Schräger Gobelinstich über zwei waagerechte Fäden und einen senkrechten Faden

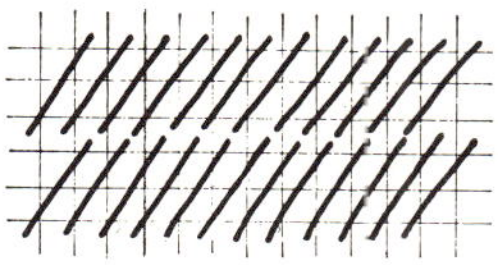

b) Breiter Gobelinstich über zwei senkrechte und drei waagerechte Fäden

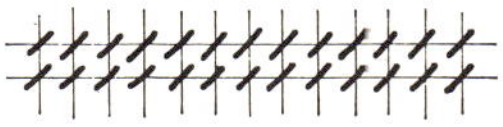

c) Perlstich über ein Fadenkreuz des Gewebes

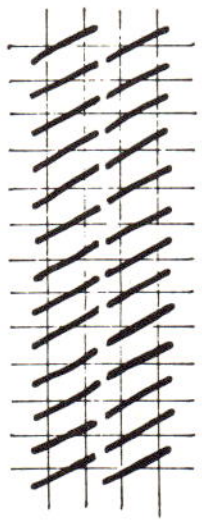

d) Ripsstich über zwei senkrechte Fäden und einen waagerechten Faden

e) Jaquardstich
1. Reihe über ein Fadenkreuz
2. Reihe über je zwei waagerechte und zwei senkrechte Fäden wechselweise alle ungeraden und geraden Reihen gleich

f) Byzantinischer Stich über zwei senkrechte und zwei waagerechte Fäden

g) Osmanischer Stich Stichreihen über vier senkrechte Fäden und einen waagerechten Faden in Gegenlaufrichtung

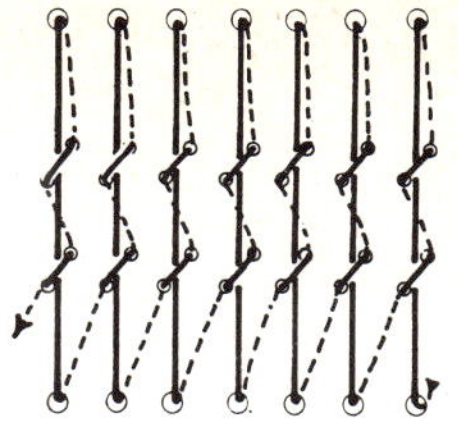

Klosterstich

Spannstiche mit Überfangstichen in gerader oder schräger Richtung. Es können auch mehrere sich kreuzende Spannstichlagen gearbeitet und gemeinsam mit einem Überfangstich fixiert werden

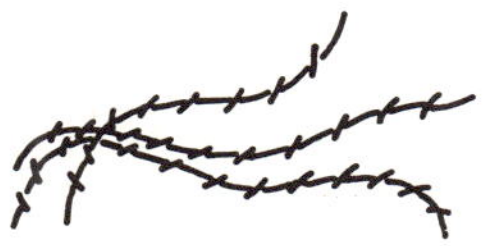

Klosterstich als Linienmuster oder den Konturen einer gestickten Bildfläche folgend (Bilderstich)

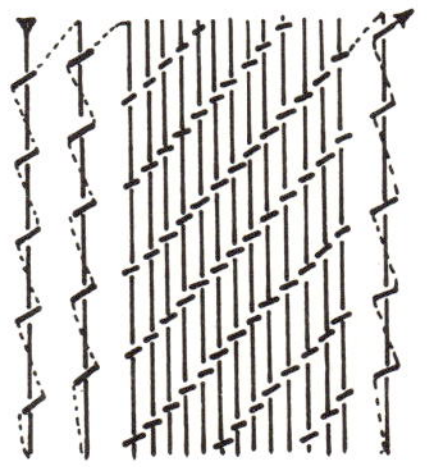

Klosterstich mit musterbildenden Überfangstichen, deren Anordnung sich zu vielen geometrischen Formen kombinieren läßt

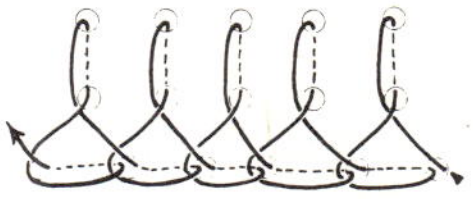

Rosettenkreuzstich

Von rechts nach links gearbeitete Stiche mit jeweils zwei Überschneidungen

a) Ornamentstreifen

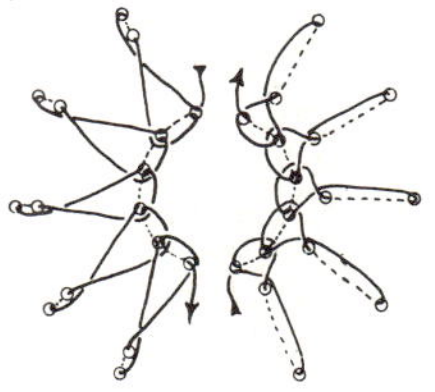

b) Offene Rosette

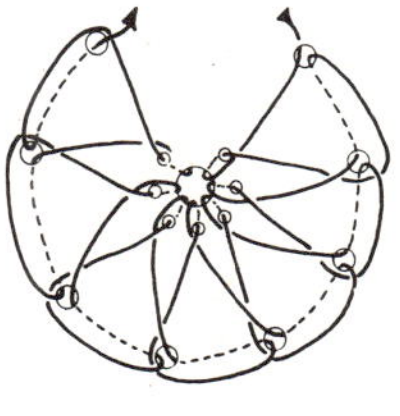

c) Geschlossene Rosette

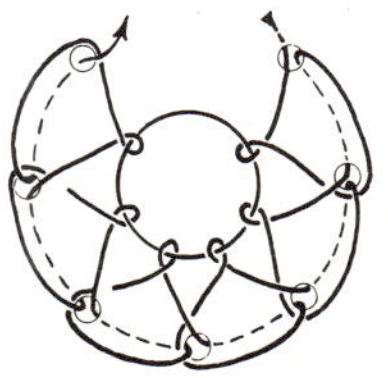

d) Geschlossene Rosette, deren Innenschlaufen um einen separaten Fadenring geschlungen werden (zur Befestigung von Pailletten, Münzen, Glassteinchen)

Schlaufenstich
Beim Schlaufen- oder Halbschlaufenstich, der von rechts nach links gehend gearbeitet wird, entsteht der Eindruck einer Durchbrucharbeit, wenn nach Fertigstellung der Arbeit der unter den Stichen laufende Stoff in waagerechter Richtung aufgeschnitten und zur Rückseite gegengesäumt wird. Tatsächlich handelt es sich aber um eine Variation des einfachen Kreuznahtstiches, mit dem früher die meistens nur 63 cm schmalen Leinenbahnen zusammengenäht wurden

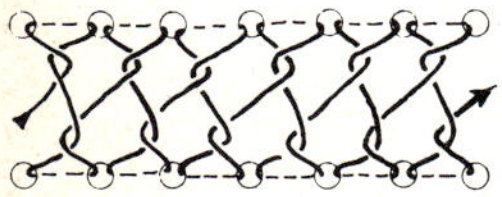

a) Geschlossene Schlaufen

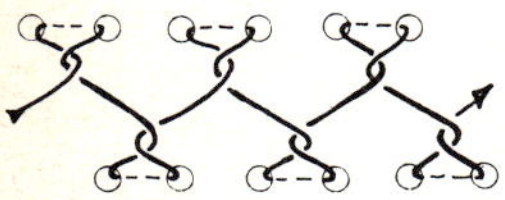

b) Offene Schlaufen

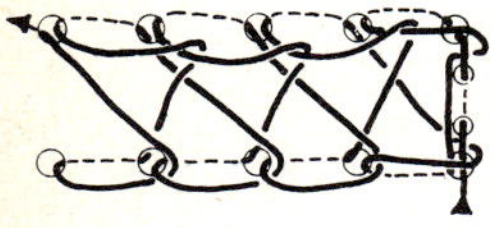

c) Verdoppelte einhängende Schlaufen: Der Stich führt hier jeweils um den Schenkel der vorhergehenden Schlaufe

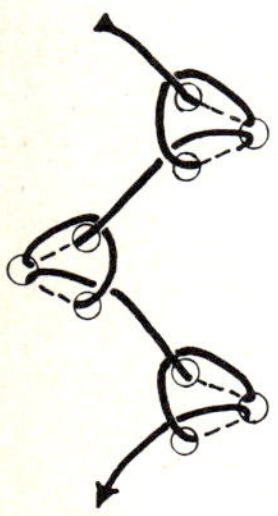

Zacken-Schlaufenstich
Die an den Zackenspitzen befindlichen Schlaufen führen jeweils unter und über einen Schenkel des Stiches. Arbeitsweise senkrecht in Abwärtsrichtung

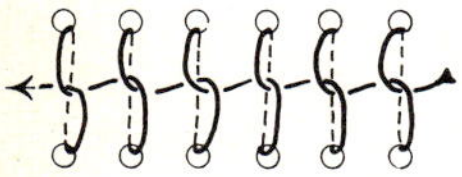

Knötchen-Kettenstich
Waagerecht von rechts nach links gearbeitet. Die jeweils gebildete Schlaufe wird in die vorhergehende eingehängt

Die Zeichnungen sind dem Katalog »Stickerei – Systematik der Stichformen« von Renée Boser, Museum für Völkerkunde, und Irmgard Müller, Gewerbemuseum (beide Basel), entnommen

genannt wurde) sind nur einige von vielen neuen Arten. Die traditionellen fadengebundenen Leinenstickereien, in denen die Gewebefäden eine wichtige Rolle bei der Musterbildung spielten, wurden auch in bäuerlichen Kreisen immer mehr durch freie Stickereien verdrängt. Hier macht sich der Einfluß der Maschinenstickerei bemerkbar, die durch die Erfindung einer »Schweizer Stickmaschine« durch Josua Heilmann 1828 in Mülhausen/Elsaß möglich war. Die an das Gewebekreuz gebundene Sticktechnik gewann jedoch später wieder an Bedeutung und erreichte, vor allem als Kreuzsticharbeit, ihren alten Rang. Ein großes Verdienst um die Erhaltung und Förderung der Kreuzstichstickerei kommt dem dänischen Königshaus zu, unter dessen Patronat die weltweit bekannte dänische Handarbeitsgemeinschaft »Haandarbejdets Fremme« steht.
Während in der Gegenwart gerade in den für ihre Stickkunst in frühester Zeit bekannten Ländern die Zukunft noch nicht begonnen hat, kommen aus Ländern mit weniger Tradition neue Impulse mit erstaunlichen Resultaten. Gingen im ausgehenden Mittelalter schon einmal von den Niederlanden neue Anstöße aus, so wartet die neue Generation dieses kleinen Landes mit Stickereien in nie gekannter Variationsbreite und Originalität auf. Eine neue Belebung dieser alten Kunst kommt auch aus den Vereinigten Staaten, Mexiko, Großbritannien und Indien. Eine der Ursachen für diese betont kreative Strömung mag in der Tatsache liegen, daß mehr und mehr auch Männer Spaß an der Handstickerei finden und in ihrer Unbefangenheit neue Wege gehen.

Fadenführend ...

300 Stunden Arbeit stecken in dieser handbestickten Tüllstola von Alen Müller-Hellwig – eine Arbeit, die heute niemand mehr bezahlen mag

Alen Müller-Hellwig, die im schönen alten Burgtorhaus zu Lübeck wohnt, gehört zu jenen sprichwörtlichen Meistern, die nicht vom Himmel gefallen sind. Ostern 1920 begann sie, gerade 18jährig, ihre Berufsausbildung an der Kunstgewerbeschule in Hamburg.

In den Klassen für Zeichner und Entwerfer, die sie ihren Neigungen entsprechend eigentlich besuchen wollte, waren alle Studienplätze an die aus dem Krieg heimgekehrten jungen Männer vergeben. So kam sie in die Web- und Stickklasse, wo sie jedoch zunächst nicht weben durfte, weil man sie für zu schwach für diese körperlich schwere Tätigkeit hielt. Alen Müller stickte also. »Die erste Zeit war für mich recht schwer«, sagt sie, »ich war ja handwerklich ganz unerfahren, und für das akkurate Sticken von Dreiecken und Linien fehlte mir die Geduld. Obwohl mein Großvater, ein großer Bewunderer und Förderer der Handwerkskunst (er gründete unter anderem die Frauengewerbeschule und das Gewerbe-Museum in Lübeck), darauf bestand, daß wir sechs Mädchen ihm zum Geburtstag Stickereien nach Sibmachers Kreuzstichmustern anfertigten, so war das doch nichts gegen die Mühen während der ersten Ausbildungszeit.

Als ich aber nach den Ferien mit einer Mappe eigener Entwürfe ankam, machte mir deren Ausführung große Freude, und plötzlich wuchs mir auch die Geduld dazu. Es

Nur noch selten kommt Alen Müller-Hellwig zum Sticken. Diese alte Arbeit will sie jedoch gelegentlich vollenden

Das Gesellenstück Alen Müller-Hellwigs: ohne Entwurf gleich in den Tüll gestickt. Leider ist das 1923 entstandene Sticktuch am linken Rand ausgebessert worden. Es wird einst im Schleswiger Museum Schloß Gottorf seinen endgültigen Platz finden und sorgsam bewahrt werden

Seidengestickte Blüte im Plattstich – wunderschön in den Farben – von Alen Müller-Hellwig

Alle Fotos: M. Bauer-Hamersen

entstanden Kreuzsticharbeiten, Applikationen sowie ganz feine Tüllstickereien, für die ich eine eigene Technik ersann.«
Als Gesellenstück machte Alen Müller, die später den Berliner Geigenbauer Günther Hellwig heiratete und einen Sohn und eine Tochter bekam, eine wunderschöne Tüllstikkerei (Foto Seite 334, unten). Diese Arbeit, an ein klassisches altes Stickmustertuch erinnernd, zeigt, wie groß der Ideenreichtum und das handwerkliche Können der neuen Stickgesellin waren.
Die Meisterprüfung – wahrscheinlich die erste in diesem Handwerk im Raum Schleswig-Holstein – legte Alen Müller-Hellwig 1925 ab. An das Prüfungsstück mag sie sich heute nicht mehr erinnern; »es war grauenhaft«, meint sie.
1926 gründete die junge Stick- und Webmeisterin eine eigene Werkstatt, in der sie mit ihrem ersten Lehrling zunächst feine Tüllspitzen und Schals, Decken und Kissen stickte, aber auch Hüte flocht und Taschen aus selbstgefärbtem Bast webte. Mehr und mehr hat sich dann das Schwergewicht auf die Weberei verlagert, und das sicher nicht nur aus wirtschaftlichen Gründen. Alen Müller-Hellwig ist leidenschaftliche Weberin. Die in ihrer inzwischen großen Werkstatt angefertigten Arbeiten nach ihren Entwürfen sind international anerkannt.
Über die heutige Nachfrage nach ihren schönen Stickereien befragt, meint die Künstlerin: »Für einen Tüllschal braucht man etwa 300 Stunden Arbeitszeit. Wer soll das bezahlen?«
Alen Müller-Hellwig, die in kunstverständigen Kreisen aufgewachsen ist – ihr Großvater war mit dem Direktor des Hamburger Museums für Kunst und Gewerbe, Justus Brinckmann, befreundet, ihre Mutter, eine ausgebildete Malerin, Zeichnerin und Bildweberin – stellt rückblickend fest: »In jungen Jahren glaubte ich, der Mensch fände aus eigener Veranlagung zu seinem Beruf. Heute bin ich zu der Überzeugung gekommen, daß man auch seinen Vorfahren viel verdankt.«
Bescheidener kann man nicht sein –.

Entwerfen und Sticken

Die Zeiten ändern sich und mit ihnen die Methoden. Auch die des Stickens. Abgesehen von vielen Sticharten und Mustern gibt es auch verschiedene Wege, von der Idee zum fertigen Kunstwerk zu kommen.

War es früher das höchste Ziel, eine Stickerei möglichst vorlagengetreu und exakt nachzuarbeiten, so besteht die Kunst heute vor allem in der Erschließung neuer kreativer Möglichkeiten, in der Unbefangenheit der Gestaltung, dem Mut, unkonventionelle Wege zu gehen. Für diese Methode hat sich der Begriff »freies Sticken« geprägt. Freies Sticken heißt aber nicht unbedingt Arbeit ohne Konzept, wenngleich sie ihren Reiz hat, andererseits aber Selbstkritik voraussetzt. Auch eine fadengebundene Stickerei, bei deren Ausführung man die Fäden des Grundgewebes berücksichtigt, kann auf ihre Weise schöpferisch sein, sofern man nach eigenem Entwurf arbeitet. Solche Entwürfe sind rein technisch leicht herzustellen: Man zeichnet sie auf Karopapier, wenn man nicht sogar – für Kreuzstichstickereien – die Schreibmaschine nimmt, dessen kleines x dem Kreuzstich verwandt scheint. Fadengebundene Plattstiche werden nach einem Strichtypenmuster ausgeführt. Auch diese Musterentwürfe sind auf Karopapier auszuführen.

Anders ist es, wenn eine Stickerei ohne Fadenbindung vorgesehen ist. Hier kann man einmal einen Entwurf auf Papier zeichnen und diesen dann mit Graphitpapier (Schnittmuster-Pauspapier) auf den Stoff übertragen; man kann aber auch ein Stechmuster herstellen, das heißt, die auf Karton gezeichneten Konturen des Entwurfs mit Stecknadelstichen perforieren und durch die Löcher Kreide oder Graphit auf den Stoff reiben; zum dritten kann man das Motiv mit einem weichen Bleistift direkt auf den Stoff zeichnen. Später sichtbare Striche entfernt man mit einem weichen Radiergummi oder wäscht sie aus.

Die weitaus abenteuerlichste Methode ist das absolut freie Sticken, dem nur eine Skizze zugrunde liegt. Während der Arbeit, bei der man die Skizze nur mit den Augen überträgt, gestaltet man die Stickerei Schritt für Schritt zu einem Ganzen. Dabei darf man jedoch nicht kleinlich sein. Vor allem muß man auch einmal eine nicht so gelungene Partie wieder auflösen können, selbst wenn sie die Arbeit von vielen Stunden darstellt. Seit die Stickerei nicht mehr zweckgebunden ist, seit man sie nicht mehr konfektioniert, ist man auch an kein bestimmtes Format gebunden. Diese Möglichkeit der praktisch unbegrenzten Fläche eröffnet auch der Gruppenarbeit einen ganz neuen Aspekt: Der Stikkende, der sein Werk frei gestaltet, gibt unmerklich auch ein Stück von sich selbst preis, so wird in einem von mehreren Personen bestickten Stoff die Vielfalt der Empfindungen von Farbe, Form und Harmonie offenkundig, und zwar deutlicher als beim ge-

Naive Malerei mit bunten Fäden: Stickerei in Nadelmaltechnik (schattierte Flachstiche) von Maria Habeth »Winter am Fluß«

meinsamen Malen, weil der Stickprozeß länger dauert und kein Mensch sich über einen längeren Zeitraum verstellen kann.
Zur Technik des Stickens ist nicht viel zu sagen, wenn man davon ausgeht, daß die gebräuchlichsten Stiche, die sich auf vielerlei Art abwandeln lassen, bekannt sind.

Motive und Anregungen aus dem Alltag
Bevor man zu sticken beginnt, braucht man einen Entwurf oder eine Skizze – eine Idee zumindest. Das wiederum setzt voraus, daß man wachen Auges durch den Alltag geht, um das aufzunehmen, was er bietet. Hat man früher Blüten, Blätter, Früchte und Tiere –, also vorwiegend Motive aus der einstmals unversehrten Natur zum Vorbild genommen, so ist es heute das unmittelbare Leben mit seinen Unbequemlichkeiten, Kuriositäten, Erleichterungen oder Ernüchterungen, das zum Umsetzen in die Textilsprache anregt. Die Stickerei hat sich von der reinen Verzierung zu einer eigenständigen Ausdrucks- und Kunstform entwickelt, mit deren

Hilfe es genausogut möglich ist, die Frühstücksidylle am Fenster darzustellen wie den Schlüssel an der Schranktür. Man kann Träume sticken oder Wünsche; man kann seine Freude, seine Hoffnungen oder Erinnerungen mit farbigen Fäden darstellen. So wie van Beethoven seine Wut über den verlorenen Groschen in Musik ausdrückte, kann man auch seine Wut über hohe Steuern in ein Stück Stoff sticheln – sei es nur um den Preis, daß man sich ausgetobt hat. Es muß nicht immer etwas dargestellt werden, das jeder auf Anhieb sofort einordnen kann. Wer zu seiner eigenen Freude stickt – und das sollte immer ausschlaggebend sein –, hat nicht nur ein Recht, sondern geradezu die Pflicht zum Individualismus. Wer andererseits Lust verspürt, sich an einer alten Stickerei zu orientieren, sollte das getrost tun, aber nach Möglichkeit mit eigenen Stichen.

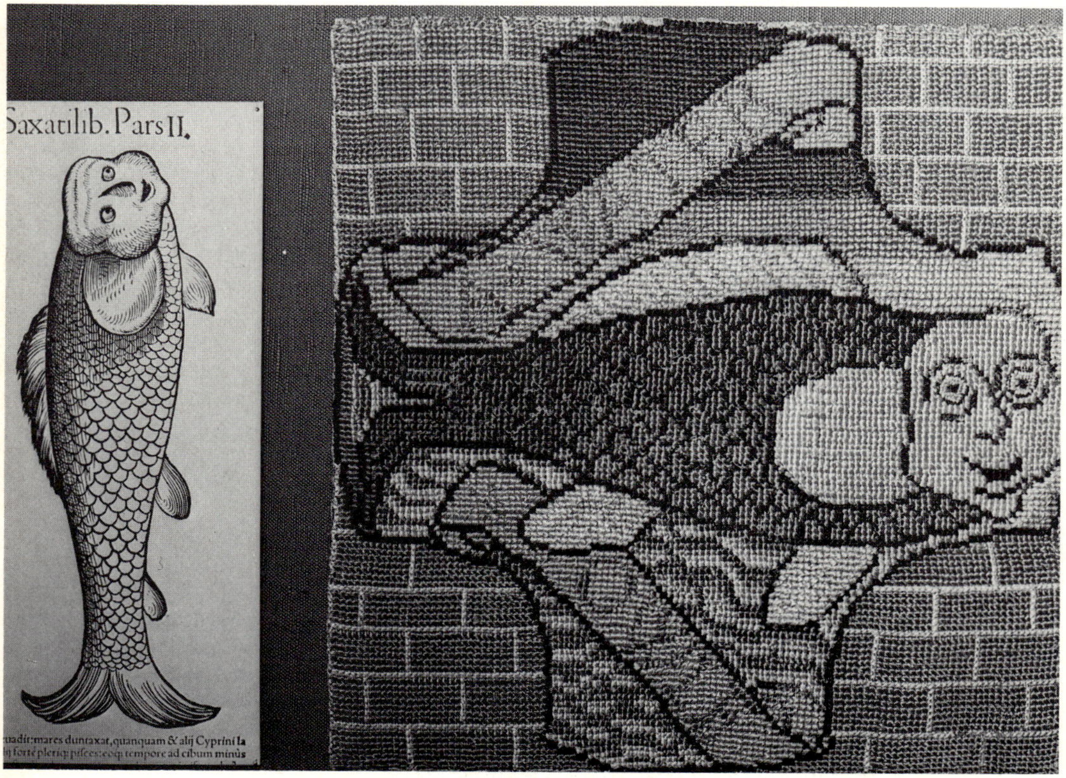

Seite 338:

»Stille Wasser sind tief«. Fadengebundene Stickerei im Platt- und Schattierstich (Nadelmalerei) auf grobgewebtem Baumwollgrund in Leinenbindung (Design: Studio DMC)
Foto: la maison de marie claire

Stickerei Maria Stuarts während ihrer Gefangenschaft (daneben: Vorlage). Text auf dem Schriftband: »Eine Wassereule«. Technik: Gobelinstich. 17. Jahrhundert
Victoria and Albert Museum London
Foto: Hansmann

Sticktuch mit bäuerlichen Motiven in freier Stickerei. Sticktwist auf Leinenquadraten, die patchworkartig zusammengesetzt wurden. Sticharten: Plattstich, Stielstich, Kettenstich, Hexenstich und Französische Knötchen (Design: Ellen Türkis)
Foto: Ortwin Möller

Kelimstickerei von einem Stuhlkissen (1890), mit Wolle auf Stramingrund gestickt. Die geschlossene Fläche wirkt auf den ersten Blick wie eine glatte Strickarbeit
Foto: M. Bauer-Hamersen

Seite 341:
Fische in fadengebundener Flächenstickerei auf Gobelinstramin. Perlstich, Plattstich und Fächerstich, einer Plattstichvariation, geben dem Design Lebendigkeit (Elsa S. Williams)
Foto aus »Creative Canvas Work«

Stickerei auf einem Blusen-Vorderteil, angelehnt an Motive der Cheyenne-Indianer. Kunstseide auf Nessel
Plattstichstickerei (Marianne Schwenk)
Foto: Marianne Schwenk

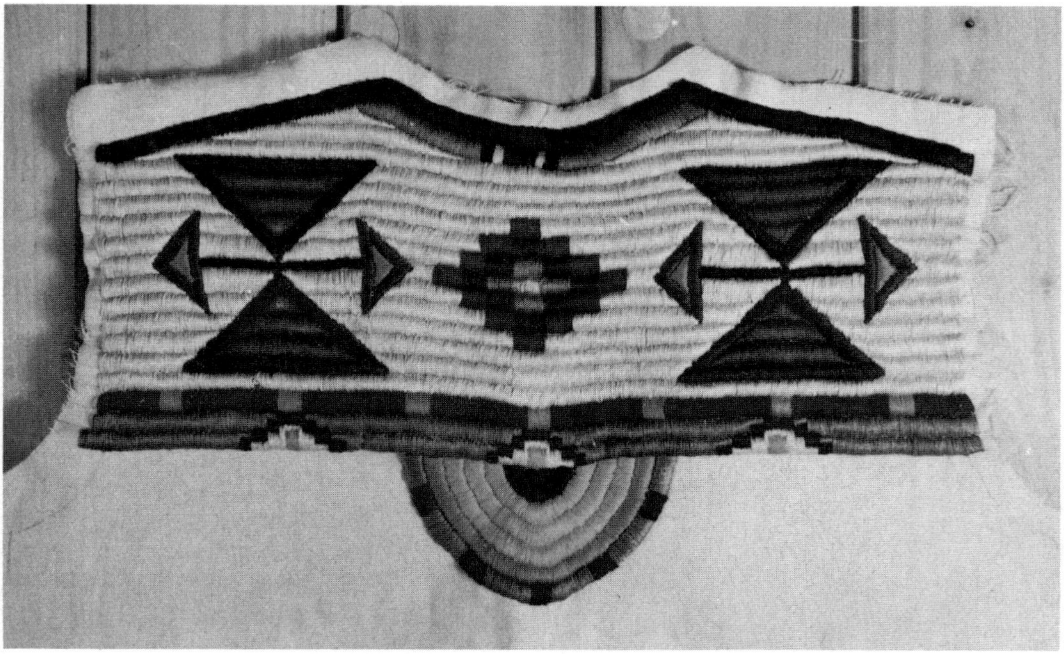

Wäschebänder aus Leinen mit Rot- und Blaustickerei in Kreuzstich- und Durchzugarbeit. Nordseeinsel Föhr, um 1900
Foto: Bauer-Hamersen

»Diana«: Filetstickerei im Webstich von Anna Fischer, um 1920 (Privatbesitz)
Foto: Bauer-Hamersen

Ausschnitt aus einem ungarischen Kissen. Verwendete Stiche: Plattstich, Stielstich, Millefleurstich, Langetten und Französische Knötchen
Foto aus: Broderiboken

Folklore-Stickerei aus Jugoslawien. Kunstseide im Plattstich auf Filzgrund. Das stilisierte Rosenmotiv kehrt in fast allen bäuerlichen Stickereien wieder
Foto: M. Bauer-Hamersen

Namensschild im Jugendstil. Plattstich auf Seide
Ausführung: Ariane Heyduck
Foto: M. Bauer-Hamersen

Folklore-Stickerei aus Rumänien. Wolle in verschiedenen fadengebundenen Sticharten und -kombinationen sowie Französische Knötchen auf Doppelgitterstramin. Neue Stickerei nach einem alten Fußbankpolster
Foto: M. Bauer-Hamersen

Textilobjekte

Von der Wand in den Raum

Textilobjekte, wie sie hier vorgestellt werden, haben keine Tradition. Sie haben sich in einem langen Prozeß aus der Gobelin- und Strukturweberei zu einer eigenständigen Kunstform entwickelt, deren erste Äußerungen 1962 auf der Biennale der Tapisserie in Lausanne einem größeren internationalen Publikum vorgestellt wurden. Vor allem die Polin Magdalena Abakanowicz und die Jugoslawin Jagoda Buic überraschten mit Textilschöpfungen, die losgelöst von der Wand den Raum eroberten.
Seitdem haben sich immer mehr Künstler von der strengen Bindung zwischen Kette und Schuß entfernt und sich der dreidimensionalen Textilgestaltung verschrieben. Auch bei der Materialwahl gehen sie neue Wege. Sie verwenden neben Textilien in bereits verarbeitetem Zustand (gestricktes, gewirktes oder gewebtes Material) Kunststoffe jeglicher Art, Metalle, Steinmaterial, Federn, Tierhaar und vieles mehr. Das Textilobjekt von heute hat – im Gegensatz zur traditionellen Tapisserie – nicht mehr dekorativen Charakter, sondern in erster Linie kommunikative Funktion. Die Herstellungsmethoden sind so unterschiedlich wie die Materialien, doch kann man grundsätzlich davon ausgehen, daß das Materialgerüst eine auf einem Webstuhl oder einem ähnlichen selbstkonstruierten Rahmen gespannte Kette ist, die manchmal waagerecht, gelegentlich strahlenförmig, in der Regel aber senkrecht gespannt wird. In diese Kette werden die Materialien schußfadenähnlich eingelegt und bilden zum Teil selbst wieder eine Kette für die raumgreifende dritte Dimension. Das ist aber auch das einzige Element, das von der Weberei übernommen wurde. Alles übrige sind Mischtechniken, die verschiedenen anderen Handarbeitsmethoden – Makramee, Knüpfen, Häkeln, Stricken, Klöppeln, Netzarbeit – entlehnt sind.
Inwieweit solche Objekte von Laien nachvollziehbar sind, hängt von den Möglichkeiten jedes einzelnen ab und von den Grundkenntnissen der Weberei, die trotz aller Freiheit dieser interessanten Textiltechnik unerläßlich sind. Ein Rezept für die Gestaltung gibt es nicht, hier kommt man nur durch Ausprobieren, Korrigieren und Kritikfähigkeit am eigenen Werk weiter. Es ist wichtig, daß man sein Können an kleinen Objekten übt, denn die dritte Dimension bringt auch statische Probleme mit sich. Wenn man sich die Werke der großen Textilkünstler genau ansieht, stellt man fest, daß alles aus dem Gewebe herauswächst; nichts ist separat angefertigt und auf das Grundgewebe aufgesetzt worden. Das sollte man sich auch bei eigenen Arbeiten zum Prinzip machen.

Seite 345:
Detail aus einem 300 × 150 cm großen Objekt von Marie Thérèse Codina aus Sisal, Leinen und Jute in Naturfarben
Foto: Ramon Manent

Marc Bankowsky, der diese textile Wohnhütte schuf, arbeitet mit doppelter Kette, die ihm das dreidimensionale Weben in einem Stück ermöglicht. Er gehört zu den vielseitigsten Textilgestaltern unserer Zeit (s. auch Umschlagrückseite)
Foto: J.-J. Galland

Josep Grau-Garriga

1929 in Saint Cugat del Vallès geboren, lebt in Barcelona. Er gehört zu den kühnsten, aber auch erfolgreichsten Textilgestaltern. In seinen Objekten verarbeitet er ganze Pullover, die er unzerschnitten mit einwebt, wobei er die Ärmel gleichwertig neben gewebten Streifen heraushängen läßt. Die Reihe seiner Einzel- und Sammelausstellungen ist lang. Seine Werke sind in zahlreichen Galerien und Museen innerhalb und außerhalb Europas vertreten.

Bell Vespre – ein Textilobjekt, bei dem die Schwere noch durch die dunklen Farben der beiden unteren Drittel betont wird

Entschwundene Illusionen – Textilobjekt in sanften Beige- und Brauntönen mit verarbeiteten Pulloverteilen
Größe: 250 × 220 cm

Rechts:
Detail des Objekts »Entschwundene Illusionen«. Man sieht links deutlich einige Strickärmel

Bei diesem Objekt ist die Mitte fast transparent, flankiert von umsponnenen schweren Schlaufengebilden.
Maße: 250 × 120 × 120 cm

Fotos: r. camprubi

Olga de Amaral

1932 in Columbien geboren, hat nicht zuletzt durch ihre eigenwillige Technik, die sie bei ihren Textilobjekten anwendet, internationale Anerkennung erlangt. Sie verflicht gewebte Streifen zu einer Fläche, wobei sie den diagonalen Verlauf bevorzugt, und bezieht dick umwickelte Stränge mit ein. Ihre Arbeiten sind von hohem internationalem Rang.

Ein viereckig gewebter Teppich – so lautet der schlichte Titel für dieses kompliziert hergestellte Objekt aus Roßhaar und handgesponnener Wolle in den Naturfarben Schwarz, Braun, Grau, Weiß und Blau. Größe: 2 × 2 m

Seite 351:
Paramuna – Textilobjekt, bei dem gewebte Streifen und umwickelte Stränge diagonal miteinander verflochten sind. Die Streifen sind einfarbig, die Stränge vielfarbig, wodurch der Kontrast zwischen Fläche und Wölbung noch betont wird. Größe: 180 × 300 cm

Fotos: Diane Witlin

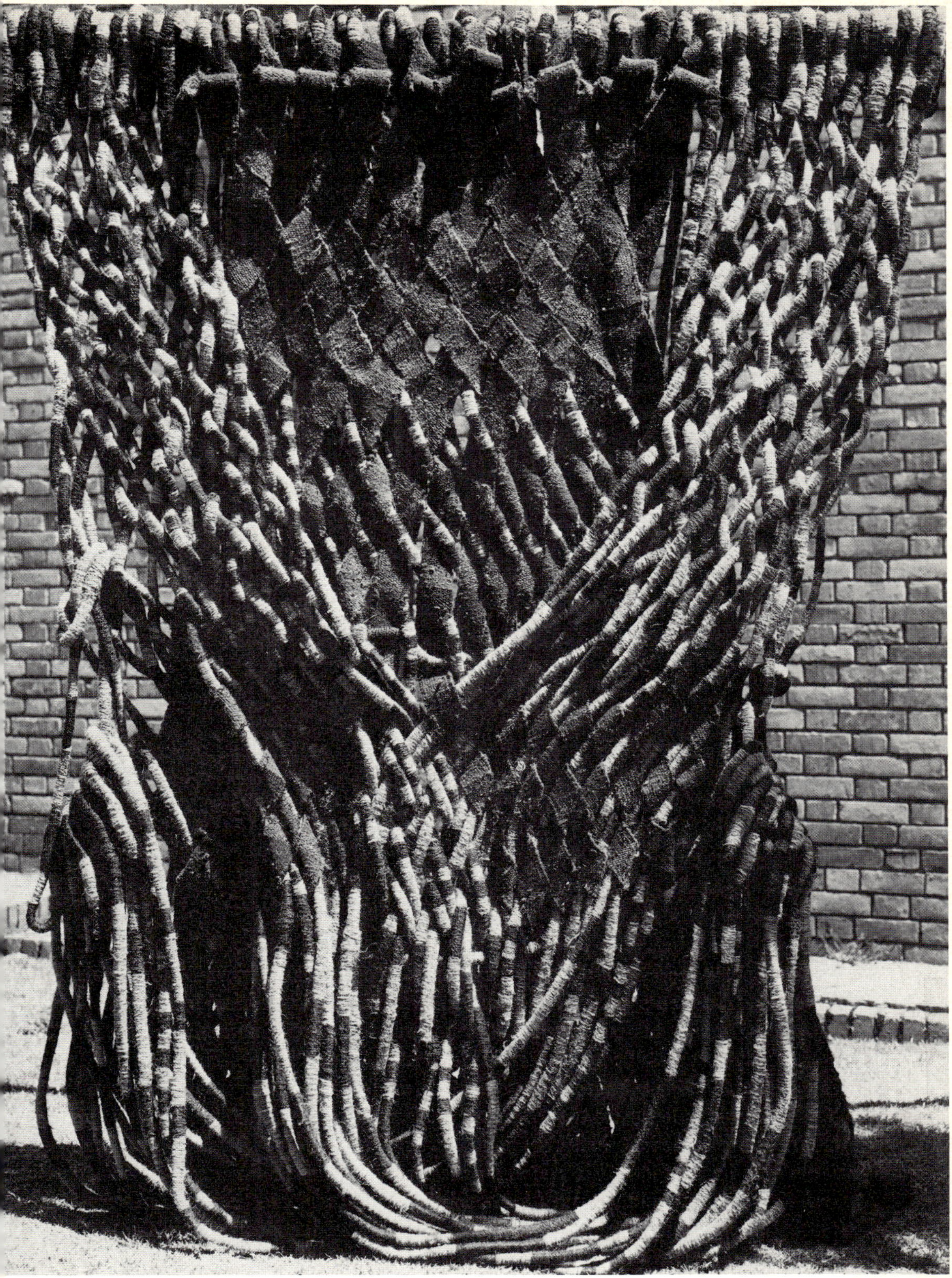

Elsi Giauque

Als die Schweizer Künstlerin Elsi Giauque 1945 ein Gewebe aus Leinenfäden herstellte, in das sie Holzkeile einarbeitete, nahm sie etwas vorweg, das knapp zwanzig Jahre später auf der ersten Biennale der Tapisserie in Lausanne als Revolution in der Textilkunst angesehen wurde. Seitdem befaßt sie sich mit vorwiegend transparenten Raumelementen, die nichts von der Kühnheit Grau-Garrigas und nichts von der Schwere der Objekte Olga de Amarals haben. Von den Arbeiten Elsi Giauques geht Leichtigkeit aus. Sie schaffen Bezugspunkte in einem Raum, ohne ihn einzuengen, sind in ihrer seltsamen Durchsichtigkeit unübersehbar. Bevorzugte Materialien sind Seide, Metall, Leinen und synthetische Garne. Die über Metallrahmen gespannten Fäden, deren Farben sich durch Lichteinfall verändern, erinnern an kinetische Kunst.

Elsi Giauque bei der Arbeit an dem Raumelement »danger et lumière« aus Roßhaar, Nylon und Metall in den Farben Schwarz, Weiß, Gold und Silber. Format: 11 × 22 × 45 cm

Elsi Giauque

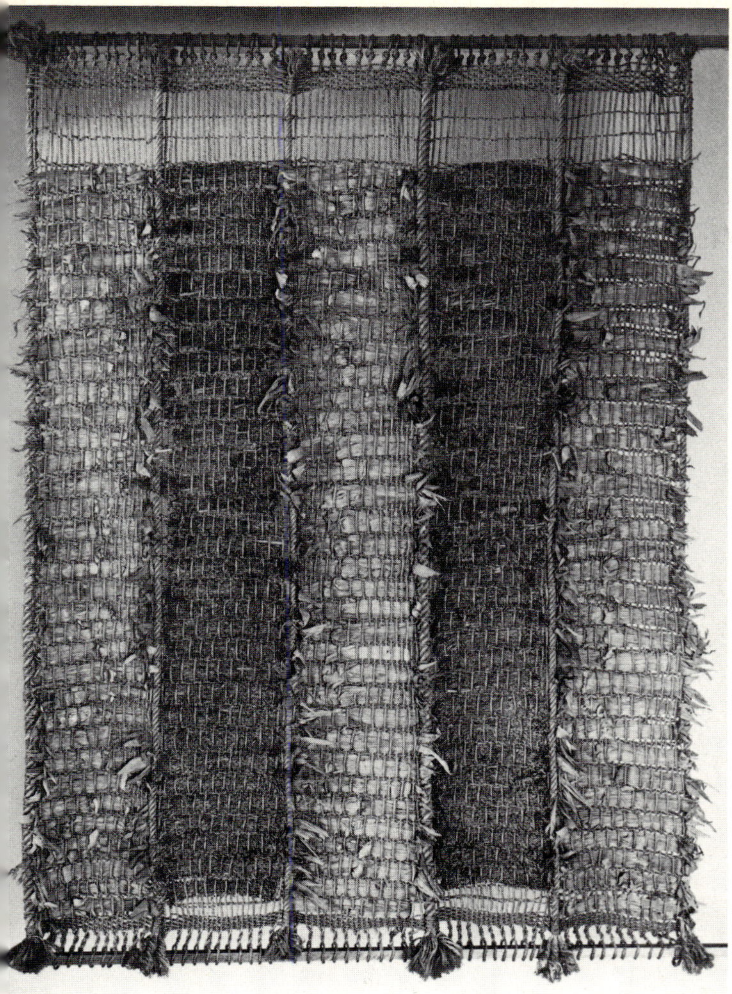

Mais – Trennwand aus Seilen, Schnur, Maisblättern und -blüten, 1945 entstanden. Format: 150 × 180 cm

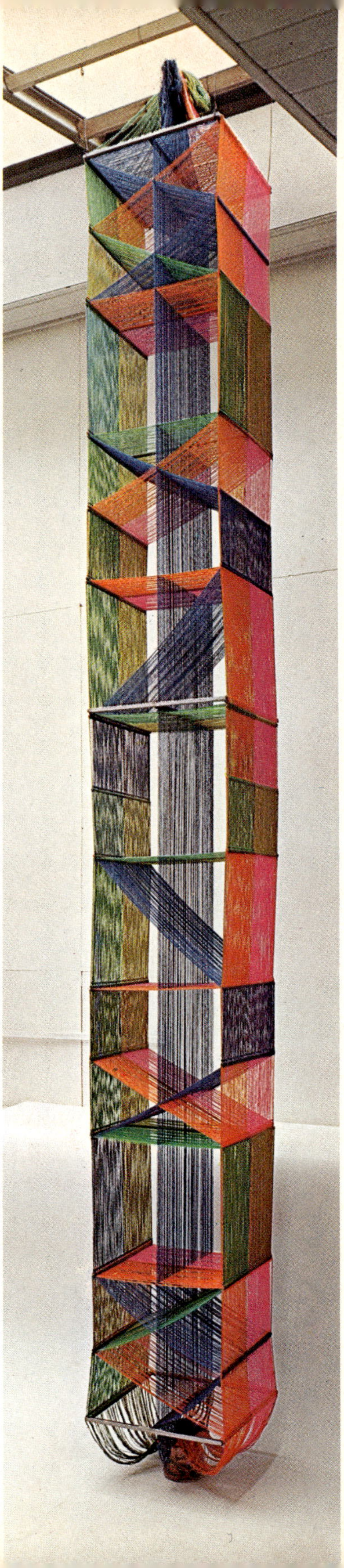

Transparente Säule – über Metallrahmen gespannte Seidenfäden. Format: 37 × 37 × 400 cm. 1963 entstanden

Fotos: Leonardo Bezzola, Bätterkinden

Ritzi und Peter Jacobi

haben ihr Atelier in einer alten Schule in Neubärental in der Nähe von Pforzheim. Studiert haben sie in Rumänien, wo sie auch geboren wurden. Ihre phantastischen Textillandschaften gestalten sie gemeinsam, während an der rein manuellen Umsetzung der künstlerischen Ideen Ritzi Jacobi allein beteiligt ist, was bei den Dimensionen ihrer Tapisserien – Transilvania III ist 3 × 4 m groß – allein schon eine beachtliche Leistung darstellt.

Peter Jacobi, der Dozent an der Staatlichen Fachhochschule für Gestaltung in Pforzheim ist, studierte Bildhauerei und arbeitete zunächst in Holz, Stein, Bronze und anderem nicht textilem Material. Ritzi Jacobi hingegen arbeitete ausschließlich in ihrem Studienfach Textil. Allmählich kamen sich beide formal immer näher, so daß sie schließlich 1967 begannen, gemeinsam ein Projekt zu konzipieren und zu verwirklichen.

Peter Jacobi ist der Meinung, daß sich ein kreativer Mensch in jedem Material auszudrücken vermag, sofern er die technischen Voraussetzungen dazu mitbringt oder sich aneignet. So ist es auch nicht weiter verwunderlich, daß die Jacobis sich neuerdings dem Reispapier als Ausdrucksmittel zuwenden.

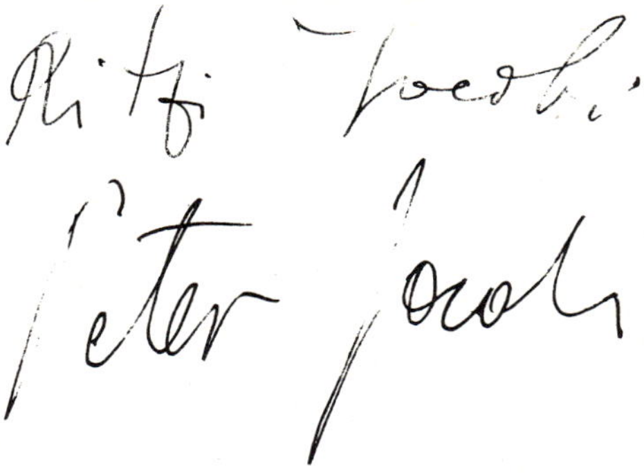

Transilvania III – ein Objekt aus einer Reihe, die diese Bezeichnung trägt. Material: Ziegenhaar. 1973 entstanden

Seite 355:
Detail aus einem der neuesten Textilobjekte in Naturmaterial von Ritzi und Peter Jacobi

Fotos: Egon Augenstein

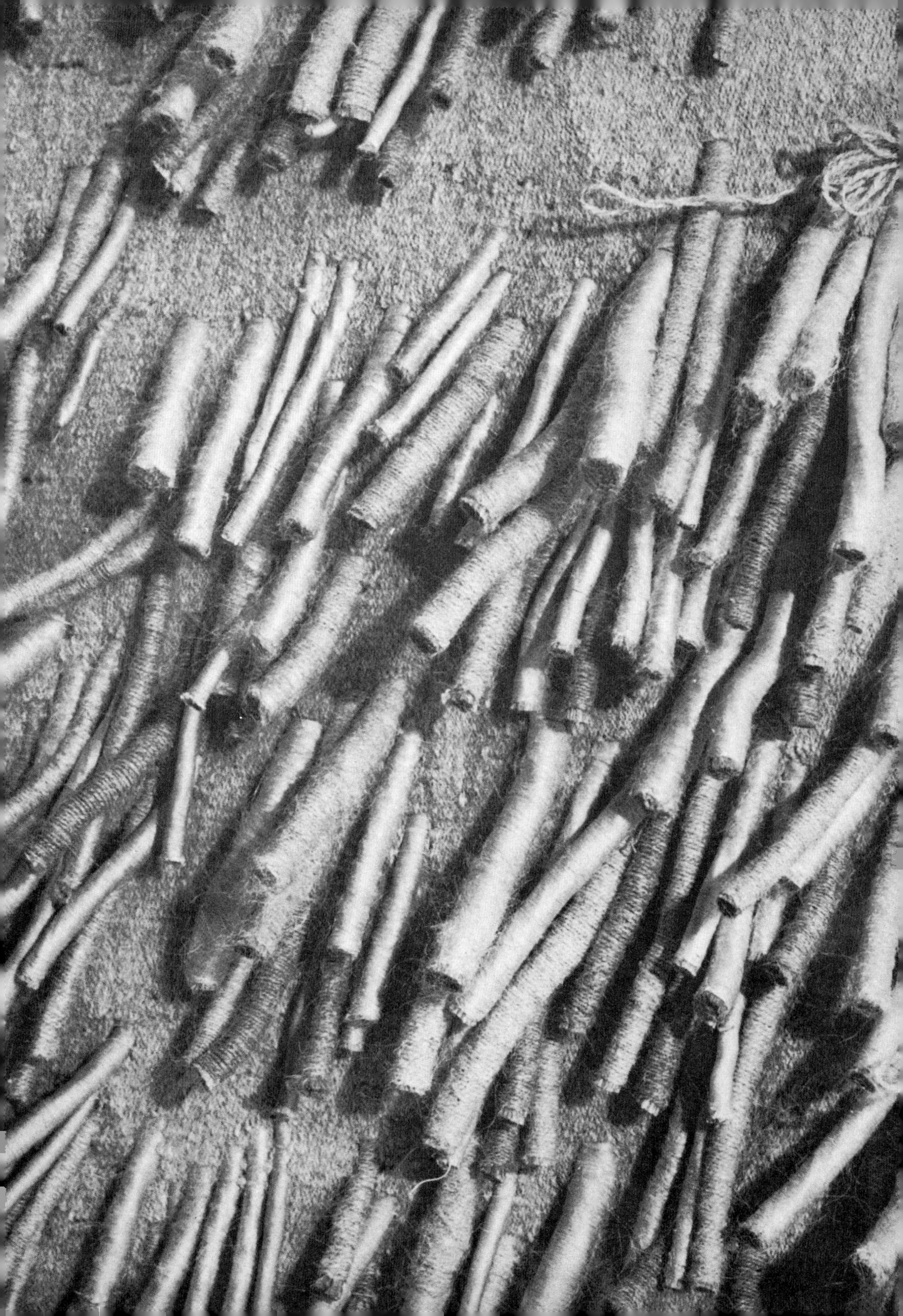

Links:
Textilobjekt aus einer Serie von Sisalobjekten von Marie Thérèse Codina, das 1973 entstanden ist. Die Künstlerin, die Französin ist, lebt in der Nähe von Barcelona.
Format des Objekts: 250 × 60 cm
Foto: Ramon Manent

Rechts:
Euphémère – Transparentgewebe der Textilkünstlerin Marie-Thérèse Codina, bei dem man deutlich die Materialführung erkennen kann
Foto: Claude Huber, Lausanne

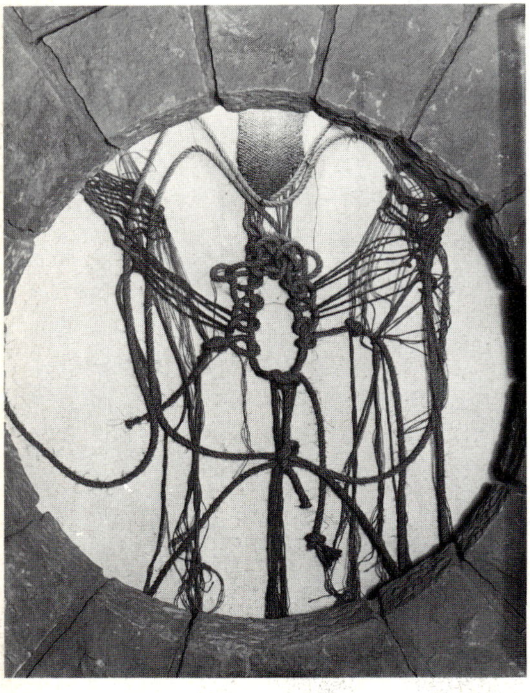

Textilobjekt und Fadenexperiment von Eva-Maria Bossmann, Künzelsau
Foto: Barbara Schulten

Seite 359:
Detail eines 340 × 225 × 40 cm großen Objekts des Ehepaares Maryn und Song Varbanov, einem Bulgaren und einer Chinesin
Foto: Claus-Peter Schmid

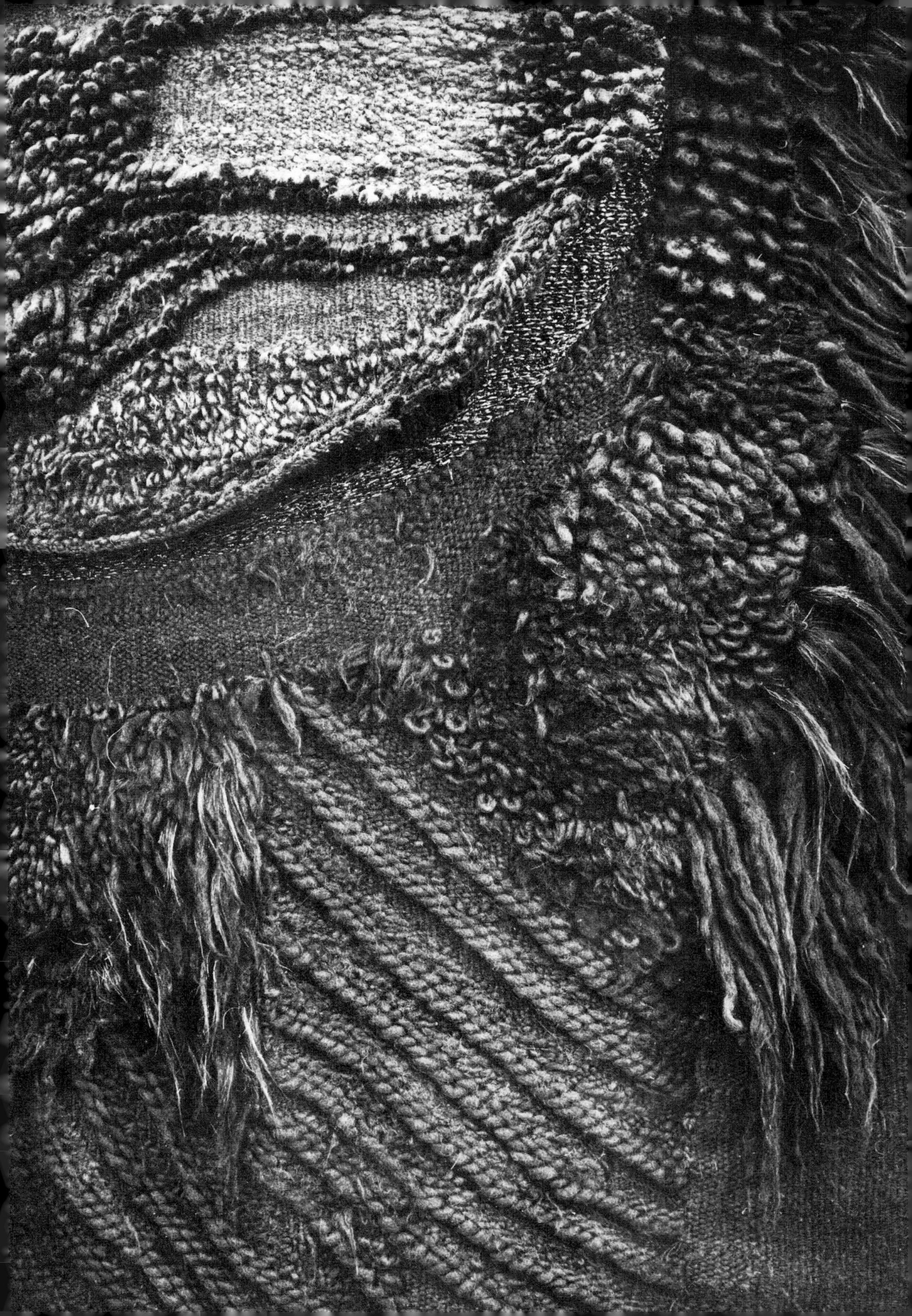

Kleines Rundwebobjekt mit Schafwolle und Glasperlen von Jutta Lammèr. Durchmesser: 40 cm, Relief: 6 cm
Foto: M. Bauer-Hamersen

Textilobjekt von Barbara Pohle in Grün-, Rot- und Brauntönen mit ungesponnener Naturwolle kombiniert. Die Kettfäden der runden Webarbeit sind über Nägel auf ein grünes Brett gespannt. Durchmesser: 80 cm, Relief: 8 cm
Foto: Barbara Schulten

Objekt aus schwarzer und weißer Wolle, Silberdraht, Transparentplastik und Aluminiumfolie in eine Fahrradfelge eingewebt
Entwurf und Ausführung: Jutta Lammèr
Foto: M. Bauer-Hamersen

Ton und Modelliermasse

Alte Kunst des guten Tons

Keramische Erzeugnisse sind mit Ausnahme Australiens über die ganze Erde verbreitet. Die bisher ältesten Keramiken stammen aus der Steinzeit. Es sind einfache Gefäße mit einer korbgeflechtähnlichen Außenseite, die darauf schließen läßt, daß man zunächst Ton zum Abdichten von Korbgeflecht benutzt hat. Vermutlich ist ein so abgedichteter Korb in die Nähe des Feuers geraten, wo der Ton trocknete und sich veränderte, worauf man alsbald begann, diesen Werkstoff bewußt zu formen. Das Geflecht blieb zunächst Dekorationselement, das man dann immer weiter abwandelte, so daß schließlich völlig unabhängige Oberflächenstrukturen entstanden. Die Herstellungstechniken entwickelten sich weiter vom freien Formen über den Aufbau mit Tonplatten, -wülsten und -streifen bis zur Erfindung der Töpferscheibe, etwa 3000 v. Chr. Funde aus Mesopotamien und Ägypten weisen darauf hin, daß es um diese Zeit schon eine einfache Form der Töpferscheibe gegeben haben muß. Auch Färbungen durch Eisenoxyde und unterschiedliche Brennverfahren (sauerstoffarm oder sauerstoffgesättigt) waren schon sehr früh – vor allem bei den Griechen – bekannt. Die Bezeichnung Keramik stammt aus dem Griechischen (keramos = Ton).

Unter den römischen Töpferarbeiten sind in erster Linie die nach ihrem Herstellungszentrum benannten Arretinischen Waren zu nennen. Es handelt sich hier um ein weiches, leuchtendrotes Erzeugnis etruskischen Ursprungs, das sich später über das ganze Römische Reich bis nach England ausgebreitet hat. Die reliefartig aufgelegten Jagd- und Kampfszenen zeigen eine Anlehnung an etruskische Goldarbeiten.

Außerhalb Europas sind die mittel- und südamerikanischen Hochkulturen zu nennen. Hier spielten neben der Gebrauchskeramik auch die figürliche Plastik sowie die Herstellung von Musikinstrumenten und Schmuck eine große Rolle.

Eine besondere Stellung nimmt die chinesische Keramik ein. Durch Brennen bei besonders hohen Temperaturen wurde durch Sinterung bestimmter Teile der Tonmasse ein dichter, feinporiger Scherben erzeugt. Diese Technik erlaubte im Gegensatz zu den frühen Versuchen der Ägypter und Babylonier, das Tongut durch Aufschmelzen farbiger glasartiger Massen wasserdicht zu machen. Die Verwendung weißbrennender Kaolinto-

Seite 361:
Ahnenfiguren aus China, Wei-Zeit (386–589 n. Chr.), aus gebranntem Ton. Höhe: 63 cm
Museum für Völkerkunde München
Foto: Praun Photo

Clown mit Rosenstrauß – Tonplastik des Schweizer Künstlers Jakob Stucki, Langnau, Größe: 45 cm
Foto: Jürg Bernhardt/Schweizer Heimatwerk

ne unter Zusatz von Feldspat führte schließlich zur Erfindung des chinesischen Porzellans, das man in Europa viele Jahrhunderte hindurch nachzuahmen versuchte.
In Mittel- und Westeuropa war man lange mit der Herstellung einfacher Töpferwaren zufrieden. Seit dem 14. Jahrhundert kennt man buntglasierte Hafnerkeramik. Die Engoben – farbige Tone, die vor dem Brand aufgetragen werden – folgten etwas später.
Durch Brennen bestimmter Tone bei hohen Temperaturen entstand das sehr dichte Steinzeug. In England stellte man durch Verwendung spezieller Tonmischungen ein Steingut her, das in seinen Eigenschaften dem Porzellan sehr nahe kam. Die englische »stoneware« ist noch heute ein Begriff.
Der Ton ist als Ausgangsmaterial unverändert der Werkstoff der Töpfer und Keramiker geblieben, jedoch hat jeder eigene Rezepte, Tonmischungen, Glasuren, Brenndauer, Temperatur und Ofenatmosphäre betreffend.
Außer dem klassischen Erdmaterial gibt es heute eine Vielzahl von Modelliermassen, die sich besonders für die künstlerisch-handwerkliche Gestaltung durch Laien mit ihren oft begrenzten Brennmöglichkeiten eignen.

Was ist was?

Alle Gegenstände, die aus Ton oder tonhaltigen Mischungen geformt und gebrannt wurden, nennt man Keramik. Unter diesem Sammelbegriff sind sowohl plastische Arbeiten und Baukeramik wie auch die Gefäßtöpferei zusammengefaßt. Die Töpfererzeugnisse teilen sich in verschiedene Hauptgruppen: Terrakotta (gebrannte Erde), Schlickerware, Majolika und Fayence sowie Steingut. Auch Raku, ein aus dem Japanischen übernommener Begriff für grobkörnige, mit Schmelzglasur überzogene Ware, die bei niedriger Temperatur gebrannt wird, gehört dazu.
Die Bezeichnung *Terrakotta* gilt für poröse Irdenware, die unglasiert ist, so zum Beispiel die Erzeugnisse der Primitiven. Ein Teil der urzeitlichen Töpferei und der Töpferei des Altertums fällt ebenfalls in diese Kategorie.
Bei Schlickerware handelt es sich um Gefäße aus rotem Ton, die mit weißem, schwarzem oder lederfarbigem Tonschlicker (Engobe) verziert und mit einer transparenten gelblichen Bleiglasur überzogen sind.
Majolika und *Fayence* bezeichnet man auch als Schmelzware. Es handelt sich hierbei um Erzeugnisse aus sandigem Ton. Der Majolikascherben ist vorwiegend dunkel und hat deckende Farbglasuren, während die Glasur bei Fayence weißdeckend ist. Die Bemalung bei Majolika und Fayence ist vorwiegend blau, braun, grün und gelb. Bei der sogenannten *Delfter Ware,* die man ebenfalls zur Fayence rechnet, ist die Malerei meistens kobaltblau auf weißem Grund unter transparenter Glasur.
Steingut wird aus einem zähen weißlichen bis gelben Ton hergestellt und höher gebrannt als die anderen Tonerzeugnisse. Der Scherben ist hart und klingend. Er wird entweder mit einer deckenden farbigen Glasur versehen oder bemalt und transparent glasiert. Der Ton für Steingut muß besonders sorgfältig aufbereitet werden.

Steigbügelgefäß Berglandschaft. Mochica-Phase (200–800 n. Chr.)
Ton, rotbraun und crèmefarben bemalt. Höhe 15 cm
Rietbergmuseum Zürich. Foto: Wettstein + Kauf

Gefäß mit Jaguarreliefs. Mochica-Phase
Ton, rotbraun und crèmefarben bemalt. Höhe 19 cm
Rietbergmuseum Zürich Foto: Wettstein + Kauf

Teil einer Töpferwerkstatt aus dem 19. Jahrhundert aus Klütz/Mecklenburg. Oben: Trockenbord, darunter: Glasurmühle und Tontrage, davor: Tontrog und gemauerter Brennofen

Der andere Teil der Töpferwerkstatt aus Klütz mit Trockenbord und Arbeitsblock mit zwei Drehscheiben
Altonaer Museum/Nordd. Landesmuseum Hamburg
Fotos: Manfred Bauer-Hamersen

Handwerk mit Fußbetrieb

Die Töpferei, so sagt man, ist das einzige Handwerk, zu dem man die Füße braucht. Die rotierende Töpferscheibe ist das wichtigste Werkzeug, wenngleich die freie Gestaltung mit der Hand einen genauso wichtigen und elementaren Arbeitsprozeß darstellt. Obwohl der Werkstoff Ton nicht so vielseitig ist wie manches andere Material, scheint er in Künstlerhand fast unbegrenzt wandelbar. Das wird deutlich an drei Künstlern, die hier vorgestellt werden.

Der belgische Keramiker Pierre Culot, der sich in einem kleinen Dorf in der Provinz Brabant niedergelassen hat, fällt bei der Gefäßtöpferei vor allem durch seine rechteckigen Behältnisse auf, die sich auf verschiedene Art miteinander kombinieren und zusammensetzen lassen. Sie wirken oft wie hohle Bausteine, sind frei aufgebaut, meistens naturfarbig und ohne Dekore. Jedoch auch die gedrehten Gefäße tragen seine unverwechselbare Handschrift. Die fast immer naturbelassenen Tone bilden in ihrer Grobporigkeit einen interessanten Kontrast zu den klaren, außerordentlich sensibel ausgearbeiteten Formen. Die Wiederbelebung alter Gefäßformen und die Entwicklung neuer Keramiken verschmelzen sich unter Pierre Culots Händen oft zu einer erstaunlichen Einheit. Auch in einer Mauer aus Keramiksteinen in der Universität von Liège wird der gelungene Versuch, Vergangenes und Kommendes miteinander zu verbinden, deutlich: Tonmate-

Pierre Culot beim Drehen eines seiner schlichten, formschönen Gefäße
Foto: Jacques Dirand/la maison

Wie ein Puzzlespiel lassen sich die eckigen Gefäße Culots zusammensetzen
Foto: Jacques Dirand/la maison

Obst und Blüten scheinen hier in einem Gefäß vereint. Die zusammensetzbaren Gefäße können auch einzeln verwendet werden
Foto: Jacques Dirand/la maison

rial in Farbe und Struktur wie vor tausend Jahren, jedoch mit Einzelelementen, die die nüchterne Sachlichkeit gegenwärtiger Architektur schon wieder hinter sich lassen.

Ganz anders sind die Arbeiten des Keramikers Dieter Crumbiegel, der in Höhr-Grenzhausen, dem Zentrum deutschen Töpferhandwerks, Dozent für Gestaltungslehre, Kunstgeschichte und Architekturkeramik ist. Die Aschen- und Gesteinsglasuren für sein bei 1340 Grad Celsius hochgebranntes Steinzeug entwickelt er selbst. Die schöpferische Auseinandersetzung mit bildnerischen Vorstellungen führte ihn von der Malerei zur Keramik. Er sagt dazu: »Einmal sind es die vielfältigen Verarbeitungsmöglichkeiten wie freies Aufbauen, Montieren lederharter Elemente, das Drehen und das Verformen mit den unterschiedlichsten Werkzeugen und Geräten, die oft gar nichts mit der Keramik

Foto: Foto-Claus Fulda

zu tun haben. Zum anderen sind es die differenzierten Möglichkeiten der Oberflächengestaltung von glatten, gekratzten, reliefierten, aufgerauhten, geschlagenen oder gehämmerten Strukturen bis zu der reichen Struktur- und Farbenskala hochgebrannter Aschen- und Gesteinsglasuren, die neue Techniken und freie Experimente zulassen. Schließlich ist es auch der Reiz des Spiels mit dem Ungewissen, den ein Brand von 1340 Grad mit sich bringt, trotz aller Erfahrungen und Kenntnisse, die man im Laufe der Jahre gewonnen hat.« Dieter Crumbiegel, Staatspreisträger des Landes Rheinland-Pfalz, gehört zu den experimentierfreudigsten Keramikern unserer Zeit, der stets das Neue wagt und wirtschaftliche Erwägungen außer acht läßt. Seine eigenartig verformten Gefäße und Reliefs zeigen, daß hier nicht ein Handwerker sich künstlerisch betätigt, sondern daß ein Gestalter von Format das Handwerk beherrscht.

Kubisches Gefäß mit rundem Fuß von Dieter Crumbiegel, Fulda. Die Kantenlänge beträgt ca. 35 cm. Das Gefäß ist aus Steinzeug und hat eine braune strukturierte Gesteinsglasur
Foto: Foto-Claus Fulda

Margarete Weber-Junkert demonstriert in ihrem Atelier, wie aus einem Tonklumpen ein formschönes Gefäß wird

Fotos: Gebhardt Binder

Margarete Weber-Junkert in Tübingen befaßt sich intensiv mit der Töpferei von Gebrauchsgefäßen, die sie vorwiegend auf der fußgetriebenen Scheibe dreht. Ihre Produktion ist groß und vielseitig. Noch nie hat sie zwei gleiche Stücke gestaltet, was man sich kaum vorstellen kann, wenn man die vollen Regale in ihrem Atelier und dem Ausstellungsraum betrachtet. Jedoch es stimmt wirklich, wenngleich man die oft feinen Unterschiede erst bei intensivem Vergleich der Stücke feststellt. Mattglasuren sind bei den Arbeiten Margarete Weber-Junkerts vorherrschend, auffällige Effekthascherei durch laute Farben sind nicht ihre Sache. Form und Farbe stehen stets in harmonischem Einklang miteinander und lenken nie voneinander ab.

Die scheinbare Leichtigkeit, mit der unter den geübten Händen der Meisterin aus einem unförmigen Tonklumpen ein Gefäß wird, ist faszinierend: Der geknetete Tonbatzen wird auf die Scheibe geworfen und zentriert. Mit wenigen Bewegungen formen die angefeuchteten Hände den Ton. Ein Fingerdruck genügt, eine Mulde entsteht, weitet sich zu einem flachen dickwandigen Napf, wird weiter in die Höhe gezogen. Das nun zylindrische Gefäß verändert durch die Führung der Hände innen und außen laufend seine Form, wird bauchig und verengt sich schließlich oben zu einem schlanken Hals. Die Rohform wird mit Spachtel und Schwamm geglättet, bevor das fertige Stück in den Brennofen kommt.

Wenn man der Meisterin zusieht, glaubt man, man könne das auch, und das stimmt sogar. Aber bis so ein Gefäß die richtige Form hat, die Wandungen nicht zu dick und nicht zu schwach sind, bis die Hände das richtige Gespür für das Material haben und nicht nur Zufallsprodukte schaffen, ist es doch noch ein sehr weiter Weg.

Der Beruf des Töpfers, einer der ältesten Handwerksberufe überhaupt, erfordert eine dreijährige Lehrzeit in einem Industrie- oder Handwerksbetrieb. Neben dem Erwerb manueller Fertigkeiten gehört ein großes Pensum Fachtheorie dazu, bevor die Gesellenprüfung abgelegt werden kann. Der Weg bis zur Meisterschaft ist dann noch einmal so weit.

Grundwissen für Anfänger

Es gibt kaum einen Werkstoff, der so wenig Fachkenntnis für die Verarbeitung voraussetzt wie Ton. Man kann ihn an geeigneter Stelle selbst ausgraben und aufbereiten, jedoch ist es einfacher, im Handel erhältliches Material zu verwenden. Es gibt verschiedene Tone, die sich durch Zusammensetzung, Farbe, Körnung und Plastizität unterscheiden. Für Laien eignet sich der Töpferton am besten, der je nach dem Grad der Verunreinigung als fett oder mager bezeichnet wird. In erster Linie kommt mehr oder weniger stark gemagerter Ton in Betracht, um Trokkenrisse und Verwerfungen der Werkstücke zu vermeiden.

Arbeitet man mit Tonmehl, wird das Material mit dem Magerungsmittel vermischt und in einem Gefäß mit Wasser eingesumpft, wie es in der Fachsprache heißt. Der umgerührte Schlamm wird auf Gipsplatten oder eine ähnliche saugfähige Fläche gelegt, damit ihm das überschüssige Wasser entzogen wird. Dabei muß man darauf achten, daß keine Gipsteile oder andere Fremdkörper in die Tonmasse geraten und sie verderben. Anschließend wird der Ton durchgeknetet, bis er sich ohne zu kleben von der Handfläche lösen läßt. Das fertige Material kann in luftdicht verschlossenen Plastikbeuteln lange lagern.

Das Formen

Man sollte zunächst mit einfachen figürlichen Plastiken beginnen, die sich aus den Grundformen Kegel, Kugel oder Walze entwickeln lassen und dabei versuchen, das Wesentliche eines Naturvorbildes in die Eigenheiten des Materials zu übersetzen. Alles, was dem Materialcharakter widerspricht, muß von vornherein ausgeschaltet sein. Der Ton erzieht zu einfacher Betrachtungsweise der Dinge, zur Stilisierung, zum Weglassen, zur Konzentration auf die Hauptsache. Erst wenn man mit den Eigenheiten des Materials vertraut ist, kann man sich differenzierteren Formen zuwenden. Zum Verbinden verschiedener Teilstücke dient der Schlicker, ein dünner Tonbrei, der auf die Verbindungsstellen gestrichen wird.

Auch bei der Herstellung von Gefäßen beginnt man am besten mit ganz einfachen Formen, zum Beispiel mit flachen Schalen, die man aus dem Klumpen drückt oder durch Aushöhlen formt. Schon diese einfachen Gefäße kann man durch Kratzen, Schaben, Eindrücken oder Aufsetzen von kleinen Teilen sehr schön verzieren. Wenn man das Material im Griff hat, kann man sich den etwas schwierigeren Aufbautechniken aus Wülsten, Platten oder Streifen widmen. Auch hier werden Einzelteile durch Schlicker miteinander verbunden. Tonwülste oder -streifen müssen auf der Innenseite eines Gefäßes stets verstrichen werden. Außen kann man

Gefäß aus dem Klumpen:
Mit einer Drahtschlinge hebt man aus einer Kugel Tonmasse heraus und arbeitet die Höhlung mit den Fingern nach

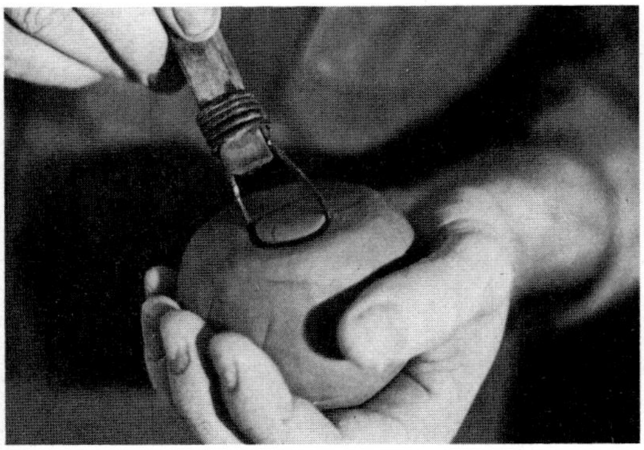

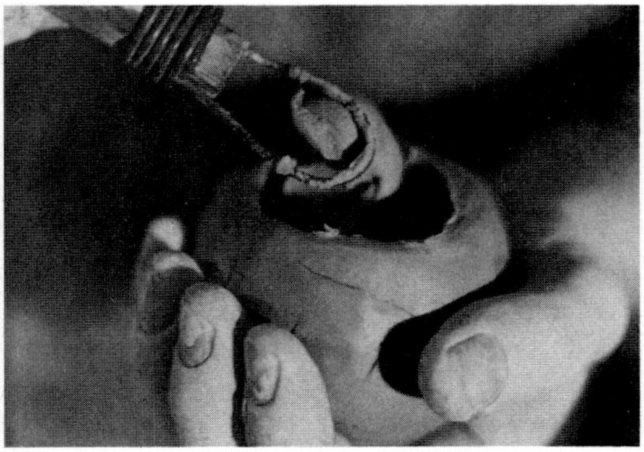

Aufbau mit Tonwülsten:
Der Ton wird zu Wülsten gerollt und spiralenartig auf einen ausgeschnittenen Tonboden gesetzt. Innen werden die Wülste glatt verstrichen

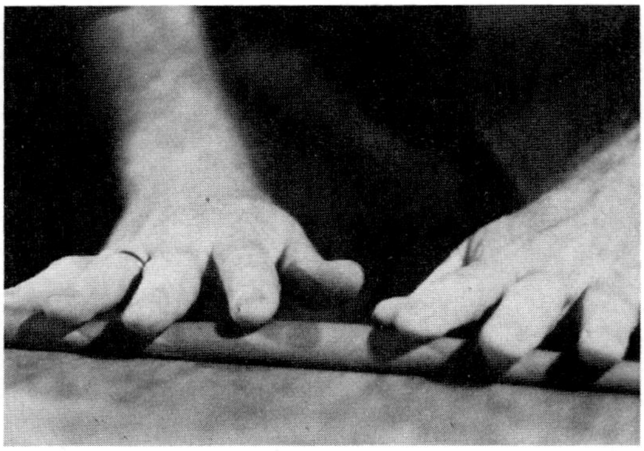

sie ganz oder teilweise in ihrer Werkstruktur belassen. Auf keinen Fall sollte man die Oberfläche frei geformter Gefäße mit Wasser glätten, so wie es der Töpfer an der Drehscheibe macht, hier gelten andere Voraussetzungen.
Henkel für Gefäße werden aus einem Tonklumpen mit Wasser herausgestrichen – der Töpfer sagt gemolken – und an das vorgetrocknete lederharte Gefäß angesetzt.
Seit Urzeiten sind das beste Werkzeug die Hände, daran sollte man besonders beim Umgang mit Ton immer denken. Dennoch kommt man nicht ganz ohne Hilfsmittel aus. Man braucht eine wasserdichte Arbeitsunterlage (oder eine Abdeckung für den Tisch), ein Gefäß für Schlicker, einen Schneidedraht zum Trennen der Tonmasse, ein rostfreies Messer und eine Drahtschlinge zum Aushöhlen (notfalls geht das auch mit einem Kaffeelöffel). Eine drehbare Scheibe, die man leicht selbst herstellen kann, leistet beim Aufbau von Gefäßen gute Dienste (nicht zu verwechseln mit der fußbetriebenen Drehscheibe).

Das Brennen
Kaum ein Laie wird in der Lage sein, sein Werkstück selbst zu brennen. Schulen, Volkshochschulen oder Töpfereien in der Umgebung nehmen diese Arbeit ab. Auch Hobbyläden nehmen gelegentlich Brennaufträge an. Wer einen kleinen Muffelofen besitzt, wie man ihn für Emailarbeiten benutzt, kann darin auch Ton brennen. Der erste Brand des luftgetrockneten Werkstücks, aus dem die Feuchtigkeit verdunstet ist, ist der Roh- oder Schrühbrand, der bei etwa 900 Grad Celsius durchgeführt wird. Der so entstandene Scherben ist porös und wasserdurchlässig, aber nicht mehr wasserlöslich. Diesem Brand folgt ein zweiter, der Glasurbrand. Glasuren sind glasartige Substanzen, die es in verschiedenen Farben, transparent oder deckend, matt oder glänzend zu kaufen gibt. Sie werden mit Wasser angerührt und

Aufbau mit Tonstreifen:
Mit dem Messer geschnittene Tonstreifen werden ringförmig auf einen Boden gelegt. Jeder Ring wird mit dem Messer so gestrichen, daß um den oberen Rand ein Grat entsteht. Beim Aufsetzen des folgenden Streifens wird dieser Grat als Verbindung gegengestrichen

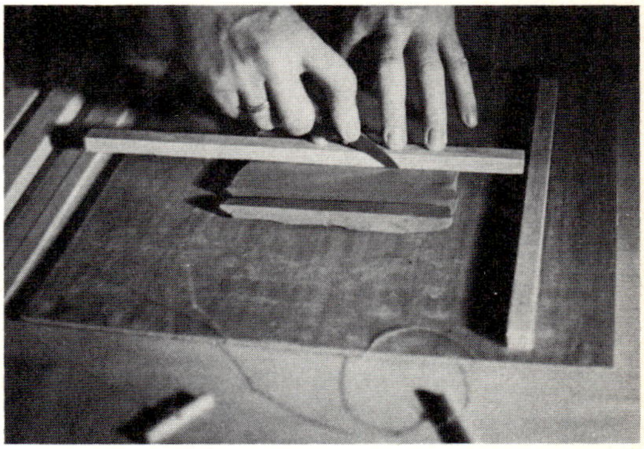

Aufbau mit Tonplatten:
Gleichmäßig gewalzte Tonplatten werden auf einen Boden aufgesetzt und die Fugen an den Ansatzstellen gut verstrichen

Der Henkel:
Aus einem Tonklumpen wird unter Verwendung von Wasser der Henkel herausgemolken und an das getrocknete Gefäß angesetzt

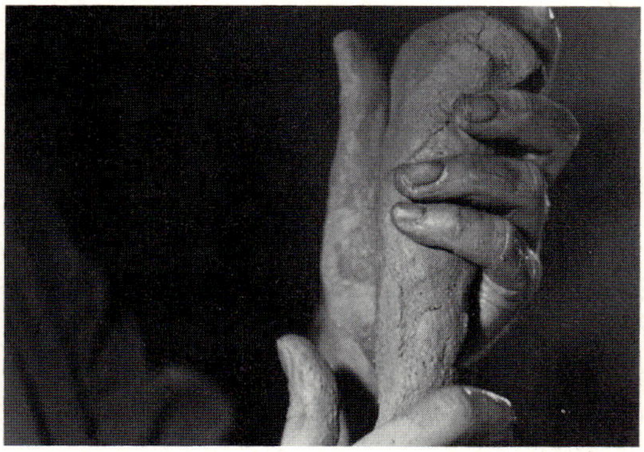

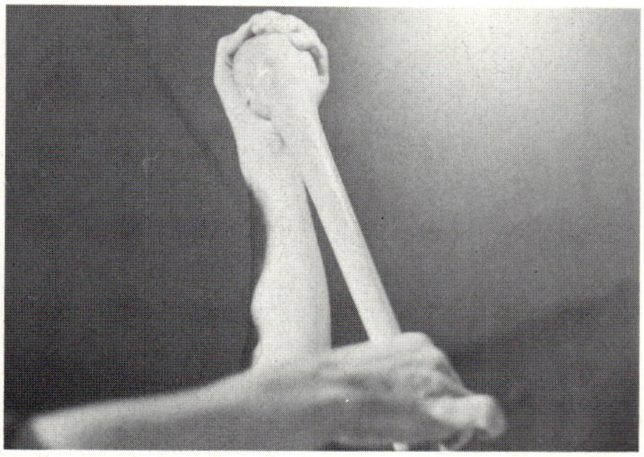

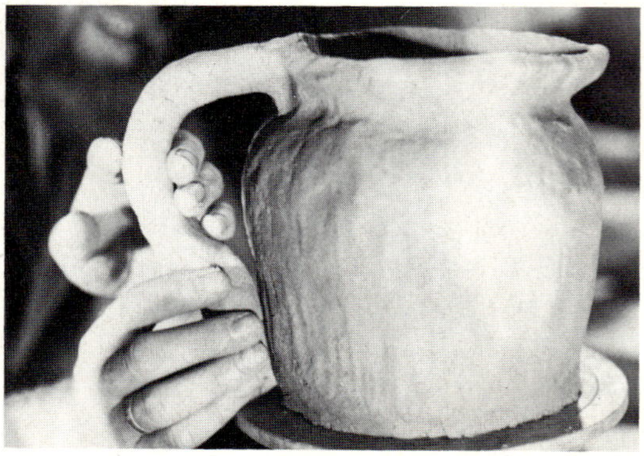

durch Tauchen, Begießen, Aufspritzen oder durch Bemalen mit Pinsel oder Schwamm auf das vorgebrannte Werkstück aufgetragen. Engoben trägt man vor dem ersten Brand auf das lederharte Werkstück auf. Nach dem Schrühbrand glasiert man solche Arbeiten beim zweiten Glattbrand farblos transparent.
Das Reizvolle an Keramikarbeiten ist nicht allein die Formgebung, sondern die Versuche mit den verschiedenen Glasuren. Die damit verbundenen Unberechenbarkeiten bieten über das handwerkliche Tun hinaus eine spannungsreiche Betätigung auf einem großen Experimentierfeld.

Modelliermasse
Weniger anspruchsvoll ist das Arbeiten mit Modelliermasse. Es gibt zahlreiche mehr oder weniger tonähnliche Erzeugnisse, die entweder nur an der Luft hart austrocknen oder in einem Haushaltsbackofen brennbar sind. Im Gegensatz zum Töpferton kann man mit ihnen auch Plastiken formen, deren Kern aus anderem Material (z.B. einem Drahtgerüst) besteht. Dabei ist vor allem zu beachten, daß man den Kern mit ausreichend dikker Ummantelung versieht, weil die Masse durch Wasserentzug schwindet, während der Kern seine ursprüngliche Größe behält. Modelliermassen eignen sich vor allem zur Herstellung von dekorativen Gegenständen. Für Gebrauchsgefäße sind sie wegen ihrer porösen Eigenschaften nicht geeignet. Modelliermassen kann man nach dem Brennen noch durch Kratzen und Schleifen bearbeiten. Man kann sie mit Spezialfarben bemalen und lackieren. Die mexikanischen Volkskünstler sind große Meister in der Verarbeitung von nichttonigen Modelliermassen.
Auch mit Spachtelmasse (wie z. B. dufix) oder mit Makulatur (wie z. B. tapetra) kann man modellieren. Diese Werkstoffe, hier »zweckentfremdet«, trocknen an der Luft.

Abschlußarbeiten:
Formen des Gefäßrandes
Verzieren durch Ritzen
Begießen mit Glasur

Die Fotos im Atelier von Margarete Weber-Junkert und in der Werkstatt des Werklehrers Jörg Schönrock machte Gebhardt Binder

Seite 376:
Haus aus Steinzeug, reduzierend gebrannt, Ton-Aschenglasur, Größe: 32 × 23 × 9 cm, von Bryan Newman, Großbritannien
Foto: Claus-Peter Schmid

Tonplastik von Elisabeth Schaffer, München
Foto: Claus-Peter Schmid

Objekt aus Steinzeug, oxydierend gebrannt, Silberlüster, von Tony Hepburn, Größe: 52 × 17 × 7 cm
Foto: Claus-Peter Schmid

Plastik aus Steinzeug von Barbara Schwämmle, München
Foto: Claus-Peter Schmid

Kleines Huhn, gedreht und handgeformt von Torsten Mosumgaard, Dänemark. Größe: 20 cm
Foto: Christel Claudius

Formschönes, ausgewogenes Keramikgefäß von Peter Bell, München
Foto: Claus-Peter Schmid

Mexikanerin mit einfachen rotbemalten Tongefäßen, die an Kürbisformen erinnern
Foto: Jacques Dirand/la maison

Bemalte Keramikplatte von Jakob Stucki. Die Taufszene ist 60 cm lang, die Farben sind hauptsächlich Blau und Grün mit Schwarz
Foto: Peter Grünert/Schweizer Heimatwerk

Mexikaner mit zwei großen, farbenprächtig bemalten und phantasievoll gestalteten Lebensbäumen
Foto: Jacques Dirand/la maison

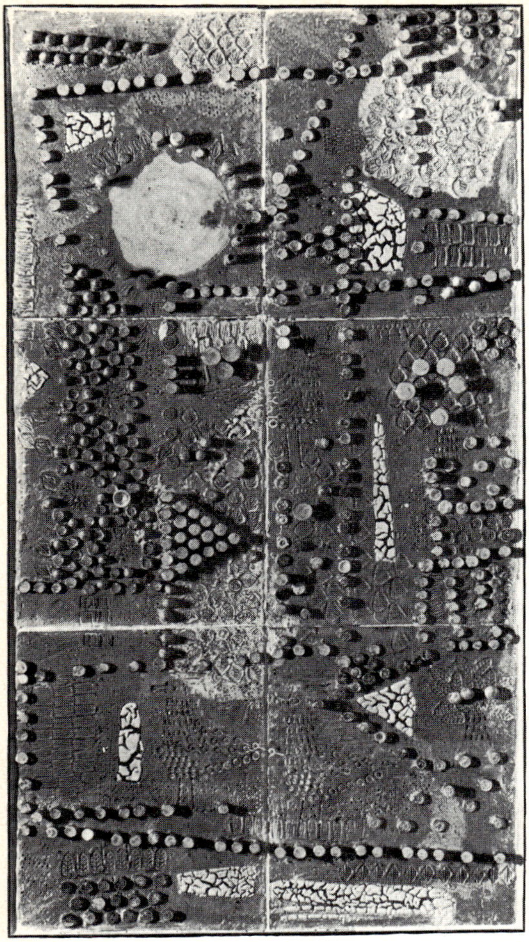

Wandbild »Landschaft« von Prof. Ulrich Günther, Beilstein. Material: Ton, geritzt, modelliert, glasiert
Größe: 150 × 80 cm
Foto: Landesgewerbeamt Baden-Württemberg

Familie – Tonplastik, geschnitten und glasiert, von Walter Seidl, Karlsruhe-Durlach
Foto: Landesgewerbeamt Baden-Württemberg

Gartenplastik aus geschnittenem und modelliertem Ton von Walter Seidl, Karlsruhe-Durlach
Foto: Landesgewerbeamt Baden-Württemberg

Wachsarbeiten

Wunderbares Wachs

Es gibt kein von Tieren produziertes Material – es sei denn, deren körpereigenes wie Haar, Wolle, Leder usw. –, das so schön anzusehen und duftend, so glatt und geschmeidig, dazu noch als Werkmaterial so vielseitig ist wie das Bienenwachs. Man gewinnt es durch Ausschmelzen der Honigwaben. Das frische Wachs, Jungfernwachs genannt, ist zunächst weißlich. Je länger es im Bienenstock bleibt, um so dunkler wird es. Die Farbskala reicht von hellem Bernstein bis hin zu dunklem Ocker.

Bei dem Begriff Wachs denkt man zuerst an Kerzen, und tatsächlich ist der erste nachweisbare Gegenstand aus Wachs eine Kerze. Sie wird in Vaison la Romaine aufbewahrt und stammt aus dem ersten Jahrhundert nach Christus. Kunsthistoriker vermuten jedoch, daß die Verwendung von Wachs als Leuchtmaterial schon im sechsten Jahrhundert vor Christus bekannt gewesen sein muß. Um 1100 benutzte man Wachsplatten als Schreibtafeln, in die mit einem spitzen Metallgriffel Buchstaben geritzt wurden. Solche Metallgriffel hatten am oberen Ende eine Kugel oder einen ähnlich geformten Abschluß zum Glätten der Tafel. Vermutlich wurde das Instrument (Stilus) vor dem Glätten erwärmt.

Anfang des 16. Jahrhunderts kamen Wachssiegel auf, mit denen Urkunden versehen wurden. Solche aus mehreren Blättern bestehenden Urkunden wurden zusammengeheftet, die Enden der Heftfäden mit Wachs versiegelt.

Nachdem im 15. Jahrhundert das Kerzengießen erfunden worden war, stellte man auch Hohlformen, wie z.B. den Kelch auf dem Foto S. 384 her. Außerdem modellierte man das Wachs zunächst vorwiegend für Votivgaben, später stellte man lebensgroße Figuren her. Madame Toussaud erreichte mit ihren Arbeiten Weltruhm (s. Foto S. 381). Auch Puppen machte man aus Wachs und ging später dazu über, Puppenköpfe aus Papiermasse zu formen und mit flüssig gemachtem Wachs zu überziehen. Solche Puppen sind heute begehrte Sammelobjekte, schwer aufzutreiben und kaum zu bezahlen.

Dennoch findet Wachs in seiner reinen Form hauptsächlich Verwendung als Kerzenmaterial. Vom einfachen Wachslicht der Antike bis zur reichgeschmückten, modellierten und bemalten Kerze hat sich über viele Jahrhunderte eine Handwerkskunst entwickelt, die

Seite 381:
Wachsfigurenszene: Madame Toussaud muß 1793 als Gefangene der Revolution die Köpfe von Guillotinierten abformen – großes Diorama im Wachsfigurenkabinett Mme. Toussaud, London
Foto: Claus Hansmann

Deckel eines Wachskästchens aus dem 19. Jahrhundert
Motiv »Stelldichein am Dorfbrunnen«
Heimatmuseum Oberammergau
Foto: Claus Hansmann

Wachskelch in einem Gußmodel aus Holz. Solche Kelche wurden katholischen Geistlichen auf das Grab gestellt
Heimatmuseum Wasserburg
Foto: Claus Hansmann

Votivkindl aus Wachs, 18. Jahrhundert
Maximiliansmuseum Augsburg
Foto: Claus Hansmann

noch heute – vor allem in katholischen Gegenden – fortlebt. Zu allen Zeiten verbanden sich mit Kerzen religiöser Glaube und Symbolik. Die Römer stellten Wachslichter auf Gräber und vor Götterbilder als Symbol der Unsterblichkeit. Kaisern und hochstehenden Personen wurden als Zeichen der Verehrung ihrer gottähnlichen Macht brennende Kerzen vorangetragen. Auch die ersten Christen stellten Kerzen auf die Gräber ihrer Märtyrer, und obwohl dieser heidnische Brauch anfangs stark bekämpft wurde, setzte sich der Gebrauch von Kerzen im gesamten kirchlichen Leben durch. Die Kerze als Licht des Lebens wurde das Sinnbild Christi. Auch dem Papst als dem Stellvertreter Christi trug man beim Einzug in das Gotteshaus brennende Lichter voraus, die neben dem Altar aufgestellt wurden.

Im frühen Mittelalter wurden Kerzen für den

Gezogene (vorn links) und handgeformte Kerzen aus Skandinavien
Foto: Christel Claucius

religiösen Gebrauch ausschließlich in Klöstern hergestellt. Dem weißen (oder gebleichten) Jungfernwachs, das die Unbeflecktheit symbolisierte, durfte kein Talg oder anderes brennbares Material zugesetzt werden – das schrieb die Liturgie vor. Im 11. Jahrhundert wurde schließlich Laien erlaubt, Kerzen gewerblich herzustellen. Wachsdreher und Wachszieher versorgten nun die Kirchen mit Kerzen. Die Dreher formten das zu Tafeln breitgewalzte Wachs um einen Docht aus Werg, die Wachszieher tauchten einen Docht so oft in erhitztes Wachs, bis genügend daran hängenblieb und die Kerze dick genug war. Dieses Verfahren wird auch heute noch – vorwiegend in den skandinavischen Ländern – angewendet. Ähnlich verfuhr man bei der Herstellung von Wachsstöcken, dünnen Wachsrollen, die sich spiralenartig zusammenrollen oder in hin- und hergehenden dichten Windungen zu Tafeln verarbeiten ließen. Für diese Art wurde ein Docht an zwei Trommeln befestigt und so lange durch das Wachsbad gezogen, bis die gewünschte Dicke erreicht war.
Um 1300 schlossen sich die ersten Kerzenmacher zu einer Zunft gemeinsam mit Seifensiedern und Ölmüllern zusammen. Auch die Lebzelter, Hersteller von Honigkuchen, befaßten sich mit dem Kerzenmachen.
Nachdem Sieur Brez in Frankreich im 15. Jahrhundert das Kerzengießen erfunden

Wachsstöcke und kleine Medaillons aus dem 19. Jahrhundert
Sammlung Ebenböck, Stadtmuseum München
Foto: Claus Hansmann

Schätze aus der Kerzenkammer des Klosters Andechs
Foto: Dr. Senta Wünnenberg

hatte, waren auch die Schnitzer an der Kerzenherstellung beteiligt, indem sie die für diese Technik erforderlichen Holzformen, sog. Model, herstellten. Sie bestanden aus Hohlformen mit einem Metallrohr zum Einfüllen des flüssigen Wachses. Einfachere Formen stellten die Kerzengießer selbst her. Mit der Zeit gewann die Kerze im religiösen Leben immer mehr Bedeutung. Im späten Mittelalter spendeten die Gläubigen der Kirche Lichter in der Hoffnung, daß sich ein Wunsch erfüllen möge, als Dank für ein erhörtes Gebet oder als Zeichen der Buße und des Opfers. Solche Votivkerzen wurden zum Wallfahrtsort getragen, wo sie im Wachsgewölbe oder in der Kerzenkammer aufbewahrt und zu besonderen Anlässen hervorgeholt wurden. Diese Kerzen, mit denen sich soviel Hoffnung, Glauben und persönliches Schicksal verband, wurden mit Bildern und Widmungen versehen, die auf reichverzierten Metallschildern an den Kerzen angebracht waren. Städte, Zünfte, Fürsten und reiche Bürger überboten einander in der Pracht der Kerzen. Oft waren die Kerzen menschengroß und hatten auch ein entsprechendes Gewicht. So hat z.B. der Bischof Tobias von Prag 1282 zur Priesterweihe eine 220 Pfund schwere Kerze gestiftet. 1512 wurde in Regensburg eine geweihte Kerze entzündet, deren Docht man mit einer zwölfstufigen Leiter erreichen mußte. Bis heute wird auf dem Bobenberg bei Straubing dem wundertätigen Marienbild alljährlich eine Kerze gestiftet, die 75 Pfund schwer ist. Auf Grund eines alten Gelübdes der Gemeinde Holzkirchen bei Passau muß der stärkste Mann der Gemeinde diese Kerze zu Fuß den steilen Berg hinauf tragen.

Aber die meisten der großen Votivkerzen waren nicht zum Abbrennen bestimmt. Sie bildeten vielmehr eine Art Kerzenständer aus Wachs, auf dessen Metalltellerchen an der Spitze eine kleinere zum Anzünden be-

Spätere Antdorfer Kerze von 1872 mit bäuerlichen Rosenranken bemalt. Kloster Andechs
Foto: Dr. Senta Wünnenberg

Wachsrelief »Hirschjagd«, 1. Hälfte des 18. Jahrhunderts, süddeutsch
Sammlung Ebenböck, Stadtmuseum München
Foto: Claus Hansmann

stimmte Kerze gesetzt wurde. Viele Klöster zählen alte Votivkerzen und andere Wachsgaben zu ihren kostbarsten Schätzen. Eine besonders schöne und reichhaltige Sammlung besitzt das Kloster Andechs, aus dem einige der hier abgebildeten Kerzen stammen.

Neben der Bemalung mit Farben verzierte man auch Kerzen, indem man mit einer kleinen Zange Muster ins Wachs zwickte oder sie mit einer in einer Holzmodel gegossenen Reliefplatte ummantelte. Die wandernden Handwerksmeister wetteiferten miteinander um die schönsten Modelstiche (Holzschnitzereien), auf denen vorwiegend religiöse Motive und Szenen, aber auch Ornamente, Tiere, Blumen und Jagdszenen dargestellt waren. Solche Modelkerzen wurden bevorzugt in dunkelrotem Wachs (Königsfarbe Purpur) gegossen. Die Reliefoberfläche erhielt durch Aufstäuben von Kienruß, der stellenweise wieder abgerieben wurde, eine besonders plastische Wirkung.

Von der Kirche unters Volk

Im späten Mittelalter löste man allmählich die Kerze aus der religiösen Tradition. Sie fand zunächst in Adelshäusern, später auch in Bürgerhäusern Verwendung – vor allem bei besonderen Anlässen. So wurden zu dieser Zeit die Examenskandidaten der Universität Heidelberg mit fünf brennenden Kerzen von der Kirche zum Prüfungslokal geleitet. Die in den einfachen Häusern benutzten Kerzen waren nicht aus reinem Wachs, das sehr teuer und nicht in ausreichender Menge vorhanden war – man importierte es aus östlichen Ländern –, bei diesen Kerzen war Wachs mit Talg vermischt. Sie wurden oft im Hausfleiß, das heißt von den Benutzern selbst für den Eigenbedarf hergestellt. In Schweden ist es noch heute Tradition, daß in der Vorweihnachtszeit die ganze Familie an einem Tisch sitzt und kleine Kerzen herstellt. Dazu werden beide Enden eines in der Mitte geknickten Dochtes immer wieder in erwärmtes flüssiges Wachs getaucht. Sind die Kerzen dick genug, ist also genug Wachs am Docht hängengeblieben, schneidet man die Doppelkerze auseinander. Auch Kerzenmacher in den nordischen Ländern arbeiten so.

Mit Beginn des 19. Jahrhunderts entwickelte man andere Kerzenmaterialien: Paraffin und Stearin, die auch heute noch neben dem teureren Wachs Verwendung finden. Vor allem die industriell hergestellten einfachen Kerzen sind meistens aus diesem Material oder aus einer Paraffin-Wachs-Mischung. Die Methoden der Kerzenherstellung sind seitdem immer rationeller, perfekter, billiger, aber auch seelenloser geworden. Der Zauber einer handgeformten oder gezogenen Kerze aus reinem Bienenwachs, der Duft, der Glanz und die Ruhe, die von einem solchen Licht ausgehen, werden durch einen Abschnitt von einer serienmäßig gefertigten Kilometerkerze, und sei sie noch so perfekt, nie erreicht werden.

Seite 390/391:
Vier besonders schöne Stücke aus der Kerzensammlung des Klosters Andechs
Foto: Dr. Senta Wünnenberg

S. Quirinus M.
Pfahr Aubing
negst Pässing.
R: 1767. V.

Eine von Großaitingen
verlobte Kerze.
1846.

Wachsende Begeisterung

Christel Claudius, in deren Küche es gelegentlich aussieht wie in einem Alchimistenkeller, ist eine exzellente »Lichtermacherin«. Wenn sie von den schönen Kerzen redet, die sie in vielen Variationen herstellt – von der in eigens angefertigten Formen gegossenen bis zur handmodellierten Kerze –, spricht sie vorzugsweise von Lichtern. Damit trifft sie genau das, worauf es ihr ankommt: Kerzen nicht als reine Dekoration, nicht als Schaustücke, sondern als individueller Hausrat – Lichter zum Leuchten.
Dabei ist Christel Claudius, die 1940 in Hamburg geboren wurde, Gebrauchsgrafikerin. Ihr 10 Semester dauerndes Studium an der Werkkunstschule in Hamburg umfaßte die Fächer Zeichnen, Malen, Schrift, Illustration, Fotografie, freie und angewandte Grafik sowie Kunstgeschichte. »Das Malen und der Umgang mit Farbe interessierten mich wenig, und ich hatte wohl auch wenig Talent«, sagt sie bescheiden, »dagegen machte mir das grafische Gestalten sehr viel Spaß, und der Umgang mit verschiedenen Werkmaterialien faszinierte mich.«
Christel Claudius, die in verschiedenen Werbeagenturen arbeitete und sich mit besonderem Interesse der Gestaltung von Verpakkungen widmete, gab ihre feste Anstellung auf, nachdem sie den Studienrat Hartmut Claudius geheiratet hatte und 1971 ihren Sohn Julian bekam. Sie arbeitete freiberuflich als Grafikerin weiter, jedoch hatte sie

eine neue Liebe zu einem besonders spröden Werkmaterial entdeckt: Glas. Sie arbeitete und experimentierte, und so entstand ihr erstes Ravensburger Hobbybuch »Glas bemalen, schneiden und kleben« (Otto Maier Verlag Ravensburg).
Da war aber noch ein anderes Material, das große Anziehungskraft auf sie ausübte: Wachs. Durch mehrere Reisen in skandinavische Länder, in denen das Kerzenmachen eine lebendige Volkskunst ist, wurde Christel Claudius immer mehr in den Bann des schönen, duftenden und so willigen Materials gezogen, daß sie sich ihm schließlich ganz verschrieb. Sie stellte Model aus Linoleum her, mit denen sie Wachsabgüsse machen konnte, goß und zog Kerzen, entwarf Gießformen und experimentierte mit anderem wachsähnlichem Kerzenmaterial wie Gemischen aus Wachs/Stearin/Paraffin. Sie färbte das Wachs, modellierte Reliefs und vollplastische stilisierte Blütenstöcke, bemalte Wachsabgüsse und suchte nach immer neuen Möglichkeiten der Gestaltung. Wieder entstand daraus ein Hobbybuch »Wachs« (Otto

Große weiße Stearinkerze mit aufgemaltem Blütendekor von Christel Claudius
Foto: M. Bauer-Hamersen

Handgezogene Kerzen aus reinem Bienenwachs in verschiedenen Naturtönen, von Christel Claudius
Foto: M. Bauer-Hamersen

Maier Verlag Ravensburg). Anders als beim Glas hat Christel Claudius das Werkmaterial aus dem Bienenstock nicht mehr losgelassen. Sie forscht nach alten Techniken und schaut den neuen Arbeitsweisen von Kerzenmachern zu, wo immer sie sie antrifft.

Seite 394:
Sandgegossene Kerzen in mehreren Farbschichten von Christel Claudius
Foto: Alfred Rolf Meyer

Entwürfe für Linolschnitte zur Herstellung kleiner Wachsreliefs
von Christel Claudius

Abgüsse der nach den nebenstehenden Entwürfen angefertigten Gießmodel aus Linoleum
Foto: M. Bauer-Hamersen

Das Material

Zum Herstellen von Kerzen, Plastiken und Abgüssen ist reines Bienenwachs das ideale Material, aber es ist recht teuer. Man bekommt es beim Imker auf dem Land (Bienenzüchtervereine haben Adressen), im Imkerei-Bedarfsgeschäft, im Reformhaus, in der Drogerie und im Hobbyladen. Manchmal hilft einem auch die Anschrift auf einem Honigglas weiter.
Andere Materialien sind Stearin und Paraffin in Gemischen mit oder ohne Wachsanteil. Früher hat man auch Bienenwachs mit Talg gemischt. Die wachsähnlichen Materialien werden in Blöcken, Platten oder Körnern geliefert. Sie sind bei den genannten Stellen (außer Imkereien) zu bekommen.
Wachs und wachsähnliche Materialien sind leicht entflammbar, haben aber unterschiedliche Schmelztemperaturen, die man beim Erhitzen im Wasserbad (eine Dose mit Wachsstücken in eine andere wassergefüllte stellen) ermitteln muß. Am besten verarbeitet sich das Wachs zum Ziehen oder Gießen, wenn es gerade den Schmelzpunkt erreicht hat und noch nicht ganz dünnflüssig ist.

Farben

Reines Bienenwachs gibt es in natürlichen Farbabstufungen von Weiß bis Tabakbraun. Obwohl es möglich ist, sollte man dieses Naturmaterial nicht färben und auch bei der Bemalung äußerst sparsam sein.
Anderes Kerzenmaterial, das es vorwiegend in Weiß oder wachsimitierendem Goldton gibt, kann man durch Färben, Tauchen oder Bemalen farblich verändern.
Zum Färben gibt es spezielle Wachsfarben in Pulverform oder kleinen Platten, die mit dem Schmelzmaterial vermischt werden. Man kann auch Wachsmalstifte, wie sie Kinder benutzen, in Flocken schaben oder raspeln und sie der flüssigen Masse zusetzen. Auch mit einem Rest von einer farbigen Kerze kann man weißes Grundmaterial einfärben. Auf keinen Fall sollte man aber verschiedene Kerzenreste nehmen und versuchen, Farben zu mischen. Die Ergebnisse sind fast immer enttäuschend, weil sich nur schmutzig-graue oder bräunliche Töne erzielen lassen.
Färben durch Tauchen ist ganz einfach: Man stellt in einem schmalen hohen Gefäß ein Bad aus erhitztem Stearin- oder Paraffingemisch (übliche Haushaltskerzen) her, dem man eine entsprechende Menge Wachsfarbpulver (Drogerie, Hobbyladen) oder farbige Bröckchen zugesetzt hat. Taucht man eine weiße Kerze hinein, wird sie dünn mit der Farbschicht überzogen. Taucht man sie nochmals nach dem Erkalten der ersten Schicht hinein – vielleicht diesmal nur bis zur Hälfte –, wird die Farbschicht intensiver. Auf diese Weise kann man auch Kerzen mit Kontrastfarben einfärben, indem man z.B. das untere Ende halb in ein rotes, das obere in ein blaues Farbbad taucht.
Bemalen lassen sich Wachs und wachsähn-

liche Materialien mit wasserlöslichen Tempera-, Acryl- oder Kaseinfarben. Dekorationsstücke kann man anschließend überlakkieren, Kerzen läßt man lieber unlackiert, da die meisten Lacke leicht entflammbar sind.

Patinieren ist eine Form der Oberflächenbehandlung, die früher bei Wachsreliefs bevorzugt wurde, um die Oberflächenstruktur plastisch hervorzuheben. Zum Patinieren schüttet man etwas Kienruß (Drogerie) in einen Leinenlappen, bindet ihn zu einem Säckchen zusammen und überpudert damit die ganze Arbeit. Anschließend reibt man mit einem weichen Tuch über die Oberfläche des Reliefs. Der Ruß sitzt in den Vertiefungen.

Verschiedene Techniken

Wachs kann man ziehen, in Model oder Formen gießen und mit der Hand modellieren; man kann es mit einer zweiten gegossenen Schicht ummanteln (Kerzen) oder seine glatte Oberfläche durch Kratzen und Schnitzen verändern. Außerdem läßt sich das Material, zu dünnen Platten gewalzt, rollen (Kerzenherstellung).

Beim Ziehen (Kerzenherstellung) wird ein Baumwolldocht so oft kurz in flüssiges Wachs oder wachsähnliches Material getaucht, bis genügend daran hängengeblieben und die Kerze dick genug ist.

Beim Gießen gibt es verschiedene Möglichkeiten. Die einfachste ist das Ausgießen käuflicher oder selbst angefertigter Formen mit flüssigem Wachsmaterial, in deren Mitte man einen Docht gehängt hat (Kerzen). Reliefs – Wanddekorationen, Rosetten oder Tafeln usw. – gießt man von einem Model ab. Solche Model aus Holz, Ton oder Metall, wie man sie früher benutzte, sind begehrte Sammelobjekte und schwer aufzutreiben. Heute kann man Gießmodel aus Kunststoff kaufen. Die Arbeit mit diesen vorgefertigten Formen sollte jeder halbwegs schöpferische Mensch jedoch ablehnen, denn sie läßt für eigene Ideen keinen Spielraum mehr. Anders die Arbeit mit Modeln, die man aus Holz oder Linol selbst schneidet. Vor allem der Linolschnitt, der auch für Laien keine großen Probleme mit sich bringt, eröffnet viele Möglichkeiten des Wachsreliefs. Der Abguß ist einfach: Die fertige Linolplatte wird auf eine Art Kuchenblech gelegt, das man aus Alu-Folie formt, mit Öl bestrichen und mit flüssigem Wachs oder wachsähnlichem Material ausgegossen. Nach dem Erkalten trennt man Wachs- und Linolplatte voneinander (s. Fotos S. 400/401).

Zum Modellieren, also zum Formen mit der Hand, braucht man besonderes Material, sogenanntes Knetwachs. Es ist sehr weich und wird durch die Wärme der formenden Hände modellierfähig.

Eine Technik, die zwischen dem Modellieren und Gießen liegt, ist der Sandguß – eine der interessantesten Möglichkeiten der Wachsverarbeitung. Das Modellieren findet hierbei nicht am Werkstoff selbst statt, sondern an der Form, in die es gegossen wird: dem Sand. Der feucht zu verarbeitende Sand sollte nicht zu grob sein, weil durch ihn hindurch das heiße Wachs ins Unendliche zerfließt. Nasser bzw. gut durchfeuchteter Vogelsand eignet sich ebenso wie Spielsand aus öffentlichen Kindersandspielkästen (eine Handvoll wird man wohl einmal leihen dürfen). In den Sand setzt man für den geraden Kerzenboden am besten einen glatten Dosendeckel oder einen Teller, der sich nachher leicht von der Kerze lösen läßt. Im übrigen verfährt man wie beim Kerzengießen in anderen Formen. Zu erwähnen ist noch, daß das Wachs nicht zu heiß, also nicht zu dünn sein sollte. Ist die sandgeformte Kerze noch nicht ganz erkaltet, wenn man sie aus der Grube nimmt, kann man sie mit den Händen noch modellieren und ihre Form ein wenig verändern.

Es gibt viele Handwerkstechniken, die Einzelgängern im stillen Kämmerlein am besten gelingen. Bei Wachsarbeiten ist das anders: Gerade im größeren Kreis, in einer Gruppe

Gleichgesinnter, entstehen die kühnsten – wenn auch nicht immer ganz realisierbaren – Pläne, gedeihen die besten Ideen, wächst vor allem der Mut zum ungewöhnlichen Experiment. Mehr als bei anderen Werktechniken liegt hier die Freude vor allem in der Herstellung, auf dem Weg zum fertigen Objekt. Vom therapeutischen Nutzen einmal ganz abgesehen, läßt sich mit Wachs manches ausdrücken, für das es keine Worte gibt.

Kerzengießen

Für eine Kerze benötigt man eine Gießform, die man am besten aus gewachstem Karton (z.B. Milchtüte), Weißblechstreifen (Konservendosenmaterial) oder Aluminiumstreifen (eigentlich für Gießharz gedacht) herstellt. Man kann auch eine Vertiefung in feuchten Sand modellieren oder ein käufliches Gefäß (z.B. Kuchenform) benutzen. Hat die Form keinen Boden, braucht man

Der Docht wird um das Hölzchen gebunden. An das untere Ende kommt die Mutter. Die Gießform steht auf einer Unterlage aus Alu-Folie auf einem hitzebeständigen Tisch

Der Docht muß genau in der Mitte der Gießform hängen. Das erhitzte, flüssig gemachte Wachs wird, nachdem man es einen Augenblick aus dem Wasserbad herausgenommen hat, in die Form gegossen

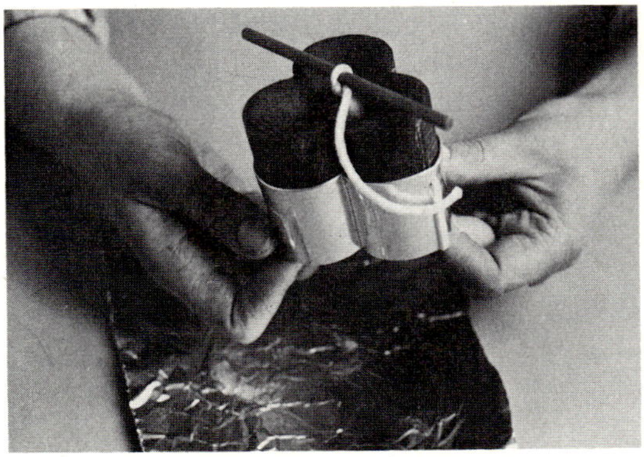

Nachdem das Wachs ganz abgekühlt und erhärtet ist, drückt man es von unten her aus der Form. Sollte der Gießling zu fest sitzen, taucht man ihn mitsamt der Form kurz in heißes Wasser

Zum Schluß wird der Docht bis auf 1 cm gekürzt. Mehrfarbige Schichtkerzen erhält man, wenn man verschiedenfarbige Wachssorten übereinander gießt. Jeder Guß muß erhärtet sein, bevor der nächste folgt

noch Alu-Folie als Bodenersatz. An Kerzenmaterial benötigt man Wachs (für die hier gezeigte Kerze 100 g), einen Docht, der doppelt so lang ist wie er gebraucht wird, eine Schraubenmutter oder Perle, ein Rundhölzchen oder eine Stricknadel. Das Wachs wird in einer Konservendose, die in einem Wasserbad erhitzt wird, geschmolzen.

Mehrfarbige Kerzenblüten entstehen, wenn man Pappstreifen zu Formen mit unterschiedlichem Durchmesser biegt, sie einzeln zusammenklebt und ineinanderstellt. Die Zwischenräume werden dann mit verschiedenfarbigem Wachs ausgegossen. Man beginnt innen, löst nach dem Erkalten die kleinste Form ab, gießt die nächstgrößere aus, löst diesen Ring ebenfalls nach dem Erkalten usw.

Reliefschnitt

Zum Reliefschnitt – nicht mit dem Modelguß zu verwechseln, der ebenfalls eine reliefartige Oberfläche ergibt – braucht man eine nicht zu dünne Wachsplatte und einige Messer, wie sie für Linolschnitt verwendet werden. Meistens kommt man mit einem Hohleisen (U-Form) und einem Geißfuß (V-Form) aus. Ein weicher Pinsel wäre gut, muß aber nicht unbedingt vorhanden sein. Man ritzt das Motiv zunächst leicht mit einer Stricknadel oder einem Nagel in die Wachstafel ein oder zeichnet es auf Transparentpapier und drückt die Zeichnung auf das Wachs durch. Geübte schneiden aus freier Hand.

Mit den in einem Halter sitzenden Schnittmessern arbeitet man allmählich in mehreren Gängen das Motiv heraus. Zuerst die feinen Linien, später die flächenartigen Aushebungen

Damit man stets den Überblick behält, werden die ausgehobenen Wachsflocken und -bröckchen mit einem weichen Pinsel entfernt oder einfach von der Platte gekippt

Wachsguß nach einem Linolmodel

Außer dem bekannten Material und Gerät braucht man für diese Arbeit noch eine Linolplatte in der Größe des vorgesehenen Abgusses, Linolschnittmesser (Hohleisen und Geißfuß), eventuell Entwurfpapier und Graphitpapier zum Pausen.

Das Motiv wird am besten gleich auf die Linolplatte gezeichnet. Wer sich nicht traut, kann auch zunächst auf Entwurfpapier arbeiten und die Zeichnung dann auf die Linolplatte pausen.

Der Entwurf wird mit Graphitpapier auf das Linol gepaust

Das Motiv – hier ein Paradiesvogel – wird mit Linolschnittmessern herausgearbeitet

Die fertige Linolplatte wird auf ein größeres Stück Alu-Folie gelegt, dessen Kanten man wie ein Kuchenblech aufwärts biegt

Die aufgebogenen Kanten werden fest angedrückt, so daß kein Wachs unter die Platte läuft. Die Platte wird mit Speiseöl eingepinselt, damit sie sich später vom Wachs lösen läßt

In eine in einem Wasserbad stehende Dose wird das Wachs oder Stearingemisch gelegt und durch Erhitzen flüssig gemacht

Das Wachs wird rasch und gleichmäßig auf das Linol gegossen. Die Schicht darf nicht zu dünn sein, damit sie beim Trennen vom Linol nicht bricht

Ist der Wachsguß erstarrt, löst man die Alu-Folie ab und prüft an einer Ecke, ob sich Wachs und Linoleum schon trennen lassen

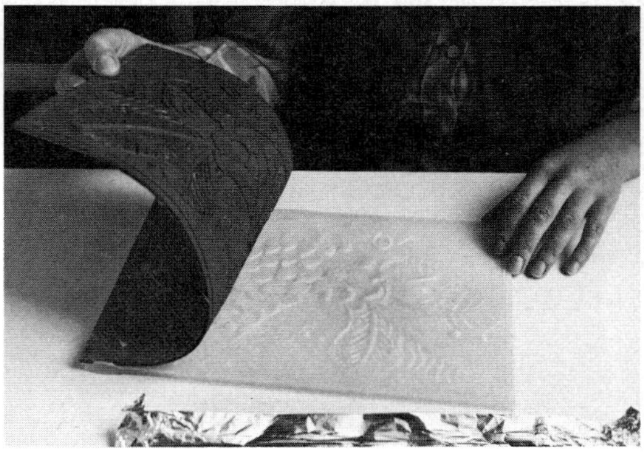

Die Arbeit wird dann mit der Wachsseite auf den Tisch gelegt und das Linol abgehoben – nicht umgekehrt verfahren, sonst bricht der Abguß

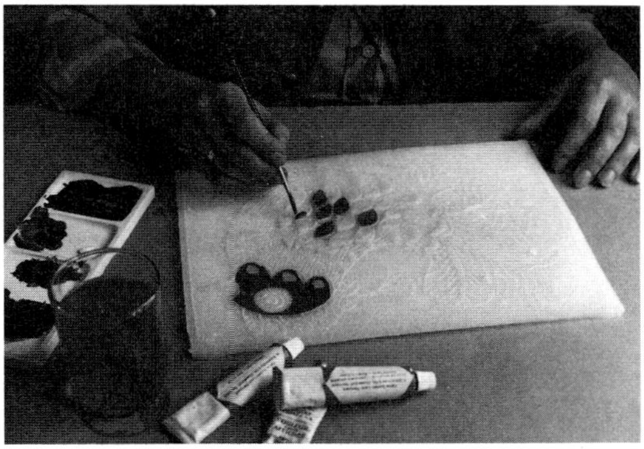

Mit Temperafarben oder anderen wasserlöslichen Farben wird der Wachsabguß angemalt

So sieht der fertig bemalte Wachsabguß aus. Löcher zum Aufhängen sticht man mit einer heißen Stricknadel in die Ecken

Die Teile eines Blütenstocks, Blüten, Blätter und Stengel, werden einzeln mit der Hand modelliert

Zum Zusammenfügen der Teile verwendet man farbiges Klebwachs, besonders an Stellen, an denen mehrere Teile aufeinandersitzen

Modellieren

Zum Modellieren von Wachs braucht man zwei Spezialmischungen: Knetwachs und Klebwachs. Das Knetwachs ist besonders geschmeidig und läßt sich leicht mit den Händen formen, ohne besonders vorgewärmt zu werden. Klebwachs – in kleinen Rollen zu haben – verwendet man, um einzeln geformte Teile miteinander zu verbinden. Es hat eine gut haftende Beimischung.

So sieht der fertige Blütenstock aus, den man liegend oder hängend aufbewahren kann

Alle Arbeitsfotos: Manfred Bauer-Hamersen

Weben

Von der Primitiv-Weberei zur Tapisserie

Gewebe, ein Textilgebilde aus sich kreuzenden Fäden, ist vermutlich nach der Korbflechterei und aus dieser Technik entstanden. Die ersten Webstücke sind durch Verwitterungsprozesse längst vergangen, so daß man den Ursprung der Weberei nicht mehr zurückverfolgen kann. Die ersten Webgeräte waren primitiv, so zum Beispiel der Lendenwebstuhl, der heute noch bei einigen Urvölkern in Gebrauch ist. Hierbei werden die Spannfäden (Kette) an einen Stab geknotet, der am Gürtel der Weberin befestigt ist, während die gegenüberliegenden Fadenenden gebündelt irgendwo befestigt werden. Weiterentwicklungen dieses aus dem Orient stammenden Geräts zeigen schon – ähnlich wie heute Kett- und Warenbaum – zwei Stäbe, an denen an einander gegenüberliegenden Seiten die Spannfäden befestigt werden. In Mexiko sieht man noch heute häufig Frauen auf diese Weise weben. Die Fadenspannung wird mit dem Körper hergestellt, die Weberin sitzt oder hockt dabei auf dem Boden.

Die Bildweberei ist seit dem Altertum im Orient und im vorkolumbianischen Amerika bekannt. Die ältesten Bildteppiche webten die Ägypter. Auch die Babylonier, Griechen und Römer schmückten ihre Paläste und herrschaftlichen Häuser mit Tapisserien. Zwar sind aus dieser Zeit keine Stücke mehr erhalten, doch geben Beschreibungen verschiedener lateinischer Dichter sowie einige

Mexikanerin mit einem Lendenwebstuhl
Foto: J. Dirand/la maison

Seite 403:
Bortenteil mit Katzendämon, Peru
Foto: Rietbergmuseum Zürich/Wettstein + Kauf

Seite 404:
Bildteppich aus dem Atelier du Boulevard Saint-Jacques von Manzana Pissarro, 1910–1912, Größe: 2,95 × 2,50 m
Musée des Arts Décoratifs, Paris
Foto: Pierre Jahan

Reliefs aus dieser Zeit Aufschluß über den hohen Stand der damaligen Webkunst. Den Flachwebstuhl kannten die Ägypter bereits 3000 v. Chr. Teile von koptischen Geweben, oft mit einer Leinenkette und Schußmaterial aus Wolle, sind in vielen Museen und Sammlungen zu finden. Die ältesten, ornamental gestalteten Vierecke bewahrt die Eremitage in Leningrad auf. Gewebefunde aus peruanischen Gräbern, zu datieren ab Christi Geburt bis etwa zum 8. Jahrhundert unserer Zeitrechnung, haben teilweise sehr lebhafte Farben. Sie sind aus Baumwolle und Wolle gewebt und zeigen sowohl realistische als auch stark geometrisch stilisierte Tierdarstellungen.

Aus dem 8. Jahrhundert sind auch chinesische Tapisserien aus Seide bekannt, häufig mit Blumen oder Tierdarstellungen, die offensichtlich der chinesischen Malerei nachempfunden sind.

Wann die Gobelinkunst nach Europa kam, ist nicht festzustellen. Sicher ist, daß sie bereits bekannt war, bevor die Kreuzfahrer einige Stücke aus dem Orient mitbrachten. Zwar sind aus dem Mittelalter in der Mehrzahl Tapisserien mit religiösen Darstellungen erhalten, aber die profanen Bildteppiche fanden ebenso in Schlössern und Burgen Eingang, wo sie von ihren Besitzern als eine Art transportabler Fresken auf Reisen und sogar zu Kriegen mitgeführt und dabei oft vernichtet wurden.

Eine der ältesten Tapisserien des Abendlandes ist die von St. Gereon in Köln, deren Fragmente von einem Domherrn an die Museen von London, Lyon und Nürnberg verkauft wurden. Sie stammt aus dem 12. Jahrhundert. Nachdem man lange annahm, daß sie koptischen oder byzantinischen Ursprungs sei, ist man heute der Überzeugung, daß sie aus dem Rheinland stammt.

Während man im 12. und 13. Jahrhundert vorwiegend mit Wollfäden für Kette (Spannfäden) und Schuß (Webfäden) arbeitete, fügten die Weber von Paris und Arras dem Material Goldfäden und Seide hinzu und nahmen für die Kette Pflanzenfasern.

Für die Verfeinerung und den Farbenreichtum der Gewebe und damit für die Vervollkommnung der Tapisserie haben vor allem die sich in Flandern entwickelnden Spinnereien und Färbereien die Grundlagen geschaffen. Es konnten im 15. Jahrhundert Gewebe mit sieben Kettfäden pro Zentimeter hergestellt werden, eine Dichte, die sehr

Seite 406:
Zwei Köpfe, Bildweberei, vermutlich aus Peru
Foto: Rietbergmuseum Zürich/Wettstein + Kauf

Tausendblumenteppich, Brüssel, 1476 (Detail), Arbeit des Teppichwirkers Jean Le Haze
Foto: Histor. Museum Bern

Gobelin aus dem Zyklus »Die Dame mit dem Einhorn«, Ende des 15. Jahrhunderts
Foto: Musée de Cluny

feine Bilddarstellungen ermöglichte. Beispiele für solche Webkunstwerke (Wirkteppiche) sind der Gobelin mit Adlerpaar und gekröntem Strauß (Schweiz. Landesmuseum) und der Tausendblumenteppich (Millefleurs) des Gobelinwebers Jean Le Haze (Histor. Museum Bern).
Eines der bekanntesten Gobelinwerke sind die Darstellungen zum Thema »Die Dame mit dem Einhorn« (Musée de Cluny), deren Webmeister unbekannt ist. Man vermutet lediglich, daß der Zyklus aus einer Werkstatt an der Loire stammt.
Im ersten Drittel des 16. Jahrhunderts hatten die flämischen Werkstätten ihre Blütezeit. Hochburgen waren vor allem Brüssel und Gent. Brügge, Lille und Valenciennes sowie Tournai und Enghien kamen bald hinzu und wetteiferten um Ruhm und Kundschaft. Karl V. und Philipp II., die beiden österreichischen Regenten, ließen in Brüssel weben. Flämische Weber, die von italienischen Regenten berufen wurden, richteten in Florenz und Mantua Werkstätten ein. Andere flüchteten vor den Spaniern und ließen sich in Deutschland, England, Schweden und Dänemark nieder.
In den Regionen um Abusson arbeiteten französische Webereien mit wechselndem Erfolg, bis im 16. Jahrhundert die erste königliche Manufaktur gegründet wurde. Die Bezeichnung Gobelin für Bildteppiche stammt aus dieser Zeit. Sie rührt von einer französischen Färberfamilie gleichen Namens her, in deren Haus sich auf Geheiß Heinrich IV. eine Gruppe flämischer Bildweber eingerichtet hatte.
In Italien gründete Kardinal Francesco Barberini um 1630 in Rom eine Gobelinmanufaktur, die von einem Franzosen geleitet wurde.
Als Vorlagen für die Bildwebereien dienten Werke großer Meister, wie zum Beispiel Rubens bei den flämischen Arbeiten im 17. Jahrhundert. Zunächst wurden die als Entwürfe angelegten Vorlagen in Wasserfarben auf den Carton, eine originalgroße Webvorlage, gezeichnet. Der Cartonier stand zwischen dem Meister der Bildschöpfung und dem Weber. Später gingen die großen Maler dazu über, ihre Werke von ihren Schülern in Ölfarben vergrößern und danach in etwa meterbreite Streifen zerschneiden zu lassen. Rubens mit seinen feinen Nuancierungen war es, der die Kunstweber vor große Probleme stellte, aber auch Philippe de Champaigne, Lesueur und Bourdon und vor allem Charles Le Brun verlangten den Tapisseriewebern hohes Können ab.
Die Tapisserie des 18. Jahrhunderts löste sich von der Vorlage der akademischen Malerei, sie wurde in ihren Ausdrucksformen leichter, heiterer, liebenswürdiger. Jedoch diese Leichtigkeit stellte die Webereien vor immer größere Probleme: waren es im 14. Jahrhundert nur 15 bis 20 Farben, mit denen die Bildteppiche komponiert wurden, so verwendete man nun mehr als tausend Farbnuancen.
Im 19. Jahrhundert versetzte die Farbchemie

Seite 408:
Doppelmotiv »Samson und Dalila«, Damastleinengewebe, Holland, 1. Hälfte des 17. Jahrhunderts
Foto: Nordiska Museet

Zampelwebstuhl aus dem 18. Jahrhundert
Altonaer Museum/Nordd. Landesmuseum
Foto: M. Bauer-Hamersen

der Bildweberei den Todesstoß. Die Entwicklung von 14400 Farbtönen machte es möglich, die Gemälde der Impressionisten täuschend ähnlich nachzuweben, was zu jener Zeit als höchstes Ziel galt. Dadurch gingen Tapisserie und Malerei eine Partnerschaft ein, deren schwächere Hälfte zum Untergang verurteilt war.
Dennoch lebte die Bildweberei wieder auf, weil man sich auf die Anfänge besann. Der englische Dichter William Morris war der Initiator einer neuen Richtung in der Tapisserie. Mit Malern und Kunsthandwerkern gründete er 1861 eine Werkstatt bei Wimbledon in der Merton Abbey, die bis 1940 bestand. Durch die Beschränkung der Farbenzahl und die Rückbesinnung auf einfachere Darstellungen ohne perspektivische Effekte entstanden schöne Textilbildwerke.
Auch in den USA wurden neue Werkstätten für Bildweberei gegründet, und der Maler Albert Herter webte sogar die von ihm entworfenen Vorlagen selbst nach.
In Europa, vor allem in der Schweiz, in Norddeutschland und Skandinavien, aber auch in Polen und in der Tschechoslowakei, entstanden durch eine neue Volkskunstbewegung einfache Gobelins aus Wollgarnen, mit Pflanzenfarben gefärbt. Zwar waren sie nicht so fein wie jene des 15. Jahrhunderts, aber dafür trugen sie wieder die individuelle Handschrift eines einzelnen Webers.
Die Grenzen zwischen Tapisserie und freier Weberei mit nicht bildhafter Flächengestaltung haben sich in den letzten Jahrzehnten immer mehr verwischt. Der erzählende Bildteppich von einst weicht mehr und mehr dem Fadenspiel, das sich als Textilobjekt allmählich ganz von der Wand und damit von seinem klassischen Vorbild löst.

In Schweden Lehrling – zu Hause Meisterin

Die Bildweberei gehört in den skandinavischen Ländern noch zu den Fertigkeiten, die von vielen ausgeübt wird – weniger zum Broterwerb als aus Tradition.
Die Bildweberei ist ein Handwerk, das sich durch Selbststudium und Übung zur Kunst steigern läßt. Heute gibt es in Dänemark, Schweden und Finnland sogenannte Sommerwebschulen, die man während der Urlaubszeit besuchen kann, um Grundkenntnisse in der Weberei zu erwerben. Wer einmal auf einer Harfe aus Kettfäden gespielt und schöne weiche Wolle mit der Hand eingelesen hat, wird so schnell nicht mehr davon loskommen.
So erging es auch der bekannten Schweizer Gobelinweberin Elsa Debétaz, die seinerzeit in Stockholm Weberei studierte. In ihrer Werkstatt am Genfer See hat sie sich ganz der Bildweberei verschrieben, in der sie es zu internationaler Anerkennung gebracht hat. Sie ist seit vielen Jahren Webmeisterin, und das schwedische Studium liegt lange zurück, dennoch entdeckt man in ihren schönen Bildwerken Rentiere, Elche und andere Elemente aus dem skandinavischen Bildgut. Die Teppiche, von denen ein eigenartiger Reiz ausgeht, bestechen durch ihre warmen Farben und vor allem durch das erlesene Material, aus dem sie gewebt sind. Wenn man weiß, daß die Künstlerin mit einem Waadtländer Wollenspinner verheiratet ist, wundert man sich nicht darüber.

Die Schweizer Bildweberin Elsa Debétaz in ihrem Atelier am Genfer See
Foto: Alrège/Schweiz. Heimatwerk

Einführung in die freie Weberei

Das freie Weben hat kaum etwas mit der traditionellen handwerklichen Webtechnik zu tun. Lediglich die Begriffe »Kette« für die Spannfäden und »Schuß« für die waagerecht eingelegten Fäden spielen auch hier eine Rolle. Das freie Weben eröffnet dem Laien unbegrenzte Möglichkeiten zur schöpferischen Entfaltung. Die Technik läßt sich ohne Vorkenntnisse und ohne aufwendige Geräte ausführen. Man ist an keine Vorlagen oder Zählmuster gebunden, sondern kann allein seinen Ideen folgen, die sich beim Umgang mit dem Material oftmals von selbst ergeben. Es kommt hier nicht auf die handwerklich perfekte Ausführung der Weberei an, sondern die Freude am Gestalten, am Experimentieren soll stets im Vordergrund stehen. Beim freien Weben darf man nicht kleinlich sein. Man muß in Flächen denken und aus dem Vollen schöpfen. Die Möglichkeit, nicht gelungene Partien ohne Materialverlust wieder auflösen zu können, erlaubt den unbefangenen Umgang mit dem Material.

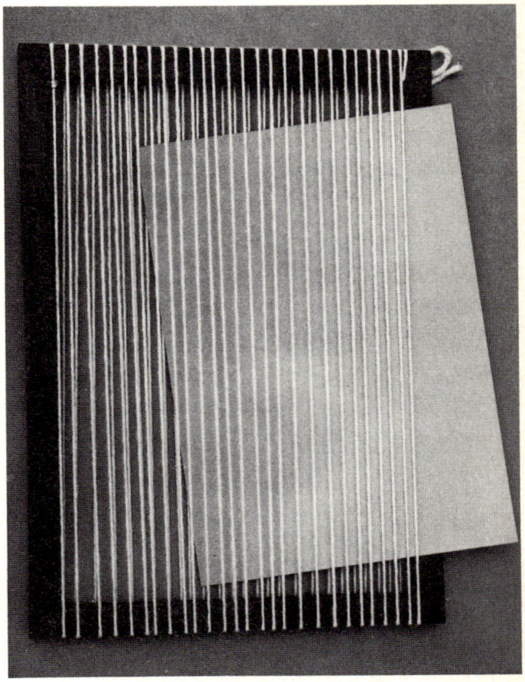

Bilderrahmen mit umwickelten Kettfäden, die ca. $^1/_2$ cm Abstand voneinander haben. Damit die auf der Rückseite verlaufenden Fäden nicht irritieren, schiebt man ein Blatt Papier ein
Foto: M. Bauer-Hamersen

Webgeräte

Schon ein einfacher Bilderrahmen, um dessen waagerechte Holme man den Kettfaden spannt, eignet sich zum Weben.

Sparsamer webt man allerdings auf einem sogenannten Nagelrahmen, den man aus Leisten und Nägeln selbst herstellen kann, weil die Kettfäden hier nur auf der Vorderseite verlaufen, während sie beim Bilderrahmen ganz um den Rahmen herumgewickelt werden.

Rundgewebe kann man auf einer Fahrradfelge herstellen, indem man die Kettfäden spinnennetzartig spannt und in den Speichenlöchern befestigt. Dazu wird der Kettfaden unterhalb jedes Speichenlochs zur Schlaufe gebogen, durch das Loch geführt und mit einem in die Schlaufe gesteckten Streichholz oder Nagel festgehalten.

Nagelrahmen mit angefangener Webarbeit. Die Kettfäden sind jeweils um ein versetzt eingeschlagenes Nagelpaar gespannt
Foto: M. Bauer-Hamersen

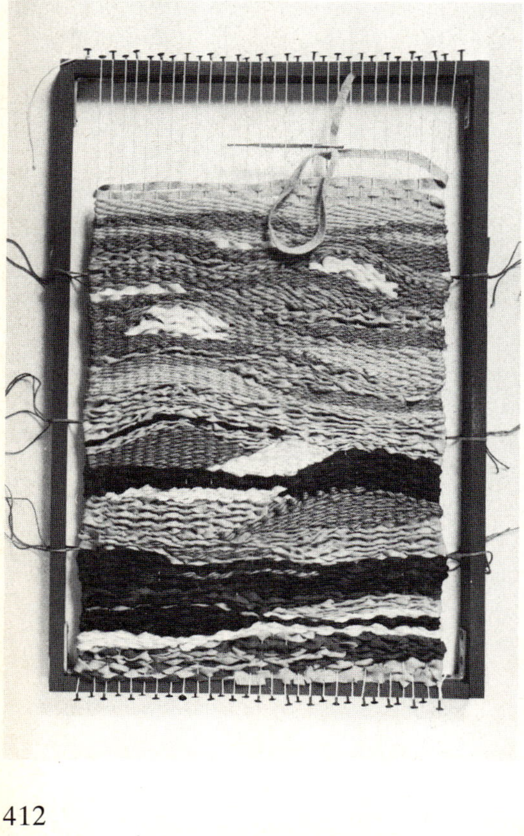

Das Weben

Man webt mit einem in eine stumpfe Teppichnadel eingefädelten Schußfaden in Hin- und Rückreihen auf und ab, wie beim Stopfen. Dabei braucht man aber nicht jede Reihe ganz zu Ende zu weben, sondern man kann an beliebiger Stelle wenden und auf diese Weise Teilpartien weben, die ineinander übergehen. Lediglich die ersten und letzten Reihen einer Arbeit werden durchgehend gewebt, damit das Gewebe einen geraden und festeren Kantenabschluß hat.

Eine fliehende Fläche (Keil) erreicht man, indem man am Ende jeder zweiten Reihe – also immer an derselben Seite – um einen Kettfaden eher wendet als in der Reihe davor. Eine steigende Fläche ergibt sich aus umgekehrter Reihenfolge: Man beginnt mit einer kurzen Reihe und nimmt dann an einem Ende beim Wenden jeweils einen Kettfaden mehr mit auf. Einen Bogen erreicht man durch gleichseitiges Abnehmen, also zur Mitte hin versetztes Wenden.

Zum Rundweben kann man eine Fahrradfelge nehmen, durch deren Speichenlöcher man die Kette als Schlaufe zieht und mit einem Hölzchen befestigt
Foto: M. Bauer-Hamersen

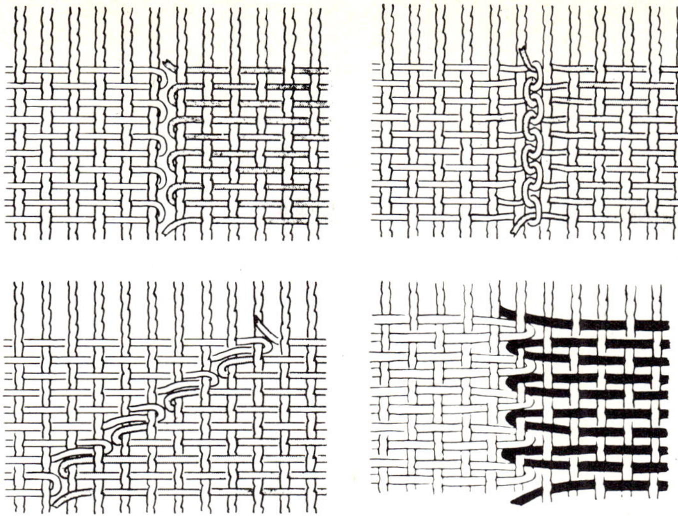

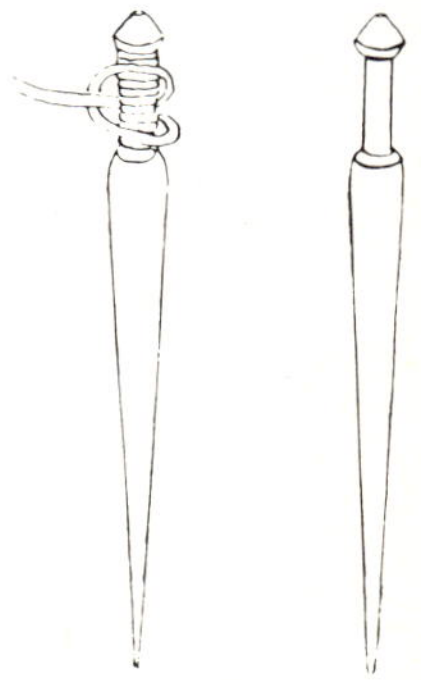

Verschiedene Möglichkeiten von Übergängen einzelner Teilpartien ineinander. Links unten: Schlitz- oder Kelimtechnik. Rechts oben: Gobelinspindeln, die man anstelle der Nadel verwenden kann
Foto: Nordiska Museet

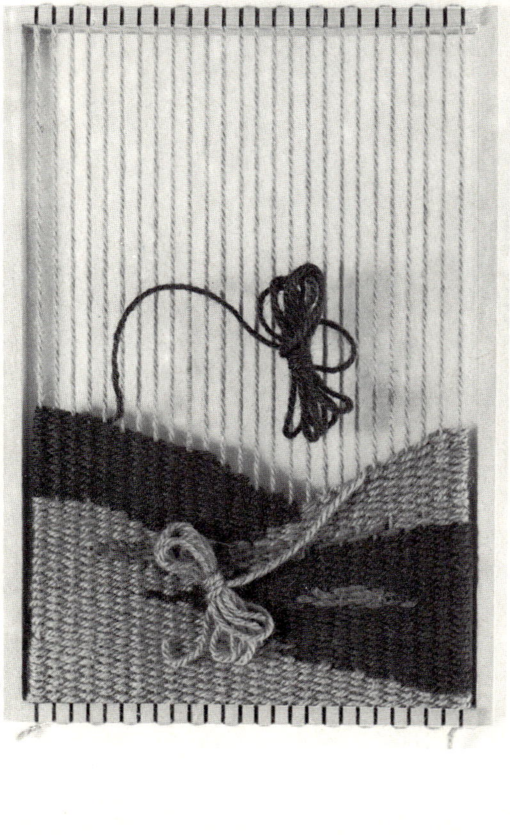

Arbeitsprobe in Kelimtechnik (oben)

Arbeitsprobe in Gobelintechnik (links)

Angefangene schwedische Gobelinarbeit mit Vorlage. Die Weberin sitzt auf der anderen Seite hinter dem Teppich
Foto: Nordiska Museet

Kette mit eingelegten Konturenfäden

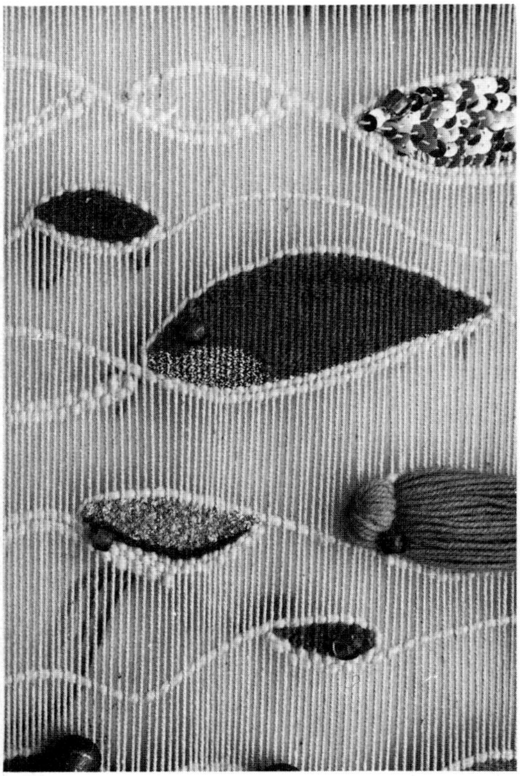

Gewebe mit eingearbeiteten Konturenfäden

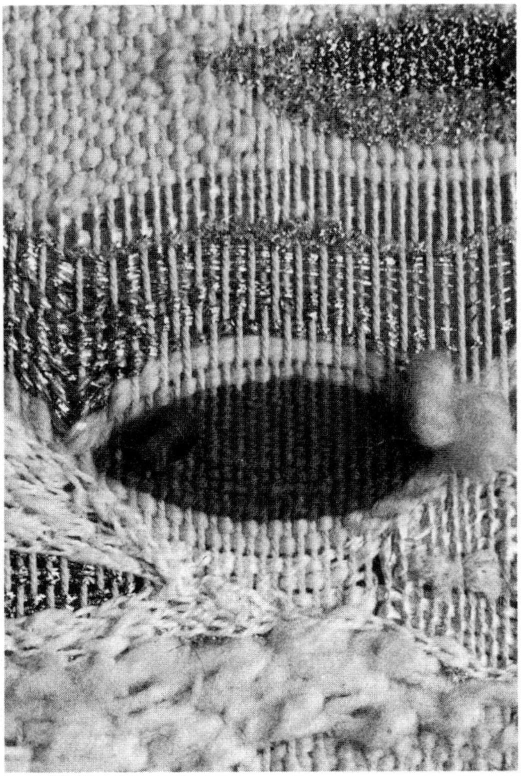

Verwendet man Material, das sich nicht in eine Nadel fädeln läßt, z.B. ungesponnene Wolle, liest man sie mit der Hand ein.
Zur Abgrenzung und Verbindung einzelner Webpartien gibt es verschiedene Möglichkeiten, die sich durch das Schlingen der Schußfäden um die Kettfäden oder umeinander ergeben. Die Zeichnungen S. 413 oben zeigen einige davon. Durch die Verbindung der einzelnen Webpartien ergibt sich eine geschlossene Fläche. Man nennt diese Art Gobelintechnik. Sie wird vor allem in der Bildweberei angewandt. Eine klare stufenartige Abgrenzung einzelner Flächen erreicht man, indem man die Reihen der jeweiligen Partie stets an derselben Stelle wendet, so daß Schlitze entstehen. Man nennt diese Technik Kelimweberei oder Schlitzweberei. Bei größeren Schlitzen näht man die Schußfäden zweier Partien auf der Rückseite zusammen, kleine Schlitze läßt man offen.

Bildweberei
An das Weben detaillierter Darstellungen sollte man sich erst machen, wenn man bei der freien, von bestimmten Vorstellungen losgelösten Weberei Erfahrungen gesammelt hat. Die Bildweberei setzt ein sicheres Gefühl für die Fläche und das Volumen, das sich aus der Verbindung von Kette und Schuß ergibt, voraus. Dennoch stellt sie auch für einen Laien kein unlösbares Problem dar. Man beginnt zunächst mit einfachen Motiven, die klare Umrisse haben, zum Beispiel Fische oder Vögel. Will man nach einer Vorlage arbeiten, so zeichnet man sie in Originalgröße auf Papier und befestigt sie mit Klebstreifen unter der Kette an dem Webrahmen. Mit einem Konturenfaden, den man später herauslösen oder auch mit in die Weberei einbeziehen kann, kennzeichnet man grob die Umrisse der darzustellenden Formen. Der Konturenfaden muß sehr lose eingelegt werden, so daß er sich während des Webens verschieben und korrigieren läßt. Man sollte sich niemals mit seiner Vorlage endgültig festlegen, damit sich die Weberei während der Arbeit noch entwickeln kann; eine Vorlage sollte immer nur Anhaltspunkt sein. Leichter ist das Weben ohne Vorlage, wenn man ein gutes Gefühl für die Fläche hat.
Beim Rundweben beginnt man in der Mitte und arbeitet von dort aus schneckenförmig weiter. Auch hier kann man die Runden beliebig unterbrechen und wenden.

Das Material
Obwohl Leinen- und Baumwollgarne für die Kette und Wollgarne für den Schuß die traditionellen Webmaterialien sind, sollte man nicht davor zurückschrecken, auch ungewohntes Material für den Schuß zu verwenden. Bei der Kette muß man bedenken, daß sie das Gewebe trägt. Die Kettfäden müssen also ausreichend haltbar sein.

Abschlußarbeiten
Das fertige Gewebe kann in dem Rahmen bleiben, wenn er nicht zu kostspielig war. Nimmt man es vom Rahmen herunter, müssen die letzten Reihen aus freier Hand nachgewebt werden, sofern man einen Nagelrahmen verwendet hat. Bei einer um einen Bilderrahmen gewundenen Kette schneidet man die Fäden auf der Rahmenrückseite in der Mitte durch, verknotet sie paarweise oder stopft sie einzeln in das Gewebe zurück, sofern man sie nicht noch auf besondere Weise verknüpfen oder flechten will.

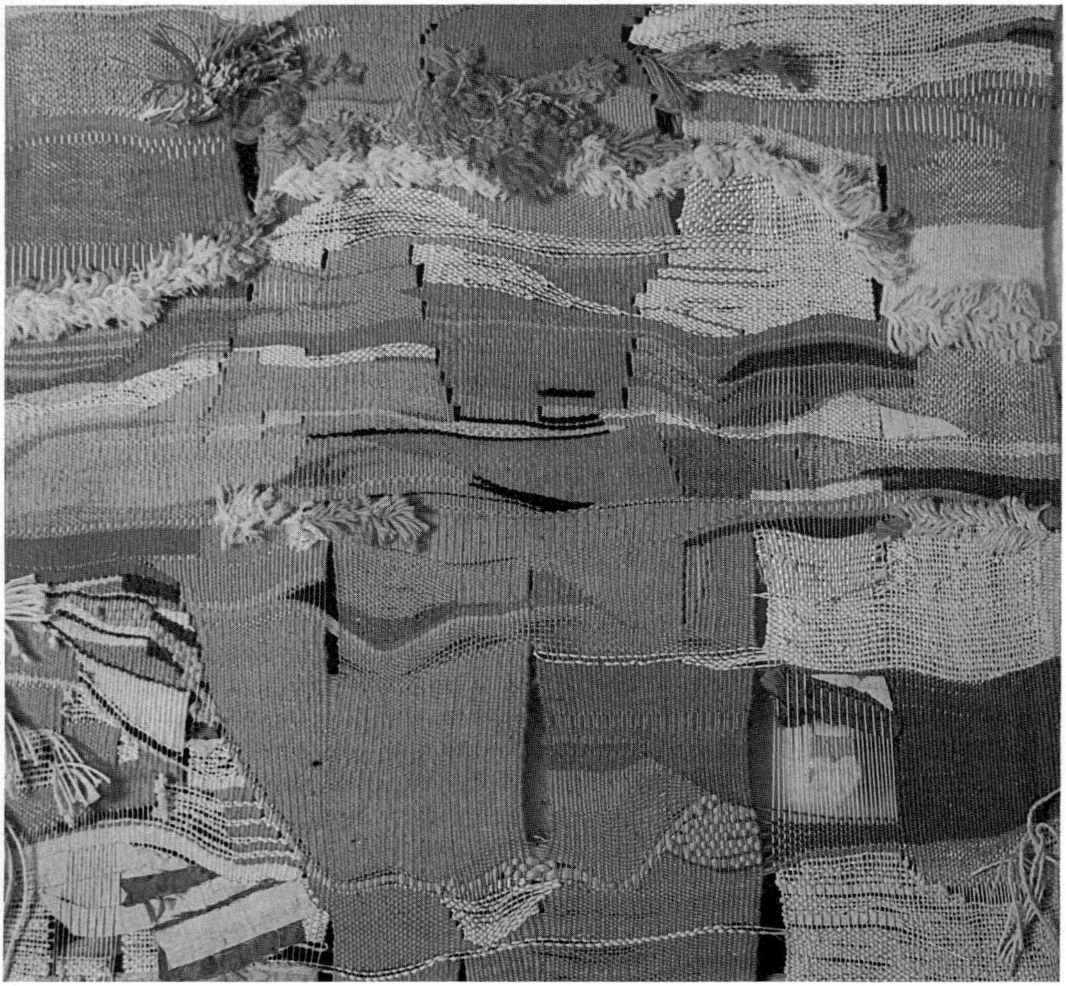

Abstrakter Bildteppich mit eingeknüpftem Flor in dominierenden Rot- und Orangetönen, von Herta Strauss
Foto: J.-J. Galland

Salatkopf – Weberei aus Stoffstreifen in Grüntönen von der Französin Marie Molinier
Foto: J.-J. Galland

Seite 417:
Einfaches Vogelmotiv, auf einem primitiven Webrahmen gearbeitet. Die Kontur des Vogels wurde durch einen kettenstichartig eingelesenen Faden markiert
Arbeitsprobe: Jutta Lammèr
Foto: M. Bauer-Hamersen

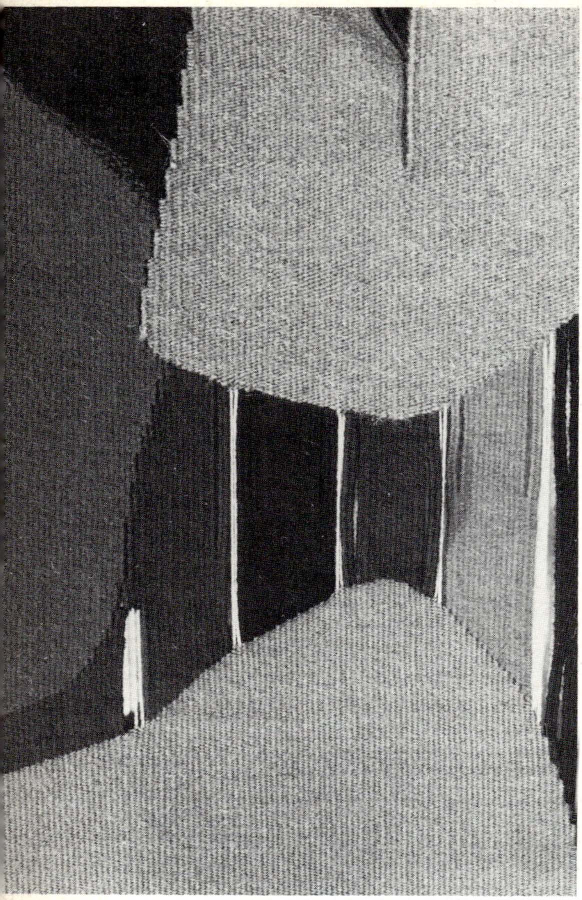

Detail einer Weberei in Kelimtechnik von Else Bechteler. Der ganze Bildteppich ist 200 × 120 cm groß
Foto: Claus-Peter Schmid

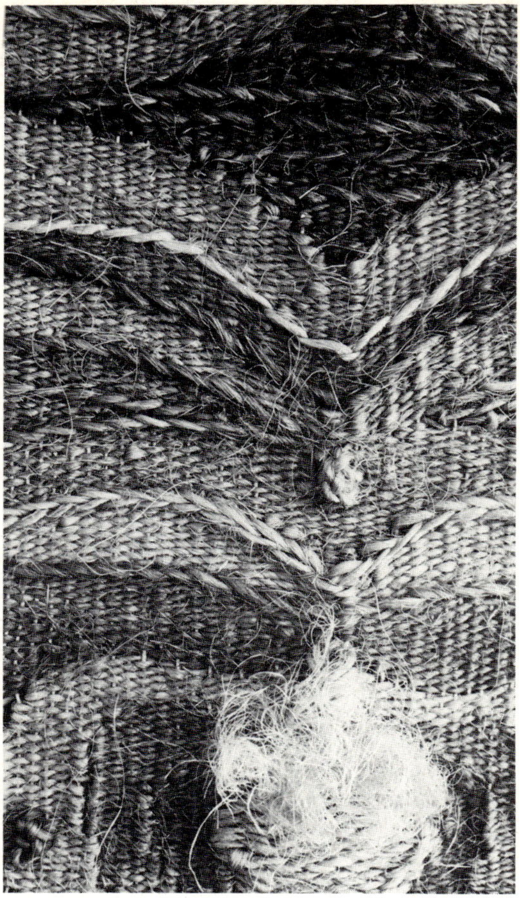

Ausschnitt aus einem Wandteppich, der mit pflanzengefärbtem Sisalmaterial gewebt wurde
Entwurf und Ausführung: Jutta Lammèr
Foto: M. Bauer-Hamersen

Tag und Nacht – Wandteppich aus Seide und Goldfäden in Beige, Braun und Orange, von Michiko Seto, Tokio
Foto: M. Bauer-Hamersen

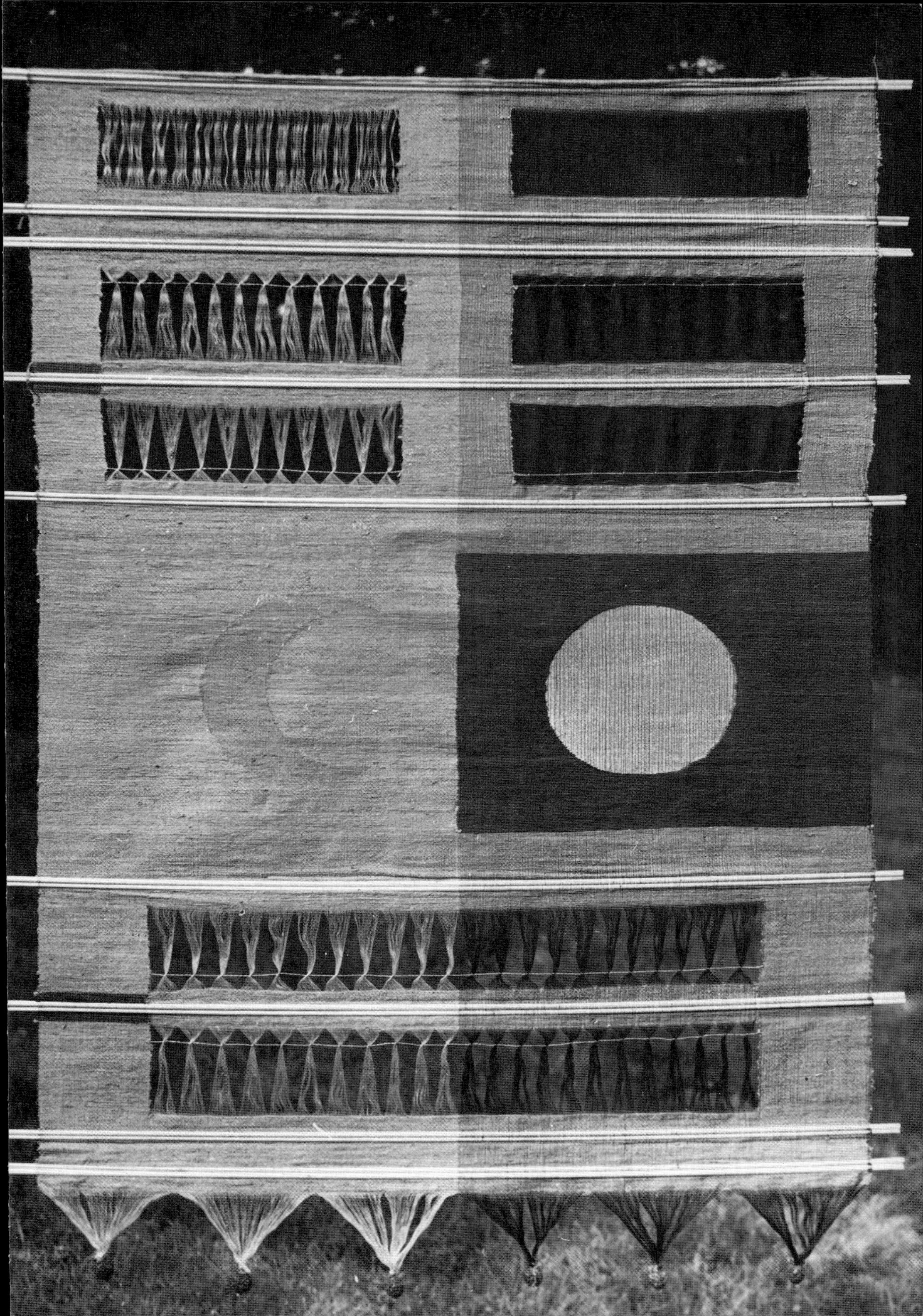

Detail einer Weberei aus Leinengarn und Silberdraht
von Jutta Lammèr
Foto: M. Bauer-Hamersen

Quellenhinweise

Glas

Stained Glass Craft
J. A. F. Divine/G. Blachford
Constable and Company, London, 1972

manual on etching and engraving glass
G. M. Heddle
Alec Tiranti, London, 1961

Glas – Werkstoff und Form
Walter Dexel
Otto Maier Verlag Ravensburg, 1950

Die Glaskunst, Reihe Kunsthandwerk
Jean-Charles Gateau
Les Éditions de Bonvent, Genève, 1974

Das große Ravensburger Hobbybuch
Jutta Lammèr
Otto Maier Verlag Ravensburg, 1970

Glas bemalen, schneiden und kleben
Christel Claudius
Otto Maier Verlag Ravensburg, 1972

Häkeln und Stricken

In den Wildnissen Brasiliens
Fritz von Krause
F. Voigtländer Verlag, Leipzig, 1911

Mary Thomas's Knitting Book
Mary Thomas
Joan Togitt, Ltd., New York

Das Häkeln
Edith Wallach/Margarete Lang
Verlag der Ullstein-Schnittmuster, Berlin, 1922

New Design in Crochet
Clinton D. MacKenzie
Van Nostrand Reinhold Company, New York/London

Encyklopaedie der weiblichen Handarbeiten
Thérèse de Dillmont
Verlag von Th. de Dillmont, Dornach (Elsaß). o. J.

Das große Ravensburger Handarbeitsbuch
Jutta Lammèr
Otto Maier Verlag Ravensburg, 1971

Hemslöjd
Anna-Maja Nylén
Hakan Ohlssons Förlag, Lund, 1968

Creative Knitting – A New Art Form
Mary Walker-Phillips
Van Nostrand Reinhold Company, New York/London, 1971

Das große Ravensburger Buch für Hobbymaler
Ursula Kaiser
Otto Maier Verlag Ravensburg, 1973

Holzgestaltung

Bäuerliche russische Holzskulptur
Alexander K. Tschekalow, Übers. Helmut Barth
VEB Verlag der Kunst Dresden, 1967

Russisches Volksspielzeug
Autor und Verlag s. oben

Alpenländische Bauernkunst
Helmut Nemec
Verlag Kremayr & Scheriau, Wien, 1966

Kleine Antiquitäten
Lydia Dewiel
Keysersche Verlagsbuchhandlung, München, 1973

Das Kunstgewerbe im Altertum
Prof. Dr. H. Blümmer
G. Freytag, F. Tempsky, Leipzig/Prag, 1885

Holzschnitzen
C. dell'Antonio
Otto Maier Verlag Ravensburg

Marie-Luise Bendorat
Ocholgsk/Rußland
Mündliche Überlieferung

Führer durch die Abteilung Schiff und Kunst
Schausammlungen des Altonaer Museums Heft 4
Altonaer Museum in Hamburg, 1968

Holzschnitzen
Reihe »Die Hobbywerkstatt«
Walter Sack
Otto Maier Verlag Ravensburg, 1972

Werkstoff Holz
Reihe »Das Spiel mit den bildnerischen Mitteln«
Röttger/Klante/Sagner
Otto Maier Verlag Ravensburg, 1960

Klöppeln

Die Klöppelspitze und ihre geschichtliche Entwicklung
Anneliese Hanisch
Institut für angewandte Kunst, Berlin, 1959

Stickerei-Zeitung und Spitzen-Revue, Band XII und XV
Herausgeber: Hofrat Alexander Koch
Darmstadt, 1911/1912 und 1914

Klöppel-Spitzen
Gussy von Reden
Verlag Otto Beyer, Leipzig, 1921

Encyklopaedie der weiblichen Handarbeiten
Thérèse de Dillmont
Verlag Th. de Dillmont, Dornach (Elsaß) o. J. (1880?)

Mündliche Überlieferung
Leni Matthaei
Reutlingen, Karlstraße 34–2, August 1974

Handbuch der Spitzenkunde
Tina Frauberger
Leipzig, 1894

Hemslöjd
Anna-Maja Nylén
Hakan Ohlssons Förlag, Lund, 3. Aufl. 1972

Knüpfen

Das Gesamtwissen über antike und neue Teppiche des Orients
Orendi
Wiener Verlag, 1930

Orientteppich-Brevier
Ali Hosain
Klinkhardt & Biermann, Braunschweig, 1962

Ullstein-Teppichbuch
H. Hubel
Ullstein-Verlag, Berlin, 1965

Teppiche, Reihe Antiquitäten
Hans J. Fahrenkamp
Wilhelm Heyne Verlag, München, 1974

Handmade Rugs
Jean Ray Laury/Joyce Aiken
Countryside Press, Philadelphia, 1971

Hemslöjd
Anna-Maja Nylén
Hakan Ohlssons Förlag, Lund, 1968

Das große Ravensburger Handarbeitsbuch
Jutta Lammèr
Otto Maier Verlag Ravensburg, 1971

Makramee

Encyklopaedie der weiblichen Handarbeiten
Thérèse de Dillmont
Verlag Th. Dillmont, Dornach (Elsaß) o.J. (1880?)

Kreatives Makramee
Bonny Schmid-Burleson
Otto Maier Verlag Ravensburg

Anchor Manual of Needlework
B.T. Batsford, London, 1966

The Ashley Book of Knots
Clifford Ashley
Doubleday and Co., New York, 1944

The Textile Arts
Verla Birrell
Harper and Brothers, New York, 1959

Square Knot Handicraft Guide
Raoul Graumont and Elmer Wenstrom
Cornell Maritime Press Inc., 1949

Macrame – The Art of Creative Knotting
Virginia Harvey
Van Nostrand Reinhold, New York, 1967

Die Entwicklung des Textilhandwerks in Alt-Europa
Wolfgang La Baume
Rudolf Habelt Verlag, Bonn, 1955

Spitzen
Marie Schuette
Klinkhardt & Biermann, Braunschweig, 1963

Graded Lessons in String Work
Louisa Walker
Macmillan and Co., London 1896
Nachdruck Dover Press, New York, 1971

Malerei auf Holz

Holzbemalen und andere Ziertechniken
Christian Rubi
Otto Maier Verlag Ravensburg, 1964

Bauernmalerei
Reihe »Die Hobbywerkstatt«
Walter Diem
Otto Maier Verlag Ravensburg, 1972

Bunt bemalte Holzgeschenke, Reihe »Ravensburger Hobbybücher«
B. Pauly
Otto Maier Verlag Ravensburg, 1971

Das große Ravensburger Hobbybuch
Jutta Lammèr
Otto Maier Verlag Ravensburg, 1970

Werkstoff Holz, Reihe »Das Spiel mit den bildnerischen Mitteln«
Röttger/Klante/Sagner
Otto Maier Verlag Ravensburg, 1960

Alte bemalte Bauernmöbel
Josef M. Ritz/Gislind Ritz
Alte bemalte Bauernmöbel Europa
Gislind Ritz
Verlag Georg D.W. Callwey, München, 1962 u. 1970

Heimatwerk, Blätter für Volkskunst und Handwerk
Verlag Schweizer Heimatwerk, Zürich

Metall

Das Kunstgewerbe im Altertum, Band 30
Prof. Dr. H. Blümmer
Deutsche Universal-Bibliothek, Leipzig/Prag, 1885

Günter Haese
Axel v. Saldern
Museum für Kunst und Gewerbe, Hamburg, 1972

Metall – Werkformen und Arbeitsweisen
Wilhelm Braun-Feldweg
Otto Maier Verlag Ravensburg, 1950

Das große Ravensburger Hobbybuch
Jutta Lammèr
Otto Maier Verlag Ravensburg, 1970

Europäisches Email
Isa Belli Barsali
Schuler Verlagsgesellschaft, München, 1974

Neue Emailarbeiten
Reihe »Ravensburger Hobbybücher« Jutta Lammèr
Otto Maier Verlag Ravensburg, 1974

Zinn – gießen und löten
Reihe »Ravensburger Hobbybücher«
Wulf Müller-Pentz
Otto Maier Verlag Ravensburg, 1975

Mosaik

Malerei in Stein
Mosaiken und Intarsien
Ferdinando Rossi
W. Kohlhammer Verlag, Stuttgart Berlin Köln Mainz, o. J.

Ravenna und seine Mosaiken
Giuseppe Bovini
Hirmer Verlag, München, 1962

Stein an Stein
Walter Läuppi
Otto Maier Verlag Ravensburg, o. J.

Mosaikarbeiten
Helen Hutton
Otto Maier Verlag Ravensburg, 1966

Das große Ravensburger Hobbybuch
Jutta Lammèr
Otto Maier Verlag Ravensburg, 1970

Mosaik aus Stein, Glas und Holz
Reihe »Ravensburger Hobbybücher«
Isolde Schmitt-Menzel
Otto Maier Verlag Ravensburg, 1968

Studio il Mosaico (mündl. Informationen)
Professore Renato Signorini
Ravenna, Via Argentario 22

Patchwork und Quilting

Patchwork Quilts
Averil Colby
Batsford Ltd., London, 1965

Patchwork
Averil Colby
Batsford Ltd., London, 1958 (7. Aufl. 1971)

Quilt Making
Marguerite Ickis
Dover Publications, Inc., New York, 1949

Patchwork
Reihe »Hobbywerkstatt«
Alice Timmins
Otto Maier Verlag Ravensburg, 1971

Das große Ravensburger Handarbeitsbuch
Jutta Lammèr
Otto Maier Verlag Ravensburg, 1971

Perlen

Fashion Bead Embroidery
Natalie Giltsoff
B. T. Batsford Ltd., London, 1971

Bead Embroidery
Joan Edwards
B. T. Batsford Ltd., London, 1966

Wirtschafts-Archiv, Berlin 1975

Gli abiti di Veneziani di quasi ogni eta con diligenza raccolti e dipinzi nel secolo XVIII. MSS.
J. Greuenbroch
Venice Correr Library, o. J.

Die Glaskunst, Reihe Kunsthandwerk
Jean-Charles Gateau
Les Éditions de Bonvent, Genève, 1974

Hemslöjd
Anna-Maja Nylén
Hakan Ohlssons Förlag, Lund, 1968

Sticken

Encyklopaedie der weiblichen Handarbeiten
Thérèse de Dillmont
Verlag Th. de Dillmont, Dornach (Elsaß) o. J. (1880?)

Webereien und Stickereien des Mittelalters
Ruth Grönwoldt
Bildkatalog VII des Kestner-Museums Hannover, 1964

Stickereien in Bauernstuben
Irmgard Gierl
Verlag Rosenheimer o. J.

Mündliche Überlieferung
Alen Müller-Hellwig, Stick- und Webmeisterin
Lübeck, Burgtorhaus, Juni 1974

Systematik der Stichformen
Renée Boser, Museum f. Völkerkunde, Basel
Irmgard Müller, Gewerbemuseum, Basel

Ton

Kleines Handbuch der Töpferei
Murray Fieldhouse
Werner Hörnemann Verlag, Bonn, 1972

Keramische Arbeiten
H. M. Jaschinski
Otto Maier Verlag Ravensburg, 1956

Das große Ravensburger Hobbybuch
Jutta Lammèr
Otto Maier Verlag Ravensburg, 1970

Ton – geformt, bemalt, gebrannt
Reihe »Ravensburger Hobbybücher«
Isolde Schmitt-Menzel
Otto Maier Verlag Ravensburg, 1967

Freies Töpfern
Binder/Schönrock
Otto Maier Verlag Ravensburg, 1975

Wachs

Das Wissen der Gegenwart,
30. Band
Das Kunstgewerbe im Altertum
Prof. Dr. H. Blümmer
Deutsche Universal-Bibliothek für Gebildete
Leipzig/Prag 1885

Andechser Votiv-Kerzen
Rolf Wünnenberg
Multi-Druck Verlag, Augsburg, 1966

Viel köstlich Wachsgebild
Claus und Lieselotte Hansmann
Verlag F. Bruckmann, München, 1959

Werkbuch für die Woodstock Generation
Jean Young/Übers. Helmut W. Brinks
Otto Maier Verlag Ravensburg, 1973

Wachs
Reihe »Ravensburger Hobbybücher«
Christel Claudius
Otto Maier Verlag Ravensburg, 1973

Das große Puppenbuch
Manfred Bachmann
Verlag Ernst Wasmuth, Tübingen, 1971
Bayerisches Nationalmuseum München

Weben/Textilobjekte

Hemslöjd
Anna-Maja Nylén
Hakan Ohlssons Förlag, Lund, 1968

Die Tapisserie
Coffinet/Pianzola
Les Éditions de Bonvent, Genève, 1971

Beyond craft: the Art Fabric
Mildred Constantine/Jack Lenor Larsen
Van Nostrand Reinhold, New York/London, 1972

Freies Weben, Reihe »Ravensburger Hobbybücher«
Jutta Lammèr
Otto Maier Verlag Ravensburg, 1974

Heimatwerk
Zeitschrift des Schweizer Heimatwerks für Volkskunst und Handwerk
Nr. 1, XXX. Jahrgang

La Nouvelle Tapisserie
André Kuenzi
Les Éditions de Bonvent, Genève

Reisebüros und Verkehrsvereine vermitteln oder organisieren sogenannte Hobbyferien, die mit Web-, Töpfer-, Emaillier- und Makrameekursen sowie anderen kunsthandwerklichen Lehrgängen gekoppelt sind. Auskünfte geben auch Jugendorganisationen, Handwerkskammern, Handwerkervereinigungen, Redaktionen von Fachzeitschriften und Museen, denen Kunstvereine oder Künstlervereinigungen angeschlossen sind.

Hinweis

Das Tjanting wird seit über 100 Jahren in Java, der Heimat der Batik, benutzt. Seine Vorzüge sind der leicht in der Hand liegende Bambusgriff, der gute »Tuchfühlung« ermöglicht; sowie der Behälter aus Kupferblech, der das Wachs sehr lange flüssig hält. Sie erhalten dieses original javanische Tjanting bei der auf Batik spezialisierten Galerie:

RUDOLF G. SMEND
D 5000 Köln 1
Mainzer Straße 28
Postfach 250323
Telefon 0221/315163

textilkunst

die Zeitschrift für kreatives Gestalten

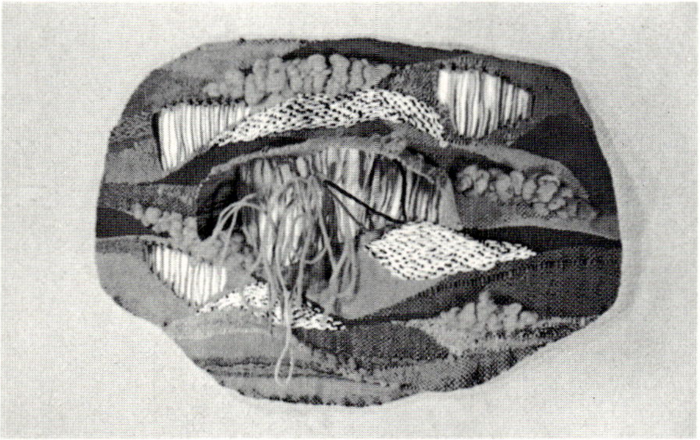

Bisher schufen nur Künstler – bekannt oder anonym – textile Werke von Rang, die in Museen und Privatsammlungen gezeigt werden. Oft Kostbarkeiten von unerschwinglichem Wert. Inwischen sind hochwertige handgearbeitete Textilien in den Bereich des allgemeinen Interesses und der Ausführung gerückt.

Diese Wandlung hat sich zunächst in Dänemark und dann in Holland vollzogen. Dänemarks „Haandarbejdets Fremme" verwendet Entwürfe von anerkannten Künstlern als Vorlagen zum Nacharbeiten. In Holland dagegen entstanden Kreativitätszentren, in denen sich Lehrkräfte und Laien gemeinsam um die Erneuerung der schöpferischen Textilkunst bemühen.

In Deutschland hat die Initiative der Augsburger Kunstpädagogin Professor Hilda Sandtner die Entwicklung der textilen Gestaltung stark beeinflußt, und ihre Ausstellung „Jugend gestaltet Textil" setzte im In- und Ausland neue Maßstäbe. Als erstes Kreativitätszentrum entstand der „workshop hannover e. v.", dessen Teilnehmer zu Kursen aus der ganzen Bundesrepublik kommen.

Aus dem Bedürfnis heraus, den modernen Wohn- und Repräsentationsbereich nicht nur mit Bildern und Grafiken zu beleben, werden neue Möglichkeiten der Ausgestaltung gesucht und schaffende Künstler zu Experimenten mit textilem Material angeregt. Wandteppiche und textile Raumplastiken ergeben wohltuende Kontraste zu modernen Bauformen.

Die Zeitschrift „textilkunst" vermittelt richtungweisende Informationen und stellt neben historischen Textilien vor allem moderne Künstler und ihre Arbeiten vor, wobei besonderer Wert auf Anregung zu kreativem Gestalten gelegt wird.

„textilkunst" erscheint 4mal jährlich im März, Juni, September und Dezember. Alle Hefte sind farbig und schwarz-weiß bebildert. Jahresbezugspreis DM 26,–, Einzelheft DM 8,– (zuzüglich Versandspesen). Zu beziehen durch den

Verlag M. & H. Schaper · 3 Hannover 81 · Grazer Straße 20

Das große Ravensburger Buch

In dieser Reihe sind ebenfalls erschienen:

Kreative Bücher

Diese Reihe möchte den Leser zum schöpferischen Umgang mit verschiedenen Materialien anregen. Die einzelnen Titel sind so gegliedert, daß zunächst ein geschichtlicher Überblick in die Werktechnik einführt; viele Arbeitsfotos und Zeichnungen bilden das Fundament, auf welchem man dann seine eigenen Ideen verwirklichen kann.

Kreatives Makramee, von Bonny Schmid-Burleson
118 Seiten mit 80 schwarzweißen Fotos und Zeichnungen.
Dieses Buch beinhaltet die Grundkenntnisse der Makrameetechnik und viele neue Beispiele zur Inspiration für Muster und Material.

Gestaltendes Mosaik, von Jean Carreau
120 Seiten mit 53 farbigen und 110 schwarzweißen Abbildungen.
In diesem Buch werden technische Voraussetzungen aufgezeigt, die der Leser braucht, um eigene Ideen in Mosaiken umzusetzen.

Freies Töpfern, von Gebhardt Binder/Jörg Schönrock
96 Seiten mit 80 schwarzweißen Fotos.
Die Autoren möchten mit diesem Buch zur freien Gestaltung mit diesem alten Werkmaterial auffordern, ohne jedoch die werkgerechte Verarbeitung des Materials außer acht zu lassen.